中国社会科学院
老年科研基金资助

中国社会科学院老学者文库

中国外债史（1853—1949）

宓汝成◎著

中国社会科学出版社

图书在版编目（CIP）数据

中国外债史：1853-1949 / 宓汝成著. --北京：
中国社会科学出版社，2024.10
（中国社会科学院老学者文库）
ISBN 978-7-5227-3661-7

Ⅰ.①中…　Ⅱ.①宓…　Ⅲ.①外债—经济史—研究—
中国—1853-1949　Ⅳ.①F812.9

中国国家版本馆 CIP 数据核字（2024）第 110726 号

出 版 人	赵剑英	
责任编辑	卢小生　曲　迪	
责任校对	周晓东	
责任印制	戴　宽	

出　　版	中国社会科学出版社	
社　　址	北京鼓楼西大街甲 158 号	
邮　　编	100720	
网　　址	http://www.csspw.cn	
发 行 部	010-84083685	
门 市 部	010-84029450	
经　　销	新华书店及其他书店	
印　　刷	北京君升印刷有限公司	
装　　订	廊坊市广阳区广增装订厂	
版　　次	2024 年 10 月第 1 版	
印　　次	2024 年 10 月第 1 次印刷	
开　　本	710×1000　1/16	
印　　张	33.25	
字　　数	436 千字	
定　　价	189.00 元	

凡购买中国社会科学出版社图书，如有质量问题请与本社营销中心联系调换
电话：010-84083683

前　言

宓汝成先生是当代著名经济史学家。1924 年 1 月出生于浙江慈溪。于 20 世纪 40 年代末进入中国科学院经济研究所（今中国社会科学院经济研究所），从实习研究员成为研究员、教授、博士生导师。先生从事中国近代经济史研究 60 年，主攻中外经济关系，尤以中国铁路史研究蜚声中外。先生以坚强的毅力和一丝不苟的敬业精神，几十年如一日地从事研究工作，取得了丰硕的成果。先生参与编辑的《中国近代经济史统计资料选辑》（严中平主编，1955 年，有俄译本）、独立编辑的《中国近代铁路史资料（1863—1911）》（共三册，1963 年，1977 年再版，台湾地区有翻印本）和《中华民国铁路史资料（1912—1949）》（2002 年），三部资料集都是以精选的原始文件或具有较高价值的著作为主，奠定了近代中国铁路史研究的资料基础，为广大经济史学者所引用。其外文资料都是先生亲自译成中文的，工作量之大，可想而知。

先生的专著《帝国主义与中国铁路（1847—1949）》（1980年，2007 年再版，有日译本收录于"早稻田大学社会科学研究所翻译丛书"）全面剖析了帝国主义与中国铁路的政治、经济关系和对中国社会的影响，指出："中国近代铁路运输对中国资本主义因素的发展起着刺激作用；另外，对中国加速沦为帝国主义列强的'经济领土'和世界资本主义体制的经济附庸产生了极大影响"这一判断，至今仍有历史认知价值。

近代中国外债史是先生学术方向的另一个侧面。20 世纪 80 年代初，先生受外交、财政两部之邀，参与解决处理旧中国外债问题，提出《处理旧中国外债的建议》，这一工作延续七八年，引起了他的强烈兴趣，孕育了本书的主题。此后，先生将部分成果融入《中国近代经济史（1895—1927）》（汪敬虞主编，共三册，2000 年）的有关章节中，有些内容则撰成论文发表。

2010 年，先生的专著《中国外债史（1853—1949）》砥砺十年，将近杀青，不幸天不遂愿，突罹脑溢血，卧病在床，犹念念不忘研究，感叹再有半月，即可全部完成。

中国社会科学院经济研究所领导认为，先生的书稿为学人心血结晶，不忍任其湮没，特嘱我将其整理，以供出版。作为先生的学生，我责无旁贷。书稿原缺结语，初考虑将书稿补充完整，后经斟酌，认为，书中各节已将中国外债来龙去脉剖析无遗，与其狗尾续貂，不如保持原汁原味，以飨读者，遂仅作文字整理，争取快速出版，以慰病榻之上的先生。

先生的研究具有几个显著的特点：

第一，它是对近代中国外债史的政治和经济的综合研究。近代中国的外债，就其本质说，既具有经济性，又具有政治性，本书正是抓住了这一特点，对每一时期的外债的论述都结合了对当时国际和国内政治及经济形势的分析。这就使读者能够对外债产生的背景了然于胸，对外债形成的条件、使用的效果有充分的认识。这就有利于我们正确认识近代中国的外债，有利于认真总结近代中国外债史上的经验和教训，为当前的改革开放服务。

第二，它是对近代中国外债史研究的定量分析。其中，对每一笔较大的外债都经过详细考证，既有分量，又有总量。比如，对于庚子赔款的各国分摊量、赔款利息量、实际追加量、历年支付量、各国"退还"量都有详尽表述。对于没有确切数据的债务，则加以推算，总要给读者一个"量"的概念。

第三，它是对近代中国外债史整体思维和辩证思维的结合。中国外债具有很强的延续性，贯穿于整个近代，历经晚清、北洋和国民政府三个时期，是断代史研究中难以窥其全豹的，而且，借债的主体既有中央政府，又有地方政府；既有短期债务，又有长期债务，杂乱纷纭，犹如一团乱丝，是难以把握的，而本书把长时段的研究和短时段的研究结合起来，把对地方政府外债的研究和对中央政府外债的研究结合起来，把对某一时期外债的研究和对近代外债的总体研究结合起来，体现了微观研究与宏观研究的结合。

本书在整体思维中又体现了辩证思维。先生指出："中国外债，就其总体论，是帝国主义列强干预中国内政的一种方式或奴役中国的一种工具，而就每一笔论，则有待深入、细致分析，才能如实地揭示其固有的性质。"本书正是以这种辩证思维对待近代中国外债的。对每一笔外债的动因、成债过程、债款去向、偿债情况，靡不精准描述，详细透彻，而对其性质分析莫不鞭辟入里，合情合理。如先生在评价抗战时期国民政府外债时所说，中国在当时是一个大而弱的国家，为了抗战，在向各友邦采购军火时，采取签订易货借款合同方式，应该说是做得适合时宜的。所得的贷款，大多用中国生产的农矿产品来偿还，最后都用之于反法西斯战争，不同程度地对与盟国共同粉碎法西斯势力起了积极作用。综观战时借款，其条件总的来说是合乎国际惯例的，平等、合理、两利且有某些优惠；在洽谈过程中，尽管贷方最初曾一度提出一些有损国家主权、民族利益的要求，但在我借方的主政者、执行者的抵制下终收到维护国家主权和民族利益的效果。这一结论无疑是全面、客观、公正的，即使在今后，无论何时，也是站得住脚的，而这正是本书学术价值之所在。

我们相信，本书既能适合广大读者的要求，也能适应研究工作的需要，从而为中国外债史研究做出应有的贡献。

中国社会科学院近代史研究所

郑起东

2023 年 8 月

目　　录

第一章　中国近代财政状况和世界强国谋华动态 …………（1）

第一节　中国近代财政状况…………………………（10）

一　晚清财政………………………………………（10）

二　北洋政府财政（民国前期）………………（14）

三　国民政府财政（民国后期）………………（20）

第二节　列强在华强权地位的形成及其谋华动态………（26）

一　列强结成联合阵线……………………………（26）

二　列强各国国力的相对变化及其谋华态势的

演变………………………………………………（31）

第二章　对华国际银团的演变…………………………（39）

第一节　英、法、德三国银团的形成和吸收美国组成

四国银团………………………………………（40）

一　未名有实的三国银团…………………………（40）

二　四国银团的组成………………………………（41）

第二节　四国银团从先扩成六国到后减为五国的

变迁………………………………………………（43）

第三节　五国银团的存在和自我宣布终止………………（48）

第四节　新银团的组成及其消失……………………（50）
　　一　美国的倡议和英、法、日三国的回应…………（51）
　　二　《巴黎会议协议》和我国朝野的反应 ………（54）
　　三　日本的"满蒙"除外要求以及新银团的
　　　　自我定位…………………………………………（57）

第三章　清政府为镇压反清义军、增强防务和办理洋务
　　　　举借的外债………………………………………（63）
　第一节　镇压反清义军等系列借款……………………（64）
　　一　19世纪50年代的上海洋商借款和广东
　　　　旗昌洋行借款……………………………………（64）
　　二　镇压西捻和陕甘回民义军的借款……………（67）
　第二节　增强防务和办理洋务借款……………………（69）

第四章　甲午战争战费和赔款转化成为外债及其清偿………（77）
　第一节　战费借款………………………………………（77）
　第二节　赔款借款………………………………………（80）
　第三节　战费借款和赔款的清偿对我国计民生的
　　　　　损害……………………………………………（90）

第五章　庚子赔款的债务化及其清偿、"退还"和
　　　　总清算………………………………………………（94）
　第一节　庚款及其债务化………………………………（94）
　第二节　"镑亏"与赔款量的事实追加 ………………（102）
　第三节　庚款的清偿……………………………………（104）
　第四节　庚款的"退还"………………………………（109）
　　一　美国的两次"退还"…………………………（110）
　　二　法国部分庚款的"退还"……………………（112）

　　　　三　意大利、比利时、荷兰三国部分庚款的

　　　　　　"退还" ………………………………………（114）

　　　　四　苏俄对庚款余额的"抛弃" …………………（116）

　　　　五　英国庚款余额的"交还" …………………（118）

　　　　六　日本盗名"退还"未果 …………………（120）

　　第五节　庚款的总清算：取消 …………………………（124）

第六章　晚清政府铁路借款 ………………………………（126）

　　第一节　卢汉、汴洛和正太三路的俄国、比利时、法国

　　　　　　三国借款 …………………………………（127）

　　　　一　卢汉铁路借款 ……………………………（128）

　　　　二　汴洛铁路借款 ……………………………（132）

　　　　三　柳太/正太铁路与俄国、法国资本…………（133）

　　第二节　六路英国借款和津浦的英德联合贷款 ………（136）

　　　　一　津卢、关内外和沪宁三路借款 ……………（136）

　　　　二　道清等三路由承办而蜕化为借款 …………（140）

　　　　三　英国、德国妥协下津浦路的英德借款 ………（146）

　　第三节　粤汉铁路美国合兴公司借款的成立、注销和

　　　　　　"去美来英"的结局 …………………………（149）

　　　　一　粤汉的美国合兴公司借款 …………………（150）

　　　　二　合兴公司违约和由废约而赎约的改变 ………（152）

　　　　三　"公道偿费"和"去美来英" …………………（154）

　　第四节　日本谋在华中、东北等地区推进扩张政策中的

　　　　　　铁路借款 …………………………………（156）

　　　　一　民营潮汕、商办南浔两路日本资本

　　　　　　势力的渗入 …………………………………（156）

　　　　二　暴力胁迫下中日间新奉和吉长两路借款的

　　　　　　成立 ………………………………………（158）

第五节　京汉比利时借款的提前清偿和英国、日本
　　　　两国资本势力的渗入 ……………………（159）

第六节　英国、法国等国觊觎修建川鄂间铁路和
　　　　四国银团的湖广铁路借款 ………………（162）

　　一　英国、法国等国各谋提供贷款修建
　　　　川鄂间铁路 …………………………………（162）

　　二　德国与英国、法国角逐中的三国财团
　　　　投资协议 ……………………………………（164）

　　三　美国的强行加入和四国银团的湖广铁路
　　　　借款 ……………………………………………（166）

第七章　地方、中央的零杂债项和四国银团的币制
　　　　实业借款 ………………………………………（171）

第一节　地方借款的盛行 ……………………………（172）

　　一　湖北、奉天的两笔非常借款 ………………（172）

　　二　东南西北各省的借款 ………………………（173）

　　三　发行公债演变成外债 ………………………（179）

第二节　中央政府的零杂债务 ………………………（181）

　　一　企事业债项 …………………………………（182）

　　二　订购舰械价款欠额 …………………………（193）

第三节　英国、德国、法国、美国四国银团的币制
　　　　实业借款 ………………………………………（195）

　　一　币制实业借款的先声 ………………………（196）

　　二　币制实业借款草约的签订 …………………（197）

　　三　四国银团币制实业借款的成立 ……………（199）

　　四　中外各方的反应和结局 ……………………（201）

第八章　辛亥鼎革之际的外债 ………………………（205）

第一节　剧变中的国内局势和外来干预 …………（206）

　　　　一　国内政局的剧变 ……………………………………（206）

　　　　二　列强的对华政策和行动 ………………………………（208）

　　第二节　财政困境中的南北借款 ………………………………（212）

　　　　一　北方的借款 ……………………………………………（213）

　　　　二　南方的借款 ……………………………………………（221）

第九章　民初的善后借款、实业借款及其他 ……………………（232）

　　第一节　国际银团的"善后借款" ……………………………（233）

　　　　一　"善后借款"的性质及其"名"和"实" ……………（234）

　　　　二　借款的磋商 ……………………………………………（236）

　　　　三　借款合同的订立 ………………………………………（246）

　　第二节　实业借款名目下的系列借款 …………………………（250）

　　　　一　一系列新线铁路借款 …………………………………（251）

　　　　二　合办银行、建设商埠、导淮工程等借款 ……………（265）

　　第三节　中央、地方的零杂债项 ………………………………（271）

　　　　一　中央的零杂债项 ………………………………………（271）

　　　　二　地方借款 ………………………………………………（276）

第十章　北洋军阀皖系执政时期的外债 …………………………（279）

　　第一节　日本扶植、支持段祺瑞政府的系列贷款 ……………（280）

　　　　一　日本通过贷款扶植支持段祺瑞政府 …………………（280）

　　　　二　日本与美国较量中的对华贷款 ………………………（284）

　　第二节　日本企图实现"中日经济融为一体"的

　　　　　　西原借款 ………………………………………………（294）

　　　　一　日本寺内内阁的谋华策略 ……………………………（295）

　　　　二　八项借款的订立 ………………………………………（298）

　　第三节　铁路、电信、航空和其他军工民用企业的

　　　　　　零杂借款 ………………………………………………（305）

一　铁路 …………………………………………（305）

二　电信 …………………………………………（308）

三　国营企事业借款 ……………………………（311）

第四节　中央部局、地方各省的零散借款 …………（312）

一　中央一些部局的借款 ………………………（313）

二　地方各省借款 ………………………………（317）

第十一章　北洋政府最后数年的外债 …………………（325）

第一节　中央政府借款成少败多、被勒"偿价"和
　　　　旧债衍生的债项 …………………………（326）

一　中央政府借款成少败多 ……………………（326）

二　"偿款"、内债外债化和衍生债项 …………（330）

第二节　铁路借款：支复线借款和东北地区铁路
　　　　包工费等另类债项 ………………………（334）

一　修建支线、铺设双轨和延展线路的铁路
　　　借款 …………………………………………（335）

二　东北地区铁路的系列异类日债 ……………（339）

三　铁路料债 ……………………………………（345）

第三节　中央部局和地方各省的零杂借款 …………（347）

一　中央各部的零星济急借款 …………………（347）

二　地方各省借款 ………………………………（358）

第四节　整理外债的设想和结局 …………………（362）

一　全国财政讨论委员会的外债整理设想 ………（362）

二　财政整理会的设置及债务整理的无果而终……（367）

第十二章　国民政府的整理外债 ………………………（375）

第一节　整理外债的决策及其特设机构和工作部署……（376）

一　整理外债决策的确定和整理的原则方针 ……（376）

二 整理内外债委员会及其工作部署 …………… （381）

第二节 日本、美国、英国诸国对我国整理外债的

反应 …………………………………………… （385）

一 日本 ……………………………………………… （387）

二 美国 ……………………………………………… （389）

三 英国 ……………………………………………… （391）

第三节 外债的整理实际 ……………………………… （393）

一 财政部整理的债项 ……………………………… （394）

二 交通部整理的债项 ……………………………… （397）

三 铁道部整理的债项 ……………………………… （399）

四 附：整理中的另类事例 ………………………… （406）

第十三章 国民政府最初十年借助外资的政策和实际 …… （410）

第一节 最初几年的一些零星借款 ………………… （411）

一 电信、铁路器材价款转成的料债 …………… （411）

二 合资企业资本金的借垫 ………………………… （413）

三 赈灾的美麦借款 ……………………………… （414）

第二节 中美棉麦借款 ……………………………… （415）

一 借款的成立和舆情反应 ……………………… （416）

二 日本就棉麦借款对美国、对我国的不同反应 …… （421）

三 合同的改订、修正及注销 …………………… （423）

四 借款经理处的设置和国内各方对借款利用的

期盼及实际 …………………………………… （424）

第三节 中外间以购料为核心系列铁路借款的成立…… （430）

一 德国：玉南、南萍两段和湘黔路的材料

贷款 …………………………………………… （430）

二 法国：成渝、贵昆两路借款 ………………… （433）

三 比利时：展筑陇海铁路（宝成线）购料

合同 ……………………………………………（437）

四　英国：沪杭甬路最后区段和京赣、广梅、
浦裹三路的借款 ………………………（438）

五　铁路材料、包建码头等对英、德、捷、法、荷的
零杂欠、垫款 …………………………（443）

第四节　中德易货信贷借款 ……………………（446）

第十四章　抗日战争时期的债政和借款 …………（451）

第一节　苏联三次易货借款 ……………………（454）

一　第一次易货借款 ……………………（455）

二　第二次易货借款 ……………………（455）

三　第三次易货借款 ……………………（456）

第二节　美国四次借款以及《美国财政援助协定》
《中美抵抗侵略互助协定》 …………（458）

一　第一次："桐油借款" ………………（460）

二　第二次："锡借款" …………………（461）

三　第三次："钨砂借款" ………………（462）

四　第四次："金属借款" ………………（463）

五　《美国财政援助协定》和《中美抵抗侵略
互助协定》 ……………………………（464）

第三节　英国两次信用借款和财政援助协定 …………（466）

一　第一次、第二次信用借款 …………（468）

二　《英国财政援助协定》 ……………（471）

第四节　法国两件路料借款及其中止执行 …………（473）

一　湘桂线南镇段借款 …………………（474）

二　叙昆铁路借款 ………………………（475）

第十五章　抗战胜利后复员岁月的债政和借款 …………（480）

第一节　借款的追求及其终结 …………………（481）

　　一　加拿大借款 ……………………………………（481）

　　二　美国借款及其旋以"援助"取代"贷款"的

　　　　质变 ………………………………………………（482）

　第二节　筹划恢复偿付战时停付债项及其结局 ………（486）

第十六章　外债的量化解析 ………………………………（490）

　第一节　借款的计量单位和总量 ………………………（490）

　第二节　中国外债的基本情况 …………………………（494）

　第三节　借款结构和用途分配 …………………………（498）

　第四节　国民政府整理债务确定的外债余欠额 ………（502）

宓汝成先生生平与著作编年 ………………………………（507）

表目录

表 1-1　清政府年均岁出、岁入（1885—1894 年）　………（12）

表 1-2　清政府岁入、岁出和赤字（1903—1911 年）　……（13）

表 1-3　历年各省解款量（1917—1920 年）　……………（17）

表 1-4　国民政府岁入、岁出和赤字（1929—1936 年）　……（21）

表 1-5　1937—1939 年度国库收入情况　………………（23）

表 1-6　1937—1939 年度国库支出情况　………………（24）

表 1-7　抗日战争及复员岁月的国库收支
　　　　（1940—1945 年）　………………………………（25）

表 3-1　左宗棠西征上海采办转运局借款额、利息率、
　　　　期限及担保情况　…………………………………（68）

表 3-2　1877—1890 年清政府举借外债情况　…………（71）

表 3-3　1877—1890 年借款用途分类　…………………（74）

表 4-1　甲午战费借款概况　………………………………（78）

表 4-2　甲午赔款借款概况　………………………………（87）

表 4-3　甲午赔款概况　……………………………………（89）

表 5-1　庚子赔款分摊情况及其在总量中的比重　…………（100）

表 5-2　各国分摊庚子赔款溢额及比重　…………………（101）

表 5-3　各省年分摊的庚款数　……………………………（106）

表 5-4　各省拨解偿付庚款的取给来源　…………………（106）

表 5-5　历年支付庚子赔款情况（1902—1938 年）……… （109）

表 7-1　地方外债统计（1900—1911 年）…………… （181）

表 8-1　北方的借款情况（1911—1912 年）………… （221）

表 8-2　南方的借款情况（1911—1912 年）………… （229）

表 9-1　"善后借款"用途分配情况 …………… （249）

表 9-2　铁路借款合同额和实垫数量
　　　　（1912—1916 年）…………………… （263）

表 9-3　江西南浔铁路公司对日借款情况
　　　　（1912—1922 年）…………………… （264）

表 10-1　西原借款的次数和数量 …………… （304）

表 11-1　无确实担保外债衍生债数量
　　　　（1920—1927 年）…………………… （334）

表 11-2　铁路"料债"（1921—1927 年）………… （346）

表 11-3　财政部无确实担保外债基金欠量（1925 年）… （373）

表 11-4　交通部经营各项对外债款欠量（1924 年）… （373）

表 12-1　铁路借款整理简况（1934—1937 年）……… （403）

表 12-2　伦敦市场中国铁路债券行情
　　　　（1928—1937 年）…………………… （408）

表 13-1　美贷棉麦借款拨支项目、数量及其所占比重…… （429）

表 14-1　暂停偿付的关、盐两税担保的债项简况
　　　　（1898—1937 年）…………………… （453）

表 14-2　运往苏联的矿品（1938—1949 年年初）……… （478）

表 15-1　美国购物借款实计量和物料类别及
　　　　接收单位（1946 年 6—8 月）…………… （484）

表 16-1　汇率指数与银两和美元比价
　　　　（1895—1936 年）…………………… （492）

表 16-2　近百年对外借款概况（1853—1949 年）……… （493）

表 16-3　中央和地方的借款概况（1853—1927 年）…… （495）

表 16-4　有关各国在我国对外借款中的贷款总量及
　　　　 其比重（1853—1948 年）　……………………（495）

表 16-5　各国在各个时段贷款量中的比重
　　　　 （1853—1948 年）　…………………………（496）

表 16-6　外债结构——用途的分配（1853—1937 年）　……（499）

表 16-7　经建类借款中铁路与航电等项目借款数量及
　　　　 其所占比重（1887—1937 年）　………………（501）

表 16-8　各个时段铁路借款数量和各贷方主体国所占比重
　　　　 （1887—1937 年）　…………………………（501）

表 16-9　清政府和北洋政府的外债遗留情况（20 世纪
　　　　 40 年代）　……………………………………（503）

第一章　中国近代财政状况和
世界强国谋华动态

国际资金借贷之间的流动性，原是资本主义经济发展的产物。19世纪三四十年代以英国成为世界工厂为标志，国际借贷行为在欧美各国已经习以为常，借贷双方都以此达到促进本国社会经济发展的积极效果。过后三四十年，在亚洲，也有利用借款以助成强盛的国家，即日本。①

我国建立在自给自足经济基础上的清王朝，在18世纪末，仍自称"富有四海，无所不有"。作为国家代表的皇帝以其至高无上的权威，认为"溥天之下，莫非王土；率土之滨，莫非王臣"。政府财政以量入为出为原则，征取农业税（含丁口税）以充国用。设有例外急需，则通过卖官鬻爵，即所谓"推广捐例"和赏收臣民的报效来解决，绝无向民间发行公债即借债的事例，更谈不上与他国发生借贷关系。即如某些地方当局，在广州独口开放通商的岁月里，偶有急需，也是责令个别行商贷款，即向来华洋商挪借些许以资周转②，也被认定是一种私债，不被承认是公债。

---

① ［美］费思：《欧洲：世界银行家（1870—1914）》（英文），纽约，1965年，第1—3章。关于日本，套用其第十八章题名："日本：（贷款）助成其为一个强国"。

② ［英］魏尔特：《赫德与中国海关》，陈敩才等译，厦门大学出版社1993年版，第363页。

　　英国于 1840—1842 年即以暴力打开我国门户，勒索了超过当时清政府常年岁出半数的巨额赔款之后，转以低息相引诱，改作债项。户部一度动心，认为"无害民生，有裨权务"。清政府本其从速了结此次战争的方针，并恐后遗纠葛，未予理会。[①] 虽则如此，英国等西方国家已经成为常态的国际借贷事例，在彼有心而我无意中毕竟首次介绍给我国。

　　清政府既因在这次战争中不能保国卫民而威信扫地，于是日益激化的国内社会矛盾、阶级矛盾更趋于表面化。1851 年年初，终于爆发了太平天国金田起义。这点星火，不过三年时间迅即从本地燎及长江中游流域，并折向东南各省。1853 年年初，太平军攻下南京，上海的小刀会为此响应，在其会首刘丽川率领下发动起义，占领上海县城。其时，江苏巡抚杨文定认为，借用在华外商拥有的以蒸汽机为动力的夹板船以资抵敌，是一良策。[②] 而出身洋行买办、时任苏松太道兼江海关监督的吴健彰仓皇出逃，在洋商请愿助饷中，向在当地营生的英、美商人租用夹板船以求能有力反击，并即付船只"赀银"，而讳言借款，称为"预征洋商税饷银"，在过后两三年间，与利息一起从江海关所征关税项分期付清。此类金钱交易，需付利息，实则是笔债项。然而，咸丰帝对此擅自借款奏报并未动怒，仍表示"果能剿办合宜，仍可受上赏，不必先以此存心也"。[③] 这一债项构成清政府外债也是我国近代外债的首笔。

　　而后十余年间，清政府为镇压太平天国起义军兼及其他如南会、北捻等反清义军，或筹措军需、租用外国船只，或支应由洋人率领的洋枪队，等等。其负责剿办的广东、福建等省地方当局，

---

　　① 徐义生编：《中国近代外债史统计资料（1853—1927）》，中华书局 1962 年版，第 1 页。

　　② 蒋廷黻编：《筹办夷务始末补遗》第 1 册，北京大学出版社 1988 年版，第 93—94 页。

　　③ 蒋廷黻编：《筹办夷务始末补遗》第 1 册，北京大学出版社 1988 年版，第 94 页。

多次举借与上述相似的债项，而朱批中虽不时出现类如"但于剿贼有裨，朕必不为遥制"之类的语句，却又限定只有视作通变权宜的一种应急措施，不列入财政体制。当事者中则或比作"明知毒药非可涓滴入口，然有病则强受之，或可借此回生"，以自宽解。

太平天国于 1864 年失败，清政府认为，坚敌已摧，把镇压重点从国家的东部转移到西部，对象以西捻和陕、甘两省的回民义军为主；继则进军新疆，粉碎从中亚入侵南疆的浩罕部落阿古柏匪帮，扫平当地动乱。与此同时，东南海域先有以菲律宾群岛为基地的西班牙北向伺机活动而"海氛不靖"，旋则日本更以琉球岛民漂流到台湾东部遭害为口实，叫嚷征台并在其南端登陆。清政府面对如此交错丛杂的警讯，先后决定西征，增强海防、塞防等系列军事行动。为济军事需要，每一项都借了多少不等的外债，此中尤以西征所借洋款最多，并成为中国外债史上最具有突变性意义的债项。

清政府甫决定西征，即于 1866 年秋调闽浙总督左宗棠改任陕甘、加授钦差大臣督办。左氏受命将离福州，鉴于陕、甘两省较贫瘠，平时省财政依赖其他各省的协济，此去饷需必定艰窘，非此前在苏州、福建等地用兵可比；又料定如果仍寄望于各省协饷，定会因距离遥远而缓不济急，乃上奏清政府，提出若因"待饷之故，遇事牵掣，坐失机宜，何如一气贯注，筹借巨款"。并介绍"闻外国每遇兵事，贷兵饷于众商，指税项归款，商情乐从，事亦易集"；进而力言：如此举措，"所损者微，而所益者大"；且"曾仿行之，未为失体"。要求援照成案，向洋商借银。清政府朱批："自应照该大臣所请办理。"[①] 左宗棠奉旨，即饬负责西征军特设在上海的后勤机构——采办转运局道员胡光墉就地与洋商洽

---

① 《陕甘总督左宗棠折》，同治六年三月十五日，《筹办夷务始末》，同治朝，卷四八，第 15 页。

商借款，并在 1867—1875 年间，以西征的名目，先后连续借款三次。这些借款的形成程序，与此前所借的基本相同，但是经过清政府的旨准。

当陕、甘两省的军事行动渐趋结束时，东部海域形势趋紧，两江总督沈葆桢于 1874 年年中受任办理台湾等处海防大臣后奏称，"海防需款甚巨"，要求"暂借洋债以应急需"。并提出先筹银 600 万两[①]，以资购置铁甲船、洋枪、军械，以及为加强台防的一切经费。只是旋以台防事定，数量减为"先借洋款二百万两"。清政府命总理各国事务衙门议复。后者复奏认为，"现在台湾防务较之陕甘情形尤为有关大局"，自应准其办理，以应急需。沈葆桢旋于同年秋，与英商汇丰银行达成名为"福建台防借款"银 200 万两。[②] 这笔借款虽说仍按此前借洋款例借，实则出现了一些新的情节。要言之，一是贷方主体有异，不再是在华经商的洋商——洋行[③]，而是 10 年前为专门从事金融业务设在香港、上海的汇丰银行；二是贷方筹措充作贷款的款项不必再出自贷方主体本身所自有（亦非由贷方主体转约有意者伙同出资），而是由贷方主体按照借款数量在国际金融市场发行债票来募集。这些情节的出现，意味着我国的外债开始与国际金融市场接轨，清政府在不知不觉中开始按照西方资本主义国家债券发行惯例行事。

在陕、甘两省的军事行动基本结束后，左宗棠于 1875 年（光绪元年）奉旨"整军"出玉门关，奏呈清政府："新疆周二万里地方，规划久远"，与海防比较，"局势尤宽"。坚决要求举借一笔巨款，并建议由沈葆桢代为办理。光绪帝朱批：交军机大臣等

---

① 据左宗棠光绪元年十二月十四日奏中语，沈葆桢原拟"借银一千万两"。《军机处录副奏折》，中国第一历史档案馆藏。

② 《沈葆桢等折》，同治十一年七月二十一日，《筹办夷务始末》，同治朝，卷九六，第 18—19 页；《总理各国事务衙门奏》，同治十三年七月二十一日，《总署奏底汇订》第 33 册，中国第一历史档案馆藏。

③ 西征借款第三笔，贷方为怡和洋行和丽如银行。

速议具奏。

恭亲王奕䜣认为，"借用洋款，事同挖肉补疮，犹恐将来挖无可挖，补无可补"。但笔锋一转称："该督原属事非得已，若不照准办理""诚恐该督无所施手，于西疆大局……殊有关系"。两江总督沈葆桢在收到军机处寄发的同一上谕后复称：为西征准借外债，确是"稍舒目前之急"的要举，但更虑此举有病于国。根据他所认知：对外举借国债，虽偏行于西洋，其受利受病，各国间相去悬殊。原因在于举债之故不同，他认定：如开矿、造路、挖河，须有巨费，"西洋各国不惜称贷以应之者"，期能"刻期集事，课税出焉"。"本息之外，当有奇赢"，足能"以轻息博重利"。倘若由于"国用难支，姑为腾挪之计"，则日后"息无所出，且将〔再〕借本银以还息银"，输息于贷款国，终必使本国"岁额所入尽付漏卮"，则"一去不能复返"，势必受病。① 沈氏折中剖析详尽的话语，却也表明其时执政者中对外债已具有较确切深刻的认识。

对于左氏这次请借巨款朝议纷纷，一度陷入拖宕，直到1877年，才获旨准其借用500万两，并由胡光墉与汇丰银行代表于同年10月订立合同，构成西征借款第四笔。此后，又于1878年9月、1881年5月与该银行成立第五、第六两笔。左氏作为钦差大臣与汇丰银行达成的同名西征借款六笔中的后三笔，都像《筹办台防借款》那样，由汇丰银行按借款额在国际金融市场发行债票来募集。也就是说，如此办法，以《筹办台防借款》开其端，到西征借款第四笔起进而确立为一种定式。清政府也把通过国际信贷作为筹措财政收入的一法。另外，从西征借款第四笔订立借款合同起，应贷方要求，由总理各国事务衙门以照会通报给英国驻华公使，意味着正式承认所贷之款性质属于国债，并使借款合同

---

① 《两江总督沈葆桢、江苏巡抚吴元炳奏折》，光绪二年正月三十日，《军机处录副奏折》，中国第一历史档案馆藏。

虽非条约而在实际上具有类似条约的效力。

1875 年前后，国内先进人士如马建忠、薛福成等，或作为学者著书立说，或受聘为高官幕宾提供政策建议，在详引欧美借贷事例之余，力主借用外债。他们不排除为筹饷而借外债，更强调用借款来促进国内生产事业，特别是社会经济基础技术设施，如铁路，等等。这里单举深受李鸿章赏识、先受其保送留学法国、回国后一度参与洋务事业（如任招商局帮办等职）的马建忠的言论为例。他首先释明外债的真正意义："可以济盈虚，通有无，与市易之道并重"；继以质疑口吻提出自己的主张："迄今中国财殚力竭，凋敝日深"，"国帑虽空独不能赊贷而化无为有乎"？继而力辟国中仍存在的落后于时代的传统意识，即所谓"中朝而行称贷之事，国体有伤"！"独不知泰西各国无一非债欠数十兆，而英、法、德、俄之称雄如故也。"当然，他认为，果借洋债，仿效西法，必须参酌得中，才能致利除弊。最后，他断言："苟不借浮息之债，时偿当予之息，又何畏牵制哉？"他认为，"借债而能善加利用"，如开铁路之类，是"挹彼注此"，实属用洋人之本，谋华民之利，"术虽补苴"，乃气数转移之机，国家振兴之兆，绝不能"牵于庸众之见，惑于无稽之谈"。[①] 他及其他人的类似议论，对于化解鄙视借款的传统意识，起了一定的积极作用。

在这股思潮的激荡下，一时封疆大员纷纷主张借外债为我所用，以求能够收到发展地方经济之效。丁日昌于 1876 年新任福建巡抚，即把借洋债敷设铁路列作要政之一[②]，就是一个例子。只缘于他拟向英商丽如银行商借，而后者趁机索厚利才作罢论。

---

① 马建忠：《借债以开铁道说》等篇，《适可斋记言》第 1 卷，中华书局 1960 年版。

② 《丁日昌奏折》，光绪二年十二月十六日；《李鸿章致丁日昌函》，光绪三年九月初八，宓汝成编：《中国近代铁路史资料（1863—1911）》，中华书局 1963 年版，第 79—89 页。

　　正当清政府尝试举借洋债，期能助成其"求富"的事业时，而国家西南地区由于英、法两国加紧图谋入境扩张势力，出现边疆危机。次年，中法战争开始。这次战争的爆发，既一时遏制正在成为求富而借洋债的动向，又因"添募营勇""购办战争各具"，无款腾挪，唯有"向外商商借巨款"①而一再举借洋款。

　　1885年，中、法展开媾和谈判，法方提出的条件之一，即要挟我国向法国借银修铁路，以抵换不向中国索取赔款。②这个要求遭到中方拒绝，卒未成立，却是当时资本主义列强行将以暴力为手段，强制我国按其意旨接受这种贷款的先声。

　　我国遭受中法战争的打击喘息未定，俄、日两国即于此时向我友邻朝鲜扩张势力，威胁我国东北地区安全。在19世纪八九十年代出现时称"东事日亟"的局面。接着，我国在1894—1895年第一次中日战争中遭到惨败，而日本以战胜而尽摆脱曾有的不平等条约的束缚，一跃成为帝国主义候补国③，我国则国势坠地，被欧洲强国奚落为只有"纯粹名义上的独立和完整"，并称为大好机会，"要干净利落地解决中国的问题——由欧洲有关几个国家加以瓜分"。④我国既陷入这一险恶的国际环境中，帝国主义列强为实现其野心，除了竞相对我国施展军事威胁、外交压力外，强迫贷款也被作为一种重要手段。从这时起，我国的外债，虽不是每一笔却是其中较重要的借款全部，无一不是在帝国主义列强对我国既连成一体，在其相互间又激烈竞争以牺牲我国为代价的强权政治挟持下形成的。这种状况，不单持续到清

---

　　①　户部奏折（光绪九年十一月初五日）引两广总督张树声等奏中语。《户部陕西司会议奏稿》卷二，第17—19页，中国第一历史档案馆藏。

　　②　《李鸿章致译署电》，光绪十年七月十八日；《总署与美使杨约翰问答节略》，光绪十年七月二十七日，宓汝成编：《中国近代铁路史资料（1863—1911）》，中华书局1963年版，第59—61页。

　　③　［日］藤村道生：《日清战争》（日文），岩波书店，1973年。

　　④　［英］吉尔乐：《远东问题》（英文），伦敦，1896年，第75—76页。

亡，而且延续到民国前期北洋军阀军事政治集团当国执政的岁月。

这一期间所形成的重要债案，且举首尾各一为例。甲午战争后头一笔外债——俄法借款的成立，当时即有人撰文揭露，这笔借款是"俄、法两国不允许中国顾全颜面，像……以利刀尖强迫借款人咽下的借款"。① 这个比喻是逼真的。到了北洋政府最后由奉系当国面临崩溃时，日本政府指使其"国策会社""满铁"，强迫奉系当局同意在我东北地区修建其深具政略、战略意义的铁路（吉敦铁路）。所需经费采取由"满铁"分次垫支款项作为我国借款，并由它承包修建，成路后再交它营运。

上述事例表明，先时，我国举借外债，是否借贷、条件为何，皆能由自己做主。但经过甲午战争，顿遭到外来强权势力的打击，被扭上长期不能自主的斜道超过三十年。特别是在这一期间的后半时段（1915—1927 年），日本企图通过贷款把中国经济与日本经济结为一体，也就是妄想把我国变成它的一个可以滥放贷款的专属殖民地。中国国民党在 1924 年召开的第一次全国代表大会宣言中，除重申孙中山的借外债以兴实业的一贯主张，并严正声明："中国境内不负责任之政府，如贿选、僭窃之北京政府，其借外债非以增进人民幸福乃为维持军阀之地位，俾得行使贿买侵吞盗用。此等借款，中国人民不负偿还之责任。"对其他"已有外债，当在使中国政治上、实业上不受损失之范围内，保证并偿还之"②，发出了拨乱反正的最强音。

国民政府于 1927 年 4 月定都南京后不久，认定"国家财政容有枯竭不得不举行国债"；但"必须保证……外债在政治上、实业

---

① ［英］吉尔乐：《远东问题》，第 75—76 页。
② 荣孟源、孙彩霞编：《中国国民党历次代表大会及中央全会资料》，光明日报出版社 1985 年版，第 20 页。

上不受损失之范围者为断"。① 次年 10 月 19 日，它在宣布经济建设为国家的急切需要，特别是"社会经济赖以发动"的基本工业之余，考虑到"社会的贫乏、科学的落后""骤欲举事而求速效势不可能"的现实，强调"必须坚持平等互惠而不损主权"的原则，"尽量吸收外资，借用专门人材"，以求取得事半功倍的效果，或"如国库不足，于不妨碍国家主权的范围内借用外资"。另外，它禁止各地以任何名义擅借外债；如有以各项税款抵借外债，"未于事前呈准核明批准，根本不发生效力"。同时，它为通过借贷引进利用外资创设条件，决定整理国家旧欠债项，等等。伴随着这些政令、办法的渐次付诸实施，我国举借外债从曾被长期扭入斜路始，重新被引向独立自主并与当年国际借贷市场通行办法相通的正道。

1937 年 7 月 7 日，日本对我国挑起全面侵略战争，国家即进入抗日战争的非常时期，政府根据既定举借外债方针调整政策，本着"多交友、少树敌"的原则，尽力争取苏、美、英等国提供贷款，缓解我国财政上的困境，更期望通过借贷往来体现其对我国的道义支持。双方本着互利、公平的原则，更在相互谅解中连续达成系列借款，在支持我国抵抗日敌侵略上起了重要作用。1941 年 12 月 9 日，我国与美、英各国结成军事同盟，共同为粉碎法西斯国家德、日等国图谋瓜分、奴役全世界的美梦而共同作战。相互关系的调整，和美国通过《租借法案》自愿提供军用物资后，已无须贷款而未举借新债。第二次世界大战到 1945 年秋以德、日先后投降而结束，我国据此前预为胜利后的复员谋划，旋即与美、加两国洽商支援我国复员所必需，首要是交通运输器材，等等，以货价转成为外债数笔，成为我国近代举借外债的终结。

---

① 财政部：《整理财政大纲》（约 1928 年夏），财政科学研究所、中国第二历史档案馆编：《民国外债档案史料》第 2 卷，中国档案出版社 1991 年版，第 1—4 页。

第一节　中国近代财政状况

我国近代百余年间经历晚清（1840—1911）和中华民国（1912—1949）两个历史年代，后者以执政主体的殊异又可区分为前、后两期。

一　晚清财政

清代截至道光中，财政体制仍沿袭祖制，以量入为出为原则，以中央高度集权为特色。户部只是一个办事机构，以皇帝的名义统管全国的岁入、岁出，监督全国各地稽征的赋税，解缴中央和协济穷省。中央和地方财政不严格划分，有所兴革，奏报皇上，候旨决定。岁入来源主要有四项：一是粮赋。包括地丁银和钱粮（其实物部分别称漕粮），是最大宗，"国家经费强半赖此"。二是盐课。盐，其时几乎全供食用，而且所需有定量，此课有似人头税。三是关税。四是杂课。包括矿课、牙税、契税等。岁出项目，据清代《则例》，细分成祭祀、分俸食、饷乾等十余大类，且据支用实际，归并成如下五类：皇室经费独成一项，其余为行政、军政、公共工程和社会保障。其中军、政两类所需最多，"费天下正供之半"。若把实物部分略去，岁出入量约略相等，即年岁入为银4000万两有余，岁出则不到4000万两。岁入减岁出按设想虽略有三四百万两结余，但每年总会有一些水旱偏灾或发生规模大小不一、性质各异的事件而例外支出。每以动拨财政结余，采取卖官鬻爵的捐纳收入和赏收民间的报效等用以弥补。如此运转，在此前的18世纪后期，库储积累最多时有达银7000万两的纪录。而后，总的趋势是年益减少；到道光二十年（1840），经屡年积储，还稍稍超过 1000 万两。太平军起义后，年年亏损，1853—1857年，剧减至年平均约银 10 万两；到 1858—1864 年，进一步减少到只有银 6 万余两①，只能留作镇库用。一个封建大国库藏，与一家算不上是特大的地主家的资财相似，政府财政实已濒于崩溃。

十余年内乱之后，社会经济亟待恢复，全国人民渴望能获得休养生息，清政府则从濒于灭亡中挣扎出来。到 19 世纪 70 年代中期，认为大局已定，转入所谓中兴时段，决定"举天下既竭之力"② 来复苏其王朝的生命。它认定巩固封建统治、强化国家机器，是首要之着。重臣李鸿章则说："国家诸费皆可省，惟养兵设防、练习枪炮……之费用万不可省。"③ 财政支出不但没有减少，反而继续膨胀。经常岁出量，举 1874 年银 7000 万两为例，比内战前增加近一倍，并出现"财日匮而增兵不已"、"民日困而取财不已"④ 的景象。

为取财，面对近二十年动乱所造成的"野多荒地"，清政府则从"民不务本，易以为乱"出发，继 1862 年起，几次谕令各省疆吏于地方收复后召集流亡，垦辟地亩之余。于 1880 年又通令各省查勘荒地，限期上报。户部则紧接着奏请指令各省"劝垦开征，不得借词短欠"⑤，等等。再则推广、扶正厘金。该项原是镇压太平军时由参战部队就地筹饷的一种临时措施，早已局卡繁密，许多省区几乎是十里一亭、五里一榭地设置局卡，如布罗网。事平，清政府不但不予废除，反而予以推广，形成一种经常税制。如此厉行搜刮，征收量是增加了，但因严重阻碍物流，付出了经济难

---

① 《户部左侍郎皂保奏折清单》，同治四年三月十三日，《清代抄档》，中国社会科学院经济研究所藏。

② 李宗羲：《星变陈官疏》，《开县李尚书政书》卷六，第 29 页。

③ 《李文忠公全书》奏稿，卷一九，第 45 页。

④ 中国史学会主编：《中国近代史资料丛刊：洋务运动》第 3 册，上海人民出版社 1961 年版，第 525 页。

⑤ 严中平主编：《中国近代经济史（1840—1894）》上册，人民出版社 1989 年版，第 691 页。

以顺利复苏的代价。

国内既恢复和平，外贸规模遂有较大的增长；关税在这些年里增长颇快，并在财政收入中日益增大它的比重。其实收总量，从 1874 年的库平银 1212 万两增加到 1880 年的 1469 万两，1884 年受中法战争影响，一度减至 1415 万两，到 1888 年又恢复至 1933 万两、1894 年达到 2270 万两。[①] 若就岁入总量说，则从 19 世纪 70 年代中期的 6000 万两，增加至 19 世纪 80 年代中期的 8000 万两，在财政上构成所谓"中兴"的幻象。

1884—1885 年，又遭到外敌的入侵——法国强加的中法战争，成长中的财政又遭到一次挫折。

往后十年间（1885—1894 年），清政府历年岁出入量比较稳定，每年都有多少不等的结余（见表 1-1）。可是，1894 年秋，日本侵略我国的甲午战争一起，财政形势立即逆转。

表 1-1　　　　　　清政府年均岁出、岁入（1885—1894 年）　　　　单位：银万两

年份	年均收入	年均支出	结余
1885—1887	8085.7	7756.6	329.1
1888—1890	8532.0	7781.8	750.2
1891—1894	8454.8	7767.7	687.1

资料来源：据刘岳云《光绪会计表》改制。

1894 年（甲午）秋，继日本突然入侵我国，中、日于 8 月 1 日相互宣战。清政府先为增强防备、筹措军务费用，借用洋款 5 笔，统一折合成库平银 4154 万两。结束战争时，日方勒索军费赔款，另加辽东赎回费，共计银 2.3 亿余两，相当于战前三年岁出总数，限期三年清讫，否则，须加给利息，且不撤退占领威海的日军，并须"贴交"军费。清政府在无可奈何中乃另借洋款来清

---

① 　陈诗启：《中国近代海关史》，人民出版社 2002 年版，第 463—464 页。

偿，共计 3 笔（俄法借款、英德借款和续借款），分别以法郎、英镑为准，统一折合库平银为 2.63 亿余两，带给国家空前的沉重负担。

清政府对日赔款于 1898 年 4 月交讫后不久的 1900 年，以义和团事件遭到俄、德、法、英、美、日等八国联军的打击，议和时，勒索巨额赔款。清政府为苟延其王朝统治生命，忍将国家主权、民族尊严弃置不顾，1901 年签订《辛丑条约》，认赔关平银 4.5 亿两，分 40 年交清，但须说明，这是赔款，非借款。

上述两笔赔款（其中甲午赔款则转由所借三笔外债取代）和所衍生利息，从 1902 年起到清亡的 1911 年，每年需清偿银 4000 万两左右，几乎相当于 1894 年全年收入的一半，不只是给予清政府当年财政以摧毁性的一击，更是长期贻害后来。

清政府在 1895—1900 年六年间，平均年岁入稍稍过银 1 亿两。[1] 1903—1911 年，能估计出一个近似数字，如表 1-2 所示。表中数字表明无论岁入还是岁出，总的趋势都在增加。而年年岁出的增幅，超过岁入。这样，赤字竟呈蹿升之势。清政府遂年年难过年年过地挣扎着。

表 1-2　　　　　清政府岁入、岁出和赤字（1903—1911 年）　　　单位：银万两

年份	岁入	岁出	赤字
1903	10492	13492	3000
1905	10292	13650	3358
1908	24191	24490	299
1909	30122	36787	6665
1911	29696	37635	7939

资料来源：汪敬虞主编：《中国近代经济史（1895—1927）》中册，人民出版社 2000 年版，第 1334—1337 页。

———————

[1]　刘锦藻：《清朝续文献通考》卷八二四八，商务印书馆 1936 年版。

二　北洋政府财政（民国前期）

1911 年，武昌起义爆发，为革命在海外奔走多年的孙中山，应国内革命党人电召，于 12 月下旬返抵上海；旋经各省都督府代表联合投票选举为临时大总统。2 月，孙中山自临时参议院辞任临时大总统，荐举清朝末代内阁总理大臣袁世凯继任，经临时参议院举袁世凯为第二任临时大总统。中华民国的治权，从该年 3 月起落入以袁世凯为首的北洋军阀手中。在此期间，还先有南京临时政府，后有西南独立各省，如滇、黔、粤、桂等省和广州国民政府存在。循此时序，分别述其财政状况如下：

（一）南京临时政府

南京临时政府甫一成立，在财政方面，即制定取之于民，用之于民，使人民具有生民之乐的原则，在中央成立财政部，各省设立财政司，力谋实现全国财政统一；并试图革除盐政积弊，豁免一些钱漕和百货税厘，以解民困。但是，由于内外形势，它在存在的几个月里，既未能对所辖各省作有效的统率，又缺乏坚实的财政基础。帝国主义列强又以中立为名，为防某些通商口岸"脱离清政府"，"听任革命党支配"①，攫取关税的保管权，使临时政府对此项分文无收。它的财政始终处于匮乏不堪的困境。

（二）北洋政府

北洋军阀执政十五年（1912—1927 年），先是袁世凯当政，继由该集团以段祺瑞为首的皖系执政；最后则由同集团的直系和依附于该集团的奉系，或单独执政或联合执政。当年就税制说，基本上沿用晚清旧制，除开征少数新税种外，没有建立一套新的税收制度。据在华外籍人士冷眼旁观评称："不论谁是名义上的总统、总理、省长或其他什么政府官员，他都与军方有联系，或受

---

① 《英国驻华公使朱尔典致英国外交大臣格雷》，1911 年 10 月，陈诗启：《中国近代海关史》，人民出版社 2002 年版，第 477 页。

到军方的支持及控制。"① 当年几乎无岁不战，无省不乱，军方又多属贪得无厌和贪污浪费的人物，必然的结果是"财匮于上，民穷于下，且愈演愈烈"。对财政状况则说："这个贫困的国家的税收——直接的、间接的、官方的或非官方的——足够繁重的了。"然而，"盐税、厘金、土地税、烟酒税、印花税……汇总解交中央金库的金额还不够支付中央行政管理机构人员的薪津，连对在北京的国立大学教职员工也发不出薪津"。② 这些异常现象竟成北洋政府年代的经常事实。

1. 袁氏执政年代

袁世凯政府首任财政总长熊希龄面对财政只有支出，并无收入，纯恃外债，认为危险万状，已无能为力，旋即辞职。8 月，周学熙继任总长兼充税务处督办，有感"农工商业俱废"，于 9—12 月连续提出《财政政见书》《财政方针说明书》和《财政计划说帖》等文书，认为"帑藏告匮，危机四伏"，"欲谋国库之充裕，必先谋民富之增加"。国富与民富并举，直接使经济受其益，间接地使财政见其功。为救急，首要在裁兵节饷；而为长远计，则需通过改革税制，以整理财政，建立新的财政管理体制，严格规定中央、地方权限和税种，等等。③ 他的主张和建议，未尝不言之有理。可是，于袁世凯这个急于伸手要钱的人来说，简直如同与虎谋皮，结果是税收紊乱照旧，财源枯竭依然。

第二年，袁政府为救急，便恢复辛亥鼎革之际一度停免的前清秕政——报效、捐输，对旧税（田赋税、货物税）做了一些整顿，开收了一些新税，如烟酒税、牌照税之类，使岁入有所增加，

① 《花旗银行（北京）经理贝德致纽约总行经理报告》，1926 年 12 月 28 日，中国人民银行金融研究室编：《美国花旗银行在华史料》，中国金融出版社 1990 年版，第 362—365 页。

② 《花旗银行（北京）经理贝德致纽约总行经理报告》，1926 年 12 月 28 日，中国人民银行金融研究室编：《美国花旗银行在华史料》，第 362—365 页。

③ 贾士毅：《民国财政史》上册，（台北）商务印书馆 1962 年版，第 151 页。

但仍有赤字，以发行公债作弥补。

1914—1916 年，除 1915 年"差足自给"外，其余两年，都入不敷出，以巨额的内外债收入做成财政的平衡。

这个政府的历年支出，约言之，1913 年以清偿旧债为最多，军费次之；1914 年、1915 年两年则都以镇压异己的军费为最大宗。

袁世凯当上大总统后，还梦想高升一步做皇帝。1915 年下半年，护国讨袁战争迅速展开。袁世凯政府为收买所属军队的忠心，采取加饷措施。这么一着，每月须增加数百万元；至次年 2 月底，临时追加已达 1300 余万元。收入方面，则急剧萎缩。1916 年 1 月上旬，两广、苏、皖等省就"将解中央之款，全数截留，以备维持秩序之用"。[1] 中央虽向各省加派征滇即镇压护国军的军饷，拟增加盐税、验契、税契、注册各费，但国内西南各省既相继独立，其余各省也多观望。中央向外省搜刮落空，袁世凯政府财政状况之急剧恶化，是构成袁世凯梦想幻灭的一个因素。

2. 皖系执政时段

段祺瑞于 1916 年 6 月初袁世凯去世当天，以总理身份宣布遗令：以副总统黎元洪代行大总统职权。过不久，他自称执政，实掌大权，开始了北洋军阀皖系对国家的统治，直到 1920 年 7 月以与直系交战失败，段氏自劾并呈请大总统罢免本兼各职及褫夺陆军上将衔下台。[2]

皖系执政期间，"纵武抑民"[3]，提出武力统一作为国家大政。当时，有人指出："须知武力者，以银圆为子弹耳。"[4] 所要统一的对象，是指以反对袁世凯帝制自卫而组织起来的护国军及其后

---

[1]　《申报》1916 年 1 月 7 日。

[2]　李新总编：《中华民国大事记》第 1 册，中国文史出版社 1997 年版，第 712 页。

[3]　《历述段祺瑞卖国罪》，《民国日报》1912 年 2 月 12 日。

[4]　《外报论民国七年财政历史》，李心灵译，财政科学研究所、中国第二历史档案馆编：《民国外债档案史料》第 1 卷，中国档案出版社 1991 年版。

自处于独立状态的西南诸省，而所有军事行动，更多地却在北洋军阀内部不同派系以及同派系的大小各军阀之间展开。在年年政局纷乱、军阀专横中，军费支出日增月涨，财政状况便每况愈下。

皖系执政时期，国家预算时有时无，即使有，也多与事实相抵牾，令人难以相信。当年国家岁入，除中央直接征收所得，如关税、盐税等项（在岁入中占大宗）外，便只靠由地方征收所得的解拨。据外人估计，此项年"约二万万元之数"；"因中央过于软弱，各项赋税等，都被各省督军扣留"；不仅不解，"且频向中央请款"。① 这样，此项从第二年即 1917 年起到 1920 年，急剧递减，具体数额见表 1-3。

表 1-3　　　　　　　　历年各省解款量（1917—1920 年）　　　　　　　单位：万元

年份	1917	1918	1919	1920
数量	1860	1215	426	426

资料来源：财政部财政年鉴编纂处编纂：《财政年鉴》上，商务印书馆 1935 年版，第 8—9 页。

之所以出现这种结果，主要原因在于所解省份年年减少。如 1917 年有直、鲁、豫、晋、苏、皖、赣、闽、浙、鄂、陕、湘、川、粤十四省，加上京兆地区。1918 年，湘、川、粤三省和京兆出缺。1919—1921 年，仍在解拨的只有苏、赣、浙三省。这样，递减的演变本身既意味着解款数量的剧减，而与此相适应，赤字年益增加；又透露出中央统治权威的日坠，地方对中央关系的日趋离心离德。两者互为因果，使皖系执政局面终于分崩离析。

3. 直系乱政岁月

直系在奉系支援下战胜皖系，即以本系为主联合奉系于 1920 年 7 月共同执掌国政。直奉双方势均力敌，为争权夺利，明争暗

① 《外报论民国七年财政历史》，李心灵译，财政科学研究所、中国第二历史档案馆编：《民国外债档案史料》第 1 卷，中国档案出版社 1991 年版。

斗不息，国家政局混乱不堪。单举下述事实就足资印证。在此后七年的前四年，位居总统的先后有三个之多（徐世昌、黎元洪、曹锟）。后三年实掌国政的先后有一个执政（段祺瑞）、两个摄政（颜惠庆、顾维钧），最后出现一个安国军大元帅（张作霖）。盘踞在地方各省的众军阀混战不止。在如此政变迭起、战乱频仍中，呈现出末代乱世景象。表现于财政方面的则是从一开始即濒于崩溃，持续着终以此告终。

直系一上台，其内阁总理靳云鹏于 1920 年 12 月与美国驻华公使克兰晤谈中直率称："中国政府财政的特点是混乱和不公开"，承认"在政府财政中有些项目不便公开"，"庞大的支出……所以增加完全是由于军事负担过重"；为了"应付这些需要，来源就是靠借外债"。[1] 当年，那些密切关注我国财政、经济状况的在华外国银行家们，同时也是国际银团在华代表们，从不同的角度对这同一问题做了类似的评说："中国政府事实上已经破产了"，"唯一能予以拯救"的"就是外债"。[2]

同年年底，国内报纸也多有述评："中国财政每年收入与支出之间，相差二万万元以上"；"相当于其时预算总收入平均四亿元多些的半数"；"财政总长地位之难，可以想见"；"为财长者，又须应付政界索债之人，尤以军官为难应付"；"到部中索取欠薪者日日有之，财长唯有婉言以无款却之，否则缠扰不休，使人难堪"；"前此已有多次，每值年节大结账时，一若政府之财政已至山穷水尽，非破产不可……今年年底，会否亦如此"。[3]

次年年底，传媒又有报道，"中央政府之存在与否纯视财政有无起死回生之法以为断"，"目下的财政问题即为政府与其所代表

---

① 《靳云鹏—克兰会谈备忘录》，1920 年 12 月 20 日，中国人民银行金融研究室编：《美国花旗银行在华史料》，中国金融出版社 1990 年版，第 236—237 页。

② 《民国日报》1920 年 12 月 19 日。

③ 《民国日报》1922 年 9 月 7 日，《京报》1922 年 9 月 3 日。

之国家之死活问题"。舆论中有这样论述的："很难想象""现在的政府，实际上它已无能使政府机器运转下去"；或"尽管一旦突然没有了钱，中国政府就无法再混下去，但……目前似乎还没有达到水穷山尽的地步"。①

财政难以为继，与体制的紊乱互为因果。20世纪20年代最初几年，就收入说，"除中央权力所及各地外，大率皆自为政；不特昔之专款、解款完全停止，即向归中央所有之各项收入，亦复难以足数"。就支出说，"军政各费日益膨胀"，政府始终"以日减之收入供日增之支出"，"国民负担之重有加无已"，"纵欲敲骨吸髓榨取，其奈已无骨可敲、无髓可吸何!?"正如有人浩叹："有如垂涸之源而取者尚纷至沓来，其为危险宁待言喻!"②

职司财政当局对预算没法编，也接连数年没有编。财政整理会暂编1925年预算，条列岁入经常、临时总计4.6亿余元，岁出经常、临时总计6.3亿余元，赤字1.7亿余元③，已足惊人。而岁入大都属虚列，并无实款可得。如海关税及50里内的常关税年收超过1亿元，全部用于抵内外债票，归海关总税务司支配；盐税年收量1亿元左右，除用于抵内外债款外，大半遭各省截留，解缴中央的实数无几。中央财政当局只得放下身段，如沿门托钵般向一些外国小银行借垫若干，过得一日算一日了。

过后年余，直系政府垮了，也标志着北洋军阀统治的结束，虽然一时还遗有残余势力。张作霖自封的安国军政府于1928年6月接受国民政府同意其自行整顿，并于3日出京归奉。④

---

① 《民国日报》1922年5月31日，引汇丰银行（北京）经理熙礼尔语。

② 《财政整理会呈总统文稿》，1924年3月29日，财政科学研究所、中国第二历史档案馆编：《民国外债档案史料》第1卷，中国档案出版社1991年版，第355、359—362页。

③ 《财政整理会呈总统文稿》，1924年3月29日，财政科学研究所、中国第二历史档案馆编：《民国外债档案史料》第1卷，第355、359—362页。

④ 李新总编：《中华民国大事记》第2册，中国文史出版社1997年版，第824—826页。

（三）护国军、西南独立诸省的财政

袁世凯一就任大总统，"乘时窃柄，帝制自为"，"弁髦约法"，"复以兵劫天下"。国民党时任江西都督李烈钧于 1913 年 7 月 12 日于湖口起兵，发动二次革命，传檄"亟起自卫与天下共击之"①，旋遭挫败。

1915 年年底，袁世凯谋恢复帝制。时任经界局督办蔡锷乔装出京，间道到云南参加西南诸省正在酝酿的拥护共和的行动，组织护国军，从此西南诸省如云南、贵州、广西等省独立。后孙中山为竞二次革命之功，于 1917 年到广州，联络西南诸省揭露段祺瑞"以伪共和易复辟，其名则美，其实则窬"；"民国之号虽复，而祸乱之机方始"。电邀滞留于津、沪的国会议员南下护法，并旋在国会非常会议中决议于 9 月 1 日成立中华民国军政府，孙中山当选为该军政府海陆军大元帅，即以"攘除奸凶，恢复约法，以竞元年未尽之业"② 相号召，以反对北洋军阀的统治。上述各该当局，在就地筹饷、经费艰窘中偶或向当地外商借得一些量少期短的款项以资周转。

三　国民政府财政（民国后期）

中国国民党从 1927 年 4 月定都南京掌权执政起，到 1949 年 9 月 30 日中华人民共和国成立前夕，略可分成三个时段：最初十年、抗战八年和复员岁月。各个阶段的财政概况略如下：

（一）最初十年

国民政府于 1927 年 4 月定都南京初期，无法继承北洋政府紊乱的财政体制，决定从头做起。当时能有效控制的只有苏、浙、皖、赣四省，其中能把所收税金按例解缴中央或部分解缴的只有苏、浙两省，嗣后渐次增多。1928 年年底，东北地方当局宣布易

---

① 李新总编：《中华民国大事记》第 1 册，中国文史出版社 1997 年版，第 273 页。
② 李新总编：《中华民国大事记》第 1 册，第 500 页。

帜，和南京共命运，国家基本统一。

国民政府既认定军政时期已告结束，转入巩固政权作为施政重心。财政当局鉴于凡百事业恃财以行，把整理财政作为急务。它除了认定防财源之枯竭、谋富力之培养、从发展实业入手外，制定财政整理方策，包括统一财权、划分国（家）地（方）两种税收系统、关盐两税收归中央、田赋划归地方、废除田赋附加、废除厘金，并改良更新税制，如改革田赋、制定全国地价、划一地税、新设所得税和遗产税，以及裁撤国内通过税、改办特种消费税，并实现了部分关税自主权以及厉行预决算，等等①，这些措施收到了一定的效果。

财政收支方面，除制定预算外，并辅之以公库制度。《公库法》规定：地方各省市财政机关征收属于中央的款项，一律解缴公库储存，不得擅自留存动用；如因此致地方税收量减少，由中央给予补助，以资调节。旋拟定细则，指定几省先试行。经过一年多试办，到1936年颇有成效，国库收支数额两都大增（见表1-4）。

表1-4　　　　　　国民政府岁入、岁出和赤字（1929—1936年）单位：百万元、%

年份	岁入	岁出	赤字	
			借贷抵补	占支出的比例
1929	334	434	100	23.0
1930	484	584	100	17.1
1931	558	775	217	28.0
1932	619	749	130	17.4
1933	614	699	85	12.2
1934	689	836	147	17.6
1935	745	941	196	20.8
1936	817	1073	256	23.8

注：1929—1934年均据已公布的报告，1935—1936年则据未经公布但据最后数字的资料。

资料来源：［美］阿瑟·恩·杨格：《1927—1937年中国财政经济情况》，陈泽宪、陈霞飞译，中国社会科学出版社1981年版，第38页。

---

① 财政科学研究所、中国第二历史档案馆编：《民国外债档案史料》第2卷，中国档案出版社1991年版，第1—4页。

表 1-4 表明，年年有赤字，除了个别年份如 1931 年、1936 年两年，一般不多，何以至此？很简单，1931 年日本挑起"九·一八"事变，东北地区税收半遭失收。虽然当年我国未作抵抗，但非常的军事费用却也花了不少。至于 1936 年，为国防经济建设——军工企事业投入较多。正如当年职司财政的宋子文所说："税额既不能增"，"唯有举借之一途"。[1] 不过，所举之债的大部分是发行国内公债，平均每年约 1.5 亿元。[2]

在此十年期间，国民政府注意到为发展国民经济，尽可能通过借贷，利用国外资金。1929 年年底，国民党在第四届中央执行委员会第一次全体会议上，通过"遵照总理实业计划以发展国民经济案"，确定于国际平等互惠，在不损害国家主权、行政权之条件下，得充分利用外国之资本技术。并于次年 1 月，由行政院发布政令，尝试付诸实施。

（二）抗战八年和复员岁月

日本帝国主义于 1937 年 7 月 7 日对我国发动全面侵略战争，我国进入战时状态，持续到 1945 年 9 月接受其投降时止。

抗日战争一爆发，国民政府即于 8 月 30 日由国防最高委员会通过《总动员计划大纲》。次年 3 月 29 日，国民党在其全国临时代表大会上通过的《抗战建国纲领》中确定，以战斗到最后胜利为目标，号召有力出力，有钱出钱，以筹措抗敌军费，财政转入战时体制。

从开始抗战到 1938 年年底的一年时间里，原为财政收入三大宗的关税遭敌军日益扩大的劫持，盐税以沦陷地区的扩大日受减损，统税也因战区的扩大，沿江、沿海比较富庶地区的沦陷，不同程度地遭到失收的损失。此三项税收量如与战前比较，大致只

---

[1]　千家驹：《中国的内债》，社会调查所，1933 年，第 49 页。

[2]　在 1927—1931 年五年间，发行内债达 10 亿元，经折扣等扣除，实收近 5.4 亿元。

及战前的 20%、35% 和 18%。至于国营事业如铁路、邮、电各业，在战争的破坏和影响下都有亏无盈；在一年半的时间里，总亏额达 2.5 亿余元。同一时期，包括所有军务、战务、购械、国防建设等费，开支激增。在建国与抗战的部署下，经济、交通、文化各项建设及补助地方的经费，有增无已，支出总量共 32.9 亿余元，其中为保障抗战供给，约占 67%；为供应建国之必需，约占 11%；清偿历年积欠的债务①和供作经常行政经费占 22%。岁入状况在短收甚巨中全赖全国同胞，包括侨居海外华侨同仇敌忾，踊跃输将，支援抗战。另外，采取发行公债筹集款项，如救国公债、国防公债等，在抗战最初三年半时间里，公债发行额达 24 亿元，其中约 10% 向国内外公开募集，90% 则向中国、中央、交通、农民四银行押借。1937—1939 年度国库收入和支出情况如表 1-5 和表 1-6 所示。据财政部长孔祥熙向最高当局密报，从 1940 年起，物价由逐年而逐月上涨，且呈加速度迹象。1941 年国民党五届八中全会决议："一、改进财政收支系统，田赋由中央接管，改征实物，于是年秋起开征；二、原属各省市收入统由中央接收，原属各省市支出统由中央接付；三、实施专卖，即将盐税和各地方的货物出厂税中的糖、火柴和烟三项改制实行专卖，将各地方的货物通过税、产销税等悉予废除并另征消费税等等，如果仍不足够，采取通货膨胀的险着。"在通货急剧膨胀的头一年和后一年的数额，等量远不等值，甚至同一年的头几个月与后几个月比较也是这样。1940—1945 年度国库收支，为存实，且照引原数，制成表 1-7，以供参考。

表 1-5　　　　　　　　　1937—1939 年度国库收入情况　　　　单位：万元、%

年度 款目	1937 年		1938 年		1939 年	
	收入	百分比	收入	百分比	收入	百分比
关税	16410	7.9	3867	3.2	7200	2.6

①　1938 年年底，中国政府声明，从 1939 年起，暂予停付。

续表

年度\款目	1937 年		1938 年		1939 年	
	收入	百分比	收入	百分比	收入	百分比
盐税	15846	7.7	4549	3.7	7600	2.7
统税	6794	3.3	1677	1.4	3000	1.1
所得税	2024	1.0	856	0.7	2500	0.9
其他各税	2559	1.2	910	0.8	1800	0.7
其他收入	10675	5.2	4308	3.5	2000	0.7
现金捐款	2738	1.3	2592	2.1	5000	1.8
小计	57046 *	27.6	18759	15.4	29100	10.5
债款收入	149492	72.4	103264	84.6	248635	89.5
共计	206538	100.0	122023	100.0	277735	100.00

说明：* 原作 580455 千元，改正为 570455 千元。这里以万元为单位，万以下四舍五入，改为 57046 万元。年度：某年度指从当年 7 月 1 日起至次年 6 月底止，1937 年即从 1937 年 7 月 1 日起，恰值"七七事变"，使国家财政由平时状态而进入战时状态，预算年度从 1938 年起改半年制，1938 年度只是该年 7—12 月，而后，某一年度即指该一年。

资料来源：中国第二历史档案馆：《孔祥熙关于 1937—1939 年财政实况的密报》上、下，《民国档案史料》1992 年第 4 期、1993 年第 1 期。

表 1—6　　　　　　　**1937—1939 年度国库支出情况**　　　单位：万元、%

年度\款目	1937 年		1938 年		1939 年	
	支出	百分比	支出	百分比	支出	百分比
党政费	13287	6.4	6915	5.7	13459	4.9
军务费 *	137984	66.5	81692	67.0	190249	68.5
建设事业费	20512	9.9	7965	6.5	23657	8.5
补助省市费	4165	2.0	2395	2.0	6296	2.2
债务费	31589	15.2	22956	18.8	44074	15.9
共计	207537	100.00	121923	100.00	277735	100.00

说明：* 包括普通等费、战务费、购械易货款和国防建设费。年度：某年度指从当年 7 月 1 日起至次年 6 月底止，1937 年即从 1937 年 7 月 1 日起，恰值"七七事变"，使国家财政由平时状态而进入战时状态，预算年度从 1938 年起改半年制，1938 年度只是该年 7—12 月，而后，某一年度即指该一年。

资料来源：中国第二历史档案馆：《孔祥熙关于 1937—1939 年财政实况的密报》上、下，《民国档案史料》1992 年第 4 期、1993 年第 1 期。

表 1-7　　　　抗日战争及复员岁月的国库收支*（1940—1945 年）

单位：亿元、%

年份	收入	借款	比重	支出	军务	比重*
1940	51.6	38.3	74.3	52.9	37.7	71.3
1941	108.0	94.4	87.4	100.0	48.8	48.8
1942	257.1	200.8	78.0	245.1	111.5	45.5
1943	612.6	408.5	66.7	588.2	229.6	39.0
1944	1782.9	1401.0	78.6	1716.3	440.0	25.6
1945	12561.1	10432.5	83.1	12150.2	1911.2	15.7

说明：＊原说明 1939 年起，"国库收支各项科目……有所变更：支出科目由原按支费性质别改变为按各院部会主管单位别"。这里未能将军政部主管和紧急命令支出两项所含部分军费支出加入，因此，支出中的实际军务费及所占比重该略大于表中所记的。又：军务支出在岁支中比重，从 1942 年起逐年减少，与所需军火从该年起除了自给部分，由同盟国依据美国"租借法案"统一调配有关。

资料来源：财政部财政年鉴编纂处编纂：《财政年鉴》第三编，商务印书馆 1935 年版，第 129—150 页。其比重经过著者修正。

　　为争取民族生存、国家独立，中国竭全民之力，经八年苦战，抵抗日本侵略，于 1945 年取得胜利，随即转入复员阶段。国民政府在交通阻滞、法币贬值、游资作祟、物价飞涨境况中开始此项工作。可是，它谋独吞胜利果实，违背人民意志，于 1946 年在反对中国共产党的名义下，悍然挑起全国规模的内战，致全国人民蒙受极大的灾难。国民政府的财政由于内战军费的剧增，赤字日趋庞大。从抗战胜利之年即 1945 年的 1.1 万亿元增至 1946 年的 4.7 万亿元、1947 年的 29.3 万亿元，到 1948 年头 7 个月更高达 434 万亿元，使抗战胜利时已危殆万分的国家财政经济与金融事业，不但未能力挽危局，反而更皆由此江河日下，一落千丈，卒至不可收拾，成为加速国民党统治垮台的一个重要因素。

第二节　列强在华强权地位的
形成及其谋华动态

近代，在国外债的贷方主体，按国籍分，数逾十个，其中还有国际组织。其中，最重要的是英、美、法、德、俄、日六国；其他如比利时等国稍逊一筹，从略。这里先述列强在华强权地位的取得和终归全部废除。

一　列强结成联合阵线

19 世纪中，英国凭借其发达的资本主义经济，作为当年世界最强国，蓄谋要把我国变成尽可由其臣民自由驰骋的商品市场，乃借词挑衅，于 1840 年发动鸦片战争，8 月 29 日强迫清政府与之订立《江宁条约》；次年，又增订《五口通商章程》等件；除了割让香港，还让予以协定关税、领事裁判等特权。并旋即声明：女王政府愿将从中国迫取的所有特权公诸共享，而隐以共主自居，召集与有同谋的国家连成一体；既可增强其共同压制我国的力度，又可用以减少它们之间发生利害矛盾的摩擦。

首起响应的是美国。泰勒总统于 1842 年年底决定派遣正式代表来华，与中国建立新的商务关系；次年 5 月，美国众议院外交委员会委员顾盛作为专使率军舰来华，并接受训令：美国必须在中国通商口岸取得与英国相同的通商条件。他据此与清政府交涉，后者经不起他的恫吓，旋即以一视同仁的饰词于 1844 年 7 月 2 日与之订立习称的《望厦条约》等约章，除了均沾先已让与英国的各种特权，又添给一些新的，如规定美国军舰可以任意驶往通商口岸巡查贸易，而严重侵犯我国的领海主权。

　　法国直到 19 世纪 30 年代，还是一个农业占优势的国家；到40 年代末，经济有较快发展，它在国际贸易中所占份额仅次于英国，可是差距甚大，不过相当于英国的 10%。中法间商贸往来其时不多，有一些传教士来华传教。中英间展开鸦片战争时，法国派出真盛意来华探察事态的演变。1844 年，法国以刺萼尼为专使，于 8 月到澳门窥测动静，并制造混乱信息。如先传出要与中国结好，共同抗英；后又说将与中国为难，占据虎门，还准备北上京师，亲见皇上。清政府其时负责对外交涉的耆英断言："抚夷不外通商"，又防一拖久或别生枝节而与之会谈。同年 10 月 24 日，双方订立习称的《黄埔条约》，除均沾英、美两国已经取得的特权，增添了法国人得在通商各口租赁、自行修建房屋，对"房屋间数，地段宽广，不必议立限制"，从而成为日后的租界这种国中之国的起因。

　　俄国是与我国北边接壤的唯一邻邦。中俄双方早年订立《尼布楚条约》（1689 年 8 月）、《恰克图界约协定》（1727 年 8 月）等约章，划定疆界、商定互市规则①后，百余年间基本上相安无事。俄国在东向直往堪察加、阿拉斯加拓殖的同时，侧目斜注南方——觊觎我国黑龙江流域的土地。沙皇尼古拉一世于 1847 年任命木哩斐岳福为东西伯利亚总督，中俄从此多事。在 1848—1855年间，俄方多次组织远征队、探险队深入我国境内图谋鲸吞土地。吉林将军景淳奏报清政府：今忽有此举动，"阳请分界，阴图侵疆"。清政府命库伦（今蒙古国首都乌兰巴托）办事大臣于 1856年春致俄国枢密院照会中严正指出：双方可以委员亲到边境查验边界标志建立情况。至于谋把松花江下游地区让与俄国"实非按

---

　　① 当年签订的除了《恰克图界约协定》，还有《布连斯奇约》《恰克图东西鄂博案》和《阿巴哈依国约》，以及一项补充协定《色楞额约》四件，参见陈芳芝《东北史探讨》，中国社会科学出版社 1995 年版，第 238—246 页。

照和平定制，持平办理"。①同年，英国既谋联合法国再度对我国挑起侵略战争，即英法联军战争。俄驻英使馆武官普提雅廷在向本国报告后即被调任为来华使节，赋予双重任务：实现俄国对满洲的计划和为俄国取得英、法两国向中国要求的同样特权。普提雅廷未到北京前，先通过北京东正教主教呈交理藩院一件备忘录，通报秘密信息：英、法两国正在筹划阴谋对付中国，表示愿与中国合作以挫败英、法的计划；转又南下上海、广州活动。英法联军既攻下广州，到北京的谈判使节中竟出现普提雅廷其人。英、法两国凭战胜威势迫使清政府于 1858 年、1860 年两年先后订立《北京条约》和《天津条约》，给予各种特权。俄国除了照样签订系列的约章迫取同样特权，并自称"调停有功"，硬是向清政府迫取黑龙江以北、乌苏里江以东大片领土，并对新疆西部边界的划定做了有利于俄国的原则规定。这些涉及领土的问题原与借贷的经济事务无涉，日后却实际构成与中、俄间借贷往来攸关的背景。

　　1861 年，德国在其境内还是普鲁士等多邦林立，尚未统一，为与我国建立外交关系，派遣艾林波为首的外交使团来华，旋即与清政府缔结《中普友好通商条约》，以片面最惠国条款共享此前清政府与英、美、法、俄四国先后订立的系列约章中所让予的权益。该使团随行人员中有一位地理学家、地质学家斐迪南·李希霍芬。此后，他以旅行名义几度来华，认定我国山东胶州湾地区背靠华北大地，是德国谋求在东亚建置军事据点并经营成为重要商业中心最理想的地方。德国政府旋即取此作为其谋华决策的一个主要依据，竟成日后中、德间借贷关系上的一个重要背景因素。

　　最后是日本。它与我国隔海相望，在地缘上是一衣带水的近邻。1853 年，日本受到美国军舰威胁，次年与之订立《日美亲善条约》，接着又与其他国家订立类似条约，在当年，是与我国同样

---

①　陈芳芝：《东北史探讨》，中国社会科学出版社 1995 年版，第 272—277 页。

遭到异国强加的不平等条约束缚的国家。① 日本面对如此变局，在内治上，于 1866 年（日庆应四年）结束幕府统治，改元明治，开始"维新"。1868 年 2 月 8 日，日本政府在《关于外交布告》里除了宣布"断然同意已缔结的和亲条约"之余，确定建国方针："大力充实军备，使国威光耀海外万国。"1870 年 6 月，其外务省制定"外交急务"：以朝鲜为目标，"从此处着手"；其次对中国等地，也成为它的必争之地，等等，皆列入其国家经略远图之中。② 日本并于 7 月派其外务大臣柳原前光前来我国，要求比照西方各国成例与日本缔结通商条约，未成。次年 6 月，其大藏大臣来我国议约；9 月 13 日，中、日两国订立《修好条约》和《通商章程》等件，也未满其所欲。伴随维新，日本国力增强，其参谋本部于 1887 年 2 月制订《征讨清国策案》，认为"欲维持我帝国的独立，扩张国威，进而巍然屹立于万国之间以保持安宁，则不可不攻击支那，不可不将现今的清国分割为若干小邦"。并条列江、浙两省等地"划归日本版图"，等等。③ 几年后，日本终以托词解决朝鲜问题向我挑衅，于 1894 年挑起甲午战争；次年 4 月 17 日，迫使清政府签订《马关条约》，其中规定，此前两国间所有约章，因此次战争自应废绝；并在此条约批准互换后，两国速派全权大臣以中国与泰西各国现行约章为本，"与中国最为优待之国一律无异"地"新订约章"。而于同年 7 月，签订《通商行船条约》等件，确认日本在华享有与欧美各国同等地位而跻入列强行列。

中外间订立的一系列不平等条约，件件都未能万年不变，随着情况的变化，先后被废除和抛弃，最后到 20 世纪 40 年代中期

---

　　①　日本与美国等国所订的《条约》《章程》等五件，其时日本年号为"安政"，习称《安政五条约》。

　　②　［日］外务省编：《日本外交文书》第 1 卷，大正八年，第 227 页；第 3 卷，大正八年，第 190—192 页。

　　③　米庆余：《读〈战前的日本与中国〉一书有感》，徐静波、陈建安、王少普主编：《中日文化与政治经济论》，复旦大学出版社 2004 年版。

则概予废止。

最先被废除的是与德国签订的此类条约。我国在德国挑起第一次世界大战后的 1917 年 3 月 14 日、8 月 14 日，先后宣布与之绝交，处于战争状态，两国关系中止，以往所有约章自然失效。这次大战结束后，中、德间为恢复邦交，于 1921 年 5 月 20 日签订《中德协约》等文件，以"法"的形式彻底清算德国此前在华所享受的所有特权，两国关系从此平等相处。

其次是俄国。1917 年 10 月社会主义革命既在该国取得胜利。苏联政府继 1918 年、1919 年先后两次声明，将沙皇政府同中国政府签订的以及涉及中国之损害中国主权的条约、协定等概属无效，建议另订新约。中、苏双方 1924 年 5 月 31 日《中俄解决悬案大纲协定》等件，声明沙皇政府与我国所签订的一切条约、协定，等等，以及与第三者所订具有妨碍中国主权及利益的条约、协定等概行废止。虽然中东铁路问题尚未最后解决，两国毕竟从此平等共处。

日本于 1937 年 7 月 7 日对我国挑起全面侵略战争，最后以无条件投降而告终。两国间在战前所签订的所有条约等文书，不言自明，均被抗日战争的怒火一举焚尽。

其他犹存的不平等条约，当抗日战争爆发，事实上趋向名存实亡。我国既与有关国家共同为反法西斯结成同盟，分别在东亚、欧洲相互配合，比肩战斗，则已是同盟友好关系。到 1942 年 10 月 9 日，美国国务卿赫尔面告我国驻美大使魏道明：美国决定放弃在华特权及有关问题，另订新约；并声称英国同有此意向。次日，我国做出回应：深望最近续订新约之时，将包括一切不合于国家平等原则或国际法一般原则之现存特殊权益让予权等，一律加以废除。[1] 我国嗣与美、英等国基本上都以平等为原则，先后分

---

[1]　李新总编：《中华民国大事记》第 4 册，中国文史出版社 1997 年版，第 241—243 页。

别签订《新约》或《平等新约》。废除所有不平等条约，是对已形成的事实的一种追认。

二　列强各国国力的相对变化及其谋华态势的演变

英国这个 19 世纪中的世界最强国，随着他国的兴起而走向衰落，史家多以其于同世纪末在南非布尔战争中的胜利，作为它开始从最强国的巅峰坠落下来的标志，不过，就其在我国的威势来说仍居首位。

在我国最先挑战英国的是德国。1871 年德国统一后，利用后发优势，国内经济迅速发展。试以煤、钢产量作为例证：煤产量 1840 年为 700 余万吨，1870 年为 3400 万吨，1880 年增至 5900 万吨。在稍稍超过 40 年里以期末与期初比较，出现 7 倍的增长。钢产量的增长幅度更有过之。1882 年为 62 万吨，1900 年为 665 万吨，1913 年剧增至 1833 万吨，31 年间增加 29 倍。德国以煤、钢为纲，带动其他工业，促进整个国民经济以及社会、文化等事业的发展，综合国力骤然增强。经济实力可以德皇威廉二世即位的 1888 年作为标志。其时，开始超过英国，凭借其骤然增强的国力，在"铁血政策"这个建国政略指引下，在外务上恃强欺弱，力求扩张；既与并世强国争夺市场，又策划在弱国包括我国扩大势力；建立据点，开拓势力范围，并以敷设铁路作为实现其殖民主义野心的一种首要手段。德国在中国的处境，从 1871 年起至 1914 年第一次世界大战爆发的 40 余年间，也有似只能"捡些英国商人饭桌上掉下的面包屑"，而频频加紧挑战英国，力图在列强主宰在华局势演变中能够显示出自己的分量。1898 年，当英国迫使清政府同意长江流域作为英国的势力范围得逞时，其驻华公使窦讷乐向德国驻华公使海靖表示：英国既让德国在山东自由行动，希望对英国在长江流域的行动不加阻拦。海靖据此向柏林报告，威廉二世批道："这是不可能的""我们有伟大的利益阻止我们把扬子江流域完全放弃给英国"。① 英、德两国在华争霸一再在对抗—妥协—对抗中反复着，一直持续到 1914 年，终以战争（第一次世界大战）手段来争高低，其结果是：德国战败，英国盛况不再。

俄、法两国另是一样。俄国在 1861 年废除农奴制度后的 20 年间，大工业生产急剧增长，但以农奴制残余的大量存在，严重阻碍其社会生产力的全面发展。俄国从欧洲东向拓殖，切望能在极东的太平洋西岸有个出海口，于是也在中国与英国争霸中一直觊觎我国北边领土，最终目标是从中国新疆西边的腾格里峰直到海参崴画一直线，作为中、俄两国的边界线。此线以北，包括中国的东北地区和蒙古、新疆，统统变成"俄罗斯帝国的组成部分"②，并以"和平征服"东北地区置于先着和急着，但颇苦于财力的不足。

1848 年后，法国经济发展较快，国内"资产阶级有一种怕冒风险的传统倾向，因而在法国发展了一种和邻近国家不同的投资方向，它不喜欢利润较多但不正常化的工业企业，而喜欢投资于政府的债券和借款，利润虽不多但是很稳定。信用机关往往介绍顾客购买外国的证券，从而鼓励了这种倾向的发展"。③ 与此有关，法国当年在其经济发展中，与工业的发展较慢、较晚相比较，金融资本的发展较快，构成法国的特点。法国其时与其邻国——德国利害矛盾较多，一度以兵戎相见（普法战争，1870—1871年）。其后，法国从国家安全出发与俄国结成政治同盟。俄国屡从

---

① 《毕鲁致哈慈菲尔德电》，1898 年 4 月 30 日，《德国外交文件有关中国交涉史料选译》第 1 卷，孙瑞芹译，商务印书馆 1960 年版，第 244—245 页。

② 《库罗巴特金致尼古拉二世奏折》（俄文），《红档》1916 年第 31 卷，第 71 页。

③ ［法］瑟诺博斯：《法国史》下册，沈炼之译，商务印书馆 1972 年版，第 497 页。

域外，主要从法国输入资金。[①] 法国当年渴望实现其从所属印度支那侵入我国西南地区，再相机东北向，以与俄国从我东北地区西南向遥作战略性呼应。此两国既各有所求，互有所需，事实上形成政治、金融同盟，加强对我国的资本输出，包括贷款在内，以求有利于在华与英国势力相抗衡。

美国与我国建立邦交后一度专注于国内的开发，其经济、国力持续增长，特别是经过 1861—1864 年的南北战争。到 1890 年，超过德国，也赶上英国。美国的国土西部既扩展至太平洋东岸，国内随后出现一种继续开拓"新边疆"的论调，也把我国东北地区置于视野之内。1898 年春，美国与西班牙交战（美西战争）。结果，取代后者拥有菲律宾群岛，从而在亚太地区有了根据地，一跃成为太平洋强国。美国认定我国是它在亚洲的主要市场，面对德、英、法等国其时竞相在我国划分势力范围，摒弃其长期以来追随英国炮舰政策占便宜的传统政策，力图推行既有别于英、德，又不同于法、俄的国际对华政策，炮制门户开放主义以另树旗帜，意图用以主导列强对华的国际政略。国务卿海约翰于 1899 年、1900 年先后致通牒给有关各国，要求本此主义在中国按"机会均等""利益均沾"行事。[②] 这个主义的内涵与英国的意旨实则相通，后者于此前的 1898 年年初，由其内阁大臣宣布：中国是英国的一个有希望的市场，"有决心绝对不使中国市场的大门关闭"，也"不能承认欧洲或其他国家征服或割据中国的土地"。为此，英

---

① 法国资金输出海外遍及欧、美、亚、非各洲，其输往全欧他国的 1900 年总量为 199 亿法郎。此中输往俄国的为 70 亿法郎。1914 年，这两个数字分别为 275 亿法郎和 113.7 亿法郎，也就是说，俄国从法国输入的资金在法国输往全欧他国总量中所占比重，1900—1914 年，从占 35%增至 41%。［美］费斯：《欧洲：世界银行家（1870—1914）》（英文），纽约，1965 年修订版，第 50—51 页。其著例，如俄国为在我国"借地"筑路（后统称为中东铁路），其财政部特设一家政策银行——华俄道胜银行，它的创业资本 6000 万卢布，其中 5/8 由巴黎银行认购（《北华捷报》1896 年 2 月 28 日）。这家银行在十月革命后，被苏联政府撤销，它的巴黎分行仍以该行开展着业务。

② 《美国外交文件》（英文），1900 年，第 299 页。

国容忍、接受美国的上述"主义"，并以自己为主联合美国操控此后十余年列强在华的行动。

日本还在挑起甲午战争前，已把中国看作"东洋之波兰"，预言未来中国必将像波兰当时那样遭到瓜分。它渴望届时能将台湾及福建的一半归日。此次战争一过，日本把殖民经营台湾作为根据地，力谋以台湾的对岸——我国的福建作为自己的势力范围，旁及浙江进而向长江中游如江西、湖北等省渗入势力。日本野心极大，实力不足，乃依傍英国，甘为马前卒，并与之接连三次结成同盟。1904—1905年，它与俄国交战，在英、德、美三国的谅解和偏袒中既获胜利，跃升为世界六强之一，转身化敌为友，于1907—1916年间，与俄国四次订立协定和密约，把我国东北地区和内蒙古东部这块大地划分成南（日）北（俄）并存的势力范围。并相互承诺：在这些范围里，彼此特殊利益受到侵犯时，应相互支持与合作，协商应该采取的措施，紧跟英、美，急剧扩张在华势力。1914年秋，欧战爆发，旋即扩大成为世界大战。日本把其他强国无暇顾及亚太地区看作实现其早已制定的谋华策略的天赐良机，并认为参战没有什么损失，正可借此在国际政局中提高自己的地位，巩固自己的立足点。日本在替英国维持其在亚洲的既得利益中攻占德国撤退中的青岛，进而控制山东，急剧扩张在华势力，一时形成独霸我国局面六七年，并埋下了20年后终与英、美各国交战的一个隐患。

第一次世界大战行将结束时，美国谋在华继续贯彻其"门户开放"主义，除了策划重新组织国际银团外，1921年年底，倡议英、法、日、中等九国，出席在华盛顿召开的旨在由美主导今后亚太地区国际秩序的会议。次年初，此会议通过《九国公约》，约定"缔约各国一致同意尊重中国的主权独立与行政之完整"，并"不得因中国状况乘机营谋特别权利，减少友邦人民的权益"（第一条）；"不得谋取或赞助其本国人民谋取以任何办法为自己利益起见欲在中国任何指定区域内获取有关商务或经济发展的一般或优越权利，不可剥夺他国人民在华从事正当商务实业之权利……致有破坏机会均等原则"（第二条）。[1] 日本在《九国公约》文本上画了押，在会外则嗤之以鼻说："日本在华之特殊利益既非由国际条约所赋予"，国际条约"也无法予以废止"。[2] 而在对美、英等国维持某种协调中，为征服中国的头一步——征服满蒙，加紧着步伐。

1931 年 9 月 18 日，日本对我国发动讳言战争的"事变"，美国对之只要求不要推进得太远。1932 年年初，整个东北地区尽被置于日本军事占领之下。美国国务院于 1 月 7 日向中、日两国发出同文照会："凡中日两国政府……所订立之任何条约或协定，足以损及美国或其人民在条约上之权利"，或"门户开放政策者，美国政府均无意承认之"，形成所谓"不承认主义"。次日，美国国务院发表一个补充说明："一、美国无意争夺日本在满洲的利权；二、不拟干涉中国和日本将来可能达成的解决事件的协议，唯此项利益，不得损害美国在华利益。"[3] 日本回文称：中国的混乱状态已经改变了《九国公约》非战公约的效力。英、法两国其时与在欧洲对德国采取绥靖政策相似，迁就日本，噤不作声，抱定除非取得美国的支持才考虑有所作为，终使《九国公约》徒成一纸空文。

1933 年 10 月，日本内阁召开由外务、陆军等五省首脑参加的五相会议，决定展开"在（日本）帝国指导下的日、满、华三国提携互助"的部署。次年 4 月 27 日，其外务省由所属情报部长天

---

① 马慕瑞：《中外条约汇编》，商务印书馆 1935 年版，第 610—612 页。

② ［日］石井菊次郎：《外交评述》（日文），1936 年。

③ 陈芳芝：《东北史探讨》，中国社会科学出版社 1995 年版，第 51 页。原注："原文见《1932 年美国外交文件》第 3 卷，第 8 页。译文见（南京）《外交部公报》第 5 卷第 1 期，附录第 12 页。译文有意识地加重了美国反对日本的语气，经本书笔者参照原文予以修正。"

羽英二发表声明："为维持东亚和平和秩序，日本认为有责任单独行事"，并"有决心根据自己的使命采取断然行动"；还警告我国："中国如果利用其他国家排斥日本"，或"执行以夷制夷的策略"，"日本唯有加以排击"。同时警告其他各国："若欲与中国采取协同动作，不论其名义为财政援助或技术援助，日本都不得不给以反对。"① 日本原就不准备按《九国公约》行事，到此时更以自己的暴行和声明把《九国公约》践踏殆尽。从此，日本不再与原曾连成一体的其他强国相互协调行动，走上了所谓的"自主外交"路线②，转与德国纳粹政权紧密结合了。

　　1937 年 7 月 7 日，日本帝国主义对我国发动全面侵略战争。在亚太地区国际形势急剧变动中，社会主义强国苏联首先做出反应。早在"九·一八"事变发生后，苏联因唇亡齿寒的形势，积极调整与我国的关系；此时，更对我国通过借贷方式伸出援手。美国一时以事不关己，最初只求做到务使日本当局知道："美国政府对日本的现行外交政策和军方执行这一政策的手法是完全不赞成的。"待到次年 11 月，日本发表声明，妄图由它来建立所谓"东亚新秩序"，美国国会才于 1939 年 2 月通过《太平洋设防案》，首次以立法形式反对日本对我国的侵略，开始通过贷款支援我国。至于英、法两国幻想在华利益不致因日本的战争行为遭到损害，对之仍是迁就姑息，直至日本的侵华战争，直接、间接地威胁到英、法在缅甸、越南等地的利益，始做出一些兼利我国的支援（包括贷款）行动。1939 年 9 月 1 日，纳粹德国以闪电战入侵波兰，挑起第二次世界大战。日本内阁于 1940 年 7 月 26 日通过《基本国策纲要》，决定要"以（日本）皇国为中心，建设以日满

---

① ［日］岛田俊彦、稻叶正夫解说：《现代史资料》（日文），第 8 节"中日战争"，东京书房，1964 年，第 25—26 页。

② ［日］信夫清三郎：《日本外交史》下册，天津社会科学院日本问题研究所译，商务印书馆 1980 年版，第 607 页。

华为一体的大东亚新秩序"。8月1日，外相松冈洋右发表建立"大东亚共荣圈"的讲话，并付诸行动。次年12月7日，日本以大举空袭珍珠港对美、英、荷三国宣战，开始其所谓"大东亚战争"。9日，我国继美国对日宣战后，对日、德、意三国宣战，并与苏、美、英等国结成同盟，从而我国单独抵抗日本的战场作为中国战区融入整个第二次世界大战之中。我国作为同盟军之一，为反法西斯而战最早、最久，事实上也被公认为与美、苏、英并肩的四强之一。尽管就我国当年国力说，远不及美、苏、英三国，而为了人类正义和平，不惜牺牲，艰苦卓绝地坚持到1945年，终于获得最后的胜利。

第二次世界大战胜利后的国际大势中，出现日益强烈的美、苏争霸的局面。到1946年中，世界的中心问题成为美、苏之争。我国在世界大局左右下，具体到财政事务上，执政当局为"反共"力谋能从美国取得巨额借款，美国则认为如此难以济急，转以援助相取代。

综上所述，我国近代的外债具有以下两个特点：

其一，我国在近代于外来侵略不断、内部战乱频仍中耗竭财货，严重阻碍了经济的发展，致国家财政持续处于困窘之中，并几度濒于崩溃。资金在国际流动（通过借贷方式是其中之一），原是世界经济发展的自然产物。某个国家举借外债未必尽缘于国穷，即使富国也并不排除通过这一方式以为己用。我国近代外债则几乎全缘于穷而借。财政的困窘，构成了我国外债之所以形成的一个内在的基本原因，也以此兼被意欲借以谋权夺利的贷方当作机会强行贷款的一个诱因，而在中外间形成借贷关系时我国总是处于劣势地位。

其二，列强对我国提供的贷款，是在凭其暴力迫使我国当时政府含辱接受一系列不平等条约后才出现的，直到最后二十余年间才有改变。列强各国在迫使我国接受的不平等条约中总含有

"片面最惠国条款"，以此，事实上便连成一体。一国有事，他国借端要求。这样，出现了形似我国与某强国交涉，实则是我一国同时与数强国作较量。作为贷方的国家不单居于优势，而且还在一系列主要借项之是否达成、怎么达成上起着决定性的主导作用。

第二章　对华国际银团的演变

　　国际银团①这种跨国经济实体，原是发达资本主义国家加强其资本输出和海外联系的自然产物。早在19世纪下半期，在欧洲已有出现。我国于甲午战争中大败于日本亟须交付巨额赔款，而俄、法、英、德诸国鉴于清政府国库空虚，都企图通过贷款以增强其在我国的殖民主义威势。英国最先于1897年5月向有关诸国倡议停止恶性竞争，联合组织银团承担贷款。法、德两国认为，这个倡议若成为事实，英国势必居于支配地位，因而不屑理会。此举虽未成事实，却是资本主义强国金融机构联合组织专以贷款我国为对象的国际银团的先声。进入20世纪，继英、法两国金融组织联合设立华中铁路公司后，于1909年6月接受德国德华银行参加，一个虽未名而由三国财团组成的三国银团出现了。接着，美国于1911年5月23日强行加入，构成四国银团；到1912年6月20日，该银团以吸收俄、日两国财团再度扩大成为六国。次年3月19日，美国财团宣布退出，减缩成为五国银团。它在欧战旋即爆发后虽苟

_____

　　①　银团（Consortium），或称财团，其由多国组成的便是国际银团。为资区别，书中对多国组成的实体称银团，其成员各国的银团概称财团。本书所述的诸银团的成员财团，既有有形的组织，如德、法等国；也有极松散的组织，但有一代表银行，如英国。就美国来说，则根本不用此词，例称"诸银行"。这里不作区别，作为国际银团的成员组织，概称财团。

且存在，但长期处于支离破碎状态，直到 1919 年 6 月 10 日自我宣布终止。在此前的 1917 年，美国倡议由英、法、日、美四国财团组织的新银团，于 1920 年 6 月正式成立，持续到 1937 年年中，亦终以自我消失结束。

第一节　英、法、德三国银团的形成和吸收美国组成四国银团

一　未名有实的三国银团

英、法两国的一些银团公司专以对我国华中地区铁路建设为贷款对象，于 1904 年合资组建华中铁路公司后，获悉湖广总督张之洞重新策划举借外债以修建湖广境内铁路，即分别派遣濮兰德、贾斯霭来华。经英国驻汉口领事法磊斯陪同谒见张之洞，表示愿意借款，后张之洞即饬湖北提学使高凌霨、湖北施鄂道曾广镕与之面议。该公司自恃资金雄厚，又由各自政府力促其成，提出"必欲干涉中国路权"的条件。如要求由贷方包修全路工程、力争工程师掌握控制购料用款大权，等等。张之洞以其种种无理要求，实出情理之外，洽谈数月，终于拒绝。[①]

德国于其在华势力急剧增强中，试谋突入英国视为势力范围的长江流域以竞胜雄。德华银行在德国政府侵华政策的指引下，紧接着于上述洽商中止的次日派柯达士为代表向张之洞表示，愿以宽松条件提供贷款。张之洞提出原则方针，诸如商借商还，等等，柯达士一切承认，并自愿息扣从轻，迅即达成协议。虽则如此，张之洞鉴于英国正联络各国，组织公司，竞夺铁路贷款之权

---

① 《定稿未奏折》，《张文襄公全集》卷七〇，1928 年，第 32—35 页。

利，未必甘愿罢手，在与德华于 1909 年 3 月签订《中德湖广铁路借款草约》时附一谅解："如英商据约力争"，"仍应向英议借"。①

正当德国国内将此《中德湖广铁路借款草约》讴歌为"德国资本在和平的战争中取得胜利""突破了英国对长江流域的独占权"声中，英国外交部向我国驻英公使李经方强词诘责，其驻华公使朱尔典则向外务部提出抗议，要求撤销。同时，英国与法、德两国派员在柏林进行洽商，于 5 月间达成协议："一、由英、法、德三国财团联合向中国提供贷款用以修建粤汉铁路两湖段暨川汉铁路湖北段即后被习称的湖广铁路；二、英、法的款项供修建粤汉的两湖段，德国的款项供修建川汉湖北段；三、如果川汉段亦需借款，英、法亦得参加。"②

英、法、德三方分别由汇丰、东方汇理和德华三家银行的代表签署了上述协议，意味着此虽未名而有其实的三国银团形成了。

二　四国银团的组成

英、法、德三国财团间既由竞争对手转成为合作伙伴，更以强势地位对清政府施加压力，终使后者屈从其意旨于 1909 年 6 月 6 日在汇丰、东方汇理和德华三家银行代表联合提出的《湖北、湖南两省境内粤汉铁路、鄂境川汉铁路借款草合同》上由湖广当局签字画押。

美国其时正力谋以"金元外交"使它对华的国际政略——门户开放、机会均等落到实处。一得知上述铁路借款合同的草签，其国务院除了训令驻英公使芮德急速面会英国外交大臣提出

―――――――――

① 《定稿未奏折》，《张文襄公全集》卷七〇，1928 年，第 32—35 页。

② 《日本驻德公使珍田致日本外相小村函》，1909 年 4 月 23 日，宓汝成：《帝国主义与中国铁路（1847—1949）》，上海人民出版社 1980 年版，第 172—174 页。

均等参加要求。另外，向英、法、德三国正式提议组成一个强有力的美、英、法、德四国银团，实行国家间充分的诚挚的合作，以解决这次贷款中国的问题。① 英国对美国的要求在原则上并不拒绝，法国、德国也如是。英国驻美大使函致美国国务卿诺克思建议：美国财团派代表赴欧与三国财团代表在业已签订的合同保持不变的基础上商谈合作问题。② 26 日，美国财团代表司戴德离美赴英，7 月 7 日与摩根公司驻伦敦代表一起与三国财团代表开始会谈。美方除了列举一些往事如清政府曾应美国要求，为修建川汉线需借款时可以考虑向美商借等为据，认为理应让其参加外，坚决要求平均分享这次贷款的权益。三国代表以美国的既得权益早因 1905 年中国赎回粤汉铁路而被废除，只同意让与美国在川汉铁路借款而非整个湖广铁路借款合同中获得 1/4 的份额而相持不下。

美国乃采取两手：一方面，有违外交常道，径由总统塔虎脱（现译为塔夫脱）亲电清政府摄政王载沣，强词要求允许美国财团参加③；另一方面，它把花旗银行其时与清政府已有协议的币制实业借款，向三国财团提议与之共享，以换取接受其参加湖广铁路贷款的权益。直到 1910 年 5 月 23 日，四国财团代表在巴黎签订一件协定，作为 1909 年 6 月 6 日英、法、德三国财团与中国签订的那份草合同的补充，允诺美国享有同等权利。银团既接受美国财团的参加，标志着由当年世界上金融实力最雄厚的四个国家金融资本跨国组成的联合经济体——四国银团的成立。

---

① 《美国外交文件》（英文），1909 年，第 151—161 页。
② 《美国外交文件》（英文），1909 年，第 151—161 页。
③ 《塔虎脱致醇亲王电》《诺克斯致驻华代办费莱齐电》，1909 年 7 月 15 日，《美国外交文件》（英文），1909 年，第 178—179 页。

第二节　四国银团从先扩成六国
到后减为五国的变迁

美国财团之所以能参加三国银团与币制实业借款权益转让给该银团有关。从一开始，日、俄两国即共同认定这笔借款是美国插足它们分别认定自己势力范围即东北地区的严重行为。两国驻华公使立即紧相配合，分别向清政府外务部声称：如果中国政府签订任何具有政治含义的借款，指币制实业借款，要求必须有俄、日两国银行参加。[①] 待币制实业借款于 1911 年 4 月一订立，他们更集中于合同的第十六款，对清政府兼施外交压力、军事恫吓，意图阻止此项借款竟成事实。日本政府向俄国政府指出：这笔借款的要害，在于使中国政府承担义务，而后涉及东北地区的借款都须与该银团商定；表示日本政府绝不容许四国银团据此第十六款取得向满洲中国企业提供资金的优先权；希望能与俄国共同要求废止这一条款。[②] 俄国总理大臣斯托雷平旋于 6 月初召开的远东问题特别会议上，同意日本的提议，决定与日本政府"拟订行动计划，共同采取必要步骤，促使四国银团取消向中国政府提供涉及东北地区的贷款"。双方经多次磋商，终于同月 26 日把事先互相同意的抗议照会分别递交法国，要求法国政府设法"取消"（俄方用词）或"修改"（日方用词）第十六款。此外，为求能满足法国资本渴望扩大对华贷款的愿望，向法国提议正式组织由俄、

---

① ［美］克罗莱:《司戴德传》（英文），纽约，1924 年，第 382 页。
② 《美国外交文件》（英文），1912 年，第 99—100 页。

法、日三国财团参加的银团，独揽对中国东北地区的贷款权益。[①]

四国银团于 7 月下旬的伦敦会议上就第十六款发表声明：中国政府不支持银团对贷款中国东北地区享有任何垄断权，用以安抚日、俄，而丝毫没有化解日、俄两国的疑虑。

11 月 7 日，俄国驻法大使伊兹渥尔斯基受命向法国财团表示：四国银团所有对华贷款必须经俄国同意；又：银团的借款不得涉及满蒙。法国财团代表力劝俄国、日本，加入四国银团。俄国反而向后者游说：如果法国财团退出四国银团，俄国政府可以允许法国在俄国势力范围内投资。[②] 这些成为导致四国银团扩大成为六国组成的一个前因。

1911 年 10 月 10 日，我国爆发武昌起义。同年底国内酝酿"南北议和"。英、法、德、美四国为支持清政府任命的内阁总理大臣袁世凯，决定贷予款项，即日后最终达成的《善后大借款》。该四国驻华公使约见俄国代办和日本公使，希望该两国也参加此项贷款，使它具有更广泛的国际性。俄国的反应是"看不出我们加入四国银团有何好处"，唯一能接受的解决办法是法国财团退出四国银团并在新的基础上与之另建一个。[③] 1912 年 2 月，法国驻华公使马士理向俄国驻华代办谢金保证，法国财团绝不会接受与满、蒙、新疆有关的贷款，同时再次邀请俄、日两国参加四国银团。

俄国注意到怂恿法国退出四国银团势难成为事实，打算改由道胜银行[④]另行组成一个财团，与四国银团而不是与四国的财团洽

---

①　中国社会科学院近代史研究所编：《沙俄侵华史》第 4 卷，中国社会科学出版社 2007 年版，第 483—786 页；《美国外交文件》（英文），1912 年，第 99—100 页。

②　中国社会科学院近代史研究所编：《沙俄侵华史》第 4 卷，第 483—786 页；《美国外交文件》（英文），1912 年，第 99—100 页。

③　[俄] 罗曼诺夫：《帝俄侵华史》第 4 卷，民耿译，商务印书馆 1937 年版，第 785 页。

④　道胜银行于 1910 年合并北方银行，改名为俄亚银行，而后两名兼用。书中按史料原记，兼用两行名。

谈贷款事宜，且要求平分对华借款的权益，遭到英、法两国的拒绝。①

日本提防与俄国一起对四国银团采取长期对抗，有可能使自己丧失参与上述贷款的机会。其驻俄大使本野一郎告知俄国外交部："日本政府认为，此项借款纯属政治性质，必须参加，希望俄国作出相同决定。"俄国在日本执意加入下，顾虑于"如果俄国再予拒绝，道胜银行在对华借款中便将陷入孤立"，故认定也以参加为宜。② 3月9日，法国政府照会俄国，再次解释：俄国在加入银团后对它在长城外的利益不会受到任何损失，以资转圜。本野在致俄国外交大臣备忘录中则说明："日本政府经过深思熟虑，深信在目前条件下，就加入四国银团和组建六国银团一事进行谈判，更合时宜"，"亟盼早日解决这一问题"。③

俄国政府在日、法两国的敦促下，决定参加四国银团，但坚持两点：一是必须"削除国际银团在中国北方展开于俄有害活动的可能性"；二是要求"在预定用于这些地区的企业或以这些地区的税入作为担保的对华贷款中取得优越地位"，并在参加银团后，能在"各国共同控制中国财政上获得发言权"。④

3月18日，俄国驻日代办电告外交大臣：日本当天"宣布由横滨正金银行代表日本财团加入四国银团"，使后者顿感遭到被同伴抛弃的孤独。他约见本野，对日本就此事单独做出如此决定表示不满，认为日本曾提议两国参加银团应有保留条件，凡涉及长城外地区的借款均须经日、俄两国认可，而今日本同意参加了，有违原先的约定。本野答以目前只需提及参加银团的原则性保留条件。至于保障两国特殊利益的细节，待在各财团之间订立协议

---

① 道胜银行于1910年合并北方银行，改名为俄亚银行，而后两名兼用。

② ［俄］罗曼诺夫：《帝俄侵华史》第4卷，民耿译，商务印书馆1937年版，第786—788页。

③ ［俄］罗曼诺夫：《帝俄侵华史》第4卷，第786—788页。

④ ［俄］罗曼诺夫：《帝俄侵华史》第4卷，第788、790—791页。

时再行提出。俄国在日本已经决定下，于 4 月 6 日分别致英、法、德、日、美五国大使的备忘录里声明，"俄国政府准备在与参加善后借款的各国政府平等条件下参加"是一项借款，但声明在此项借款中不应包含任何损害俄国在中国的北满、蒙古和西部（意指新疆）这三个地区的特殊利益。[①]

5 月中旬起，俄、日两国财团与四国银团一起，开始就前两者参加善后借款问题展开会谈。6 月 18 日，双方就借款的用途、担保品等达成协议。在准备向中国提供借款时，银团将从中国政府取得关于借款或垫款用途的确实报告转达给六国财团，以便它们在任何借款或垫款成立之前，可以征询各自政府的意见。每一财团都保证将不办理为其政府所反对的业务，使俄国的要求基本得到满足。俄国政府则要求在议事录中添加一笔："万一俄国或日本财团不赞成根据本协定拟予贷出的任何垫款或借款"，则"俄国或日本财团有权退出本协定"。[②] 在这些协议、谅解的基础上，20 日，英、法、德、美四国财团与俄、日两国财团签订协定，标志着四国银团从是日起扩大成为六国银团。

六国银团协定中称："日、俄同意以平等地位参加对华的改造大借款（即善后大借款）及其垫款，并分享因此而产生的各项利益优先权和财政、工业、商业或政治各方面的特权；日、俄两国财团可以在其国外发行债票；比利时的金融市场视为俄国市场的一部分"；比利时财团被视为俄国财团的一部分；日、俄两国在不涉及其他各国共同的担保品及债券的发行情况下，可以在满蒙等地提供地方性或实业性的贷款。[③] 而后，"银团行事如果有与日、俄两国利益相悖，日、俄两国财团可以退出国际银团，但并不影响其他四国的权利和义务"。英、法、德、美四国财团据此也做了

---

① ［俄］罗曼诺夫：《帝俄侵华史》第 4 卷，第 788、790—791 页。

② 《美国外交文件》（英文），1912 年，第 124 页。

③ 马慕瑞：《中外条约汇编》第 2 卷，商务印书馆 1935 年版，第 1023 页。

同样的保留。

六国银团组成当天，在向袁世凯政府提供一笔垫款的同时取得后者同意，六国银团作为它的财政代理人，以五年为期。

六国银团在与袁世凯政府磋商善后大借款中，愿意贷款中国的金融机构很多，不时遭到银团外金融组织贷款竞争的冲击。1913 年 1 月 10 日，该银团采纳英国建议，希望六国政府应予同意，对于其国民不遵守六国一致同意的条件的任何借款计划，不予支持；又为保护投资者起见，对于本金与利息之偿付应规定适当的担保，并对借款进项的使用加以监督，以便防止中国政府不受监督即可取得款项（无论是利用存款办法还是其他办法）和借款特权须经各有关国家驻华公使馆核准。① 换句话说，它意图从此享有独揽所有为它所想揽办的对华贷款特权，并控扼当时我国政府的财政大权。

六国银团与袁世凯政府磋商善后借款基本就绪，在其内部对行将出任中国政府一些部门顾问的分配上，美国以未获一职引为不满。其驻华公使嘉乐恒致国务卿诺克思电中认为，眼前的六国银团中除了美国财团，都成为具有共同利益的大国以实现其自私自利的政治目的的组织，现在是考虑美国脱离国际银团的时候了。他又认为，六国银团的活动，正背离着美国对华的"门户开放""机会均等"的政策原则，应做出决断，或解散国际银团，或退出银团。② 美国其时适届新旧总统交接之际，美国财团一时把握不住政府的政策动向，向新任国务卿布莱安探询新政府对银团的政策是否同前任政府一样？给予的答复是："本政府不赞成借款的条件，或加于政府方面的责任。"美国银行家们心领神会，于 3 月 19 日发表声明：已往"业已不顾重大风险，为美国政府效力，现在……为服从政府所宣布的政策，完全退出中国的借款谈判，并

---

① 《美国外交文件》（英文），1913 年，第 150、160、168、180 页。
② 《美国外交文件》（英文），1913 年，第 150、160、168、180 页。

通知欧洲及日本的各财团"。第二天，新任总统威尔逊发表声明，美国财团只有在其政府的明确请求下，才愿意继续参加拟贷与中国政府的借款。①

英国财团收到美国财团的退团通知并转致其他四国财团后，于4月2日复信美国财团："同仁们对于美国财团的断绝联系感到遗憾"，"但仍将尽最大努力使美国财团希望完全退出借款团的愿望得以实现"；并要求美国财团仍"应受六国银团协定条款的约束"，不"与五国银团对华借款作竞争"，除非善后借款已经发行或放弃，或者时间已过五年。②

美国财团在宣布退出国际银团的同时，声明对参加期间所分享的权益，绝不放弃，并通告已授权花旗银行代表美国财团全权处理。③

六国银团以美国财团的退出，缩小成由五国（英、法、德、俄、日）财团组成的五国银团。

第三节　五国银团的存在和自我宣布终止

五国银团的首次活动，是继承六国银团与袁世凯政府业经商定的善后借款合同，于1913年4月26日签字使之正式成立。对于先六国银团已经有意不揽办实业借款的打算，于同年9月26日通过决议：该银团贷款对象项目，专以财政借款为限，从而为某

---

① 《美国外交文件》（英文），1913年，第150、160、168、180页。

② 《美国财团声明》，1913年3月9日；《伦敦摩根公司致爱迪斯函》，1913年3月20日；《威尔逊在记者招待会上的声明》，1913年3月20日，中国社会科学院经济研究所藏日文档案。

③ 《汇丰银行致摩根公司函》，1913年4月2日，中国社会科学院经济研究所藏日文档案。

些国家以实业借款之名行政治借款之实准备了便利条件。袁世凯政府继借到善后借款之后，虽一再提出续借申请，它也有意提供，但数经接触而未认真做成一笔。

1914 年欧战发生，五国银团中的英、法、俄、日既都与德国处于交战状态，不言自喻，这四国怎能与德国继续合作共事？只是没有，也无须声明，事实上，把德国财团排除出了五国银团。

实存的四国财团中的英、法、俄三国由于卷入与德国的鏖战之中，既顾不上贷款中国也无力贷款。日本虽也宣布与德国处于交战状态，但它更认为这是加紧在我国扩张殖民主义势力的绝好机会。而留守在北京的银团代表每遇我国北洋政府提出借款要求，为谋求遏制日本在华势力的异常扩张，一再向虽然已非银团成员的美国财团求援，其结果，不是借贷交易未竟而成事实，就是被日本财团抢先揽得以银团名义由它先行垫款来解决。

1916 年 12 月中旬，法、英两国财团继此前几次要求，强烈希望美国财团能再度参加国际银团。① 过后一个月，日本驻美大使和日本外相分别与美国国务卿和美国驻日大使商谈在对华实业借款上两国间的合作办法，并劝请美国财团再度参加。美国政府说它在远东没有政治野心，不反对合作，但不赞成对中国实行强迫。至于再度参加，美国政府已另有打算，唯批评现存银团是一个干涉中国主权的政治联合组织，表示无意重新加入。②

1917 年 1 月 30 日，法、俄、日、英四国财团在伦敦会议上通过决议，敦请美国财团重新考虑参加银团问题。如果办不到，请它指定某个其他财团代替它自己的位置也成。③ 美国财团做出了积极反应，于 3 月初在致国务卿兰辛的函中称：这是推进美国在东

---

① 《美国外交文件》（英文），1916 年，第 148—149 页。
② 《美国外交文件》（英文），1917 年，第 117—118 页。
③ 《美国外交文件》（英文），1917 年，第 117—118 页。

方商务的一个重要机会。① 兰辛回称："不应接受其他国家财团的邀请。"一星期后，美国财团代表晋见兰辛重申前请。后者说："自从 1913 年以来，威尔逊总统没有改变他的看法"，"不应与其他国家或银行家发生关系"②，不鼓励、不支持美国银行家与中国政府直接洽谈借款。他认为，当时中国国内情况混乱，美国政府"还不可能对国际银团作出一项明确的政策声明"③，实则美国政府此时正在策划由它倡议另行组织一个新的国际银团。

同年 10 月，社会主义革命在俄国取得胜利，作为原俄国财团的代表银行即道胜银行在其本国虽不复存在，它的巴黎分行以道胜创业资本组成中法国所占比例大于俄国本国等原因，在法国的支持和其他诸国的默许下，转以俄亚银行的名目在国际银团作为俄国财团代表存在。

五国财团实际上已陷入支离破碎却仍扛着这个虚无的牌子不放，不过，也仅仅是一块五国银团的牌子罢了。

五国银团中仅存成员英、法、日三国财团代表为与美国代表磋商组织新银团，于 1919 年 5 月中旬集会伦敦时，于会外顺便就五国银团的末了事做出决定：该银团于 6 月 18 日期满时不予延长，从而此日便成为五国银团的终止日，退出历史舞台。

第四节　新银团的组成及其消失

第一次世界大战行将结束时，美国鉴于日本战争期间交替采用军事、政治、经济（主要是贷款）手段，急剧扩张在华势力，

---

① 《美国外交文件》（英文），1917 年，第 117—118 页。
② 《纽约时报》1919 年 3 月 26 日、6 月 6 日。
③ 《美国外交文件》（英文），1917 年，第 134 页。

严重威胁它既定的"门户开放"这一国际政略的贯彻。它凭借其在战争中骤然增强的国力，为谋避免与日对抗而进行遏制，乃向同有感受的英、法两国，也向日本，倡议为贷款中国重新组织一个国际银团，借以主导中国，进而主导整个亚太地区局势的发展。这样一个国际银团于 1920 年 10 月组成了，名为新银团。过后一年多，华盛顿会议通过《九国公约》，侈言"尊重中国主权与领土完整"。新银团心领神会，认为这些原则真正转化为现实，仅恃政府无济于事，还有赖我们资本家、企业家、商人等全力赞助而后可。随即做出决定，甘做实施该公约的一个合适工具①，从而把自己的属性从富具政治色彩而毕竟是一个跨国经济实体，蜕变为不单是一个跨国经济实体，更是地区国际政治体制的一个组成部分，尽管只是这个国际政治体制的一个工具。它之所以为"新"，除了从时间上说相对于此前的诸银团是新的，更在于它与此前几个国际银团同中有异，含有如上所述的新质。

一　美国的倡议和英、法、日三国的回应

1918 年 6 月 20 日，美国国务卿兰辛头年 11 月设想使美国财团重新参加一个国际银团之后，向威尔逊总统建议：立即着手组建一个专揽中国贷款的国际银团。他认为，当前围绕中国展开的国际关系与美国几年前退出六国银团时大有不同。协约国在大战中的协作制胜经验应予发扬，对贷款中国一事也该以合作精神取代曾经有过的激烈竞争而导致危及和平的做法，宜由美、英、法、日四国财团联合组成一个国际银团。威尔逊同意他的主张。② 国务院随即约请全美金融巨头——摩根公司等 8 家③银行首脑对它所准

---

① 《中国年鉴》（英文），第 809—810 页。

② 《美国外交文件》（英文），1918 年，第 169—191 页。

③ 这 8 家银行是：J. P. Morgan & Co. Kuhn Loeb & Co. , The National City Bank of New York, First National Bank（New York），Chase National Bank, Continental & Commercial, Trust & Saving Bank, Lee Higginson & Co. 和 Trust Co. .

备的方案，在美国财政部官员参加下，展开讨论并征询意见。

　　7月8日，曾任总统经济顾问的金融业巨头拉门德等致信兰辛，保证他们一定要为实现政府的愿望而尽心效力，并具体建议：

　　（1）由美、英、法、日四国金融界分别组成各该国的财团，然后联合组成国际银团；鉴于英、法两国财界一时正处于窘迫状态，在不损害它们作为成员财团利益的原则下，采取由美、日两国财团代为出资的办法来解决。

　　（2）为避免发生不健康的投资和恶性竞争之类事情的发生，成员各国应把各该国内有意参与对华金融活动的组织，最广泛地召集在各该国财团之内。而后，各该国政府将不再支持没有参加本国财团的金融组织对华的单独行动。

　　（3）希望美国政府公开声明，美国财团是在美国政府授意下组织起来的，以期有利于日后债券的发行和推销。

　　（4）美国财团一经组成，其成员单位即把所拥有的对华贷款利益或取得的优先权等权益，统统让归待组成的国际银行团，或归还给中国政府，并希望其他三国也能照此办理。[①]

　　同时，这些巨头紧张地展开组织美国财团的工作，到同年10月中旬，涵盖全美各地之对中国金融财政业务饶有兴趣并经国务院同意的31家——而后又陆续增加5家共计36家金融企业，组成名为"诸银行"的极其松散的美国财团。国务院汲取上述建议要旨，作成备忘录，说明国际银团的贷款包括当时区分为政治借款和实业借款的所有借款，借款的条件不应损害中国行政主权，等等，于同月26日分别送达英、法、日三国驻美使馆，正式倡议由这四国财团联合组织一个国际银团。[②]

　　英、法、日三国在过后的一个多月里先后做出回应。英、法

---

　　① 《新银团文件》，中国社会科学院经济研究所藏日文杂档。

　　② 《新银团文件》，中国社会科学院经济研究所藏日文杂档。备忘录一般不记年月日，所引这份备忘录注有日期，是送达日使馆的一件。

两国政府刚经大战的严重损耗，眼看日本称霸中国，威胁自己在华的既得的和日后可能获得的权益，意图依傍美国牵制日本，积极响应，也提出一些问题，希望予以澄清。如英国询问方案宗旨既反对有损中国主权的规定作为中国借款的担保，那么，对现存的由贷方推荐被任命为中国关、盐、烟酒各税收机关的顾问、监督等，准备怎么处置？又如：既要组织一个专门贷款中国的国际银团，对中国究竟需要多少款项可做过统计或估算？并提醒美国：英、法、俄三国 1917 年对比利时做出承诺：大战结束后允许比利时财团参加国际贷款团，是否准备履行这个诺言？① 法国也提出一些问题，并力争吸收与法国金融界有千丝万缕联系的旧俄的"道胜"改名为"俄亚"的这家银行仍作为俄国财团代表参加，即使一时只是名义上的。②

　　日本警觉到美国的倡议旨在联合英、法约束自己，经权衡利弊：加入，定将损害它在"满蒙"的特殊地位；拒绝，则在"满蒙"已有的特殊地位有可能难以保全。③ 它两害取其轻，决定参加，在 8 月 24 日致美国复文中则重在盘问：组织一个新的国际银团，对已往的银团成员所拥有权益、相互关系怎么处置？拟议中的国际银团为什么要求其成员财团须放弃其所拥有的权益？具体指出，如日本横滨正金银行在中国东北地区对几条特定铁路和对中国汉冶萍厂所享有的贷款优先权难道同样应予放弃？设想中新的银团贷款项目是所有的贷款——政治借款和实业贷款（包括铁路贷款）的全部？每个成员财团国政府将不只是支持，而且"还要制止未加入该国财团的一些独立金融机构贷款中国的行为？……要求美国一一给予澄清"。④

---

　　① 《美国外交文件》（英文），1918 年，第 188—189、192—193 页。

　　② 《美国外交文件》（英文），1918 年，第 188—189、192—193 页。

　　③ ［日］外务省编：《日本外交文书》第 1 册，大正八年，第 184—186 页，第 143 号文件。

　　④ 《新银团文件》，中国社会科学院经济研究所藏日文杂档。

10 月 8 日，美国国务卿在分别致英、法、日三国驻美大使信里笼统地表示了美国政府对它最近向有关三国提议组织对华借款团的方案在原则上获得极大欢迎并引为满意；在所附备忘录中，通报了美国金融界已经组成美国财团、所有成员单位即把所拥有全部对华贷款权益让渡给美国财团，意在言外地敦促其他三国也援例仿行。它就三国提出的具体问题，做了有选择的答复。如肯定拟议中的国际新银团一旦组成，其成员财团须将其所拥有的贷款利益、优先权益，让渡给新银团承受；确认新银团将承贷政治、实业两类贷款，并以此种界限很难划清为理由，对所有贷款的条件不应侵犯中国的主权和损害中国的行政独立，但对已经成为事实的若双方认为必要，美国不予反对。最后，强调四国政府对各该国财团在银团业务范围内的活动将给予积极而独享的支持。①

日本认为，美国的答复对它所提出的问题诸多回避，法国则对拟组建的国际银团把实业借款也列在业务范围内有保留，独有英国表示同意。英国政府且关照英国财团代表银行——汇丰银行尽可能地扩大英国的财团，把所有对华金融业务有兴趣的单位都张罗在内。这些表明：组织新的国际银团的倡议之转化为事实，还有待继续磋商。英、日、美三国接受法国的建议，旋决定在巴黎召开一次四国财团代表会议，继续考虑银团的组织规程。

二　《巴黎会议协议》和我国朝野的反应

1919 年 5 月 12 日，美、英、法、日四国财团代表集会巴黎，就美国倡议组织国际银行所达成的《英、法、日、美四国财团协议草案》，简作《巴黎会议协议》，要旨如下：

（1）英、法、日、美四国财团联合组织专门对中国提供贷款的国际银团。

（2）各国财团所拥有的借款利益、优先权益统归银团，此中

---

① 《美国外交文件》（英文），1918 年，第 191—192 页。

实业（包括铁路）借款之已在实施且具有实质性进展的则可不在此列。日后贷款中国业务，一律公开招募，作为银团的共同事业。对于拥有此种借款利益和优先权的其他当事者的各国财团将尽力劝导使之转让给银团。

（3）俄国政府[①]一旦被四国政府承认，应让俄国财团加入。

（4）银团正式成立后，考虑比利时财团的加入。

（5）各国财团在银团运作中只能代表一个国家，不许直接、间接地充作其他国家利益的代表。各国财团应各有组织章程，并分送给其他三国财团各一份存查。

（6）实业借款，特别是铁路借款，应视同不可分割的整体，由各国财团共同分担，并训令其代表和工程师制订方案、计划，以贯彻统筹办理的原则。

（7）日本财团加入银团后承接德国的份额，参加中国的湖广铁路借款。

（8）本协议经各国政府批准后发生效力。[②]

上述第（7）条，实为对日本的让步，试图以此换取日本对国际银团"开放"被它称作有特殊利益的中国"满蒙地区"。日本代表小田切对第（7）条的规定表示深感兴趣之余，却做了保留声明：日本在满洲及东部蒙古的特殊权益受到任何不利影响的如此重大问题，他未经授权讨论。[③]

5月20日，日本内阁决定做出回应，日本财团可以有条件地参加新的四国银团，绝不把满蒙地区的权益让与这个银团。但为了表示"诚意"，交出已享有的山东和福建的铁路权益，谋以此换取其他各国对中国全境的开放。

---

① 十月革命在俄国胜利后俄国政府改称苏维埃，当年新银团文件仍用旧名"俄国""俄国财政"等，皆照引，不予改动。下同。

② 《美国外交文件》（英文），1918年，第435—437页。

③ 王纲领：《民初列强对华贷款之联合控制——两次善后大借款之研究》，（台北）商务印书馆1982年版，第102—103页。

6月，美国政府率先批准《巴黎会议协议》，通报给其他三国并希望各该国能于现存的国际银团即五国银团结束日前都予批准，其他三国政府对上述协议则提出了一些问题。如英国政府在同意该协议要旨之外，对各国政府对该国财团该给予"积极而独享"支持的限制，表示了英国国内对华具有投资利益的单位奇多，势难实行，并对实业借款主张付诸自由竞争。① 法国意见类似，并以法国政府向来不限制私人的经济活动，法律也禁止垄断特权；由财团"劝导"财团外当事者把其所拥有的权益让与银团难以实施。② 日本对实业借款之具有"实质性进展"的判定，主张由各有关国家自己来做出，美国反对。最后，采纳英、法两国的意见，按银团成员多数的决定。③

美、英、法、日四国背着中国处置涉及中国事务，其信息从一开始即不时传到国内。美国国务卿向中国驻美公使送达达成的《巴黎会议协议》副本，嘱转报国内密存。北洋政府国务院暨外交、财政两部得悉拟议中的新银团计划，认为其对华贷款一不分政治、实业、铁路，再不分现在、将来，均归该团承办的这种办法既妨碍我国行政主权，侵害中国发展实业之自由，且显然与美国政府倡议不侵犯中国主权的宣言相悖。它虽明确认识到美、日等列强如此这般行径，根本无视中国主权尊严而"绝不计及中国之地位"④ 却不敢抗争，唯知委曲隐忍。广大人民大众以国家尊严遭凌辱，激愤心情形诸文字，揭穿拟议中的新银团的实质是妄谋从"垄断我国一切借款，攘夺我铁路、实业利权"入手，"制我国财政之死命，断我国民经济之生业"，严正表示："抵死不能

---

① 《美国外交文件》（英文），1918年。
② 《美国外交文件》（英文），1918年，第442—445页。
③ ［日］外务省编：《日本外交文书》第2册上卷，大正八年，第285页。《日本外务部备忘录》，1918年8月24日，中国社会科学院经济研究所藏日文杂档。
④ 《国务院暨外交、财政两部复驻美代办电稿》，1919年6月27日，北洋政府财政部档案，中国第二历史档案馆藏。

承认"，并呼吁政府"严峻拒绝以固国权而卫国民"。[①] 国会议员中也有反应：《巴黎会议协议》实质上是列强企图"以经济灭亡我所设计的政策"，质问政府将怎么处置？[②] 北洋政府迫于民意和舆论压力，为资敷衍，却只虚应故事般电令驻美公使代办容揆向美当局声明"碍难赞同"了事。[③]

三　日本的"满蒙"除外要求以及新银团的自我定位

日本政府经由日本财团代表小田切于 1919 年 6 月 18 日分别函致美、英、法国财团称："日本以满洲和蒙古两地基于地理的历史的特殊关系，曾经英、美、法、俄诸国在不同场合给予承认的事实，特别是 1917 年 11 月 2 日《兰辛—石井协定》的认可"，要求保留在这一地区的特殊利益，必须排除于拟议中的国际银团的活动对象地区。[④]

这个要求，显然与《巴黎会议协议》原则相悖。拉门德经与英、法两国财团代表非正式磋商，复函拒绝："蒙古和满洲是中国的重要部分"，任何企图把这些地区排除于国际银团活动范围之外绝对不能接受；并对《辛兰—石井协定》做了一些辩解。拉门德明确表示：美国反对"任何国家拥有有碍中国主权和领土完整的特权"，这个问题超出各国财团亟欲讨论的范围，须报请国务院来解决。[⑤]

---

① 《四川总商会暨各社团致大总统、国务院电》，《铁路救亡汇刊》，1919 年，第 1—2 页。

② 《何森森、杨以俭等 12 人请咨政府文》，1919 年 4 月，北洋政府财政部档案，中国第二历史档案馆藏。又：该文作为"建议案"，也有记作"质问案"的，铁道交通部交通史编纂委员会编：《交通史路政编》第 6 册，1935 年，第 3798—3799 页。

③ 《国务院和外交、财政两部复驻美代办电稿》，1919 年 6 月 27 日，北洋政府财政部档案，中国第二历史档案馆藏。

④ ［日］外务省编：《日本外交文书》第 2 册上卷，大正八年，第 290 页，中国社会科学院经济研究所藏日文杂档。

⑤ 《美国外交文件》（英文），1919 年，第 453—455、456—457 页。

7月30日，美国国务院致日本驻美大使文中指陈日本的"满蒙除外"要求，即足以损害银团的预期功能的发挥，而且正与银团的组建原则相冲突。同时表白：其他各国政府无意损害日本在中国东北地区的现有利益。[①] 除了通过英国敦促日本撤回其"除外"要求外，它准备如果日本坚持其要求，即排除日本改由英、法、俄、比诸国财团另行组织国际银团。

日本面对美国的反应，采取低姿态而又寸步不让的方略。外务、大藏两相授权正金、兴业两银行经理梶原仲治和土方与拉门德展开交涉，坚持日本政府"确认四国财团《巴黎会议决议》"，绝不能理解为将使日本在满蒙的特殊利益受到任何不利影响。[②] 接着，外务省以这些内容为主旨作成备忘录，训令其驻英、法大使面交驻在国外交部备案，更补充所以要求"除外"的理由，说是十月社会主义革命向西伯利亚地区推进的"赤化"，是"恐怖势力"的东侵，可能危及日本、远东地区的安全，等等。[③]

英、法两国对日本"除外"要求都深不以为然。英国认定日本在玩弄试探气球策略，企图在组成银团一事上取得最有利于自己的规定，而力作转圜工夫。它提醒日本，划分势力范围有逆时代潮流以及其他国家鉴于满蒙地区与日本邻近，不会在这里追求特殊利益，倒会让日本取得一些特殊利益。另外，它怀疑美国准备排除日本另组银团的可能性，希望美国缓和态度，不宜以排除日本另组银团对日本咄咄相逼。法国生防日本一旦被排除于待组织的国际银团，更可充分自由地行动，进一步扩张在华势力，甚或碍及它自己在华的利益。除了与英国相呼应，并把美、日两国所坚持的在原则上明明对立却说成似乎并无多大歧异相调和。

---

① 《美国国务院致日本驻美大使照会及备忘录》，1919年7月30日，中国社会科学院经济研究所藏日文杂档。

② ［日］外务省编：《日本外交年表并重要文书（1840—1945）》上，第503页。

③ ［英］伍特华等编：《英国外交政策文件（1919—1939）》（英文），伦敦，1939年，第700页。

1919 年年底，美国谋求突破僵局，决定派拉门德亲往日本与日本当局进行面对面的交涉。次年 2 月 20 日，他到达东京，旋即与日本政府指定的代表、兴业银行总裁井上准之助展开谈判，耗时一个多月，毫无进展。拉门德决定暂离日本，于 3 月 27 日来华活动。4 月 3 日，他一到上海，即以当年中国政府软弱可欺，要求中国政府把已经废除的德国在湖广铁路借款中所拥有的权益让由日本承受，谋以牺牲中国的权益，换取"满蒙除外"问题的解决。

与此同时，日本加紧其外交活动，既传信息给英国：远东的许多重大问题系于拟议中的国际银团究竟是成是败，如果真要让日本参加，必须做出更大的让步。外务次相则对英国驻日大使透露：内阁即将举行会议，决定参加银团。继又以基本同文的照会先后送达美、英两国驻日使馆，声称日本政府对英国政府同意日本所提方案中的原则，即"充分承认日本有保障国家安全和经济生存的正当愿望，尽量给予满足而感到欣慰"之余，表示了"欣然采纳贵国政府的忠告并在其他国家政府也同意英国意见的条件下"，派本国财团代表与拉门德继续磋商，"以求圆满解决""满蒙除外"问题。它也提出让步的方案，实则是把概括的满蒙除外换成足以构成其原所要求除外的多项特权，除了愿将洮（南）热（河）线某地至某一海口的铁路建筑权提供给国际银团外，其余的则以逐一条例相取代；即：（1）南满铁路及其支线和该路线的附属矿山，不在银团范围之内；（2）吉会、郑洮、开吉、吉长、新奉、四洮等铁路，也不列入银团活动范围内。届建设时日本可以考虑邀请诸国投资。另外，将来如有涉及南满、东蒙的借款事件，若日本政府认为对日本的国防、经济生存上足以发生重大障碍者，仍得采取必要办法以保障日本国的安全。① 这就是日本的"让步"，实质是一步未让。

---

① ［日］外务省编：《日本外交文书》第 2 册上卷，大正八年，第 254—255 页。

拉门德闻讯，认为解决"除外"问题有望，即返回日本。1920 年 5 月 11 日，梶原致拉门德信中道："日本政府与本财团对银团约章中原来不明诸点已完全了解"，奉政府训令，自愿撤销"满蒙除外"要求，愿与英、美、法诸财团在同一条件下承认银团协议，并衷心赞同新银团对华的总体规划和期求达到的目的。同日，拉门德复以要旨雷同的信件，并开列日本要求实指须"除外"的系列项目，构成《拉门德—梶原协议》。①

这个协议，日、美双方都称为达成完全谅解的结果。美国自诩日本撤回满蒙除外要求是坚持其门户开放这一原则的胜利。日本则认为重要的在原则。"满蒙"以获得如英国所传达的消极承认，保证不损害日本的特殊利益，是外交的成功。

接着，英国希望日本政府尽速赋予日本财团以必要的权限，以利于尽快使有关各方都能获得持久而巨大的利益的国际贷款团的组成并开始行动②，日本才与其他三国在同一条件下参加国际新银团。

1920 年 10 月 13 日，四国财团代表在纽约会议上确认 1919 年 5 月《巴黎会议协议》为可行，并做了一些补充和修正。15 日，通过对华《贷款规约》，标志着新银团的正式组成。规定协议有效期为 5 年，数额在 500 万美元以下且符合新银团宗旨的贷款开放给银团外单位，以及欢迎中国的银行自行组成银团加入新银团作为成员。一旦中国政治稳定，银团就可以提供财政援助，等等。

1921—1922 年，美国发起召开华盛顿会议，通过《九国公约》，侈言"尊重中国主权与领土完整"，以合作替代竞争，等等。新银团认为，这些原则要真正转化为现实，仅恃政府无济于事，还有赖我们资本家、企业家、商人等全力赞助而后可，甘愿

---

① 《梶原仲治与拉门德来往函件》，中国社会科学院经济研究所藏日文杂档。
② 《英国外交部致日本驻英大使馆备忘录》，1920 年 5 月 17 日，《满铁关系条约集》别册第 2 辑，1928 年，第 920—922 页。

充作实施该公约的一个合适工具。① 这样，国际银团课加给自己的行动重心，更转向于政治。

新银团执行委员会在 1923 年 5 月 28 日巴黎会议上，以各国亟须扩大出口，开拓中国市场，为避免竞争过烈，在所通过的决议中，广泛地涉及中国内政，诸如"南北统一""裁军""制宪""国会改选"，等等。我国驻美公使顾维钧评称：其"侵犯我国之主权不一而足"。外交、财政两部认同这一点，认为银团内部是在讨论"共同处分（中国）之方法"，"欲以经济上之限制"，企图能悉如其意地"改革（干涉）我国政治"。② 1924 年 5 月，国际银团再一次在巴黎会议上，宣布行动方针：鉴于目前中国动乱局面，在未实现若干程度的政治和平前，不贷予行政款项。至于实业借款，如有确定担保并获得监督其用途之权，则当作别论。

同年 7 月，新银团执行委员会集会伦敦做出决议：《巴黎会议协议》届满时，延长五年。再次届满前几个月，英国财团于 1930 年 4 月向其他三国财团建议自动取消银团的存在，但未被同意，又展期五年。

在此期间，无论是国际形势还是各成员国的国情，都剧变着。新银团的所谓合作精神，早被公开竞争、争抢行为取代着。1933 年年中，中、美之间达成棉麦借款，日本暗中破坏，英国引为不满，认为美国此举有违银团精神。

1934 年，日本发表《天羽声明》，根本无视新银团的存在，吓阻欧美等国不得对华做出经济、技术支援行动。美国政府则对此噤若寒蝉，表示不愿领导与日展开对抗。由是各个国际银团虽专门以我国为贷款对象，而实际达成的借款却寥寥无几。有如财

---

① 《会议记录》，中国社会科学院经济研究所藏日文杂档；《东报论银行团对华方针》，《民国日报》1922 年 6 月 30 日；［美］阿瑟·恩·杨格：《1927—1937 年中国财政经济情况》，陈泽宪、陈霞飞译，中国社会科学出版社 1981 年版，第 407 页。

② 《新银团与中国铁路》，《民国日报》1921 年 1 月 6 日。

团成员中有所自白：一笔借款固是借款，而更重要的是政治的产物。相继的各个国际银团固是一个国际经济实体，更是当年有关各国谋以贷款为手段控制我国的国际政治体制中的一个特定组织，只是在程度上有所差别而已。所有银团，没有一个不标榜成员财团间以合作精神取代相互竞争。实际行动表明，在对付作为借方的我国时是合作的、相互配合的。从一笔贷款能博得的权益分配上，则从未有不展开激烈斗争的。进入 20 世纪 30 年代，银团成员自己都漠视、不承认其有存在的价值，而终任其归于消失。

第三章　清政府为镇压反清义军、增强防务和办理洋务举借的外债

　　在鸦片战争后十年间，我国经济恶化，阶级矛盾激化。太平天国革命于 1851 年 1 月（道光三十年十二月）爆发。受此革命直接、间接的鼓舞和影响，全国各地、各族人民相继展开反清斗争，形成了几乎遍布全国的人民大起义。清政府在厉行镇压中除以"借资民力"为词在国内加强搜刮外，一反它的"祖制"，接受外商财物的接济，说是洋商既"情殷报效"，接受之亦"笼络"之一法。其时，人民大起义行将全被镇压下去，对我怀有野心的国家乘我国国力"虚耗至极"（李鸿章语），既使我东南海域海氛不靖，又在西北边陲造成遍地动乱，个别地方还被代守。清政府谋求增强海防、塞防，借用外债开始成为常态。过后不久，法国进入越南，19 世纪 80 年代起，从对我不断制造摩擦，终于点燃战火。清政府靠借外债以资防备，以济饷糈。在此前后，为强化它的封建统治，意在"图强""求富"，从 19 世纪 70 年代初起的近 1/4 世纪里展开了习称的"洋务运动"，并在举办的一些具体项目上，形成了一些零杂外债。

第一节　镇压反清义军等系列借款

1853 年（咸丰三年）年初，太平军以夺取南京为目标，从武昌水陆并进，挥师东南，钦差大臣督办军务向荣、江苏巡抚杨文定惊骇异常，照会英、美两国驻上海领事，希望借船助剿以安商民而全和好。同时，饬苏松太道在上海或雇或募洋船，并将此事密奏清政府。奉朱批："目下江南势难收拾"，"自应如此办理"。① 洋船既可雇募，洋款自然也未尝不可通过借贷以济急用。9 月，清政府便听任地方当局以预借洋商税银名义，形成地方官借用外债的事实。过后几年，英、法两国以联军武力迫使清政府在《天津条约》上签字画押，对我国内战政策迅即由"中立而改定为帮助清军打败叛军"。② 清政府为镇压国内正在激烈展开的以太平天国为主的各地反清义军，一再谋求取得这个帮助。在华洋商（主要是英籍的，兼有美、德等国籍）为谋求一时之利并拓展市场的长远利益，在各该国政策的指引下，对我地方当局提出的借款要求，几乎无不应允，从而使英、法等国既定的帮助政策，转化成看得见、摸得着的一种具体行动。

一　19 世纪 50 年代的上海洋商借款和广东旗昌洋行借款

（一）上海洋商借款

1853 年 9 月，以刘丽川为首的上海小刀会在太平天国建都南

---

① 《江苏巡抚杨文定片》，咸丰三年二月二十二日朱批，《筹办夷务始末补遗》第 1 册，第 93—94 页。

② ［美］费正清、司马富编：《步入中国清廷仕途——赫德日记（1854—1863）》，傅曾仁等译，中国海关出版社 2003 年版，第 308 页。

京后，为资响应，在上海起义，占领县城并及附近青浦、川沙等县。苏松太道兼江海关监督吴健彰逃出衙门后，以他本与美国驻上海副领事金能亨同是美籍旗昌洋行的股东，在第二天便被后者接往城外住进该行。两江总督怡良、江苏巡抚许乃钊调遣"粤船水勇"，在全力镇压小刀会中，为保障支给接仗赏银的卖命钱和置备火药弹丸等费用，即着吴健彰竭力措挪借垫。① 通过这种方式究竟借、垫了多少，限于史料，已难查考。设以1855年、1856年两次从江海关该征关税中所扣除的预借洋商税饷银数量为准，本息合计为库平银12.7万余两，此笔原无名目，且名之为"上海洋商借款"②，构成可能是清政府举借外债的第一笔。

（二）广东旗昌洋行借款

英、法两国对我发动联军侵略战争，于1857年12月底占领广州，次年初劫持两广总督叶名琛并遣往印度加尔各答。联军为利于控制广州局势，组成一个委员会，决定利用广东巡抚柏贵，委托他代为治理，即所谓"用一根绳子把他拴着，而这根绳子则由委员会牵着"，以实施"华洋共治"。③ 广州城外及省内各地人民目睹现状，群情激愤。除此前发生过"广州事件"，在此时更是谋求对占领者以应得的膺惩，形成西方人只要离开广州城一英里就不保险的局面。④ 清政府革了叶名琛的职，任命黄宗汉为两广总督，黄宗汉有所顾虑，迟迟不南行。在清政府催促下，并领会清政府制定的所谓"当今中原未靖"，对外来侵扰"不得不思袁远之方，为羁縻之计"的原则方针，才赴任所。他为防范

---

① 《两江总督怡良、江苏巡抚许乃钊奏》，咸丰三年十一月十一日，《筹办夷务始末补遗》第1册，第135、157页。

② 《署江苏巡抚郭柏荫奏》，同治六年四月二十八日，附江海关洋税……清单，《军机处档案》抄关税（十六），江苏各关（四），中国第一历史档案馆藏。

③ ［美］费正清、司马富编：《步入中国清廷仕途——赫德日记（1854—1863）》，傅曾仁等译，中国海关出版社2003年版，第223—224页。

④ ［美］费正清、司马富编：《步入中国清廷仕途——赫德日记（1854—1863）》，傅曾仁等译，中国海关出版社2003年版，第223—224页。

地方民众以及乡勇的某种行动或有碍与"各国和议"的达成，力谋增强保安实力，以资震慑。责成经营外贸生意的原十三行行商著名人物伍崇曜报效银两，未成，转而允许后者与旗昌洋行洽商，于 1858 年 10 月借成月息六厘、为期半年的库平银 32 万两。① 此项预期用途在他与其说是为抗击侵略者，毋宁说是为增强压制民间展开反侵略行动的实力。"华洋共治"下的广州之所以能持续到这次战争的结束未再发生"广州事件"那样的事件，与此不无关系。另外，侵华联军占领着广州既能如其既定战略稳住华南以大举北犯，攻击京师门户大沽口，并在最后议和时，取作掌握在手的一个筹码，用以对清政府施加压力。这笔借款成立时，两广总督会同海关监督立"揭银单"（即借据）十三件，每件注明银数利息，由海关税银项清偿本利，交与贷方收执为凭。后该项未如约定还本付息，在贷方的催索下，户部和两广总督又旧话重提，要伍家作为报效早为清理。其时，伍崇曜已病故。最后，由其后嗣捐款偿还。

　　1857 年 5 月，即英法联军侵略战争正在展开之时，据英国福州领事浩尔通知，福州地方当局曾拟向外商借债 50 万两，月息 3%，以福州及其他通商口岸应征关税为担保，未成事实。②

　　第二次鸦片战争结束后，外债举借的次数急剧增加，其中，

---

① 《咸丰八年九月癸酉黄宗汉奏》，《筹办夷务始末》，咸丰朝，卷三一，第 16 页。

　　关于这笔借款，户部会同总理衙门于同治三年十一月二十四日奏折中称："借此银以充兵饷，正在与英、法各国和议未定之时，是贷中国之银以御外国，非贷外国之银以攻其本国。"此句原嫌离奇！如后一片语所云，作为一个朝廷命官若竟贷外国之银以攻其本国，该当何罪！事实上，也无此事。至于上一片语云云，问题是主借者用此款御了外国了吗？缺此记载。而只有防止民众，特别是防乡勇或有抗击入侵者行动的发生。今人论著中据上引句断言："清政府激于义愤，为挽回苛刻的《天津条约》而进行了较认真的战争准备，举借了近代中国第一笔抵御外侮的外债"（许毅等：《清代外债史论》，中国财政经济出版社 1996 年版，第 161、176 页），似还值得商榷。又：论中对上引户部奏中语，加上"诚如美商……所说的那样"的片语，与原折文意不符。

　　② 〔美〕马士：《中华帝国对外关系史》第 1 卷，张汇文等译，上海书店出版社 2000 年版，第 598—599 页。

有的本银还清，借据退销，银额无从查考。仅据有记录可查者，在1861—1866年间，至少借过13笔，折合库平银约230万两。所有这些外债，均分别由江苏、福建和广东三省地方当局承借，贷款者都是侨寓上海、福州、厦门、广州各口的洋商；绝大多数由各口海关关税担保，借期多数不明，其中有可考查者，短则四个月，长则一年；利息率按月计，多数是1%，也有少数几笔是超过或不到1%的。借款用途，毫无例外的都是为了镇压人民的反抗斗争，特别是镇压太平天国运动。

此外，1862年，戴潮春在台湾彰化起义，有记载说，地方当局曾向洋商德记洋行筹借镇压费用，情况不详。

上述外债，数额不大，借期较短，不附有捐给主权的条件，一般都如期偿还，只具有临时的周转性质，是由各省地方当局出面举借的。这些借款有一点值得注意，没有一笔不是在最急迫的时候借成的。有了借款，"军饷赖以敷衍"①，防止饥兵"哗溃"②，从而使反动的军事镇压得以如期展开。这说明借款的数量虽然不大，其所发挥的作用是巨大的。

二　镇压西捻和陕甘回民义军的借款

清政府于1864年3月清军攻下南京后认为，威胁自己统治的太平天国已被摧折，把镇压矛头转向纵横于陕、甘两省多年的西捻和回民义军。1866年秋，清政府在陕西当局奏陈"西回东捻，两路同窜，欲防则无迎击之师，欲剿则无守隘之兵"③的危急形势中，急调闽浙总督左宗棠改任陕甘总督，次年初，加授左宗棠为钦差大臣督办陕甘军务。左宗棠有鉴于陕、甘两省瘠苦，若在

---

① 《筹办夷务始末》，同治朝，卷六，第51页。
② 《筹办夷务始末》，同治朝，卷五八，第20页。
③ 《平捻方略》卷二六一，第15页。这里的"西捻""东捻"，实指同一支捻军——西捻。从全局着眼定名，后者意指在陕甘境东部活动的捻军。

当地筹谋饷需实属不易，寄望于邻省协济更难，认为非得现成巨款筹办一切，难以放手去做。用他的话说，"如河堤溃决，四处弥漫，岂临时黄土所能掩救"。① 他又以"外国每遇有兵事，贷兵饷于众商，指税项归款，商情乐从，事亦易集"，并以我国连年来已有"向洋商借银充饷成案"，"未为失体"，奏呈清政府："当念陕甘饷需艰窘之时，与其入秦后因待饷之故遇事牵制，坐失机宜，曷若筹借巨款，一气贯注。"清政府无法不认同他的意见，朱批："今以陕甘需饷孔殷，各省协解恐不能如期，停兵转饷，于剿贼机宜未免延缓"，"自应照该大臣所请，迅筹巨款以期集事"。② 左宗棠以旨准为护符，为充西征饷需，专向洋商借银以保障供给，形成了习称的西征借款6笔。

　　1867年，左宗棠主持向上海洋商借款银120万两，是正式以清政府名义举借的第一笔外债。从这年到1875年，先后签订所谓"西征借款"③ 3笔，共库平银520万两，统由左宗棠西征上海采办转运局委员胡光墉经手。款额、利息率等项，如表3-1所示。

表3-1　左宗棠西征上海采办转运局借款额、利息率、期限及担保情况

时间	贷款者	数额 （库平银万两）	利息率 （%）	期限	担保
1867年4月	上海洋商	120	月息1.5	半年	闽海、粤海、浙海、江汉、
1868年1月	上海洋商	100	月息1.5	10个月	江海各关关税
1875年4月	怡和洋行	100	年息10.5	3年	各关关税
	丽如银行	200			

　　资料来源：据徐义生编《中国近代外债史统计资料（1853—1927）》，中华书局1962年版，第7页表7改制。

---

　　① 《致杨石泉函》，同治六年，《左文襄公全集》书牍，卷九，第16页。
　　② 《陕甘总督左宗棠折》，同治六年三月二十五日，《筹办夷务始末》，同治朝，卷四八，第19页。
　　③ 所谓"西征借款"，其后在1877年6月、1878年9月和1881年5月又连续借了3笔。这几笔用途，则主要用于平定新疆的阿古柏叛乱暴动集团。

第四次"西征借款"举借于 1877 年 6 月，左宗棠原拟借 1000 万两，后来实借 500 万两。次年 9 月举办的第五次"西征借款" 350 万两，是华商和汇丰银行的混合借款。先是由上海采办转运局委员胡光墉在上海、苏州、杭州一带联合华商，组织乾泰公司集股认贷，其贷款条件则完全仿照外债成案，按月一厘二毫五起息，以关税作押，由粤海、浙海、江海、闽海和江汉五关出票，加盖督抚印信，六年偿还本息。但华商深恐清政府将来不能如期偿还，借款变成报效捐纳，认股不甚踊跃，所以，胡光墉只募得原额的半数（175 万两），其余一半改由汇丰银行承贷。这样，这次贷款变成了华洋混合借款，共同发行债票。① 第六笔"西征借款"举办于 1881 年 5 月，款额 400 万两，由陕甘藩库担保，实际上是由海关扣抵。

第二节 增强防务和办理洋务借款

中法战争前后，由于国防吃紧，财政支绌，清政府又接连举债，以支付海防费用和一部分日常军饷，形成又一次借债高潮。直接或间接地用于中法战争的借款有"广东海防借款" 4 笔，款额 501 万余两，滇桂借款 100 万两，福建海防借款 358 万余两，援台规越借款 298 万余两。1883—1885 年，外债额 18412543 两，其中，借债最多的 1885 年，外债额达 1359 万余两，占当年财政收入的 17.6%。② 这些债款全部由汇丰银行、怡和洋行、宝源洋行等英国商人集团贷放，其中，汇丰银行所贷部分为 10734543 两

---

① 第五次"西征借款"的华商承贷部分，可以看作中国发行国内公债的开始，不过，这笔内债是华商倚恃洋商的特殊势力才形成的。参见徐义生编《中国近代外债史统计资料（1853—1927）》，中华书局 1962 年版，第 3 页。

② 徐义生编：《中国近代外债史统计资料（1853—1927）》表 1，中华书局 1962 年版。

余，占 58.3%。① 这些借款实际上有一部分被挪作粤、闽、台等省的一般军饷，一小部分（190 万两）作为援助越南抗法的滇桂军饷，而订购的海军船舰，则直到中法战争结束后两年才驶到中国。

中法战争结束后，清政府的外债数额有所减少，1886—1890年，共计 7683977 两。此后至甲午战争爆发，未见借债。而这时的外债用途则开始扩大，不只是用于河工和铁路建筑，而且消耗于廷苑修建，直接供清朝统治者挥霍享乐。1885 年的"神机营借款" 500 万两，名为修建京西铁路煤矿，实际上除支付船炮款 248万两外，全部用于修缮颐和园。以后又有用于南海工程和三海工程的两笔借款，款额为 198 万两。外债用途的扩大，表明清政府在财政上对外债的依赖程度加深。

据统计，1877—1890 年，清政府共借外债 24 笔，合计库平银为 36366620.365 两。各笔外债的举借年月、名称、承贷者以及款额、用途等，见表 3–2。②

此外，从 1877 年至甲午战争前夕，属于拟借未成或成否不详的借款有 21 笔。其中，既有海防名义的军费借款，也有开矿、修路、购船、设厂、开设电报局等实业性借款，还有直接为增发钱钞以摆脱财政困境的开矿和购机铸币、发钞借款。有的款额多达两三千万两。这些借款虽因某种原因未借成，但从一个侧面反映了当时清政府的财政状况和动向。

总的来看，这一时期的外债有以下三个特点：

第一，绝大部分借款的用途是军事性和非生产性的。1877—1890 年间的 24 笔借款，按其用途性质，大体可以分为军事费用借款、廷苑工程借款、河工借款、实业借款和对外恤款借款五类。

---

① 徐义生编：《中国近代外债史统计资料（1853—1927）》表 1，中华书局 1962年版。

② 徐义生编：《中国近代外债史统计资料（1853—1927）》表 1，中华书局 1962年版。

表 3-2

1877—1890 年清政府举借外债情况

时间	借款名称	贷款者	款额（库平两）	利息率（%）	期限	担保税项	用途	备考
1877 年 6 月	西征借款 4	汇丰银行	5000000	年息 10	7 年	各关洋税	左宗棠军新疆军饷	原拟借 1000 万两
1878 年 9 月	西征借款 5	汇丰银行	1750000	年息 10	6 年	各关洋税	左宗棠军新疆军饷	实际由海关扣抵
1881 年 5 月	西征借款 6	汇丰银行等	4000000	年息 8	6 年	陕甘藩库收入	左宗棠军新疆军饷	由户部拨晋、豫、陕、皖欠解塔城军饷清还
1882—1884 年	新疆俄商借款	新疆俄商	120000	—	—	—	补发新疆塔城兵饷	—
1883 年 9 月	广东海防借款 1	汇丰银行	1000000	年息 8	3 年	—	中法战争广东经费	原拟购弓舰两艘，后拨作军饷
1884 年 1 月	轮船招商局借款 1	天祥银行、怡和洋行等	678000	—	—	轮船招商局所有码头、仓栈等	偿还轮船招商局所欠钱庄、银号等债款	—
1884 年 4 月	广东海防借款 2	汇丰银行	1000000	年息 8	3 年	—	中法战争广东经费	原拟购弓舰两艘，后拨作军饷
1884 年 10 月	广东海防借款 3	汇丰银行	1000000	—	—	—	—	—
1884 年 10 月	沙面恤款借款	汇丰银行	143400	—	—	加抽太古洋行未在省港轮船码头头捐	偿付 1883 年广州沙面焚毁洋商房屋物件恤银	—
1884 年 12 月	滇桂借款	宝源洋行（麦加利银行、渣打洋行）	1000000	年息 8	3 年	各关洋税	中法战争期间滇桂军饷各 40 万两，刘永福军饷 20 万两	—

续表

时间	借款名称	贷款者	款额（库平两）	利息率（%）	期限	担保税项	用途	备考
1885 年 2 月	福建海防借款	汇丰银行	3589781	年息 7	10 年	各关洋税	中法战争期间闽省边防饷需，后余款 60 万两拨入神机营	—
1885 年 2 月	广东海防借款 4	汇丰银行	2012500.293	年息 7	10 年	粤海关税及洋药厘金	中法战争期间广东军需用款	—
1885 年 2 月	援台规越借款	汇丰银行	2988861.822	年息 6	—	各关洋税	中法战争期间台湾及援越军饷	—
1885 年 3 月	神机营借款	怡和洋行	5000000	年息 7	10 年	各关洋税	名为修建京西铁路，实际除付船炮款 248 万两外，用于修建颐和园	—
1886 年	轮船招商借款 2	汇丰银行	1217140	年息 7	10 年	轮船招商局产	向旗昌洋行赎还轮船招商局用款	—
1886 年 7—10 月	南海工程借款	汇丰银行	300000 700000	年息 7	10 年 30 年	粤海关洋税	奉宸苑修缮南海工程用款	按即广东善后局汇丰借款
1887 年 1 月	三海工程借款	德国华泰银行	980000	年息 5.5	15 年	各关洋税	修缮三海工程用款	—
1887 年	津沽铁路借款	怡和洋行 华泰银行	637000 439000	年息 5	—	—	津沽铁路用款	—

续表

时间	借款名称	贷款者	款额（库平两）	利息率（%）	期限	担保税项	用途	备考
1887年10月	郑工借款1	汇丰银行	968992	年息7	1年	津海关等洋税	防堵黄河郑工决口工程及购买挖泥轮机	按行平银103.2两=库平银100两折合
1888年5月	郑工借款2	汇丰银行	1000000	年息7	4年	津海关等洋税	防堵黄河郑工决口工程及购买挖泥轮机	—
1888年	津通铁路借款	汇丰银行	134500	—	—	—	津通铁路订料用款	原订借款200万两，后停工候议，未借足
1889年5—9月	鄂省织布局借款	汇丰银行	160000	年息5	—	广东闽姓捐款，利息由湖北偿还	湖北织布局造厂费用	—
1890年4月	嵩武军借款	德国泰来洋行	182481.75	年息6.5	4年	由户部于晋、豫、鲁、直各省收入项下清还	山东嵩武军用款，垫还华商借款	—
1890年4月	山东河工借款	德华银行	364963.5	年息6.5	4年	由户部于晋、豫、鲁、直各省收入项下清还	山东河工用款，购买挖泥轮机	—

各类借款的次数、款额及其所占比重，见表 3-3。[1]

表 3-3   **1877—1890 年借款用途分类**

类别	次数	款额（库平两）	所占比重（%）	备注
军事费用借款	13	26123624.865	71.84	包括神机营借款 248 万两
廷苑工程借款	3	4500000	12.37	包括神机营借款 252 万两
河工借款	3	2333955.5	6.42	
实业借款	5	3265640	8.97	
对外恤款借款	1	143400	0.40	
合计	25*	36366620.365	100.00	

说明：＊因按其用途将神机营借款分作两次统计，故借款次数比原数多 1 次。

从表 3-3 中可以看出，军事费用借款多达 13 笔，款额 2612 万余两，占借款总额的 71.84%。这些名为"御外""自强"的军事借款，不管是在左宗棠"西征"期间，还是在中法战争期间，大部分都用于一般的军饷开支，用借款购买而能够在防卫战争中直接发挥作用的船炮，却直到中法战争结束两年后才运到中国。廷苑工程借款 450 万两，则完全是供清政府最高统治者挥霍享乐。从 19 世纪 80 年代中叶开始，虽有一部分借款被用于铁路修建和其他洋务企业，但数额和比重很小。这方面的借款，包括用于赎还轮船招商局的借款在内，仅 326 万余两，只占这一时期外债总额的 8.97%。借款用途的这种军事性和非生产性特点，是由清政府财政的空前困窘和它本身的极端腐朽决定的。

第二，利息率高，借款条件苛刻。进行高利盘剥是帝国主义列强贷款的直接目的之一。清政府所借的绝大部分债款都要偿付高额利息。当时西方发达国家之间的借贷，一般为年息三厘，最

---

[1] 徐义生编：《中国近代外债史统计资料（1853—1927）》表 1，中华书局 1962 年版。

多不过四五厘①，而清政府的借款利息一般高达八九厘，再加上经纪人的舞弊渔利，清政府的实付利息往往比当时通常的国际借贷高四五倍。而且，借款以金币计算，折合白银偿还，由于银价下跌，形成"镑亏"，加重了还款负担。此外，尚有"扣头""贴补"等名目。清政府所借的多次债款都是按九五折付款，借款百两，实得 95 两。还必须指出的是，西方国家贷给清政府的许多借款，都是在中国就地发行债券和股票，由中外商人认购，其中相当一部分认购者是中国人。② 外国侵略者就是这样直接以中国的钱财作本金，对清政府进行高利盘剥。

贷款的其他条件也十分苛刻。除每笔借款必须以关税或其他财源作担保外③，一部分借款还有其他附加条件。如中法战争期间，英国汇丰银行贷给清政府的 1000 多万两债款，都有一个条件，即款项必须用于购买债权国的军需品和船炮。1887—1890 年的几笔河工借款也主要是用于购买债权国的不实用的挖泥轮机。这样，贷款国不仅从债款本身获得高额利息，而且达到了商品倾销的目的。至于以关税为借款担保，则使外国侵略者加强了对中国海关及其税收的控制。

第三，越到后来，各项借款越具有明显的政治性质。19 世纪七八十年代，随着资本主义向帝国主义转化，西方列强在中国的争夺日益加剧。贷款开始成为它们在中国物色和扶植走狗、攫取和争夺路矿权益的重要手段。于是围绕借款发生的角逐尖锐化了，借款本身的政治色彩也越来越浓厚了。中法战争前，一些大型借款几乎完全由英国财团怡和洋行、汇丰银行等垄断；中法战争后，

---

① 郑观应：《皇朝经世文统编》卷三七，第 33 页。

② 《字林沪报》，光绪十一年五月二十四日，郑观应：《皇朝经世文统编》卷三七，第 33 页。

③ 1877—1890 年的 24 笔借款中，载明担保财源的 18 笔，其中，以关税为担保的 10 笔，款额 25290135.115 两，占同期外债总额的 69.55%。其余的担保条件分别为晋、豫、鲁、直、陕、甘等省藩库收入，广东闱姓捐款以及轮船招商局局产等。

法、德、美等国财团也空前活跃起来。战争期间，法国侵略者曾企图向清政府提供 2000 万两贷款，借以换取在台湾开采煤矿和建筑铁路等项特权。此后，英、德垄断集团也开始降低利率以攫取更大特权的竞争。因此，1885 年以后，借款利息率一般已降低至年息 7 厘以下，期限则大多延长到 10 年以上。1886—1887 年，当清政府向英、法、德诸国在津银行进行借款交涉时，德国华泰银行代理商礼和洋行即以年息 5 厘 5 毫的少有低利息，向清政府提供借期 15 年的 500 万马克（98 万两）贷款。后来，华泰银行又和英国怡和洋行共同参加了对津沽铁路的贷款。到 1889 年，德国财政垄断集团设立德华银行以后，德国财团对中国资本输出的阵地已基本巩固。英国汇丰银行则通过 1889 年的武昌织布局借款，直接渗入了当时洋务兴办的新式企业。这时美国侵略者也开始参加竞争。1887 年，美商米建威曾企图勾结李鸿章共同设立华美银行，并打算由美国财团提供 2500 万两的巨额贷款。这一举动不仅直接和英国财团发生尖锐的冲突，也引起了清朝统治者内部一些人的反对。只是在交章弹劾、众议沸腾的攻击下，美国财团的企图才未能得逞。1890 年，奥商伦道呵也曾企图向清政府贷以 3000 万两的巨款，修建营口至珲春的铁路。[①]

　　通过这些政治性贷款，帝国主义列强不但部分地控制了清政府的财政，开始获取工矿、铁路权益，渗入洋务派近代企业，而且着手确立势力范围。它们已经在为瓜分中国做准备了。

---

　　① 徐义生编：《中国近代外债史统计资料（1853—1927）》，中华书局 1962 年版，第 3—4 页。

第四章　甲午战争战费和赔款转化成为外债及其清偿

　　1894 年 7 月 25 日，日本先对中国挑起侵略战火，8 月 1 日正式宣战；清政府从着手被迫应战起，即发现此前 20 年的"经军振武"，远不足以应付局面。它急谋增强江海防务，购置军械弹药，然而，在竭尽本国财力后犹处于"非有洋款，万难支持"① 的困境中，先后由中央和地方筹措 5 笔借款以济急需。第二年 4 月 17 日，清政府批准《马关条约》结束战争，又须为清偿日本勒索的赔款而急筹巨额经费，在不到三年的时间里，接连借了 3 笔巨额外债。前者是"战费借款"，后者是"赔款借款"，分述如下：

第一节　战费借款

　　在日本对我宣战的次月，福建台湾巡抚邵友濂为备防日舰侵袭东南海域，向上海洋商筹借规元银 50 万两以资应用。这是这次战争中中国政府举借的第一笔外债。接着，总理衙门在海关总

---

① 《张之洞致总署电》，王彦威编：《清季外交史料》卷一〇九，第 12 页。

税务司英人赫德的怂恿下，于11月9日向英商汇丰银行借款1000万两，名曰"汇丰银款"。第二年1月，总理衙门又由赫德经手，再次向汇丰银行借款300万英镑，名曰"汇丰镑款"。当战争末期，南洋大臣张之洞谋解"饷乏"之困，几乎同时要求驻英公使龚照瑗和上海道刘麒祥分别在国外和国内筹措借款，结果在战争结束后不久的6月20日和28日，先后形成德商瑞记洋行经手向德国国家银行和英国麦加利银行经手向伦敦克萨银行的借款各100万英镑，共两笔，分别名曰"瑞记借款"和"克萨镑款"。战费借款折合成库平银总计达4150余万两，撮要列为表4-1。

表4-1　　　　　　　　　　　　甲午战费借款概况

时间	借款名称	款额		年利率（%）	折扣（%）	期限（年）	担保
		借额	实收额				
1894年9月	上海洋商借款	规元500000两（库平银456204两）	规元500000两（库平银456204两）	7		20	关税
1894年11月	汇丰银款	（库平银10000000两）	（库平银9945255两）	7		20	关税
1895年1月	汇丰镑款	3000000镑英（库平银18653962两）	2865000英镑（库平银17118871两）	6	95.5	20	江苏省盐厘
1895年6月	瑞记借款	1000000英镑（库平银6217987两）	960000英镑（库平银5736166两）	6	96	20	盐课厘金
1895年6月	克萨镑款	1000000英镑（库平银6217987两）	955000英镑（库平银5716290两）	6	95.5	4	—
总计	按库平银计	41546140两	38962786两	—	—	—	—

资料来源：根据徐义生《中国近代外债史统计资料（1853—1927）》，中华书局1962年版，第28—29页表改制。

战费借款基本上沿袭了旧时借款成规，同时又出现了以下三个新特点：

第一，就成债程序说，以往为筹办军务而借洋款，一般由统兵大臣自行定议，或由各省督抚先行洽商，奏报清政府备案。现在出现了新的情况："皇上明降谕旨"，"总理衙门会同户部代中国国家"① 举借，如"汇丰镑款"就是这么处理的。由中央政府出面举债，说明国债性质的增强。

第二，债款的筹措以往几乎都由贷方自行承担，罕有向金融市场发行债券来筹集的，现在则贷方只是作为经手人。如《汇丰银行 300 万镑款合同》第一款载明："总理衙门准汇丰银行权衡为中国国家经手人，或由该行一行，或由该行选择会同他人"，代中国国家公开发行债券来筹集。② 这一变化，说明国际金融市场在中国外债发行中作用的增强。

第三，甲午战前借款条件尚未涉及主权问题，战费借款中则开始出现损及中国主权的规定。如汇丰银行债约中规定，清政府允准银行或其代理人，"倘遇关税项下应偿该借款本息未能照付时，得在任何通商口岸，一地或数地，征收足以抵偿欠付款额之关税"。③ 这就表明，已经出现贷方企图直接干预中国税收的形迹。

战费借款中开始出现的新规定、新要求，转眼成为定例。在以后的赔款借款中，更是变本加厉，超过一般借款通常必要的条件。争揽贷款的权益，实际上变成争夺中国权益，控制中国财政、军事，增强在华政治威势和影响，以致在事实上俨然把中国当作自己的保护国的一种手段。

---

① 《汇丰镑款合同》，王铁崖编：《中外旧约章汇编》第 1 册，生活·读书·新知三联书店 1957 年版，第 599 页。

② 王铁崖编：《中外旧约章汇编》第 1 册，生活·读书·新知三联书店 1957 年版，第 604 页。

③ ［英］魏尔特：《关税纪实》，郭本校，海关总税务司公署统计科印行，1936 年，第 209 页。

第二节　赔款借款

结束甲午战争的《马关条约》规定，中国赔偿日本军费库平银2万万两；又据另约规定，中国对暂驻威海卫的日军军费，年资助即所谓"贴交"库平银50万两。另据同年11月8日李鸿章和日本代表林董签订的中日《辽南条约》，规定日本退还辽南地方，中国于当月给以"酬款"库平银3000万两。[①]上述赔款分8次在7年内交清。第一次5000万两在条约成立后6个月内交清；第二次又5000万两在12个月内交清；其余均分6次递年交讫。第一次交清后，对余款按年加5%的利息；辽南日本占领军的撤退，在中国交清"酬款"后3个月内履行。这样，清政府第一次该交的赔款、"酬款"就高达库平银8000万两！否则，辽南的"归还"就要落空。

在1891—1894年间，清政府财政收入年平均为库平银8000余万两。这里需要指出的一点是：这也是在当时既存的经济结构基础上所能容忍征取的最大量。同期，年平均财政支出为库平银7800余万两，收支相抵，略有盈余，平均年460余万两。战火既起，所耗帑金，单计战费为库平银5800万两，相当于战争爆发前全年财政支出的75%。不难想象，战争前一些年间的结余全部花光，只得连续举借外债，以资挹注。

当这次战争还在进行中，英国估计到中国势必战败，战争结束后必定要为清偿军费赔款而举借外债，因此，在1894年年底，它就在抓紧计划怎么承贷款项，以增强自己在华的威势和影响。

---

① 王铁崖编：《中外旧约章汇编》第1册，生活·读书·新知三联书店1957年版，第614—615、636—637页。

它渴望有关各国注意到英国对华贸易量比任何国家都大的事实，共组财团并由汇丰银行充当经理人，商定一个使各个国家都能满意地承揽贷款的计划。它在法、德、俄三国反应冷淡之后，转谋独揽贷款的权益。作为中国海关总税务司的赫德心向英国；在1895年3月上旬，他指示在伦敦主持中国海关办事处的金登干询问汇丰银行能否为中国政府发行债券5000万—6000万英镑，以便时机成熟即迅速付诸行动。他还设想出提供贷款的条件："由总税务司（兼行）管理常关税收"，或把"盐税、厘金或田赋"作为行将举借的外债的"额外担保"，又"或以海南岛或舟山群岛作抵"，作为借款条件。① 几乎与此同时，俄国也展开了同样的活动，并千方百计地力谋阻止英国的行动。沙皇尼古拉二世于3月10日亲自主持中日战争期间特设的中日事务特别会议中作出决议："即与中国开始谈判"，"提供"俄国的"帮助"，使清政府有可能清偿对日的赔款；并负责与法国的巴黎银行、巴黎荷兰银行等银行联系，组成财团，共同承担贷款，"以俄国的资源作为中国借款的担保"。② 原则一定，迅即展开外交活动。俄国外交部一方面向中国驻俄公使许景澄表示了俄国乐意以最优惠的条件贷款给中国；另一方面训令其驻华公使喀西尼向总理衙门表示同样意向，并敦促该衙门授权许景澄在圣彼得堡办理借款事宜。③ 俄国的战略意图是"不让英国扩大它在中国的影响"，并"使中国处于依附于"俄国的状态。④ 两国的行动表明，它们都在加紧准备，以"帮助"为名，通过贷款控制中国税收和中国财政，以

---

① 《赫德致金登干电》，1895年4月14日，中国近代经济史资料丛刊编辑委员会主编：《帝国主义与中国海关资料丛编之七：中国海关与庚子赔款》，中华书局1983年版，第49页。

② ［俄］维特：《维特伯爵回忆录》，傅正译，商务印书馆1976年版，第84页。

③ ［法］施阿兰：《出使中国记》（法文），第69页。

④ 《俄外交大臣罗拔诺夫致驻法大使莫伦海姆电》，1895年5月23日，［英］菲利浦·约瑟夫：《列强对华外交》，胡滨译，商务印书馆1959年版，第176页。

致控制中国的某些领土，甚至把整个中国置于自己的政治控制之下。

俄国把中国的东北地区视若突入俄国领土的一个钝角。日本在战争中占领了辽东半岛，于媾和谈判中竟据为己有，俄国认为，危害了它的利益，从地缘政治角度看，构成一种经常的威胁。俄国运用外交手段，联络法、德两国做出三国"干涉还辽"一举，在取得清政府的十分好感之余，谋求使占领辽南的日军能早日撤退，立即向清政府表示愿"代筹款项，以备周转"。[①] 5 月底，财政大臣维特派他的心腹圣彼得堡国际银行行长罗启泰到法国，商妥了法国银行家与俄国同时参加对中国的贷款。

6 月 10 日，俄国向清政府提出贷款方案，数量为 4 亿法郎，约合银 1 亿两，"由俄主颁谕加保"，中国"海关作押"，嗣后关税"先尽拨付俄款"，若不足以清偿届期本息，中国"应预告俄国以何项抵押"。清政府得悉后，不敢轻于应允。俄国便以"兵端不难再起"进行威胁，迫使清政府不得不接受它的安排，由许景澄与"俄国各银号商董"于 1895 年 7 月 6 日，签订中俄《四厘借款合同》，又《声明文件》及《担保合同》各一件。[②]

上述文件，都是由俄国准备，许景澄所能做的只是对一些特别刺眼的字句，在文字上做了一些修饰。比如，清政府对俄之愿担保贷款偿付之责，未尝不意识到俄国在此中别具用心，再三与之交涉，结果改成"如付款愆期，由俄国国家垫付"。实质并无改动。再如，它原要求中国发表声明，"中国如许他国预收关税，监守稽查地方刑名，制造、商务等项，亦准俄国同得"，改成由中国政府发表声明，"无论何国、何故，决不许其办理照看税入等项权

---

① 许景澄：《许文肃公遗稿》奏疏，卷二，1918 年，第 8 页。
② 王铁崖编：《中外旧约章汇编》第 1 册，生活·读书·新知三联书店 1957 年版，第 626—630 页。

利"，"如中国经允他国此种权利，亦准俄国均沾"①，也就是允许俄国参加管理中国海关。嗣后，中国海关中，俄、法两国的参与人员（各关税务司等）事实上也提高了地位。② 此外，还规定：（1）在本合同签订后 6 个月内，即在 1896 年 1 月 15 日以前，除与本借款贷方——"银行商董"商明外，不得另向他国银行借款；（2）作为借款文据之一的《声明文件》，"与条约一例看重"。这样，实际上把组成借款合同的所有文件，都变为束缚中国的整个不平等条约体系的一个组成部分。

俄、法借款的成立，激起英国强烈的不满和嫉视。说什么俄国"为中国帮了（干涉还辽）大忙，已使中国人的眼睛再也看不到别的"，"英国人并不像俄、德、法所想象的那样，会轻易地被人赶走"。③ 赫德对有关税务的条款特别敏感，认为这"是俄国企图控制（中国）海关的楔子"。他立即做出反应，要求总理衙门"勿挠其权"，并决心也以贷款的手段，回击俄国的挑战。

德国对俄、法借款也甚为不满。德国驻华公使绅珂为此向总理衙门提出抗议。最初，俄国财政大臣维特曾经表示，对华借款愿联合德国一起行动。德国贴现公司经理韩赛满在德国政府示意下，即组织起一个强有力的财团，准备承募债款。可是，俄国旋以法国反对作借口，自食诺言。德国有鉴于此，乃转而寻求与英国合作。

英国原对三国"干涉还辽"一举，视若对自己在华霸权的一种挑战。俄、法两国在中国领土上的南北交侵，更被认定是对英

---

① 《总理衙门奏折》，光绪二十一年九月十三日，《军机处录付奏折》，中国第一历史档案馆藏。

② ［法］施阿兰：《出使中国记》（法文），第 69 页；《赫德致金登干电》，1895 年 8 月 4 日，中国近代经济史资料丛刊编辑委员会主编：《帝国主义与中国海关资料丛编之七：中国海关与庚子赔款》，中华书局 1983 年版，第 190 页。

③ 《赫德致金登干电》，1895 年 4 月 14 日，中国近代经济史资料丛刊编辑委员会主编：《帝国主义与中国海关资料丛编之七：中国海关与庚子赔款》，中华书局 1983 年版，第 174 页。

国在长江流域的利益构成威胁。英国在重申对华政策是所谓保持中国的独立完整，保障英国的条约权利并坚持"贸易自由"的原则之余，改变策略，转与德国联络，共同向清政府提出警告，并声称："将不惜一切牺牲"，"保持（英国）资本家在华的财政和商业投资的利益"。这样，英国汇丰银行和德国德华银行各在本国政府指示下达成协议：在1901年前共同承担所有对华贷款，首先是联手提供英德借款。

俄法针对这个动态，立即做出反应：提议由俄、法、德、荷四国联合出借，把英国排除在外。这个提议遭到英国的断然反对。俄国转谋支持法国独揽借款权益的同时，加紧对华的政治进攻。俄国利用沙皇尼古拉二世举行加冕礼的机会，指名要求李鸿章参加。赫德闻讯，驰电英伦，要求英国政府担保借款，降低利息，以求能够夺得贷款的利益，进而借此"取得政治上的优势"。他又表示了自己的看法："如容了俄法联合继续下去，则他们得利，英国吃亏，以后将造成同盟和军事上的优势，危害是无穷的。"[1] 法国虽仍有意与英德争一短长，俄国则由于维特的"为使英德对俄之西伯利亚铁路计划保持中立"的主张，未再与法国共同行动。在这一轮的外交角逐中，以英国取得优势告一段落。

英、德两国反击了竞争对手，转向对清政府寸步不让地要求按照它们提出的条件来签订借款合同，以致一时传出英德贷款有可能破裂的信息。日本代理外相西园寺公望闻悉后，为了回报日本发动侵华战争时英国的支持，更是为了日本本国的利益，于1896年2月8日以电报训令驻华公使林董，要后者"强烈地提醒中国政府，倘不履行支付赔款的义务，将造成严重后果"；并"质

---

① 《赫德致金登干电》，1895年4月14日，中国近代经济史资料丛刊编辑委员会主编：《帝国主义与中国海关资料丛编之七：中国海关与庚子赔款》，中华书局1983年版，第174页。

问"　"将从何处得到款项"①，对清政府横施压力。

日本的插手干预，加速了英德借款谈判的进度。1896 年 3 月 11 日达成英德商款草合同，3 月 23 日，《英德借款详细章程》终经清政府正式批准成立。此"商款"习称"英德借款"，或称"英德正借款"，总数为 1600 万英镑，汇丰、德华两行各出一半。

根据合同规定，清政府被迫接受与俄法借款相似的额外条件：从发行债票之日起 6 个月内，不得另借他款；"此次借款未付还时，中国总理海关事务应照现今办理之法办理"。换句话说，中国海关仍由英人管理，顿使俄法借款合同中的有关一款，相形见绌。

清政府连续两次举借外债，在清偿部分赔款后，还欠 7300 多万银两。根据和约规定，赔款等费如 3 年期内不能付清，预付利息不退还，而且驻扎威海卫的占领军也不撤回日本。清政府唯恐出现这样的局面，只得赶在《马关条约》换约 3 周年前，再筹措一笔借款。

1897 年年中，李鸿章经过权衡，转向俄国求助。维特提出须允俄国筑中东铁路的南满支线和租借旅顺、大连为条件。同年 11 月，德国占领胶州湾，清政府幻想俄能出面干涉，再向俄表示愿借银 1 亿两。俄国则提出条件：即海关总税务司出缺时，任命一位俄国人充任。② 赫德闻讯，认为"形势危迫"，火速致电在伦敦的金登干告知外交部官员柏蒂："如果英国政府不帮助，俄国借款谈判就会成功；中国就会变成俄国的一个州，海关也不再在英国

---

① 《日驻华公使林董致日代理外务大臣西园寺公望电》，1896 年 2 月 6 日；《西园寺复电》，1896 年 2 月 8 日，中国社会科学院经济研究所藏日文档案。

② 《金登干致赫德电》，1897 年 11 月 9 日、12 月 24 日，中国近代经济史资料丛刊编辑委员会主编：《帝国主义与中国海关资料丛编之八：中国海关与邮政》，中华书局1983 年版，第 25—26 页。

人的手里了。"① 他提议，"由英格兰银行会同汇丰银行发行债券，由英国政府担保，或由英国政府声明在必要时保护债券持有人的利益"。②

1898 年 1 月 8 日，英国提出了借款条件：中国保证不将长江流域的领土割让给任何其他国家，开辟大连湾和南宁通商口岸，缅甸的铁路得延展到中国境内，中国同意准免厘区域扩展到租界以外，海关总税务司必须由英国人担任。③ 英国欲插足中国的东北和西南两个地区以扩张其势力的企图，引起俄、法两国的注视。对这个借款条件，俄国立即做出反应，以最强硬态度警告总理衙门不得接受，声称"大连若开口岸，俄国与中国绝交"，当心俄国的报复行动。④ 英国财政大臣针锋相对地发表演说，"英国政府有决心绝对不使中国市场对外关闭，即使诉之战争也在所不惜"⑤，清政府在英国战争恫吓下，续与商谈借款。俄国在华代办巴夫罗福提出抗议，威胁总理衙门"借款若中国不借俄而借英"，俄国"必问罪"。⑥ 清政府夹在英、俄两国激烈的外交角斗之中，一度曾想谁的贷款都不要，窦纳乐立即向清政府提出严重警告，不得

---

① 《金登干致赫德电》，1897 年 11 月 9 日、12 月 24 日，中国近代经济史资料丛刊编辑委员会主编：《帝国主义与中国海关资料丛编之八：中国海关与邮政》，中华书局 1983 年版，第 25—26 页。

② 《金登干致赫德电》，1899 年 12 月 24 日，中国近代经济史资料丛刊编辑委员会主编：《帝国主义与中国海关资料丛编之八：中国海关与邮政》，中华书局 1983 年版，第 26 页。

③ 《窦纳乐致沙士伯里电》，1898 年 1 月 16 日、21 日、2 月 5 日，《蓝书·中国》1898 年第 3 号，第 15、23、33 页。

④ 《窦纳乐致沙士伯里电》，1898 年 1 月 25 日，《蓝书·中国》1898 年第 3 号，第 24 页；《金登干致赫德电》，1898 年 1 月 18 日，中国近代经济史资料丛刊编辑委员会主编：《帝国主义与中国海关资料丛编之八：中国海关与邮政》，中华书局 1983 年版，第 32 页。

⑤ 《赫德致金登干电》，1898 年 1 月 18 日，中国近代经济史资料丛刊编辑委员会主编：《帝国主义与中国海关资料丛编之八：中国海关与邮政》，中华书局 1983 年版，第 51 页。

⑥ 翁同龢：《翁文恭公日记》，光绪二十四年正月初三。

排斥英国借款，否则，中英间的两国友好关系，势必受到严重损害。① 在清政府走投无路之际，赫德向总理衙门提出举借"商款"的建议，并推荐了汇丰银行。

清政府迫于形势，采纳赫德的建议，于 2 月 19 日交由赫德经手与汇丰银行签订借款合同一件。21 日，赫德电告金登干："总理衙门已听从我的意见，应允我管理盐税和厘金，以每年 500 万两的收入，作为借款担保，并允将来扩大管理范围。"汇丰与德华两行早有共同提供对华贷款的协议。这样，总理衙门在与汇丰银行签订草合同时还包括德华银行，名曰《续借英德商款合同》，又称"英德续借款"，终于在 3 月 1 日正式成立，借款总数又是 1500 万英镑。

"英德续借款"的条件比前两次更加苛刻，不但扩张了海关总税务司控制中国海关的权力，而且取得了督征、代收苏州、淞沪、九江、浙东四处货厘和宜昌、鄂岸、皖岸三处盐厘的特权。不但如此，还明文规定，在借款的 45 年内，不得改变海关目前的行政管理办法。潜在含义，即让与英国垄断控制中国海关 45 年。英国实现了它预期的目标，感到十分高兴。中国的国家权益则遭到严重的侵犯和损害。

"俄法借款""英德借款"和"英德续借款"总计 3 笔借款，折合库平银达 30900 多万两，扼要列示如表 4-2 所示。

表 4-2　　　　　　　　　　　甲午赔款借款概况

时间	借款名称	借额	实收额	年利率（%）	折扣（%）	期限（年）	担保
1895 年 7 月	俄法借款	40000 万法郎（98968370）	37650 万法郎（90517517）	4	94.125	36	关税

① 《沙士伯里与窦纳乐的往来电》，1898 年 2 月 5 日、21 日，《蓝书·中国》1898 年第 3 号，第 34 页，中国近代经济史资料丛刊编辑委员会主编：《帝国主义与中国海关资料丛编之八：中国海关与邮政》，中华书局 1983 年版，第 36 页。

续表

时间	借款名称	借额	实收额	年利率（%）	折扣（%）	期限（年）	担保
1896 年 3 月	英德借款	1600 万英镑（97622400）	1504 万英镑（91425152）	5	94	36	关税
1898 年 2 月	英德续借款	1600 万英镑（112776780）	1328 万英镑（80727078）	4.5	83	45	苏州、淞沪、九江、浙东四处货厘及宜昌、鄂岸、皖岸三处盐厘
总计（按库平银计）		309367550 两	262669747 两	—	—	—	—

说明：括号内数字系库平银两，折合率时有高低不同，以借款形成当时为准。

资料来源：根据徐义生《中国近代外债史统计资料（1853—1927）》，中华书局 1962 年版，第 28—31 页表改制。

总的来说，3 笔战债借款，没有一笔不是贷款国实行强权政治的产物。尽管他们都力谋把这些借款说成是"商业"的、非"政治"的，其实这只是一种障眼法。如俄法借款是为了避免列强之间争夺色彩过于浓烈，才"改荐俄法银行合办"作掩饰。英国也是这样。它在两度取得与德国联合贷款利益之余，"竭力避免使借款带有政治色彩"。[1] 所有经理借款的银行，只是有关国家执行其本国的帝国主义、殖民主义政策的一种工具，"政府叫他们怎么做，他们就怎么做"。[2] 所有名曰"商款"的借款，无论像不像"以刺刀尖强迫借款人吞下的借款"[3]，都先天地具有帝国主义列强侵略、压迫中国的性质。

表 4-3 表明，3 笔借款折扣的实收额减去清偿赔款后该有 3100 余万两的剩余，事实上，由于在款项交割中，无论是在借款

---

① 英财政副大臣寇松语：《金登干致赫德电》，1898 年 3 月 11 日，中国近代经济史资料丛刊编辑委员会主编：《帝国主义与中国海关资料丛编之八：中国海关与邮政》，中华书局 1983 年版，第 39 页。

② 英格兰银行正副总裁语：《金登干致赫德电》，1896 年 4 月 5 日，中国近代经济史资料丛刊编辑委员会主编：《帝国主义与中国海关资料丛编之八：中国海关与邮政》，中华书局 1983 年版，第 5 页。

③ ［英］吉尔乐：《远东问题》（英文），伦敦，1896 年，第 76 页。

还是在清偿赔款中都须扣除必要的汇率差价、经手费等，不可能有这么多。究须扣除多少，难以查考。从略。

表 4-3　　　　　　　　　　甲午赔款概况　　　　　　　单位：库平银万两

时间	序次	数额	还辽"酬款"		贴交驻军费	
			时间	数额	年次	数额
1895 年 10 月 31 日	第一次	5000.00	1895 年 11 月	3000	第一年	50
1896 年 5 月 8 日	第二次	5000.00	—	—	第二年	50
1897 年 5 月 18 日	第三次	1666.70	—	—	第三年	50
1898 年 4 月 8 日	第四次	7250.00	—	—	—	—
	四期利息（注）	1083.30	—	—	—	—
23150.00＝20000＋3000＋150						

附注：预交利息旋抵作赔款。

俄、法和英、德正续两笔共 3 笔借款减去上述一些必须扣除的数量用以清偿赔款，多多少少都有一些余额，其下落之有记录可查的，略述如下：俄法借款在贷方提供时，从中先被提出作名义上为中俄合办的华俄道胜银行我方该交的股金库平银 500 万两，余存之数便不多了。英德借款清偿赔款后的余数，除拨充建筑卢（沟桥）保（定）段铁路工程用款规平银 400 万两。[①] 又津卢铁路到期洋款本息、购料垫款以及支付订购船炮等用外，仅余银三百数十万两。[②] 英德续借款项付清全部赔款后，余数基本上用在铁路建设上，计拨给关内外铁路用款 200 万两、卢保铁路用款规平银 88.3 万两和津榆铁路息银 5.8 万英镑，以及归还津卢四次怡和借款等用。[③]

----

　　① 《盛宣怀折　附：建造卢保……收支官款清单》，光绪二十八年二月二十七日，《军机处题本抄档·铁路》二，中国第一历史档案馆藏。

　　② 《总署奏折》，光绪二十四年二月初十，王彦威编：《清季外交史料》卷一九九，第 22 页。

　　③ 徐义生编：《中国近代外债史统计资料（1853—1927）》，中华书局 1962 年版，第 30 页。

第三节　战费借款和赔款的清偿
对我国计民生的损害

　　清政府因甲午战争举借的 8 笔外债，均成为它沉重的财政负担，立时给予我国计民生以极大的损害，经过甲午战争，"岁出"骤增不下 2000 万两。从 1899 年起，为清偿借款本息的财政支出，则远不止此数。8 笔外债中首笔即上海洋商借款，借量少，随借随还，及时以关税清讫，从略。其余 7 笔借期，前 4 笔都是 20 年，后 3 笔借款期限更长，其中前两笔各为 36 年，后 1 笔是 46 年，而且不能提前偿还。就这最后 1 笔说，从 1898 年 3 月开始付息，而后付息还本兼行，预定到 1943 年 2 月 5 日才能还清。清政府在列强揽办竞争中想找别的银行也不可能，连续借取，原似饮鸩止渴，一当着手付息还本，立即感到不堪负担。户部当年估算，单计俄法、英德两笔的本息在 1896 年一年即需银 1200 万两左右①，相当于当年财政收入总量的 1/7，而后逐年递增着。到 19 世纪末，已超过年逾 3000 万两，相当于岁入总量的 1/3。

　　户部面对中央财政既无余款可拨又无闲钱可挪，为能偿付债项本息，先请旨着中外臣工各抒己见，通盘筹划，终以复议"率多空文，鲜有实济"收场。户部又经"昼夜焦思"，想出用摊派办法，旨准强令各省按各省经常岁入之多寡，定为分认之等差②的原则，着赶紧设法，推给地方来解决。地方各省唯有挟旨向民间横征暴敛。举俄法借款为例，地方被责成分认的有奉天、

---

　　① 《户部折》，光绪二十二年五月，《光绪政要》卷二二，第 15—17 页。
　　② 《户部奏》，光绪二十二年五月初一，《军机处录付奏折》，中国第一历史档案馆藏。

直隶、山东、河南、江苏、安徽、江西、浙江、福建、广东、广西、湖南、湖北、四川、山西、陕西和云南17个省。在这17个省中，被摊数量最多的是广东、江苏、湖北3个省，分别为每年库平银100万两、100.75万两和62万两；奉天、云南和广西省摊派额最少，分别为库平银1.25万两、5万两和8.75万两。户部特别声明，这些派款，与每年上交正供无涉，成为各省额外负担。

派额既定，有关地方当局纷纷上奏诉述苦情。例如，护理陕西巡抚布政使张汝梅奏称：该省"司库岁入各款，综计每年不过一百六十万上下""平时准照户部指拨各款，仅敷支解"。而今责令陕西于每年派数22万两，实在无从筹措。四川总督鹿传霖也有类似奏陈："综计川省常年岁入数五百一十六万两有奇，而岁出之款，已有五百四十二万两之多""每年不敷甚巨"。而今为偿还各国借款，需负担94万两，实属无从措置。① 其他各省，都有类似回音，先后要求减拨或改拨。户部明知陷各省于无米之炊的困境而仍要求清政府严令各省认还，朱批："依议"。民间百姓苦矣！

当这次战争发生的年份，我国国民经济正出现起步向前发展的景象，亟须顺其势从国内筹集更多资金，投向产业。而以战败之邦，悉索敝赋地搜刮得来的民脂民膏，其量相当于战前30年间现代企业（包括官营和民营）资金总额的三四倍，却被劫向国外变成他国的原始积累。国内资金骤趋枯竭，经济发展势头不能不受到严重影响。

附：日本对所得赔款的支配纪略

甲午战争在日本近代史里称为"日清战争"。日本策划发

---

① 《张汝梅奏》，光绪二十二年六月初三；《鹿传霖奏》，光绪二十二年六月初七，《军机处录付奏折》，中国第一历史档案馆藏；汪敬虞主编：《中国近代经济史（1895—1927）》上册，人民出版社2000年版，第399—401页。

动甲午战争所要达到的目的之一，就是勒索赔款。其大本营在制订作战计划时决定，应由中国割让领土和赔款，把赔款与割地置于同等重要位置。停战后，被任命为议和全权大臣的伊藤博文在给天皇的奏折中极强调"索款"的重要性，"索赔一事事关我国将来之隆盛"。这些就是日本当年处心积虑需要把赔款取作资本原始积累的证词。

日本凭战争威势从中国勒索到手的赔款等费，共计库平银23150万两（折成日元为40513万元）。这个数量相当于日本从明治维新起截至当年近30年间包括农、工、商、金融保险、水陆运输各业投资总额的2.7倍，或相当于这次战争前夕日本政府年财政支出的5倍多。[1] 因此，这笔赔款使当时日本国人惊喜得出乎意外。时任外务相井上馨表明："在这笔赔款以前，日本政府部门全部收入不过8000万日元，根本没有料到会有好几亿日元的收入。一想到现在有3.5亿日元（他只单计军费赔偿部分而未及其他部分——笔者注）滚滚而来，无论政府和私人，都觉得无缘富裕起来了。"[2] 于是，在日本国内，形成了战争可以发财[3]论。

日本发了这笔横财，既为其确立金本位制，推行币制改革，大力发展经济奠定了雄厚的财政基础，又为其确立富国强兵国策并俨然成为帝国主义候补国提供了契机。由于这笔横财，原系因战争而来，影响所及，进而开始形成趋从于扩军的财政路线。就当年说，在财政上特列"偿金特别会计项目"，列入偿金折成为3.6亿余日元。据后人研究，在后续几年，支作扩军经费达19600

<hr>

[1]　日本统计研究所编：《日本经济统计集》，载［日］依田喜家《日本帝国主义与中国（1868—1945）》，卞立强等译，龙溪书舍，1988年，第43页。1893年，日本财政支出为8460万日元，参见［日］高桥诚《明治财政史研究》（日文），青木书店，1964年。

[2]　［俄］罗曼诺夫：《俄日战争外交简史（1895—1907）》（俄文），第35页。

[3]　［日］依田熹家：《日本帝国主义与中国（1868—1945）》，卞立强等译，龙溪书舍，1988年，第21页。

万元，占总数的 62.8%，此中大半又拨给海军省，充作在英、德
两国（主要是英国）购置军舰、兵器以及负担实验开发费
用。① 日本在我国以战败赔款陷入国穷民困、一蹶难振的同时，加
紧向着海外扩张的军国主义斜路上奔突，一直猖狂了近整整
50 年！

---

① ［日］室山义正：《近代日本的军事和财政》（日文），东京大学出版社 1984 年
版。

第五章　庚子赔款的债务化及其清偿、"退还"和总清算

1900 年，俄、德、法、英、日、美、意、奥八国在共同镇压义和团反帝爱国斗争中，组成联军，大举侵犯，迫使清政府无条件接受所有要求。其结局便是 1901 年 9 月 7 日（辛丑年七月二十五日）缔结的《辛丑条约》。巨额赔款就是其中的一项。中华民族在历史上遭到一次最惨重失败之余也蒙受最深沉的凌辱和剥夺。

第一节　庚款及其债务化

1901 年 12 月 24 日，组成侵略联军的八国，联合未参加联军行动的西班牙、比利时和荷兰三国，联合向清政府提出被称为"议和大纲"的照会，由西班牙驻华公使葛络干面交庆亲王奕劻，声称所有各条都"不能更改"，强制清政府全盘接受。主持谈判的奕劻、李鸿章上奏清政府，认为列强"商会已成，翻腾不易"，逃到西安的清政府复以"敬念宗庙社稷，关系至重，不得不委曲求

全"，所有要求"应即照允"。①

中外间的议和交涉，事实上，把交涉一方的中国代表甩在一边，听候发落。② 实际上，紧张展开的活动是列强之间对在华权益的角逐。

美国当年在所谓"太平洋帝国"论的政策思潮主导下，为追求在争夺中国市场中取得领导地位，出于避免陷清政府于破产境地、避免刺激中国人民对外人增强反感的动机，对于赔款，倾向于不要索赔过多，索赔原则应限定在中国财源所能承受的范围之内；具体数额认为以 15000 万美元（约合关平银 2021.56 万两）较为合理，然后在列强间"公平"分配。③ 德国其时正加紧扩军备战，亟谋从中国勒索所得中补充其经费，声称索赔须体现出严厉惩罚的原则，认为在数额上"不必过于慷慨""务达最高限度"。④ 俄国的主张与德国类似，在原则上同意索赔应以"中国财力为限"，对于具体的限定，认为"为时过早"，真实的意图是想多要。日本在此前不久的甲午战争中，刚从中国勒索一笔巨额战争赔款，产生"战争可以发财"⑤ 的想法，又谋趁机榨取一笔"无偿收入"。它对赔款原则不表示异议，但认为中国的偿付"能力实际超过"已提出的一些数量额度，言外之意也是必须增加数量。英国从维护其在华既有的优势地位和增进对华贸易利益出发，认为赔款数量不应超过"合理"的限度。它以中国的保

---

① 《上谕》，光绪二十六年十一月初六，载中国史学会主编《义和团》4，神州国光社 1951 年版，第 76 页。

② 北京大学历史系、中国近现代史教研室编：《义和团运动史料丛编》第 1 辑，中华书局 1964 年版，第 142 页。

③ 《美国国务卿海约翰致驻华公使康格》，1900 年 12 月 29 日、1901 年 1 月 29 日，Papers Relating to the Foreign Relation of U. S.，1901 年，第 356、359 页。

④ Papers Relating to the Foreign Relation of U. S.，1901 年，第 141—143 页。《瓦德西拳乱笔记》，载中国史学会主编《义和团》3，神州国光社 1951 年版，第 7 页。

⑤ 宓汝成：《甲午战争借款试析》，载周忠海编《和平、正义与法——王铁崖先生八十寿辰纪念论文集》，中国国际广播出版社 1993 年版，第 173 页。

护人和列强的政治领袖自居，对赔款数额、偿付方式和担保品，等等，做了通盘筹划。外相兰斯当先训令英驻华公使萨道义调查中国偿付能力，接着指示中国海关总税务司赫德提供资料，以资确定中国力能支付的赔款数目和有利于一般利益的最好筹款方式。[1] 1901 年 1 月 28 日，萨道义提出方案：索赔额不超过 5000 万英镑（合关平银 3333.33 万两），并使赔款债务化，即分年摊付，年息 4 厘，每年 400 万英镑，由常关、漕粮、盐税三项收入作为担保。[2]

为了协调一致，列强于 1901 年 2 月 22 日，授权美、德、比、荷四国驻华公使，即柔克义、穆默、姚士登和克罗伯四人组成"赔款索偿委员会"，处理索偿事宜。[3] 这个委员会在考虑了有关国家提出的索赔清单，咨询若干专家特别是赫德的意见[4]，还把随同中国议和代表办事的官员徐寿朋、那桐、周馥三人找去问询中国财税状况和每年能够摊还若干[5]后，于 3 月间向公使团提出一份报告，确定赔款范围限于 1900 年义和团运动中直接遭受的损害。5 月 1 日，它又提出一份文件，历述中国可供赔款的财源，可以作为担保的税项，开列了海关、常关的税入和漕米、盐税、江浙田赋，等等。关于清偿方式，提出四种以供抉择：（1）中国自行一次偿清；（2）借债清偿并对债务自行担保；（3）借债清偿而由各国共同担保，分期摊还；（4）发行债券，按赔款额分配给各国，

① 《兰斯当致萨道义》，1900 年 12 月 29 日、1901 年 1 月 1 日，英国外交部档案，F. O. 405/98，第 13 页；F. O. 405/102，第 1 页。

② 《萨道义致兰斯当》，1901 年 1 月 28 日，英国外交部档案，F. O. 405/102，第 137 页。

③ 中国近代经济史资料丛刊编辑委员会主编：《帝国主义与中国海关资料丛编之六：中国海关与义和团运动》，中华书局 1983 年版，第 18 页。

④ 《赫德致赔款委员会意见书》，1901 年 3 月 25 日，中国近代经济史资料丛刊编辑委员会主编：《帝国主义与中国海关资料丛编之六：中国海关与义和团运动》，中华书局 1983 年版，第 64、69 页。

⑤ 《会议赔偿事宜述略》，光绪二十七年三月初一，《西巡回銮始末记》第 4 卷，第 277—278 页。

分年偿付。28 日，该委员会由穆默具函向各国公使通报了索赔清单，并按 1901 年 4 月 1 日中国关平银与各国货币（统称为"金"，下同）的汇率，折合关平银总计为 46253.81 万两的索赔额。①

赔款的清偿方式，俄、德两国"都要求赔付现款"②，日本一度也主张付现。俄国并竭力反对第（2）、（3）种方式，因为它认定，若责成清政府借款清偿，无论是由中国自行担保，还是由各国担保，势必增强英国在中国的影响和地位。③ 英国也并不认为使清政府借债偿款是最佳的抉择，它谋求的是长期控制中国财政，扼制中国财政命脉，因而力主使赔款债务化，也就是采取上述的第（4）种清偿方式。英国当年在华事实上占据着左右局势的中心地位，赔款要求分期清偿的方式终被确定了下来。至于计量单位，美国主张统一以海关两为准，其他多数国家则要求以各该国货币为准。1901 年 7 月 26 日，公使团会议以便于计算，最后确定以中国海关两为准，并谋求合一整数，按当年中国人口数 4.5 亿以每人 1 两计，对原索偿数进行按比例的调整，确定索赔总额为关平银 4.5 亿两，然后只待清政府画押定案。

清政府在侵华列强忙于分赃的同时，紧张地筹谋怎么来清偿赔款。它一切倚重赫德，赫德也就势提出条件："若令效劳，须将全案卷宗随时赐看"，"并请嗣后来往各地文件均随时抄送"④，于是，包括赔款问题在内的整个交涉进程，完全落入他的视野之中。赫德以"效劳"清政府的便利，更易于为列强，特别是他的母国

① 《穆默致各国公使函》，1901 年 5 月 28 日，Papers Relating to Foreign Relation of U.S.，1901 年，附刊，第 225 页。

② 《金登干致赫德电》，1901 年 5 月 8 日，中国近代经济史资料丛刊编辑委员会主编：《帝国主义与中国海关资料丛编之六：中国海关与义和团运动》，中华书局 1983 年版，第 21 页。

③ 《柔克义致国务卿函》，1901 年 3 月 28 日，Papers Relating to Foreign Relation of U.S.，1901 年，补遗，第 113 页。

④ 中国近代经济史资料丛刊编辑委员会主编：《帝国主义与中国海关资料丛编之六：中国海关与义和团运动》，中华书局 1983 年版，第 25—26、35、40—41 页。

谋取利益。如他在接受英外交大臣调查中国偿债能力的指示以后，立即向李鸿章建议"调查各省财政情况"。清政府收到李鸿章的有关奏章，即以谕旨命令各省督抚、将军迅即查明所治"地方进出款实数具报"。赫德"效劳"清政府，反过来清政府则唯赫德之命是从。

为"效劳"清政府，赫德迭以《条陈》《备忘录》和面谈，提出总是与列强特别是英国的意旨相吻合的建议。他认为，关税虽已用作多笔借款的担保，但仍有余力，可再充作赔款的担保。日后"额外收入部分，更适宜于此项用途"。他又认为，盐税、常关税是两种最好的担保品，如果这两项税收"统由税务司经理"，加上漕粮折征，等等，每年"足敷三千万两"，完全可以应付赔款之需。接着，他更进一步要求提供赔款担保的某些税种，如盐课、常关等税收，"统由海关税务司代征"。① 以此逼清政府交出常关行政主权，由海关总税务司来行使。此后不久，这些相继不同程度地成为事实。②

1901 年 2 月 13 日，清政府对列强的要求表示全面接受之余，只对赔款请"允""宽定年限"，并承诺：当"开通不竭之利源"来"清偿赔款"。③ 第二天的谕旨里更有所谓"量中华之物力，结与国之欢心"一语，这成为此后这个行将崩溃的王朝处理外务的政策原则。

---

① 中国近代经济史资料丛刊编辑委员会主编：《帝国主义与中国海关资料丛编之六：中国海关与义和团运动》，第 41、43、45—46、52 页。

② 《外务部札行赫德》，1901 年 10 月 24 日，常关归总税务司管理的有山海、津海、东海、江海、镇江、芜湖、浙海、瓯海、九江、江汉、宜昌、重庆、闽海、潮海、北海、琼海、胶海、沙市、金陵、福海、厦门、三水、梧州各关，共 23 关，旋又增加粤海常关，共 24 处。于是，除了少数边僻各关，所有常关，都在海关总税务司的控制掌握中了。

③ 驻英、德、俄、法、美、日、意七国公使致驻在国国书中语，光绪二十六年十二月二十五日，《西巡大事记》第 4 卷，第 36 页；《李文忠公全书》电稿，卷三一，第 41 页；〔日〕外务省编：《日本外交文书》第 33 卷，别册三，第 464 页。

在"悉心筹度不遗余力"的诏谕下①，京内外官员就怎么清偿赔款议论纷纷。有主张提高关税税率的，有主张另设税种或对已有的盐税、厘金加倍征收的，还有的主张发行公债、开征印花税和丁口捐的。但有的怕外国不赞成，有的怕人民反对，无一成为事实。

既然无法立即偿付现款，紧接着，便得考虑以什么做赔款担保或分期偿付，于是又引起一番议论。

有的认为，关税、盐税都可充作担保，地丁一项则须慎重。但也有人申辩：作保并非代收，"丁漕有何不可"？无论何款，似乎都可取作担保。更有甚者，有人竟主张以国土和国家资源作抵押。如张之洞认为，可以考虑把新疆、西藏作为赔款的抵押。② 陶模认为，可以新疆的矿藏作抵。③ 李鸿章则有意以蒙古和喀什噶尔的矿产资源作押。④ 待清政府得悉列强准备提出的《和约大纲》有规定"中国须审定各国所能允从之理财办法以为担保"的信息，军机处若有所悟地认定，"既曰理财，则并不在常年税赋上着想"，除了开发地利矿产，其他如"增加进口税，亦可与商，洋药税厘，更当措意"。于是赶紧寄谕议和大臣奕劻等，宣布据户部所筹，海关已无款可抵，唯将盐课、盐厘、漕折、漕项及常关税备抵。这个办法正符合赫德长期试图攫取常关的野心，因此，签订和约的准备，得以顺利执行。

这样，1901 年 9 月 7 日（光绪二十七年七月二十五日），以奕劻、李鸿章为一方，与德、奥、比、西、美、法、英、意、日、荷、俄十一国所派全权大臣为另一方，签订了《辛丑条约》及一系列的附件。关于赔款，规定总额为关平银 4.5 亿两，限 39 年内

① 《上谕》，光绪二十七年三月十五日，《清实录》，德宗朝，卷四八一，第 11—12 页。

② 张之洞：《张文襄公全集》卷一七〇，1928 年，第 18 页。

③ 盛宣怀：《愚斋存稿》卷五五，1931 年，第 3、5 页。

④ ［俄］罗曼诺夫：《帝俄侵略满洲史》，民耿译，商务印书馆 1937 年版，第 219、226—227 页。

（1902 年 1 月 1 日至 1940 年）还清，年息 4 厘。本息预计总共关平银 98223.815 万两。以下述三项财源作为担保：（1）海关关税除已承保的借款本利付给后的余数和把进口货税增至切实值百抽五所增加的收入；（2）所有常关的各项进款，并把常关归由海关管理；（3）所有盐政各种进项，除了归还泰西借款一宗外，余数全充担保。赔款分为 14 份，除了其中一份名为"杂费"或作"未列名各国"外，其余 13 份摊给签约的十一国，再加上葡萄牙和瑞典、挪威（合一份）三国。摊给的关平银两数是依据 1901 年 4 月 1 日的汇率折合成各该国货币量，以及各该国摊得量的总额中所占比重（见表 5-1）。

表 5-1　　　　　庚子赔款分摊情况及其在总量中的比重

国名	关平银正本数（两）	每两关平银折合外国货币数	各国货币正本数	比重（%）
德国	90070515	3.055 马克	275165423.325 马克	20.02
奥地利	4003920	3.595 克勒尼	14394092.400 克勒尼	0.89
比利时	8484345	3.750 法郎	31816293.750 法郎	1.89
西班牙	135315	3.750 法郎	507431.250 法郎	0.03
美国	32939055	0.742 美元	24440778.810 美元	7.32
法国	70878240	3.750 法郎	265793400.000 法郎	15.75
英国	50620545	0.150 英镑	7593081.750 英镑	11.25
葡萄牙	92250	0.150 英镑	13837.500 英镑	0.02
意大利	26617005	3.750 法郎	99813768.750 法郎	5.92
日本	34793100	1.407 日元	48953891.700 元	7.73
荷兰	782100	1.796 佛罗林	1404651.600 佛罗林	0.17
俄国	130371120	1.412 卢布	184084021.440 卢布	28.97
瑞典、挪威	62820	0.150 英镑	9423.000 英镑	0.01
杂费又称未列名各国	149670	0.150 英镑	22450.500 英镑	0.03
总计	450000000	—	—	100.00

资料来源：根据财政整理会编印《财政部经管有确实担保外债说明书》下编，《各国庚子赔款说明书》，1928 年增订，第 2—3 页。

如表5-1所示，俄国、法国、英国、美国、比利时五国在赔款总额中摊得的份额共占65.18%。即使根据它们自己在事后承认的，多索数额少则超收7.67%，多则达54.64%，平均计算超收16.76%（见表5-2）。奥地利、西班牙、比利时、意大利四国用款很少，亦索巨款①，其超收幅度，估计接近赔款总量的半数（44.4%）。最可笑的是，葡萄牙丝毫未受损失，也得到一份赔偿。它们之间的互相争吵和自我暴露，都反映了这次赔款的高度掠夺性。英国奚落法国索赔得逞，不过，比公然抢劫略好一些；法国对此不以为耻，反而辩称这是一种"战争贡品"。② 沙俄外长拉姆斯道夫承认，俄国参加联军侵华，是一次在"历史上少有的最够本的战争"③，如此等等，说明这次索赔，是一种暴力掠夺，中国遭到一次空前的浩劫。

表5-2	各国分摊庚子赔款溢额及比重		单位：关平银两
国别	摊得数	溢额	溢额比重（%）
俄国	13037.11	1000.00	7.67
英国	5062.05	557.63	11.02
法国	7087.82	1233.80	17.41
美国	3293.91	1660.64	50.42
比利时	848.43	463.60	54.64

资料来源：根据王树槐《庚子赔款》，台湾"中研院"近代史研究所印，1974年，第41页表改制。

---

① 《李文忠公全书》电稿，卷三五，第31页。

② 《萨道义致兰斯当》，1901年12月31日，英国外交部档案，F.O.17/1731；《哈定致英外相寇松》，1922年1月30日，英国外交部档案，F.O.405/236。

③ ［俄］罗曼诺夫：《帝俄侵略满洲史》，民耿译，第218页。

第二节　"镑亏"与赔款量的事实追加

帝国主义列强勒索巨额赔款到手，仍未餍足。它们利用清王朝的落后和愚昧，窥探机会，随时企图追加实际赔款量。"镑亏"和"金法郎案"的解决，是它们谋而得逞的两着。

"镑亏"一词在 1900 年前即已出现。清政府在甲午战争中举借以外币为单位的外债后，因银价日渐下跌，还本付息银数无一例外都比应付银数来得多，此中差额便被称为"镑亏"。[①] 庚子赔款在《辛丑条约》第六款载明："大清国大皇帝允定付诸国偿款海关银四百五十兆两"，即 4.5 亿两，明确规定系以海关银为准。条约补充说明："此四百五十兆系照海关银两市价……按诸国各金钱之价值易金"，又："此四百五十兆按年息四厘……本息用金付给，或按应还日期之市价易金付给。"条约既规定以银为准，本无出现"镑亏"可能，可是在偿付上，却变得可以有两种解释：以银为准按市价换算成"金"来清偿和按"金"的汇率折合成银数来付给。列强以这个破绽为借口，坚持要求采取后一种偿付办法，从而使以银为准债务化了的赔款，在银价相对于"金"价的日跌下，也出现了"镑亏"问题。

清政府为了维持统治，唯恐再开罪于列强，不敢理直气壮地明确以银为准来付给。除了命令两江总督刘坤一转饬上海道就近与各国经手银行"详细辩明"外，只有求教赫德。赫德回复：

---

① 徐义生编：《中国近代外债史统计资料（1853—1927）》，中华书局 1962 年版，第 23 页。

"赔款原非银数，乃系以'金'核计。"① 《辛丑条约》上本以银为准的赔款，竟被解释成为以"金"为准了。

然而，在如何执行的问题上，列强之间也出现了矛盾。最后，它们共同接受了比利时公使于 1903 年 10 月提出的折中方案。其要点是：各国继续打官腔，要中国以银为准偿付赔款，金银汇价间的差额留待最后清偿到期后再调整解决。银价若跌，"则此项差额视作（中国）欠付各国之金额"；反之，"多付之款"退还中国。② 它貌似公正，可是在银价日跌的趋势下，掩盖着赔款强要以"金"为准的真意。这个方案于 1904 年 7 月 26 日向外务部提出③，要求清政府接受。

据户部估计，截至 1904 年，以银为准与以金为准的差额，"已逾千万"。但是，清政府在收到联名照会后，不敢据理申辩。第二年 7 月 2 日，清政府在英、法等国准备再占天津的恫吓声中，终于同意按"金"偿付。④ 事实上，等于对《辛丑条约》做了一次改定。美国原对比利时"既不赞同，又不反对"，也没有列名于上述联名照会，但却声明"不予各国立异"⑤，结果也同享其利。

至于"镑亏"的支付，由于国力已竭，只好再借外债填

---

① 《赫德致外务部总办函》，1901 年 12 月 28 日，中国近代经济史资料丛刊编辑委员会主编：《帝国主义与中国海关资料丛编之六：中国海关与义和团运动》，中华书局 1983 年版，第 61 页；刘坤一于光绪二十七年十一月二十二日（1902 年 1 月 1 日）电"寄行在户部及庆亲王、李中堂"，认为细绎约文，应以还银为准，《刘忠诚公遗集》电信，第 2 卷，第 24 页；《外务部奏》，光绪二十八年三月三十日，《军机处题本抄档·赔款及内外债》第 316 册，中国第一历史档案馆藏。

② 《美国驻华公使康格致国务卿海约翰》，1903 年 11 月 23 日，Papers Relating to Foreign Relation of U.S.，1904 年，附件，第 177—178 页。

③ 《康格致海约翰函》，1904 年 7 月 26 日，Papers Relating to Foreign Relation of U.S.，1904 年，第 178—179 页。

④ 北洋政府财政部公债司档，赔洋款总卷，中国第二历史档案馆藏。

⑤ 《康格致海约翰函》，1904 年 7 月 26 日，Papers Relating to Foreign Relation of U.S.，1904 年，第 178 页。

还。于是，1905 年 4 月 26 日，由户部出面向英商汇丰银行举借 100 万英镑（合银 676.06 万两），作为"镑亏借款"，予以了结。①

　　法国在解决"镑亏"时，选定嗣后以法郎为准接受偿款。过了十余年，它却以法郎贬值，强横要求改以实际上并不存在的金法郎为准，实际上是要求按美元的汇价折算。法国的无理要求，得到了比利时和意大利两国的附和；到 20 世纪 20 年代中期，共同炮制了举世闻名的"金法郎案"。北洋政府初予抵制，终又屈服，使法、意、比三国追加赔款量的无理要求得逞。

第三节　庚款的清偿

　　清政府为履行《辛丑条约》有关赔款的义务，首先在公使团草拟、经赫德修改而后定稿的文本上，由全权议和大臣奕劻、李鸿章签押，规定以清政府户部名义，签发名为"总保票"和"分保票"，也就是总债券和分债券的证券，分别交给公使团和参与签约的德、俄等十一国全权代表。票上载明赔款数目、担保财源，并清偿手续，即每月将各项进款"付给诸国所派之银行董事收存各该国应收之款"② 的数量。

　　列强为谋求统一步调，增强对华压力，早在《辛丑条约》签订前，经英国提议，由有关国家设在上海的银行董事组成收

---

① 王彦威编：《清季外交史料》光绪朝，卷一八五，第 26—28 页；卷一四〇，第 7—11 页。又，"镑亏借款"于 1927 年还清，历年本利合计为 141.25 万英镑。

② 《庚子赔款总保票原文》，载［英］魏尔特《关税纪实》，郭本校，海关总税务司公署统计科印行，1936 年，第 787—788 页。

款委员会，赋予两项职责：（1）向中国领取每次应付各国的赔款总额；（2）按照成数摊分给各有关国家。① 这样的委员会于1902年2月成立，也就是上文提到的"诸国所派之银行董事"。

根据收款委员会的章程，签字于《辛丑条约》的列强都有权派遣代表1人参加，但事实上委员会最初系由德国的德华、俄国的道胜、英国的汇丰、日本的正金和法国的东方汇理5家银行经理组成。它把所接收的中国清偿款项，平分存入5家银行，在应付赔款本息到期时，分别摊付给各国。过了3年和5年，美国的花旗和比利时的华比两家银行，也先后加入该委员会。民国成立以后，变动较多。1913年2月，荷兰银行参加，专门保管荷兰部分的庚款。1917年3月，德华银行在中德绝交情况下，从委员会撤出。1925年，意大利的华义银行加入，专门收存该国部分的庚款。1926年9月，道胜银行自动清理，退出委员会。该委员会除接收、分拨赔款外，实际上，经理的重点是监督征收中国常关的税收。1931年6月1日，中国政府既撤常关，而庚款的经理当辛亥革命爆发时已由中国海关在代理，银行委员会既失了效用，也随之结束。②

为清偿庚款的急需，清政府按各省大小、财力强弱，谕令分摊，认筹赔款的数额。各省当局反应不一，既有根据地方实情认筹的，也有为了邀宠把认筹之数大大超过分摊之数的，更多的则是叫苦不迭，争取减成。最后，清政府摊给各省的实际分担数额，如表5-3所示。

---

① 《各国监督收存赔款银行委员会》，载［英］魏尔特《关税纪实》，郭本校，海关总税务司公署统计科印行，1936年，第346页。

② 《各国监督收存赔款银行委员会》，载［英］魏尔特《关税纪实》，郭本校，海关总税务司公署统计科印行，1936年，第347—349页。

表 5-3 各省年分摊的庚款数 单位：万两

省别	数量	省别	数量	省别	数量	省别	数量
直隶	85.80	河南	126.80	福建	99.00	四川	261.80
江苏	297.25	贵州	20.00	浙江	156.40	广东	231.90
安徽	125.70	陕西	70.40	江西	216.60	广西	30.00
山东	99.30	甘肃	30.00	湖北	160.40	云南	30.00
山西	116.30	新疆	40.00	湖南	100.40	合计	2298.05

资料来源：财政整理会编印：《财政部经管有确实担保外债说明书》下编，《各国庚子赔款说明书》，1928 年增订，第 6—7 页。

　　至于各省偿付庚款的取给来源，主要来自添征新税和加重征收旧税两个方面。根据近人研究，各项来源在拨解庚款中所占的比重，具体如表 5-4 所示。

表 5-4 各省拨解偿付庚款的取给来源

序号	项目	比重（%）
1	田赋附捐，包括亩捐、随粮捐、丁漕折钱、差捐、清查地粮等	20.53
2	盐捐，包括盐斤加价、盐斤口捐、盐务溢收、盐商包缴及报效	27.41
3	营业税，包括牙税、典税、商税、房铺捐等项	8.70
4	货物税，包括酒、烟、茶、糖各税，米、杂粮、丝绸等捐和厘、百货厘金等	22.10
5	契税，包括田、房典卖契税	5.75
6	杂入，包括鼓、铸铜币盈余等	1.73
7	节支及挪用，包括裁兵节饷、停支世俸、酌提盈余、清理漕费并官员报效和挪用炮台经费、驿站经费和海关代付等项	13.78
	总计	100.00

资料来源：根据王树槐《庚子赔款》，第 145—150 页所记改制。

当然，各省情况各不相同，各种税捐的开收日期也先后不一，因此，表5-4中的比重，只能看作大体如此。

在民穷财尽的情况下，有的省份不得不暂借洋款以资应付[1]，有的则向清政府请求减交或停解。以广西、云南两省为例，光绪二十九年，广西巡抚柯道时以该省"匪患"为由，请停解赔款，户部允自同年十月起，停解5个月。光绪三十二年、三十三年先后任巡抚的林绍年、张鸣岐以同样的理由，各被准停解一年。事实上则从光绪三十二年起即由停解而不再解。对于云南，清政府则采取另一种办法，光绪三十四年，该省以铁路巡防营饷及新军常年经费过重为由，表示无力解交分担赔款之数，经谕旨允准在为供营饷等需所指拨的云南土药税50万两中，截留40万两凑解。这样，云南的分摊额，事实上，从宣统元年起就停解了。

辛亥革命爆发，除了广西、云南两省已经停解，其他各省也都不再解款。与此相关，清政府从1911年10月起，暂停付赔。以英国为首的列强利用这个机会，意图全盘控制海关及其税收，由驻京外交使团出面，迫使清政府外务部同意改以关税收入清偿中国所有外债赔款。此后，总税务司便把所收关税，全部存入汇丰、道胜、德华三家银行。庚子赔款由其在留存的款项中按期清偿。[2] 从此以后，洋税务司不但掌握了关税的征收，而且掌握了关税的存放和使用。

欧战发生，中国于1917年对德先绝交，后宣战。对奥匈帝

---

[1]　例如，1911年6月30日（宣统三年六月初五），福建布政使尚其亨向日本台湾银行举借以银圆计和日元计各75万元，期限1.5年，月息0.9%，以应该年2—5月所分担额。徐义生编：《中国近代外债史统计资料（1853—1927）》，中华书局1962年版，第50—51页。

[2]　庚子赔款既从关税收入中清偿，各省也就不再摊解；1916年9月起，关税收入已足资近期清偿，停止从盐课中支拨款项。

国则宣布处于战争状态。与此同时，停止清偿这两部分庚款。① 协约各国同意中国要求，并由其在华公使于同年 11 月 30 日函告中国外交部，协约国各国庚款从 12 月 1 日起缓付 5 年，免加利息。② 但俄国以赔款量大（在总量中占 28.11%），并向以此款拨供它远东地区的经费，只允缓付其中的 10%，其余 18% 在其国内战争期间，北洋政府于 1920 年 7 月做了"停付"的处置。荷兰、西班牙、挪威和瑞典等国未加入协约国，在大战期间，仍予按期清偿。

所谓缓付，其程序是每月底由各有关银行把"分保票"交给上海关税务司，由后者代表总税务司出具收据，说明数额，作为来日有关国家索偿的根据。

1918 年 1 月，庚款的杂款部分被偿清。而经过大战，奥匈帝国被分解成奥地利、匈牙利两国。1917 年 9 月 10 日，协约各国在与奥地利签订的《和平条约》中，由其放弃原在奥地利赔款部分中的份额。中德间则通过于 1921 年 5 月 24 日签订的《中德协约》，由德国承认《凡尔赛和约》规定，德国"放弃"1917 年 3 月以后庚款这一条款有效。这样，德国部分庚款也归于消灭。庚款原为 14 个部分，截至此时，减至 11 个部分。

此后，从 1922 年 12 月中国恢复清偿，至 1938 年，都按期偿付。③ 从 1902 年起，历年清偿情况如表 5-5 所示。

表 5-5 的数字表明，单为清偿这一笔由赔款转成的债务，相当于同期财政年支出量（不包括这笔数量在内）的 1/4—1/3。

---

① 德国部分庚款，截至 1917 年 2 月底，计已清偿 18400.03 万马克，折合关平银为 6022.92 万两；奥地利部分，共清偿 962.52 万克勒尼，折合关平银为 267.52 万两。

② 中国近代经济史资料丛刊编辑委员会主编：《帝国主义与中国海关资料丛编之十：一九三八年英日关于中国海关的非法协定》，中华书局 1983 年版，第 40 页。

③ 中国近代经济史资料丛刊编辑委员会主编：《帝国主义与中国海关资料丛编之七：中国海关与庚子赔款》，中华书局 1983 年版，第 228—234 页；王树槐：《庚子赔款》，第 571 页。

表 5—5 　　　　　　历年支付庚子赔款情况（1902—1938 年）　　　单位：海关银两

年份	数量	年份	数量	年份	数量	年份	数量
1902	21829500	1912	1858337	1921	3541548	1930	20050584
1903	21829500	1913	41482644	1922	3842258	1931	25801080
1904	* 21829500	1914	24018973	1923	5508072	1932	24849195
1905	* 26834750	1915	26632647	1924	5399848	1933	30177732
1906	* 17791653	1916	20827872	1925	22418569	1934	25643046
1907	* 17932857	1917	13124239	1926	12406159	1935	22387637
1908	* 23536875	1918	2672085	1927	13265436	1936	24228725
1909	* 24140384	1919	2309114	1928	12906237	1937	24363446
1910	* 23390683	1920	2158447	1929	14365402	1938	24743263
1911	* 18562904	总计：668661220					

原注：（1）海关银两以下数字未列，但计入总数之中。（2）数字前打有"＊"者系推算数目。

资料来源：据财政部《历年支付庚子赔款总额表 1902 年 1 月—1938 年 12 月底》就其付出本息总额改制。参见中国近代经济史资料丛刊编辑委员会主编《帝国主义与中国海关资料丛编之十：一九三八年英日关于中国海关的非法协定》，中华书局 1983 年版，第 228—234 页。

第四节　庚款的"退还"

列强予取予求地从中国摊分到多少不等的赔款，其数量没有一国不超过即使是它们自己规定的索赔原则的限度，美国也是如此。它出于为其国家长远战略利益谋，在 1908 年，说是"查明原定数目过巨，实超出应要求赔偿美国人民所受损失数目之上"；为促进中美两国邦交起见，经国会议决，退还美国部分中的一部分。在庚款清偿史上首开了"退还"的先例。第一次世界大战后，在国际上（主要在欧洲）出现清理、清算旧债潮的局势中，中国国内按既有的成例兴起要求消除庚款的要求。有关国家政府各为本国利益谋，为适应时势，也有做出"退还"庚款决策的，但仍力谋能在解决这个问题中取得某种利益，于是在"退还"的总题目下，出现了形形色色各不相同的实态。

一　美国的两次"退还"①

1902年1月，美国《纽约时报》传出信息，国务卿海约翰正考虑如何向中国"退还"美国部分庚款中的"溢款"问题。1904年12月，驻美公使梁诚在与海约翰会谈庚款是还"金"还是还银问题时正式提出"核退庚款"的要求，标志着中美之间此后延续达4年的洽谈庚款"退还"问题的开始。

美国政府考虑"退还"庚款的政策动机，与它企图影响中国今后动向的战略目标有关。为求实现这一目标，它认为以"退还"的庚款资助中国学生赴美留学，发展在华教育，在潜移默化中培养一批对美国具有好感的领袖人物，是一种最佳抉择，最符合美国的长远利益。②

梁诚在美国就近察知美国意向，当美方试探中国对一旦"退还"的庚款是将"摊还民间"还是"移作他用"时，理所当然地声明一经退还，"如何用法，系我国内政不能宣告"；但他在向外务部汇报中则建议："一旦此项赔款收回"，宜取作"广设学堂，派遣学生之用"，在我可不损主权尊严，"既有裨益，在美亦能满意"。③ 他在获得同意后即以此宗旨答复美方，"退款"兴学原则初步形成。

---

① 亨脱：《美国退还庚子赔款再论》，《亚洲研究》1972年第3期；李守郡：《试论美国第一次退还庚子赔款》，《历史档案》1987年第3期。

② 当时美国官民鼓吹"退款兴学"的很多，最具代表性和影响的是伊利诺斯大学的爱德蒙·詹姆斯致罗斯福总统一件备忘录中的言论。他写道："哪一国家能做到教育这一代中国青年人，则这一国家就会由于这方面的努力在精神和商业上取得最大可能的报偿……乃至控制中国的发展。"参见［美］斯密司《中国和今日美国》（英文），纽约，1907年，第213—218页。

③ 《梁诚致外务部》，1905年4月8日，外务部档案，中国第一历史档案馆藏。《外交部上大总统文》，1924年7月20日，财政整理会编印：《财政部经管有确实担保外债说明书》下编，《各国庚子赔款说明书》，1928年增订，第25页。

美国主动提出"退款"问题，在洽商中，总想由此取得某种利益，如在中国其时展开的要求赎回粤汉路权等谈判中，它曾以庚款的"退还"与否作为筹码，要挟中国在上述谈判中做出一些对美有利的让步。

1907年12月，美国总统西奥多·罗斯福致国会咨文中要求授权对华"退还"部分庚款，以之用于在中国兴办教育事业和资助其派遣学生留学美国。经两院通过，第二年5月25日总统批准，法案成立。国务卿据此电告驻华公使柔克义，要他通知中国并要求清政府声明：即使将来中国"更易执政人员，或因他故"，都"不把此减收（其实收受中国的清偿时并没有减）之款改作他用"。① 12月28日，美国总统发布"退款"令；31日，通过外交渠道正式通知清政府，从1909年（宣统元年）起，美国在每次届期收到中国近期应付的款项后，即取出其中一部分交给美国驻华使馆，再由后者"退还"给中国外务部，拨作兴学专款，当年指定的是两大项目——筹办清华学校和派遣学生留学美国，预计头次全部"退"款，将为2892.25万美元。②

12年后，即1921年，外交部训令驻美公使施肇基向美国政府要求把庚款余额全部退还。美国参众两院议员洛奇、麦祺等从这时起三年间在两院先后分别提出退还庚子赔款案。1924年5月，该提案获两院通过，旋经总统柯立芝批准成立。6月14日，国务卿许士照会中国驻美公使，宣布美国部分庚款，除了已"退还"的部分，所有余额，为表"善意"，全部"退还"中国充作"进一步发展中国教育及其他文化事业"的资金，同时，美国驻华公使还向外交部做了通报。③ 据当年预计，美国第二次"退还"数

---

① 《梁诚致外务部》，1907年，外务部档案，中国第一历史档案馆藏。

② 财政部：《美国部分庚款节略》，1946年，国民政府财政部档案，中国第二历史档案馆藏。

③ 《外交部长上大总统呈文》，1924年7月24日，《财政部庚款说明书》，第25—26页。

为 1254.54 万美元。

施肇基旋奉命向美国政府表示，希望庚款的退还是无条件的，"由我国自行支配"，遭到拒绝。美国声明，对"退款"用途，"美国保留自由处分之权"，并促使施肇基使中国政府同意，由中美两国政府分别派出中（10 人）、美（5 人）组成联合组织，定名为"中华教育文化基金董事会"支配保管所有的"退款"。[①]这样的管理"退"款机构的组织模式构成先例，嗣后为其他国家所援用。

二　法国部分庚款的"退还"

1919 年 5 月，驻法公使胡惟德受命与法国外长洽谈退还法国部分庚款余额（计 39581.5 万法郎），后者并不反对，转问将作何用？胡惟德答以供作实业教育经费。[②]此后，胡惟德虽不断与法外部接触，但后者托词拖延，毫无进展。

1921 年 6 月，法国参议院议员提议从该年下半年起，法国部分庚款仿照美国办法，"退还"中国，拨充教育经费。新任驻法公使陈箓闻讯电告外交部。此讯一经传出，国内舆论力主"豁除"，而不只是"退还"，并主张将"豁除"的款项"半充实业，半充教育"用。

其时，法国政府正全力支持在华的一家名为中法合资实为法籍的银行——中法实业银行恢复业务，它设想把拟"退"的款大部分用之于"拯救"该行使能复业上，取其余剩再充作办理中法间的教育事业。总理白里安在华盛顿会议期间（1921—1922 年）向中国出席代表透露了这一信息，傅乐猷在谒见中国外交总长颜

---

　　① 《外交财政两部上大总统文》，1924 年 9 月 11 日，《财政部庚款说明书》，第 27—29 页。

　　② 《胡惟德与外交部来往电》，1919 年 6 月 2、7、18 日，王树槐：《庚子赔款》，第 377 页。

惠庆时提出了具体方案：在"退还"的庚款中，每年提出 100 万法郎充作中法两国政府指定的中法事业之用，其余的专充作为改组中法实业银行而决定发行 3300 万元美元债票的担保。6 月 24 日，该公使向外交部面递节略，就上述主旨作了较详细的规定和安排，最后于 1922 年 5 月 9 日和 27 日以外交总长与法国公使互换照会的方式，达成协议，此被称作第一次协议。①

第一次协议刚达成，法国把庚款的"退还"与"金法郎案"缠在一起，要求作为互为解决的条件之一，旋又轻率地把协议弃置一边。

"金法郎案"解决之后，外交总长和法国公使于 1925 年 4 月 12 日再次互换照会，再度处理庚款"退还"问题，构成习称的第二次协定。其核心内容是：（1）法国政府承认将 1924 年 12 月 1 日起应付的法国部分庚款余额"退还"给中国，充作对中、法两国有益的事业之用；（2）中国政府承认上述应付而"退还"的庚款余额 39158.15 万法郎折合 7555.7 万美元，从 1924 年 1 月 1 日起至 1947 年 12 月 31 日，逐月垫给中法实业银行，充作该行发行五厘美元公债的基金；（3）中法实业银行发行的五厘美元公债收入的用途分配是：换回中法实业银行远东债权人持有的债券，办理中法间教育——每年至少 20 万美元和慈善事业，代付中国政府应缴而未缴的中法实业银行的股本余额以及拨付中国政府积欠中法实业银行的各项欠款。

第二次协定虽然达成，但由于法国拒不履行协定规定的某些义务，如中法工商银行（取代中法实业银行的银行）拒绝中方按协议所派出的董事到行视事等，这个协定事实上既不能也没有付诸实施。又经长期的断断续续的交涉，到 1927 年 8 月 8 日，中法工商银行与财政总长以换函方式，承认中国所派董事为该行的监

① 《外交部收法国公使节略》，1922 年 6 月 24 日；《外交部与法国公使互换照会及附录文件》，1922 年 7 月 9、27 日，《财政部庚款说明书》，第 43—45、47—51 页。

察员，才得以解决。这次换函称为第三次协定。法国部分庚款的"退还"才付诸现实。

三　意大利、比利时、荷兰三国部分庚款的"退还"

关于庚款"退还"问题，在这三国里，意大利最先提出，比利时次之，因受"金法郎案"的影响，一度提出旋即搁置；"金法郎案"一解决，在大势所趋下，荷兰提出自愿"退还"。三国"退还"问题的解决先是比利时，其次是荷兰，意大利落于最后。这里按发端先后叙述如下。

意大利外交部政务司长于1919年11月向我国驻意公使王广圻表示意大利意向，愿"退还"庚款余额，取其中一部分供作中国学生在意大利留学的费用。旋受"金法郎案"的影响，中止"退款"的洽谈。

1925年1月，外交总长唐绍仪向意大利公使提议对意大利庚款做一合理解决，后者要求在解决庚款时一并解决某些悬案。唐绍仪给以原则同意。10月1日，中意双方以换文方式达成协议，其要点是：（1）意大利政府将意大利部分庚款余额，"交由中国政府支配"。（2）意大利公使同日备函通知中国海关总税务司，在上述余额中除了"留出银52.58万元"交给意大利公使馆备作"或待解决而尚未查明，或尚未商定要求事件"之用外，即把中国按月所付之款交给待成立的"中意庚款委员会"，充作中意教育、慈善、公共实业及公益工程之用。（3）举办上述实业、工程等所需材料，应在意大利订购。双方虽获协议，受理机构也旋即成立，却并无其他行动。

国民政府成立后，新任意大利公使于1928年11月30日照会外交部，催促解决庚款问题，外交部复照同意。可是，意方以"不将庚款与奥国借款同时并为解决"，就"不愿单谈"相要挟，虽也会议数次，但毫无结果。1931年，新任意大利公使来华，重申前请，外交部以"条件不合"，拒作正式谈判。

1933 年，行政院副院长兼财政部长宋子文出席伦敦经济会议，与一同出席此会议的意大利财政部长容几道以双方共有解决这一悬案的愿望，几经商讨，宋子文在受权后代表国民政府与容几道代表意大利政府于同年 7 月 1 日签订《解决中意庚款协定》，达成妥协：国民政府为最后解决意大利部分的庚子赔款（折合为 2095.2 万美元），于 10 月 15 日前分三次全部付清，转手即"退"给中国，把它充作中国的内债基金。[①] 所得内债，以 1/3 交中国政府自由支配，1/3 存意大利银行立专户，以备在意大利购料之用，还有 1/3 交由意大利政府自由支配，实系充作解决意大利人持有奥国对华借款的债票用。意大利的庚款"交还"交涉，至此告一段落，同时又勾销意大利部分庚款。

1921 年，北洋政府在国内舆论压力下，由外交部训令驻比利时公使向比利时政府交涉退还庚款事，比利时政府以推宕相对待。1923 年 2 月，比利时驻华公使向外交总长表示，比利时可商议"退还"部分或全部；5 月，双方开始洽谈解决办法。8 月 19 日，达成协议草案，旋以"金法郎案"被搁置一边。

"金法郎案"解决之后，中比双方于 1925 年 9 月 5 日互换照会，构成第一次协定，约定在中国海关总税务司把华比银行前代中国政府垫付对比庚款展缓付给之款清讫之后（此项垫款于 1927 年 5 月还清），即将所有庚款余额稍稍超过 2900 万法郎按月交给由中比两国派员联合组成的中比委员会，"充作中比教育、慈善、公共实业以及公益工程之用"，所需"材料应在比国订购"。

1927 年 12 月 8 日，国民政府由外交部与比利时公使对前一协定做了一些改订和补充，构成第二次协定，具体"退款"用

---

① 《财政部长孔祥熙致中央银行函》，1934 年 1 月 1 日，中央银行档案，中国第二历史档案馆藏；《财政部呈行政院文》暨附件《外交部与意大利公使来往照会》，1934 年 6 月 11 日，《宋部长全权证书》等，国民政府财政部档案，中国第二历史档案馆藏。

途：从 1927 年起至 1928 年 3 月的庚款 55.67 万美元，除了提留 10 万美元作为遣回、周济在比利时华侨之用外，悉由中国政府提回应用；从 1928 年 4 月起的全部余额，用以发行债券 500 万美元，以 40%、35% 和 25% 的比例分别供作陇海铁路购料、其他铁路购料和教育、慈善事业的费用。[①]

1925 年 10 月 30 日，荷兰驻华公使照会外交部，表示荷兰愿将其庚款余额按国币计 100 万元全部充作中国治理黄河用，但要求由荷兰政府派一工程师并一监察委员会，外交部复文"感谢"。答以另行"商订"详细办法。与此同时，它函请内务、财政两部和全国水利局共同会商，得出的结果认为，款额本属不多，年平均"实得之数尚不及七万银"，聘请荷兰工程师一人所需薪津旅费一年"至少亦须三万元"；对黄河，利用此能够掌握之数，且不说治理，连充作测量经费也嫌"不敷"，提议把待退之款改用于整治京津间北运河。荷兰不同意，当时说定待"商订"详细办法，再作处置，可是，迁延数年未展开"商订"。[②]

1930 年 6 月，国民政府拟移荷兰待退之款用于开辟东北地区两大海港，遭荷兰反对。几经交涉，外交部与荷兰公使于 1933 年 4 月 4 日换文，达成协议：规定荷兰庚款从 1926 年 1 月 1 日起的余额 145.18 万佛罗林（约合 60 万美元）全部"交还"中国，以其 65% 用于治水事业、35% 补助文化事业。前者由中国组织"中荷庚款水利经费董事会"管理之，后者由中国驻荷外交代表与荷兰阿姆斯特丹皇家科学院文学院院长、莱顿大学校长联合组成董事会保管处理。

四　苏俄对庚款余额的"抛弃"

十月革命在俄国胜利后不久，苏俄外交人民委员会远东股股

---

① 《财政部庚款说明书》，第 98、100、109、113 页。

② 外交部 1925 年 10 月 30 日收荷兰公使节略和 11 月 12 日复荷兰公使节略，《财政部庚款说明书》，第 157、159 页。

长伏时涅新斯基 1918 年 1 月向时留在彼得堡的中国驻旧俄使馆秘书李世忠提议"先事私议",做了愿意废除帝俄时代与中国签订的对华不平等条约的表示。① 7 月 4 日,该委员会委员翟趣林再次表示取消对华一切特权,包括庚子赔款。第二年 7 月 25 日,苏俄代理外交委员会委员加拉罕发表声明重申前旨,并"抛弃"(或放弃)庚款。1920 年 9 月 27 日再次发表宣言,提出苏俄对庚款的"抛弃"须以"中国政府将来无论何时,不得付与前俄国领事或他项人等以及各种团体"为条件。② 1922 年 4 月 15 日,北洋政府始做出回应,对苏俄有关当局之声明,"一变前俄政府攘夺政策,深表满意"。③ 苏俄 7 月 26 日任命越飞为驻华全权代表,他在到达北京后,于 9 月 19 日送交外交部的文书中声明:"苏俄放弃赔款,附有特别条件",中国对加拉罕的两次宣言未及时做出积极回应,即不能因该宣言而"产生法律上结果"④,换言之,撤销曾经声明的"自愿放弃"。五天后,他对中国由于俄国十月革命后国内局势动荡不定而停付庚款,提出抗议,声称:"中俄间彼此有关系之各种问题,若由单方面独行解决,绝对不能容纳。"28 日,外交部复照拒绝,坚持停付。一度出现的融洽气氛,顿为冷峻相向所取代,中苏间包括庚款在内的"各种问题",成为"悬案"。

　　1923 年,中苏双方酝酿解决"悬案",中国派王正廷督办中苏事宜,苏俄派加拉罕为全权代表。几经接触,9 月间开始谈判处理庚款问题。中方的基本方针是:要求苏俄践履诺言"放弃",

---

　　① 《驻俄公使刘镜人致外交部函》,1918 年 1 月 19 日、2 月 28 日,《中俄关系史料——俄政变与一般交涉》,台湾"中研院"近代史研究所编印,1960 年,第 266—270 页。

　　② 北洋政府中俄交涉公署编:《中俄会议参考文件》第二类《中俄问题往来文件》,1925 年。

　　③ 《外交部致劳农代表团节略》,1922 年 4 月 15 日,北洋政府中俄交涉公署编:《中俄会议参考文件》第二类《中俄问题往来文件》,1925 年。

　　④ 《外交部致劳农代表团节略》,1922 年 9 月 20 日,王树槐:《庚子赔款》,第 260 页。

不能再行过问，归我自主支配；也准备了达成妥协的底线，设若对方决不同意，只能由中国自行声明提供教育之用，但不列入于待达成的协议之中。苏俄生怕中国对尚待"放弃"的庚款移作"他用"，实际上是防止被反苏维埃的帝俄余孽所用，坚持"抛弃"庚款，须以中国政府必须承诺此款专为提供教育之用为前提，几经协商，达成协议[1]，当年预计约达1750万英镑。然后于1924年5月31日，由外交总长顾维钧与加拉罕分别代表中俄两国政府签订的《中俄解决悬案大纲》有关庚款的第十一条规定，"苏俄政府允予抛弃俄国部分之庚款"；又在附件"声明书"（五）中双方做了如此"了解"：（1）苏俄政府"抛弃"庚款余额与偿清以此款所担保的各项债务后的余数，完全充作提倡中国教育之用；（2）设立一特别委员会管理、分配上述款项，该委员会由中国政府委派二人，苏俄政府委派一人联合组成，议决事项，以全体一致行之。

俄国部分的庚款，苏俄政府一度声明自愿"抛弃"而并未付诸实际，后来在谈判解决中，达成了"完全归还"的妥协。以协定文本中虽仍用"抛弃"一词，事实上，与其他有关国家的"退还"的做法类似，这样也了结了庚款的俄国部分。

五　英国庚款余额的"交还"

英国国内在美国首次"退还"庚款之后，从1912年起，虽有人主张从英国部分庚款余额中提出部分在华设立大学，因遭财政部反对，未成事实。[2] 1917年4月，英国为争取中国加入协约国，一度做出"退还"庚款余额的姿态。[3] 次年7月，驻华公使朱尔

---

① 《中央各部对中俄协定大纲签注总案》，1924年3月；《王正廷与加拉罕谈话记录》，1924年3月8日，民国外交档，中俄交涉档。

② 《克莱佛的备忘录》，1919年8月14日，英国外交部档案，F.O.405/226，第134—135页。

③ 《英国外交部与财政部来往函》，1919年8月，英国外交部档案，F.O.405/226，第56—58页。

典向其本国政府建议"退款""兴学"。1920 年 10 月，伦敦的中国协会致函外交部，重提此议。后者于 1921 年 9 月设中国教育委员会考虑此事。正当此事在该委员会提出报告前，英国内阁在同年 11 月 24 日作出决定：英国没有理由放弃此款，即使考虑"退还"，也只能待与一稳定的政府商谈。①

1922 年 3 月，外交部训令驻英代办朱兆莘向英国交涉退还庚款。12 月，英国政府宣布，待返还的庚款拟用于中英互有利益的事业，唯须待国会通过才能作出最后决定。驻华公使克莱佛据此正式通知中国。② 而英国国会直到 1925 年 1 月 26 日才通过此案，6 月 30 日英王批准成立《1925 年中国赔款法案》。该法案规定，"所有 1922 年 12 月 1 日之后的庚款不再归入（英国）国库"，改为一种基金，拨入"中国赔款"账户，由外交大臣"全权主持，以互惠于中英两国为宗旨，用于教育或其他事业"。③ 虽然外交大臣受命组成咨询委员会，并以威灵顿为首组团于 1926 年 2 月来华做了 4 个月的调查，并于 10 月间提出报告，建议庚款用途及分配比例，但无后续行动。

1927—1928 年，英国出现经济危机迹象，其政府为了缓解、推迟危机的爆发，谋以拟"退"的庚款来促进英货，特别是钢铁器材对华的输出。1929 年 4 月，英国主动重提"退"款事，旋与中国政府展开关于"交还"的洽谈。9 月 19 日，国民政府外交部长王正廷在致英国公使蓝普森照会中希望英国即把 1922 年 12 月 1 日起中国对英部分庚款（预计本利总计为 1118.65 万英镑）"交

---

① 《朱尔典备忘录》，1921 年 2 月 3 日，英国外交部档案，F. O. 405/233，第 153—155 页；《中国协会致外交部》，1920 年 10 月 7 日，英国外交部档案，F. O. 405/228，第 212 页；《中国教育委员会报告》，1922 年 7 月 30 日，英国外交部档案，F. O. 405/237，第 25—26 页。

② 英国外交部档案，F. O. 405/237，第 128 页；F. O. 671/321，第 8 页。

③ 《英国政府颁布中国庚子赔款用途全文》，《财政部庚款说明书》，第 155—156 页。

还"中国。22 日，蓝普森复照同意，并增加了几点补充内容，即：（1）上述之款一"交还"，由中国政府组织中英庚款委员会管理分配；（2）此款首先用于建筑铁路及其他生产事业，而后以所得余利，拨归教育事业之用；（3）为创设生产事业所需材料须向英国订购，并在伦敦由中英两国人士组织以中国驻英公使为主席的购料委员会处理购料事宜；（4）此前存储于汇丰银行的庚款全部移交给购料委员会，嗣后续收赔偿之款，在由中国政府交与英国公使后，由后者把其中一半交给购料委员会，另一半交给中英庚款委员会；（5）从积储的款项中提 26.5 万英镑给香港的香港大学、20 万镑给伦敦的中国大学委员会，以其利息办理中英文化活动。① 这些来往照会，构成中英间对英国"交还"庚款的协议。第二年 12 月 12 日，英国外交部据此向国会提出一"中国议案"，在 1931 年 2 月底、3 月初分别经下院、上院通过和英王批准，正式形成《中国赔款适用法案》，而后即据此实行英国部分庚款余额的"退还"。

六　日本盗名"退还"未果

日本谋求实施其所谓"中日亲善""中日提携"的对华政策，其国会曾考虑袭用他国"退还"的名义利用庚款作为一种手段。1918 年 5 月 25 日，外相后藤新平先知会驻华公使林权助，接着派西原龟三来华，与北洋政客曹汝霖"恳谈"。9 月 13 日，日本内阁决定此事对策方针：适当时机"抛弃"庚款，具体办法另行考虑②；并由后藤新平于 21 日通报给中国驻日公使章宗祥。北洋政府催促日本早日制订具体办法，取消庚款，日本

---

① 国民政府外交部编印：《外交部白皮书》欧美第 6 号《解决中英庚款换文》，1930 年。《议会辩论集》第 247 卷，英国，众议院，第 95—104 页；第 248 卷，第 1617 页。《辩论集》第 80 卷，英国，上议院，第 63、140—144、213、216 页。
② 《抛弃庚子赔款的沿革》，日本外务省档案，缩微胶卷，C9000-1。

转以推拖延宕相应付。

1923年3月，日本国会通过《对华文化事业特别会计法法案》，经敕令公布实施。此法案把庚款余额与中国为解决山东悬案同意给予日本对胶济铁路和山东矿山补偿金的部分合在一起，充作日本开展对华文化事业的财源。[①] 这个信息一传至中国，有识者警觉到日本这一着的本质，在于准备"以促进文化交流之名"，借以把它的一个国内法施行于中国，实属侵犯中国法权的侵略行为，而深感蒙受侮辱，愤慨揭露：果若这样退还，是"似是而非的退还"而"行文化侵略之实"。又声明："日退还而仍不言还"，中国"何贵（乎）多一变相的（如早年设置的）同文书院"[②] 般的文化侵略机关！愤怒的抗议未能改变当年中日关系的政治现实。驻日公使汪荣宝与日本外务省对华文化局局长出渊胜次在1923年年底、1924年年初"非正式"地交换意见的结果，弄成一个"日本部分庚子赔款用途"的方案，并于1924年2月6日签署成为《中日委员协议变更日本庚款用途议案》。[③] 5月4日，外交部收日本公使芳泽谦吉照会，声称对这个"议案"有须"明白解释"之处，即"对华文化事业特别会计法及关于该法的实施"等字，系指"日本宪法并对文化事业特别会计法及关于实施该会计法之法规之意"。[④] 日本的用心更暴露无遗。它露骨地要求中国明确应允日本把其法权施行于中国，且在它于中国举办的文化事业上抵制中国法权的行使；日本的这一行径再度激起中国各阶层，特别是与文化事业有关的教育界爱国人士的愤慨，同声谴责日本此举

① 《财政部庚款说明书》，第137—140页；《研究各国变更庚款办法意见书》，第152—154页。

② 《晨报》1924年5月31日。

③ 《驻日本代办张元节致外交部函》附件《研究各国变更庚款办法意见书》，1925年8月25日，第147—149页。

④ 《外交部与日本公使芳泽谦吉来往照会》，1925年5月4日，又收芳泽函，同日，《研究各国变更庚款办法意见书》，第141—144页。

在"采取美名"，"袭用对付"此时沦为它的殖民地的"朝鲜之手段以对付中国"，呼吁政府予以抵制。北洋政府在日本压力下，却居然由外交部"同意"，指派人员与日本"协同"组织文化事业委员会。与此同时，日本则虚张声势地着手筹备在中国设立图书馆、研究所的活动，谋使其法权延伸入中国成为既成的事实。

中日两国统治者相勾结的倒行逆施，又一次激起中国汹涌激昂的民情。全国教育联合会等民间团体于1926年6月集会发表声明，敦促政府取消已签订的协定，要求在日本把庚款真正退回前制止其在华展开各种文化事业；同时，呼吁政府所指派的文化委员会委员"自重"，"劝告"他们自行退出该委员会，否则，将以严厉手段相对待。[1] 这样，终使日本不敢恣意横行。

国民政府旋取代北洋政府掌权执政，它凭借民情以实施"革命外交"自诩，外交部长王正廷1929年9月21日面告日本驻上海总领事、临时代理公使重光葵，日本应先行全部退还庚款，然后再及其他细节。重光葵以协定已订，无须改动相拒绝。[2] 12月，行政院训令教育部废止日本对华文化协定，撤销东方文化事业总委员会等。汪荣宝则按外交部指示，走访日本外务省亚细亚局局长，提议协商废止过去订定的协定。日本坚持无意变更原定方针，只可洽商运行中的具体细节问题。此后，驻日公使虽再三要求展开协商，日本总以"根本变更现行办法动摇文化事业基础，难以同意"相拒绝。[3] 国民政府谋求妥协，1931年年初，仍由汪荣宝向日方提议，先由两国非正式地派专门委员若干人，交换意见，务期在既能获得舆论的认同，又不致有损两国国交的限度内求得

①　《晨报》1925年8月6日，1926年8月12、15日；《教育杂志》1925年第17卷第10期。又，日本外务省档案：《中国的态度》第1—2卷。

②　《重光葵致外相币原喜重郎电》，1929年9月24日，日本外务省档案：《日支共同委员会关系一件》。

③　《国民政府北伐后中日外交关系》，第12—18页。

一个解决办法。日本同意作番尝试。① 可是，双方人选甫于同年7月派定，未及接触，日本侵占东北的"九·一八"事变即发生，此事遂中止进行。

中国对日本部分庚款余额要求退还，与日本交涉持续达十年，在日本别有用心的处置中，对庚款虽有"退还"宣言，实际则照旧收取。随着此后形势的演变，这个问题根本不在于要求"退还""交还"，而是该予彻底清算了，或者引用20年代民间呼声所称："唯有暂候……横暴侵略的（日本）帝国主义政府崩溃之后再作计较"。日后事实则正是这样。

"退还"庚款是债务化清偿中的一个重要节目。"退还"系以付给为前提，没有中国对届期本息的付给，也就没有彼方的"退还"。"退还"的量有从截至约定某年起庚款未偿余额中的部分或全部之别，基本趋势则是向全部"退还"演变，也就是说，中国对某国截至约定某年起的庚款余额仍按原约定如期清偿，对方收后再将其中的部分或全部"退还"给中国，彼方虽"退"了款，而对之分享有监督管理之权，中国不能全权掌握运用，以此与真正的退还有别，此所以在行文中对"退还"一词，加了引号。诸国"退还"之款，事先预计，都有数字，已如上述；但以计量标准的不同，难明确切的总量。这里且就美、法、意、比、荷、俄、英七国的数字回到按订约当年的折算率来折合，总量约合海关银3亿两。

部分庚款余额"退还"后，究竟怎么利用、用在哪里、效果如何，以及实际动用数字，最后怎么归结等衍生的史事，是又一个值得全面论述的问题，但出乎本书所要探索的范围。从略。

---

① 《汪公使访亚细亚局局长》，1929年12月26日，日本外务省档案：《日支共同委员会关系一件》。

第五节　庚款的总清算：取消

　　1901 年，列强利用清政府对民间自发反帝斗争措置的失当作为机会，说作什么"惩罚"中国的排外行动，以八国联军压境并凭战胜威势，以赔偿它们"一切损失"为词，"溢额"甚多地滥行需索，强制中国偿付赔款，实际上构成一次赤裸裸的战争掳掠。时过境迁，清王朝倒了，民间执着反对侵略但并不排外，所谓"惩罚"早已失去对象。第一次世界大战结束，号称"公理战胜"；中国人民为维护公理，除了据当时现存的事例要求"退还"作为权宜的一步，并要求"免付""豁免"所有庚款余额，体现着民族意志的吼声开始动起来了。北洋政府在舆情压力下，于 1919 年秋训令赴法专使顾维钧向国际联盟提出要求，遭到极不公正的对待，被置之不理。1921—1922 年的华盛顿会议上，参加会议的除了中国，美、英、法、意、荷、日、葡、比八国共同声明，将以公平正义原则对待中国，可是，声明虽堂皇，却经不起实际行事的检验，关于庚款问题，空有一阵议论，行动表明是照旧索取。20 世纪 30 年代，中华民族在民族危机空前严重的局势中，以在近百年中空前统一意志所凝聚成的全民伟大潜力，以牺牲数千万生命、数千亿美元物质损失为代价，击败外来侵略者，并在全球规模内反法西斯主义斗争中作出了自己的贡献，终于取得了取消庚款和废除《辛丑条约》的当然权利。这样，原摊分得庚款的 14 个国家除了在中国长期持续清偿中早已经过各种形式给以勾销和对日本的当然予以废除外，据 1943 年 1 月 11 日《中美条约》第二条第一项的下述规定，即美国政府认为，1901 年 9 月 7 日，中国政府与各国政府（包括美国政府）在北京签订的议定书（即

《辛丑条约》应行取消，并同意该议定书及其附件所给予美国政府之一切权利，包括受赔权利）应予终止，并以此为先例，且作为范本，其精神相继规定于中英（同年5月20日）、中比（同年10月20日）、中荷（1945年5月29日）、中法（1946年2月28日）各个条约——习惯统称为"新约"之中；尽管各个"新约"在文字上对庚款有"应予终止"或"撤销""作废""失效"的不同，但实质同一。西班牙部分也做了类似的处理。至于瑞典、挪威和葡萄牙三国原非《辛丑条约》的签字国，只是按照各国1902年6月14日的协议才分别从庚款中取得部分。而今《辛丑条约》既经废除，此三国部分自然同归于取消。

　　总之，正如当年中国政府外交部在国民党六届三中全会上所宣布，依照平等新约的规定，涉及《辛丑条约》及其附件所让予的一切权利都予以终止，所有应付未付庚款自在取消之列，而都归于一笔勾销、清讫，做了归结。

第六章　晚清政府铁路借款

　　甲午战争一过，列强视我国处于解体危境为攫取权利的机会，以铁路兼具利于通商、便于征服的功能①，乃取作瓜分我国的先行一着——划分势力范围的一种手段。借用盛宣怀当时所说："今各国以铁路为割地之媒。"② 于是，它们便以炮舰为后盾，施加外交压力，迫使清政府许以诸如"借地筑路"（如俄国），"承办"铁路（如英国）。让予"建筑"（如德国）或从其殖民地内铁路"接展"到中国境内（如法国）……名异实同的特权。此中涉及借款的只有"承办"。③ 另外，清政府在战后"创巨痛深之日"，检查战败原因，认为缺乏铁路致使军队转运困难是其中之一。虽然未必确切，却也表明了它增强铁路利于军运的认识。又认为它属于"通商惠工要务"，则表明已能从发展经济的角度着眼。为图"自强而弭隐患"，清政府乃再次决定必须举行，并设想动员国内财力来从事此项建设。可是，限于当年的财政、经济实力终未能如愿，

---

　　① 《中国的铁路》，《北华捷报》1898 年 7 月 11 日转载于《泰晤士报》1898 年 6 月 1 日；宓汝成编：《中国近代铁路史资料（1863—1911）》，中华书局 1963 年版，第 423 页。

　　② 《盛宣怀致张之洞、王文韶电》，光绪二十四年三月初七，盛宣怀：《愚斋存稿》卷二一，电稿一，第 11 页。

　　③ 《上谕》，光绪二十一年十月二十日，王彦威编：《清季外交史料》卷一一八，第 33 页。

乃改计以"不损权、不失利"为原则借用外债以为变通。列强闻讯，即支持、推动其国内金融资本组织——实质是各与这些组织构成"政治经济体"——全力投入提供贷款的活动。其已获有在华承办特权的国家，转认为通过贷款比实施承办更于己有利，便挟此特权，转使清政府借它之款建筑它所要建筑的线路。结果是，清政府计划兴建的线路在帝国主义各个强国认为于己有用的，便力谋通过借贷关系渗入其势力；在它认为必须修建而为清政府列于缓办或根本未曾提及的，则强制清政府接受其贷款来修建。进入 20 世纪后，日本挟战胜俄国的声势跻入世界强国行列，胁迫清政府与之签订一些铁路借款合同，直接为实施其殖民东北地区战略"满洲经营策"的一着。当年清政府制定的举借外债原则，原属合情合理，可是处在中弱外强的异势下，某国的金融组织在其本国的外交支持下，或该国政府亟须利用这些金融组织的财力来推行其既定的战略和政略，使所提供的贷款不只是把清政府的既定原则粉碎无遗，而且转成为帝国主义强权政治的一种产物。这个时期，我国铁路借款基本上就是这般一笔接一笔地形成的。

第一节　卢汉、汴洛和正太三路的俄国、比利时、法国三国借款

　　直接、间接涉及卢汉等三路借款的有比利时、俄国、法国三国。就比利时银团来说，据其时法国驻华公使向总理衙门直言：该银团有法国资本，俄、法两国皆知之。当年与俄、法存在结盟关系。此三国在华行动或明或暗相互呼应。这三路借款虽先后出了些变局，但基本上都限在此三国范围之内，以此统合成一节来叙述。

一　卢汉铁路借款

1895 年冬，清政府决定修建北起卢沟桥、南至汉口的卢汉（即日后的京汉）铁路；考虑到此路线路较长，经费亦巨，最初打算号召"各省富商准其设立公司实力兴筑"，承诺"事归商办，一切盈绌，官不与闻"[1]，但未成功。清政府继而令线路所经的直隶、湖广两省总督王文韶、张之洞会同办理。王、张两人受命后于次年秋奏称：铁路有形之利在商，无形之利在国；有限之利在路商，无限之利在四民。他们在详细查考了具呈请办的华商并不殷实，且情词虚浮，更多的是替洋商奔走的情况后，认定华股必不能足，于是向清政府举荐天津海关道盛宣怀。盛即被任命为督办铁路大臣并奏准设立铁路总公司，从卢汉办起，苏沪、粤汉，亦次第扩充。[2]

关于筑路经费，张、王两人采纳盛的建议，奏陈清政府："按铁路所需总数招足商股济用"，若不足，则设法举借外债，并确定商借商还的原则。[3]

上述信息一经传出，美、英、法、德以及比利时等国资本家纷起竞逐。它们或要求合股，或要求分利包工，等等。驻京有关各国外交官则各为其本国资本势力效劳，向我国有关当局游说，各谋取自己的利益。

1897 年年初，比利时驻汉口领事法兰吉面谒张之洞称：奉该国君命来见，对铁路借款，极愿助力。又自称："比系小国，不干预他事，较诸大国为胜。"张回应以如比国较他国章程公道，方可

---

① 《上谕》，光绪二十一年十月二十日，王彦威编：《清季外交史料》卷一一八，第 33 页。

② 《上谕》，光绪二十二年九月十四日，《清实录》，德朝宗，卷三九五，第 7—8 页。

③ 《王文韶会奏折》，光绪二十二年七月二十五日，《张文襄公全集》卷四四，1928 年，第 22—26 页。

商议，并提大要：息四厘，无折扣，一切物料各国投标，不能必用比料；借款与路工截然两事，路工章程利益，比国丝毫不得干预。若能这样，当力劝盛京堂必用比款。法兰吉无异议，加上一句："路政绝不干预，所雇比匠其贤否去留听中国公司主持。"张即电告盛宣怀：比领事"恳借甚切，当易就范；比小国，流弊少"。①

比利时幅员小是事实，然而，张、盛等人竟以此点据以臆断它不会像英国等大国那样随时借端生波，致成无穷之患，决定借用比款。②

盛宣怀与比利时银公司③所派代理人马西、海沙地商洽所获印象为：比方斤斤于购料雇工，别无他志，而迅即于光绪二十三年四月二十六日（1897 年 5 月 29 日）与之草签《卢汉铁路借款合同》，只待谕旨批准。

该草约载明，中国铁路总公司奉旨承办卢汉铁路，除总公司已有本金 1300 万两外，向比公司借款 450 万英镑，专为营造铁路经费；比利时银公司允备款项如数、九扣实付，分四批交清，20 年期，以本路及其产业与一切属于该路物业充作担保。铁路工程由公司代为监修，除发生意外之事不计外，于五年内一律告竣。造路料件除中国尚未能自造之件欲向外国购办，招商投标，无论何国商人，均可得标，但至多不到一半。其余则准比公司照投标价值运费一律货色承办。如比公司不肯，应听总公司向别处购办，比公司不得阻挠。合同期内，比公司无论何事，均不得由他国商

---

① 《张之洞致盛宣怀电》，光绪二十三年二月十六日，《张文襄公全集》卷二六，1928 年，第 12—13 页。

② 宓汝成：《帝国主义与中国铁路（1847—1949）》，上海人民出版社 1980 年版，第 71—72 页。

③ 比国银公司或比国合股公司，简作比公司，实与原文名都有出入，但在中文史料中习用之。

人管理干涉，并不能将此合同转与他国及他国之人①，等等。

英、德、美三国闻讯齐声抗议，其驻华使节分别要挟清政府给予补偿。比利时公司唯恐此约签而复废，并谋修改合同以增加借款的条件，改派杜夫尼为新任驻华代表。他在与张之洞、盛宣怀商议中，以德国其时正强占胶州、欧洲传播分割华地作口实，说是将影响债票的发行，提出将前签合同暂置不论，改订新合同。张之洞、盛宣怀和王文韶经审思，时局如此，生防若改向他国商借有可能被要挟更甚，决意迁就比方要求续与磋商。

比利时国王利奥波德二世素以在非洲强力扩展殖民地而著称，其时力谋急剧增强该国在华的影响；在取得俄、法两国的支持后，即命驻华代理公使费葛向清政府施加压力以满足比公司的要求。法国驻京公使照会总署，"比款有法国银行工厂所出资本"，清政府准备与比公司续议借款，他始允不再扛帮。王文韶、张之洞两人认为，只可稍认吃亏，赶紧定局为是，嘱盛照办。②

盛宣怀在与杜夫尼重新磋商中，比方提出额外要求，重点是：（1）在向市场发行的债票上不署铁路总公司，改由中国国家署名，还本付利时亦由国家发给；（2）铁路造成，由比国银公司选派妥人代为调度经理。其中，第（1）条显然与清政府借款筑路商借商还的原则相悖，第（2）条则赤裸地暴露出比公司企图控制经营此路的居心。张之洞、王文韶等人认为，断不可准！而面对列强环伺，在华加紧谋划各自势力范围的严峻形势中，盛宣怀在斥责比公司失信可耻之余转以"非迁就其文，万难安顿"。张之洞虽表示愤懑之至，但还是让盛宣怀于光绪二十四年五月初八（1898 年 6 月 26 日）与比公司新任代理人俞贝德签订《卢汉铁路比国借款续订详细合同》和《卢汉铁路行车合同》各一件。

---

① 王景春主编：《中国铁路借款合同全集》上册，1922 年，第 49—58 页。
② 《张之洞、盛宣怀等会奏折》，光绪二十四年六月二十四日，王彦威编：《清季外交史料》卷十三，第 15—16 页。

　　两件合同规定：（1）前订合同凡不与本合同相悖者仍属有效，均须照办；借款量同前订合同，但改以法郎计为 1125 亿（约合库平银 3042.6 万两），借期 20 年，但在 1907 年之后无论何时借方可将借款还清，一经全还所有合同即时作废；（2）铁路工成后营运收入净余移交比利时银行以存足够付下一届还本付息之用之量为度；（3）以本路物业充头等担保，增加规定：如果中国总公司未能按照合同付利还本，比公司得对所指之物业照顾其一切的权利，实即归比公司接管；（4）所需路料一改前订合同有关规定，改成除汉阳各厂所能造者先尽购办外皆归比公司承办；（5）比公司只认中国铁路总公司，反之亦然。合同期内，比公司无论何事，均不得由他国商民管理干涉，并不能将此合同转与他国及他国之人；等等。更值得注意的是，新增《行车合同》规定，铁路每段工成，中国铁路总公司验收后交付营运，委派比公司将该路代为调度经理，行车生利，从签押日起以三十年为期。如果届期借款尚未还清，则自有展限之权至清讫之时。铁路营运收入除各种开销外移交于比利时银行充付利还本之用。但若营业入不敷出，自应由中国铁路总公司筹款弥补，使能照常行车。中国铁路总公司每年于铁路营运实在余利中，提出 2/10 作为比公司的酬金[①]，从而把铁路建成后的营运大权全部揽在比公司手里。

　　该路工程行将完成时，比利时籍总工程师以工款不敷为由，几次要求添借款项。盛宣怀代表中国政府与比公司代表沙多于光绪三十一年七月十三日（1905 年 8 月 13 日）签订《续订京汉全路完工应用小借款合同》，借款 1250 万法郎，供作赶完京汉及其各支路工程用。一切章程均照 1898 年 6 月所订的借款、行车合同办理。[②] 不过，这笔小借款未用，旋在提前清偿比借款收回京汉铁

---

① 王景春主编：《中国铁路借款合同全集》上册，1922 年，第 69—94 页。
② 王景春主编：《中国铁路借款合同全集》上册，1922 年，第 95—96 页。

路时支给三年息金后予以退还。①

二　汴洛铁路借款

盛宣怀在督办卢汉铁路中鉴于英、德两国向清政府强求合办津镇铁路，俄、英两国又分别获得修建柳（林堡）太（原）和泽（州）浦（口）两路的权益，认为中国南北只此客货，在卢汉铁路之外别造一条与之平行的津镇，势必将该路原期可得之利分去一半，再设柳太和泽浦，更将使卢汉铁路应得之利全失。1899 年年底，他以预筹卢汉干路还款并保全支路利益为由，奏准修建从开封至洛阳的汴洛铁路作为卢汉干路的一条支线。比利时银公司即函请承办。义和团运动过后的 1902 年冬，比公司派卢法尔向盛宣怀重申前请，比利时驻华公使则向外务部要求咨催铁路总公司办理。盛宣怀会同河南巡抚陈夔龙向清政府奏陈此事经过，认为该路自应从速兴办②，获准。盛奉命经与卢法尔磋商以卢汉铁路借款合同为蓝本，于光绪二十九年九月二十四日（1903 年 11 月 12日）签订《汴洛铁路款合同》和《汴洛铁路行车合同》各一件。前一合同中规定：借款额 2500 万法郎（约合库平银 761.2 万两），借款不敷可以准比公司添借应筹之款，一切照本合同办理，不必别订合同。全路责成比公司代为营造，期于两年之内全路告竣。日后如由河南府接展至西安府，比公司享有优先按照本合同章程妥商议办。倘中国国家自行筹款或召集华商股本接展此路，则比公司不得争执。另准比公司建造本路沿路对招徕生意有益的小支路，但须由督办大臣会商河南抚台酌定、核准，方可兴办。从而使我国以借款筑路损害国权之甚比之卢汉更有过之。至于《行车

---

① 徐义生编：《中国近代外债史统计资料（1853—1927）》，中华书局 1962 年版，第 39 页。

② 《河南巡抚陈夔龙、督办铁路大臣盛宣怀会奏折》，光绪二十九年八月二十日，王彦威编：《清季外交史料》卷一九六，第 3 页。

合同》的规定，也是铁路一造成，中国国家准中国铁路总公司派委比公司全权代为调度经理、行车生利；在实在余利之额内提取十成之二以酬公司（第一、第六款）。[1]

汴洛铁路行将竣工时，比利时籍总工程师又以工款不敷为由，要求增借款项以济用。邮传部经奏准于 1907 年 2 月 18 日未另订合同向比公司增借 1600 万法郎[2]（约合库平银 397.8 万两）。

三　柳太/正太铁路与俄国、法国资本

柳林堡与正定府治所在地隔滹沱河遥遥相对，太指山西太原。此间筑路，初柳林堡作起点，称柳太，旋改称正太。

早在 1889 年，张之洞在关于津通铁路的争议中奏陈清政府先建腹省铁路即提及此线，陈述的理由是山西拥有大量煤铁矿藏，一有铁路即可引进机器开采技术，既可大开三晋之利源，又可永塞中华之漏卮。1896 年，清政府即决定修建卢汉，山西巡抚胡聘之演绎张之洞主张，于次年向清政府奏称：为便于晋产煤铁外运，建议从山西太原到河北正定设一铁路与卢汉路相接作为它的一条支路。他进而认为，若专恃本省集股断难有成，拟设立公司准自借洋款、商借商还地来兴建。清政府认为，所议大致尚属周妥，但必须预防流弊，借款究竟有无把握，令胡聘之妥筹办理。[3]

俄国其时刚以借地筑路的名义攫取了在我东北地区建筑铁路的特权，就太原、正定间这条铁路来说，也企图控制于手。据当年西文报纸审视该路地理形势说，此路若向西延展经陕、甘、新疆连接俄界的线路，与东北地区的那条东省铁路一南一北正可形成包围北京的态势。[4] 华俄道胜银行在俄国驻华公使支持下紧张地

① 王景春主编：《中国铁路借款合同全集》上册，1922 年，第 293—321 页。

② 参议厅编核科编：《邮传部奏议类编》路政，第 24—27 页。

③ 铁道交通部交通史编纂委员会编：《交通史路政编》第 12 册，1935 年，第 3985 页。

④ 《中国时报》1902 年 11 月 10 日。

展开多方活动，并在其重贿当道——山西商务局员——情况下，利用劣迹素著的该局职员方某供其驱使①，继与福公司在李鸿章衙署由李亲自见证下于 1898 年 4 月 26 日会谈达成朋分山西境内路矿事业范围协议的次月，即 5 月 21 日（光绪二十四年四月初二），与该局签订《柳太铁路借款合同》，借款 2500 万法郎（约合库银 680 万两），待详细估勘毕，再定其实数。另规定，在此三十年借款未清期内，概不准他人于此路沿线左右一百里内"兴造铁轨路及各项机械运行之路"。路成通车后，盈余之利以一成归路局办公经费，二成归商务局，四成报效国家，三成拨归华俄道胜银行②，等等。胡聘之贸然同意，顿激起全省人民的公愤，纷纷上奏清政府揭露方某的丑行和胡聘之的失职，在坚决要求停借下使之事同中辍。

　　义和团事件平息，道胜银行代表璞科第先向外务部重提前事，继向新任山西巡抚岑春煊要求把前订合同比较卢汉合同作番修订。岑春煊为此奏陈清政府："晋省僻居西北，少水多山"，"运路艰阻，百倍东南"，为救晋省转运艰阻之苦，即所以立富强之基。他进一步认定，此一路又是"通西北边陲之轮轨也"。③ 岑春煊继而比较：卢汉本系官借商款，是谓官办；柳太则系商借商款，是谓商办，两者不同。认为道胜银行对合同之要求修改，意在把本为商债改为国债，这就不是寻常借款事例可比。要求饬下外务部、矿路大臣和督办卢汉铁路大臣盛宣怀参照原订柳太、卢汉两合同另行订立。朱批：外务部会同路矿大臣议奏。后者奉旨，正在核议间。璞科第又到外务部催订合同，清当局转以"晋路必办，时

---

　　① 宓汝成：《帝国主义与中国铁路（1847—1949）》，上海人民出版社 1980 年版，第 84—85 页。

　　② 王铁崖编：《中外旧约章汇编》第 1 册，生活·读书·新知三联书店 1957 年版，第 761—762 页。

　　③ 《山西巡抚岑春煊折》，光绪二十八年七月初三，王彦威编：《清季外交史料》卷一六〇，第 7—10 页。

异势殊”为词与璞科第达成原则协议：以卢汉合同为准，另订详细新约，最后由铁路总公司督办大臣盛宣怀与华俄道胜银行总办佛威郎于光绪二十八年九月十四日（俄历 1902 年 10 月 15 日）在上海订立《正太铁路借款详细合同》和《正太铁路行车详细合同》。

《正太铁路借款详细合同》规定：（1）借款 4000 万法郎（约合库平银 1240 万两），20 年期，1911 年后无论何时将借款全数还清，以本路产业作为头等担保；（2）付利还本之事，不论时局和战，均当照常办理，并不论执票者为友国或敌国之民均当一律照付；（3）如果中国铁路总公司未能按照本合同所定条款办事，华俄道胜银行得将所担保的物业，行施一切应有之事权；（4）运输所得实在余利，存入该银行；（5）签约双方倘有争执情事，由中国外务部大臣并驻京俄国使臣评断。

《正太铁路行车详细合同》大要：（1）每段路工完成由中国铁路总公司验收后即交由贷方选派之人经理行车事宜，所有行车应需车辆、各种设施、运营成本，统统由他代为布置，招雇人员；（2）中国铁路总公司有稽查出入款项之权，并委托监督、核算等诸人员，但须以合同规定的各洋员办理以上所云稽查之事权；（3）本借款如期还清后，则该银行或其经理人即当将全路车辆等点交中国铁路公司所派之监督，否则一日未清，便一日不点交；（4）该银行代办行车期间所得余利提十成之二以酬华俄道胜银行。[1]

盛宣怀在上述两合同订立后饰词称：与卢汉合同字句间有“削繁就简之处，虽转步而换形仍异条而同贯”[2]，实则使之与卢汉，还有汴洛形成独一类型。通过贷款建筑中国国家铁路，并将

① 王景春主编：《中国铁路借款合同全集》上册，1922 年，第 221—242 页。
② 《盛宣怀折》，光绪二十八年八月，王彦威编：《清季外交史料》卷一六四，第 3 页。

所造之路的营运大权掌握在自己手里。

俄国有极大的扩张野心而缺乏经济实力，借款的债票多半在巴黎金融市场发行。1904 年年底，俄国在与日本苦战中，道胜银行托词"银行办路，名实不称"，函告盛宣怀："奉总行指示，拟将正太铁路权利转让给法国巴黎银公司承办"，盛宣怀经与外务部会商，认为合同不动，似无所碍①，于次年春予以同意。俄国将此路所攫取的所有特权转让给法国，管理营运大权转为法国财团所掌握。

第二节　六路英国借款和津浦的英德联合贷款

一　津卢、关内外和沪宁三路借款

（一）津卢铁路的零星借款

甲午战争结束不久，清政府旨准此时尚未裁撤的督办军务处建议：从渤海西岸北洋重镇——天津展筑一线到卢沟桥，即津卢铁路；并荐举该处职司后勤（粮台）的顺天府尹胡燏棻督办此路工程，估算所需经费为银 240 万两，设想由户部和北洋衙门各筹银 100 万两，其余 40 万两则责成胡燏棻设法筹措，统俟股份招齐，次第归还。胡燏棻受命后以户部该拨之款迄未拨到，北洋各局款项均须随借随还；为免贻误工程，经与英国汇丰、麦加利两银行和俄国道胜银行商定，或单借或合借；呈报军务处首脑奕䜣、奕劻，并要求先行暂借洋款以济急。后者在上奏清政府时则表示

---

① 宓汝成：《帝国主义与中国铁路（1847—1949）》，上海人民出版社 1980 年版，第 148 页。

"应请毋庸置议"。① 而胡燏棻为应工程急需，与已有成议的英、俄等银行先后暂行挪借应用以资周转，确数不详，且以后订立的《关内外铁路借款合同》所扣还之数为准，向汇丰银行借的有1896 年 10 月 23 日行平银 40 万两、1897 年 6 月 8 日库平银又铁路股票两笔共库平银 17 万两和 1897 年 12 月 3 日库平银 20 万两。向华俄道胜银行借了两笔，即 1898 年起每月应还 1 万两的行平银 40 万两和 1900 年 1 月应摊还行平银 20 万两。向德华银行借的则有 1899 年春应还的 9 万英镑（约合库平银 70 万两）以及不明年月欠怡和洋行银 24 万两。② 所有这些借款，属于临时周转，其与甲午战争前曾经应建筑铁路需用而举借的外债性质没有什么区别，也是铁路借款之未附有额外条件的寻常商事借贷的尾声。

（二）关内外铁路借款

1896 年，俄国迫使清政府让予在东北地方筑路特权。英国认为，就东三省全局论，行将落入俄人掌握，深致妒忌。胡燏棻督办津卢工程，聘请从我国创设铁路时起即任职于路事的英人金达为工程师，后者按照英国驻华公使指示，于 1897 年津卢段将完工时怂恿胡燏棻恢复修建中日战争时停工的关外铁路。汇丰银行同时活动，向胡燏棻表示愿意提供建筑关外段的贷款。③ 清政府企图借英国势力牵制俄国，决定从已修至关外中后所位于今绥中县境的铁路按原定线路往北展筑。俄国驻华公使巴布罗福向总理衙门抗议，认为此工"为俄国之要，候选之时必不能置俄人于度外，应先与俄国相商"，并要求免去金达职务，改用俄籍工程师和借用

---

① 《胡燏棻折》，光绪二十一年十二月二十日、二十二年正月二十四日，《军机处录付奏折》，中国第一历史档案馆藏。

② 《关内外铁路合同》附件《应归还外国银行借款清单》，王景春主编：《中国铁路借款合同全集》上册，1922 年，第 134 页。清单所列第一项"1894 年 11 月……津榆路"一笔，成立于修建津卢前。

③ 宓汝成：《帝国主义与中国铁路（1847—1949）》，上海人民出版社 1980 年版，第 75—76 页。

俄国款项。① 英国公使为此在总理衙门声称："除非认为山海关向北延展的铁路是一条俄国的铁路，否则，俄国便没有理由反对中国政府雇佣它所愿意的任何一个国籍的工程师。"② 接着，英、俄双方在俄国圣彼得堡展开擅自划分在华建筑铁路地区范围的谈判。在此期间，英国外交大臣沙士伯利约晤中国公使说："俄国没有任何权利抗议汇丰银行为建筑此路提供贷款"，并坚决建议中国将俄国政府的抗议置之不理。③ 汇丰银行则接受英国官方的劝告：不要因为顾惜小费，或要求过多，以致影响这笔对华贷款的成立。英、俄两国达成以长城为界的利益范围的妥协，中英借款问题迅即解决。

光绪二十四年四月十九日（1898 年 6 月 7 日），胡燏棻与代表中英有限公司的汇丰银行经理熙礼尔签订草约，同年八月二十五日（10 月 10 日）正式订立《关内外铁路合同》。其中，规定借额 230 万英镑（约合库平银 1621 万两），期限为 45 年，供作建筑从中后所至新民厅铁路及营口、南票两支线并归还津榆、津卢各路对外国各银行的旧欠款项等用。款项如有不敷，应向公司筹借。借款以各路的产业及营运收入作为担保。此借款本息再由中国国家作保，并由总理衙门照会英国驻使允认此合同内所指各铁路永远为中国产业，无论何国不得借端侵占（第五条）。在借款期内，总工程师应用英人，倘有时须新派一总工程师，应与公司商明，方可派委；铁路办事首领人员，均用干练之欧洲人充当。倘有华人实能通晓事宜并车务处等事，亦应参用。添派铁路洋账房一员，布置督理铁路各账务（第六条）。各路所有进款，应存天津汇丰银行。户部遵旨拨给铁路经费十年和每年由山西、陕西、河南、安

---

① 《总署行顺天府尹胡燏棻文》，光绪二十三年七月二十六日，清总理衙门档案。

② 《窦讷乐致沙士伯利函》，1897 年 10 月 17 日，《蓝皮书·中国》第 1 号，英国，1898 年，第 4—5 页。

③ 《沙士伯里致窦讷乐电》，1898 年 8 月 8 日，《蓝皮书·中国》第 2 号，英国，1899 年，第 5 页。

徽等省各解 5 万两之款亦照此办理。铁路所有经理、养路应用各费，都从路局进款下开支；若有余剩，备归还此借款用（第八条）。如公司遇有不得已之事，可由公司将所有权利及办事之责移交，或请他英国公司总办或经手，只需与督办大臣商明，以期仍能联络一气（第十九条）。①

英国凭此借款合同，将关内、关外两段连成关内外铁路一线，不单控制经营借英款所修建的关外段，而且兼并了原来基本上拨支官款并有一些商股所修建的津卢等的整段关内铁路。英国虽与俄国达成以长城为界的利益范围，转以掌握此路向东北地区仍楔入了自己的势力。

（三）沪宁铁路借款

早在 1895 年，署两江总督张之洞奏准建筑沪宁铁路，从淞沪段开始。1898 年此段将完工时，英国在索取津镇等五路承办特权之余向清政府施加压力，迫借英款。

英国鉴于此路"通过中国一个最富庶、人口最多的区域"，"对开拓该地很有裨益""铁路能赢利也会极大地刺激其他类似企业，以利于英国的对华贸易"②，支持汇丰银行与怡和洋行承揽贷款。清政府在英国的外交压力下，饬盛宣怀与英商怡和洋行磋商，于 1898 年 5 月（光绪三十四年三月下旬）签订《沪宁铁路借款草合同》，规定借额不得超过 300 万英镑，供修建此路用，期限为 50 年。铁路用地，则由铁路总公司筹款购买；设一管理处，盛宣怀为督办，派员与英籍总工程师及书记酌办；等等。此时的怡和洋行所担当的角色，据德国官员探悉，"只是该（汇丰）银行推出来的一个傀儡而已"。不过，草约订立不久，英国即倾注全力在南非进行殖民战争——英布战争，一时无后续行动。

---

① 王景春主编：《中国铁路借款合同全集》上册，1922 年，第 125—140 页。

② 《汇丰银行英国外交部函》，1898 年 4 月 4 日，《蓝皮书·中国》第 1 号，英国，1899 年，第 4 页。

英布战争结束，英国政府于 1902 年秋派曾任上海总领事的璧利南到上海，与时为商约大臣盛宣怀续议沪宁铁路借款详细合同。双方屡议屡辍，易稿六七次，然后由总理衙门奏准，于光绪二十九年闰五月十五日（1903 年 7 月 9 日）由盛宣怀与英国银公司的代理——汇丰、怡和两行代表订立《沪宁铁路借款合同》。其内容大要是：（1）借款 325 万英镑（日后发行债票两次，实计 290 万英镑，约合库平银 2235 万两），九扣，年息 5%，期限为 50 年；（2）如中国国家有款拨给或中国绅富集资有成，借款总数便应照减；（3）如在未满 25 年而提前归还，须加值 2.5%，即每百镑须多还 2.5 镑，汇丰银行经理还本付息业务收 2.5%的行佣；（4）此项借款中拨还淞沪铁路工价后即将该段及待造的沪宁全路作为借款抵押，营运余利贷方得 1/5；（5）上海设立一总管理处，由华、英人员各二，加上英籍工程师一人，共五人组成。工程期间及工程通车后，统归它来管理。在干线及支路经过界内，他人不得建造争夺生意的铁路，也不准筑造与本路同向并行的铁路。原筑成的淞沪段，作价上海规银 100 万两，并入本路。[①] 这些规定在与原定的造路借款宗旨——照引张之洞的原话"路可造，被迫而权属他人者不可造；款可借，被迫而贻害大局者不可借"[②] 正相违背！

二　道清等三路由承办而蜕化为借款

英国于 1898 年 8 月，向清政府强求承办津镇等五路获逞后一两年内，分别就各路进一步签订如何承办的草约，其中除了浦信一路往后一直没有达成正式合约外，津镇铁路由英、德联合提

① 《沪宁铁路借款合同》，1903 年 7 月 9 日；《沪宁铁路总管理处续订办事新章》，1908 年 4 月 13 日，王景春主编：《中国铁路借款合同全集》上册，1922 年，第 24—270 页。交通部财务司编：《交通部债务汇编》第 1 册《铁路外债》，十二"京沪铁路借款"，1933 年。

② 《张之洞致军机处电》，光绪二十四年正月初五，王彦威编：《清季外交史料》卷一二九，第 4—5 页。

供贷款，其余三路道清、广九和沪杭甬借款合同的签订经过，叙述如下。

（一）道清铁路借款的形成

英国承办的五路中原无道清名目，此路实由浑言"由河南、山西两省至长江一条（此路乃使福公司矿产按照合同得一通河口捷径）"[1] 而来。英资为主，参入有意大利资本的英国福公司早于此前，先后与山西、河南两省当局订立采掘各该省的平定等五府和怀庆左右黄河以北各矿合同的同时，准其从河南、山西两省至长江建一条铁路以便于矿产外运。英国政府则从侵华政略考虑，谋图使之成为足以与卢汉铁路抗衡的另一条铁路干线。福公司，一方面，着手在上述两省开采矿产，英国公使萨道义即照会外务部要求准予从山西矿山所在的泽州（今晋城）修一条铁路到襄阳（旋改定为郾城）至长江岸边的江苏浦口。另一方面，福公司在当地活动，向河南地方当局要求并获准筹款自造从卫河码头的道口（今滑县）到宁郭驿（清化镇，今博爱）的铁路[2]，但建至距清化还有 19 公里时，股本已经用完，支撑不住[3]，谋把这个包袱扔给中国而要求中国出价收购这条铁路。

清政府在英国公使的压力下，责成盛宣怀与福公司总董兼总代理人哲美森磋商，于光绪三十一年六月初一（1905 年 7 月 3 日）订立《河南道清铁路借款合同》；同日，另签订《道清铁路行车合同》一件。综合此两合同的大要：（1）将该路归中国办理，给予福公司建造铁路连车辆所估之价以及宽筹款项作为办理

---

① 王景春主编：《中国铁路借款合同全集》上册，1922 年，第 323 页。宓汝成：《帝国主义与中国铁路（1847—1949）》，上海人民出版社 1980 年版，第 136—137 页。

② 《河南道口至宁郭驿议建运矿支路章程》，铁道交通部交通史编纂委员会编：《交通史路政编》第 13 册，1935 年，第 4776—4779 页。

③ 《盛宣怀与哲美森会议问答记录》，光绪三十年六月二十四日，宓汝成编：《中国近代铁路史资料（1863—1911）》，中华书局 1963 年版，第 907 页。

行车各事经费转成借款 70 万英镑（约合库平银 433.3 万两）；（2）由中国出价让归中国的道清铁路由福公司委派一行车总管代中国铁路总公司调度经理，行车生利；（3）转让与中国的该路行车所得余利，准福公司兑换金钱，以足敷下半年应付之款为度，余额除部分留给中国外，提存伦敦福公司总行。[①] 这样，清政府徒有对这条铁路所有权的虚名，经营实权依旧操在福公司手里。

盛宣怀、哲美森在磋商道清合同已将就绪但未订立前，为将已成线接修到清化以换函方式商定，如交路之后行车进款不敷按期拨还本息可向福公司续借，以不逾 10 万英镑为限。不拘何时需用，只要于一月之前通知，即可借给。[②] 1906 年为完成上述未成线路以及支付借给利息和购买行车材料向福公司续借 10 万英镑（约合库平银 61.9 万两），还本付息等办法与原借款并案办理。借款的原续两笔共计 80 万英镑。[③]

（二）广九铁路借款

英国在强迫清政府把长江流域作为自己的势力范围前，已在策划从九龙北上开辟一条直达这个范围中心的捷径。而后把广州至九龙间铁路列入它承办的五路之中，继在与清政府签订的借款草约中规定：彼此允准嗣后议订妥善互有利益的行车章程，待粤汉铁路造成后互相连接[④]，透露出英国还渴望有朝一日建成广九即粤汉连成一线。

1904 年前后，湖南、湖北、广东三省人士对与粤汉线有关的美国合兴公司展开废约斗争时，英国提防广九铁路草约或也受到

---

①　王景春主编：《中国铁路借款合同全集》上册，1922 年，第 323—333 页。

②　《哲美森与盛宣怀来往函》，1905 年 6 月 29 日，王景春主编：《中国铁路借款合同全集》上册，1922 年，第 343、345 页。

③　交通部财务司编：《交通部债务汇编》第 1 册《铁路外债》，二十九"道清铁路借款"，1933 年。

④　铁道交通部交通史编纂委员会编：《交通史路政编》第 12 册，1935 年，第 4571—4572 页。

冲击，萨道义继沪宁铁路借款合同一订立，即紧催清政府借英资、用英人，建造广州、九龙间铁路，并提出成路后由英国执管。[①] 清政府不顾广东地方人士反对借款建筑此线的民情，屈服于英国的压力，如其所求概仿沪宁铁路办法于光绪三十二年正月二十三日（1907年3月7）由外务部与中英公司订立《广九铁路借款合同》，规定借款150万英镑（约合库平银938.7万两），先建单轨，准备双轨基础以为将来扩建预为地步，用英总工程师及管理账务者各一人。借款期内，每年给予贷方津贴1000英镑；造路期内，一次给予酬金3.5万镑，等等。另有两款：（1）公司应得权利，可移交后任或代理人，唯不得让给他国或他国之人。中国国家将来不另建一路，以夺本路利益；（2）此路造至九龙边界，将来接轨九龙本埠，由两广总督与香港总督订立合同办理。英国以有这些规定，即可凭借强权，日后漫无边际地引申，谋以挟持广东全省路政，以便其势力从香港长驱北上，深入长江流域中心——汉口！

（三）沪杭甬铁路借款

英国承办五路中列有由苏州至杭州或展至宁波府一路，其中苏州至上海段既划入沪宁路中，乃改从上海起经杭州到宁波的沪杭甬铁路。英国在获得承办此路特权后一月，盛宣怀与代表英国中英公司的怡和洋行于1898年10月签订《苏杭甬铁路借款草合同》，规定怡和洋行当从速代银公司派工程师测勘此路。此后，却被怡和洋行长期搁置一边。

1905年，苏、浙两省绅商尽力筹办该路的各自境内段，即苏路、浙路，成效日著。此时，萨道义既照会外务部，怡和洋行又函致盛宣怀，要求按沪宁铁路借款章程商定沪杭甬铁路正约。英国驻杭州领事则向浙江巡抚张曾敭要求准英人勘路。张曾敭拒以浙人已立公司自办，指出草约明言从速，今隔多年万难承认，请

---

① 宓汝成：《帝国主义与中国铁路（1847—1949）》，上海人民出版社1980年版，第138页。

勿庸前来。并严正警告：若必以强迫浙人为事，难保民间从而生衅。[1] 萨道义据此照会外务部：对此等恫吓之言，岂能甘心听受。要求禁止两省自修铁路，并即与中英公司商定该路的借款正约。[2]

两省人民闻讯深感愤慨，连电外务部以草合同中有从速办理而一拖七八年，严正要求拒绝承认当年草合同而废约自办。萨道义公然指斥清政府："若听任各省绅民皆照浙绅……之莠言而行，中外无法相安"，并干预内政，"责令清政府不能袖手旁观"。[3] 萨道义旋被伦敦调回，使馆代办照会外务部，仍要求派员与中英公司代表濮兰德在北京和衷商议沪杭甬路正合同。[4] 浙绅代表孙宝琦呈文外务部："浙商……自办铁路系奉旨允准"；请"俯顺舆情，严拒英商之请，勿与开议……大局幸甚！"张曾敭则电致该部："浙人咸知遵旨自办，倘有更张，全浙民心动摇，关系甚巨！"[5]

英国旋即改派朱尔典为驻华公使。他一上任即数度与外务部官员晤谈，又屡致照会节略，软硬兼施，一则说："与贵国交涉事件不啻数十起，总未办结一件，我颇为难"；再则道："看贵部情形，大有不愿同我们英国要好之意"。外务部官员忙作解释："本部办理交涉事件，都是尽力向前做去，决无与各国为难之心。与

---

① 王景春主编：《中国铁路借款合同全集》上册，1922年，第371—392页。
② 邮传部编：《苏杭甬铁路档》第3卷，第8—11、14、20、22—24页；第4卷，第4—5页。宓汝成编：《中国近代铁路史资料（1863—1911）》，中华书局1963年版，第836—854页。
③ 邮传部编：《苏杭甬铁路档》第3卷，第8—11、14、20、22—24页；第4卷，第4—5页。宓汝成编：《中国近代铁路史资料（1863—1911）》，中华书局1963年版，第836—854页。
④ 邮传部编：《苏杭甬铁路档》第3卷，第8—11、14、20、22—24页；第4卷，第4—5页。宓汝成编：《中国近代铁路史资料（1863—1911）》，中华书局1963年版，第836—854页。
⑤ 邮传部编：《苏杭甬铁路档》第3卷，第8—11、14、20、22—24页；第4卷，第4—5页。宓汝成编：《中国近代铁路史资料（1863—1911）》，中华书局1963年版，第836—854页。

英国交情最久，尤为要好，更愿事事和平了结。"① 中、英间为沪杭甬路事历经三年交涉，最后清政府不顾舆情，悍然于光绪三十四年二月初四（1908 年 3 月 6 日）准由外务部右参议高而谦、右丞胡惟德和邮传部铁路局局长梁士诒与中英公司代表濮兰德订立《沪杭甬铁路借款合同》，规定借款额 150 万英镑（约合库平银938.7 万两），专供建造沪杭甬铁路用。借款本利，由中国国家承认全还。②

此举遭到浙、苏两省人民的强烈谴责，清政府却替英方辩解："勾销前案"，"何能强人必从"？又妄自吹嘘：合同把借款、筑路分为两事，路权仍自我操。并威吓说，要"谨守约章"，"讲信修睦"，"以免自启纷扰"，等等。另连发电旨给两江总督、浙苏两省巡抚压制人民，不得强行争执，还从北方调兵遣将南下，分驻于皖南、浙西一带，声称："现在人心不靖，乱党滋多。近因苏杭甬路一事，各处绅民纷争不已，难保无……借争路之名，实则阴怀叵测！"③ 谕令认真防范，准备作孤注一掷，武力镇压。

清政府甘愿接受英国的强迫借款，旨准订立沪杭甬铁路借款合同。浙江人士组织"公民拒款会"，通告各府县士民"木腐虫生，以借为夺，是可忍孰不可忍"！呼吁全省同心同德速集内款。江苏爱国士绅庄严声明：外务部"冒天下之大不韪，置舆论于不顾；勒江浙两省借 150 万英镑之洋款"；"政府甘弃我江浙，我江浙人民拒绝接受此项洋款"。清政府凭借权力在握，由其邮传、外务两部弄出一个款归部借、路归商办的办法，允许两省可向部承领部存之款，而在两省绅民坚决抵制下，终使清政府为修建铁路

---

① 邮传部编：《苏杭甬铁路档》第 3 卷，第 8—11、14、20、22—24 页；第 4 卷，第 4—5 页。宓汝成编：《中国近代铁路史资料（1863—1911）》，中华书局 1963 年版，第 836—854 页。

② 王景春主编：《中国铁路借款合同全集》上册，1922 年，第 461—473 页。

③ 《上谕》，光绪三十三年九月十四日、十月初十，《清实录》，德宗朝，卷五七九、卷五八一。

而举借的这笔款项直到它灭亡之年一直未用于路事而呆存在邮传部里，构成我国铁路外债史上仅有的事例。

三　英国、德国妥协下津浦路的英德借款

原让予英国承办北起天津、南至镇江的津镇，其南端后改定浦口并改名津浦。早在19世纪80年代已有人设想修建津镇，容闳当甲午战争结束即建议总理衙门借力于美兴修[1]，都未获考虑。德国在英国要求承办此路前后照会总理衙门：无论何人不能在山东另造铁路。英国要求承办五路时注意到前事及此线须通过被德国认为是自己势力范围的山东，曾特附一句"此路如德、美等公司愿行会办，亦可"。[2]

英国要求承办津镇得逞，德、英两国公使海靖、窦讷乐于1898年9月10日分别照会总署：津镇一线最好的安排是由英、德两国辛迪加共同建筑。总署以势难阻止，保证当与英、德两国银行订立合同。第二年5月，许景澄代表总署与中英公司和德华银行订立《津镇铁路借款草合同》，规定所有造路及行车一切事宜，悉照卢汉路办法。[3]

1902年8月19日，德国驻华代理公使葛尔士照会总署，要求按照草合同迅速开议改订正合同以便立即开工。[4] 第二年5月，英国代理公使焘理讷继起要求速行商妥津镇正合同。清政府命直隶总督袁世凯为督办大臣，后者派唐绍仪、梁如浩为代表会同德华银行、中英公司所派代表改订正约。谈判中，以后者要挟多、颇与原议不符，特别是德国公使以草约24款有"发展支路"一语借

---

[1]　容闳：《铁路条陈》，《皇朝经济文新编》卷一，铁路，第8—9页。

[2]　《窦讷乐致总署函》，光绪二十四年七月初四，邮传部编：《苏杭甬铁路档》第1卷，第4页。

[3]　《奕劻奏折》，光绪二十八年七月二十六日，中国社会科学院经济研究所抄档：《路电邮航类》第8册。

[4]　《申报》光绪二十九年五月十一日。

机提出添造由德州至正定及由兖州至开封两条支路，要求写入正式合同，使这次谈判时断时续，一时未有结果。

清政府在与英、德两国财团资本组织商议津浦正约期间，该路所经的直隶、山东、江苏三省官学各界，受粤汉铁路建筑权益从美国合兴公司赎回的鼓舞，展开了对津镇收回自办的行动。他们严正指出：列强在华所允借银款代造铁路者，非效忠于中国，将借以握全路之权，而举其商务、财政、兵力悉灌注于期间也。设此路落入英、德之手，直隶、江苏、山东必将成为英、德势力范围。"平时则妨我主权，事事牵制；有事则南北隔绝，声势不通，中原全局关系甚巨。"[1] 直隶、山东、江苏三省留日学生指陈："外人假铁路以实行殖民政策"，并引证"英之驭印度，法之驭越南，俄之图满洲，英之图西藏"，都莫不以铁路为之前驱，为之引线。郑重指出：津镇路不仅关系直隶、山东、江苏三省存亡，甚至"全国安危，实在于此"。[2] 直隶、山东、江苏三省京官四次分别具呈商部、邮传部、都察院，历陈津浦若借外债修建，其患更有甚于粤汉者，实属"祸巨害深"，要求咨商北洋大臣袁世凯，声明该路由中国自办，无须别借外款，声明从前草约作废。[3]

商部、外务部以及督办津镇铁路大臣袁世凯既慑于英、德两帝国主义的威势，又忌惮民意昂扬而互相推诿，统统不敢担当废约职责。1907 年春，清政府谕着袁世凯、张之洞协商办理。

张之洞认为，此时所患"不在津镇合同之不能废"，而恐废除前约，德国一时必将径行独修山东境内之路，悍然不顾，硬自兴

---

① 《直苏两省京官呈商部文》，《申报》光绪三十一年十月二十二日，参见宓汝成编《中国近代铁路史资料（1863—1911）》，中华书局 1963 年版，第 793—794 页。

② 《直鲁苏留日学生敬告三省父老书》，《东方杂志》1906 年第 3 期，交通，第 49—52 页，参见宓汝成编《中国近代铁路史资料（1863—1911）》，中华书局 1963 年版，第 794—795 页。

③ 《直、鲁、苏三省京官恽毓鼎等一百五十三人呈》，光绪三十三年二月，中国社会科学院经济研究所抄档，参见宓汝成编《中国近代铁路史资料（1863—1911）》，中华书局 1963 年版，第 795—796 页。

工。两相比较，轻重悬殊。他提出，所谓"让利争权"四字方针，续与德、英两国详议正合同。袁世凯闻之，致电张之洞："一语破的，钦佩莫名！"并拟请张之洞领衔请旨饬下都察院会同度支、邮传两部先对直隶、山东、江苏三省确实考核有无把握筹集巨款，否则尽心力办亦属空谈。张之洞不以为然，复电"此节似可稍缓"，因"此时三省官绅其气甚盛，恐不能折服之也"。袁世凯会意，转本上述方针，具体化成造路、借款分成两事，并违背民意，滥权声称："凯承议此约已历数年，无柄可持；突言废约从何启齿？"又说，"外交首重大信"，"轻发废约此议，徒失国信"，贻人口实，而继续与英、德方面续议。[①] 光绪三十三年十二月初十（1908 年 1 月 13 日），终由署外务部左侍郎梁敦彦与德华银行（上海）、华中铁路有限公司（伦敦）代表濮兰德和柯达士在北京签订《天津浦口铁路借款合同》。[②] 这笔借款额定 500 万英镑（约合库平银 3813.3 万两），其中，德方贷款额占 63%，英方贷款额占 37%，分别供建筑此路从天津南下经山东济南至该省南界峄县的北段和从峄县直下江苏南京对岸浦口的南段用，以直隶、山东、江苏三省厘税作为担保。此路建造工程以及管理一切之权全归中国国家办理，中国国家选用公司认可之德、英工程师各一人，此两工程师须听命于总办或其代办。日后事实表明，这些只是具文，真实情况是中国总办或其代办为所挟制，大权全为贷方银行或公司认可的工程师所把持、控制。

合同详细规定：（1）借款进项无论在中国或在英国、德国，都交给德华、汇丰两银行收存于津浦铁路账户，按照路工所需随时提用；（2）借款数目若不敷用，向两银行续借洋款；（3）将来

---

① 《袁世凯致张之洞电》，光绪三十三年四月初四；《张之洞致袁世凯等电》，光绪三十三年四月三十日，《张文襄公全集》卷一九八，1928 年，第 15—17 页；卷一九九，1928 年，第 1—2 页。

② 王景春主编：《中国铁路借款合同全集》上册，1922 年，第 397—411 页。

或以为必需建造支路如需用外国资本，先尽德华、汇丰两银行商办；（4）铁路所需物料优先购买英、德两国产品；（5）从头次发售此借款债票项内提留 20 万英镑作为免提营运后余利的替代；（6）贷方可将本合同应用之权利及责任全行或分别交给其他德国或其他英国公司接办，或再交代理人代办，只要商请督办大臣核准即可。这最后一语是应有之文，问题在于结合当年实际，当这些银行或公司凭借其本国强权威势要索商请，岂能被拒绝！

路工一开始，旋即认定款不敷用，估算按银计实差 3260 余万两，折合约 410 万英镑，加上借款例有折扣，需借 480 万英镑。据原订借款合同规定，在德华银行、华中铁路有限公司承揽下，即由津浦铁路新任督办大臣徐世昌和帮办大臣沈云沛奉旨代中国国家于宣统二年八月二十五日（1910 年 9 月 28 日）以正式合同为模式与贷方柯达士、梅尔思订定该路《续借款合同》①，款 480万英镑，于同年发行第一批债票，计 300 万英镑（约合库平银3265.9 万两），其中，德华银行发行 189 万英镑，华中铁路有限公司发行 111 万英镑。第二批债票准备发行，武昌起义爆发，未成事实，此后也未再发行。续借款实际债额为 300 万英镑。②

第三节　粤汉铁路美国合兴公司借款的成立、注销和"去美来英"的结局

清政府当初决定：卢汉造竣即从汉口展筑至广州即粤汉，进而使两路连接，构成中国直贯南北的一大干线。湖南、湖北、广

---

① 王景春主编：《中国铁路借款合同全集》上册，1922 年，第 417—432 页。

② 交通部财务司编：《交通部债务汇编》第 1 册《铁路外债》，"津浦铁路续借款"，1933 年。

东三省绅商警惕于强邻日逼，时事日非，于 1897 年向地方当局要求由该三省集股开办。湖广总督张之洞认为，"权可分，利可共，章程不可不贯通，纲领不可不划一"，并认定国内集资潜力有限，主张集股、借债并举。责成中国铁路总公司负责办理，奏上清政府获准。① 盛宣怀接手后，审察形势，由王文韶、张之洞和他联名密奏：设若将来俄在东北的铁路南引，英路北趋，虽有卢汉一路，间隔于中，无能展布，一旦卢汉、粤汉若为英俄之路所并，犹似咽喉外塞，腹心内溃，岂非不能自强，恐从此中华不能自主！张之洞认为，英欲占两路久矣，以英之强，随时借端生事，徐图干预，谁能遏之！此路与英无干，则此祸可绝。今东三省之路已归俄，人人叹恨以为无穷之患，若今英人得从香港接路则全局不可问矣。他自称对借款无论借何国皆一视同仁，只在力争粤汉路不可用英国，借自比、美甚至法、德之款均差胜一筹。最后，盛宣怀奏陈清政府，筹借美款以修筑粤汉，朱批"知道"定案。②

一　粤汉的美国合兴公司借款

1898 年年初，盛宣怀电致驻美公使伍廷芳，介绍了国内考虑粤汉举借美债缘由，着重申述"南北干路各国虎视"，"国事日艰，速定为妙，尤为我有"，否则仍不免为"英、法所攘"，重托在美物色合适对象，作番借款试探。③

美国的华美合兴公司参与卢汉贷款竞争即遭失败，伍廷芳与之商洽贷款粤汉，立即同意并迅即达成协议。4 月 14 日，伍廷芳

---

① 《湘鄂粤三省绅商请开铁路禀》，光绪二十三年，于宝轩辑：《皇朝蓄艾文编》卷三六，邮运二，第 27—28 页。

② 《张之洞致陈宝箴电》，光绪二十三年十一月十五日，《张文襄公全集》卷一五四，1928 年，第 7—8 页。

③ 《张之洞致王文韶电》，光绪二十三年三月十七日，《张文襄公全集》电牍三二，1928 年，第 1—3 页。《王文韶、张之洞、盛宣怀会奏折》，光绪二十三年十二月二十五日；《密筹借款》，光绪二十三年十二月，盛宣怀：《愚斋存稿》卷二，第 3—5、9—10 页。

代表盛宣怀与该公司代表巴士在华盛顿草签《粤汉铁路借款合同》，规定借额 400 万英镑，期限为 50 年，铁路由合兴公司代建代管理，如无意外，三年竣工。铁路造成归美公司管路，事权同税务司。公司得分取 1/5 的利润，等等。① 又：附件：（1）如果卢汉铁路借款合同作废，该路应归合兴公司建造；（2）准许公司在粤汉沿线附近开采煤矿。②

盛宣怀审视后认为，若与上年美商华士宾为竞争卢汉借款所提出的底本比较，虽所给权利较多，但与他路借款比较则属尚少，认为在事机日逼中若一迟疑，稍纵即逝。他致电张之洞、王文韶两人，"欲防后患，非美莫属"。建议与两广总督联电伍廷芳，俟美公司派人到华再与总公司详定正约。③

合兴公司旋派总理工程师柏生士来华勘测线路，认为原定借款不敷筑办，同时，另派律师坎理来华与盛宣怀磋商借约。其时义和团事起，京沪间电文不通。伍廷芳来电以外侮日亟，万一悔约另议，将来要挟更多。并恐英、法起而相争，更多麻烦。盛宣怀以伍廷芳议押在先，应归一手校正。经与时在北京与各国议和的李鸿章、湖广总督张之洞往返电商，然后电请伍廷芳就近再在华盛顿与合兴公司议订正约，以免别生枝节。④

伍廷芳经与合兴公司续议，于 1900 年 7 月 13 日与之签订《粤汉铁路借款续约》，把借款额增至 4000 万美元（与英镑原额比较，几乎增加了一倍），工期则由三年展长为五年，以不遭遇非美国公司力量所可挽回者事件为前提（第十八款）；铁路预备开筑时

---

① 铁道交通部交通史编纂委员会编：《交通史路政编》第 14 册，1935 年，第 2—5 页。

② 王铁崖编：《中外旧约章汇编》上册，生活·读书·新知三联书店 1957 年版，第 749 页。

③ 《盛、张、王联署电奏》，光绪二十四年三月初七，盛宣怀：《愚斋存稿》卷二十一，电奏一，第 10—11 页。

④ 《盛宣怀、张之洞、陶模（两广总督）会奏折》，光绪二十八年五月，盛宣怀：《愚斋存稿》奏疏七，第 17—20 页。

仿照海关章程，设立管理造路、行车机构——总办管理处，由督办大臣选派中国总办两人、美国公司选派两人并总工程师组成（第六款）。将来凡有与中国国家有益、于铁路相关，且于保养铁路和铁路营业有利，除平常铁路机器厂、修路厂外，其余如火轮、渡船、栈房及别项机器厂等，准由美国公司与督办大臣随时商酌，设法请办（第十一款）。所有筑造修理及合办事业所需各材料，或由外洋进口，或别省运到工地，统统准免关税、厘金；铁路营运收入也概予豁免捐税（第十四款）。此续约与原约准美国公司之接办人或代办人一律享受，但美国人不能将此合同转与他国及他国之人；又：除督办与美国公司互缮凭据允准外，粤汉干线及支路经过界内，不准筑造争夺生意之铁路，并不准筑造与之同向并行之路，致损利益（第十八款）。所有与此借款有关事宜，原约已载，而此项续约未详及者，均遵照原约办理。[1] 美方有关人士对此项借款合同，当时做了如此评价：涉及 900 英里长的铁路、附带沿路矿山开采及其他种种权益所博得的经济价值或政治意义，绝不亚于中国对其他各国做出的让予。[2]

二　合兴公司违约和由废约而赎约的改变

粤汉借款续约签订后，合兴公司并不按约定即派人来华准备筑路工程；到 1901 年年底，它看中广州至三水地区物产富饶，商业繁盛，程途短、投入少、盈利快，遂有违背清政府抓紧修建粤汉原旨而修建这条长只 32 公里的支路。1903 年 10 月支路完成，却把干线搁在一边。合兴公司于筹措资金方面也遇到困难，原投资者在我国义和团运动展开时心怀退缩，公司设想添凑资本，应者不甚踊跃。公司经理亲往欧洲暗中招股，比利时银公司于此前

---

① 王铁崖编：《中外旧约章汇编》第 1 册，生活·读书·新知三联书店 1957 年版，第 654—665 页。

② ［美］柏生士：《一个美国工程师在中国》（英文），第 45 页。

在法国资本巨头的怂恿下曾阻挠粤汉美债的成立，这时便乘机大量收购合兴公司的股票，持有 2/3 之量。盛宣怀获悉后，连电伍廷芳，请他阻止无效，遂要求他诘责合兴公司违背《续约》第十七款，将合同作废[1]，仍托伍廷芳另觅殷实美商洽商。

合兴公司股票已被比利时投资者收购了 2/3，保留在美人手里的股票只有 1/3（2000 股），其中的 2/3 为美国资本巨头摩根所持有，因而旋即充任该公司的董事。比、美双方争夺建筑粤汉权利从 1904 年年初起急趋激烈。比利时银公司调任原在纽约的代理人惠锡尔为合兴公司的总经理，改派比利时人经士福、满德分别为合兴公司的上海办事处代理人和粤汉铁路总工程师来华行动。事实则是，建筑营运粤汉权益显违原合同规定，而由美国让与他国及他国之人了。

还在 1903 年，湖南士绅风闻合兴公司已将粤汉合同转售了他国——比利时，后者收购的公司所私售之股实际又多成为法籍的，认为严重违约引为不安；又目睹比人到各县勘路，经地方查诘，却不肯承认，以此愈疑。而借款合同中规定五年完工的工程到期时未动尺寸，是故违合同的又一证明。湘中士绅防贻后患，联络湖北与有同志者向地方当局——湖广总督、湘鄂两省巡抚并铁路督办盛宣怀诉愿：现闻美公司将此路分作南北段，以北段售与比国承办，比用法款权即属法，卢汉即已如此，若此路再归比、法，法助俄，合力侵占路权，其害不可思议，要求废约自办。[2] 盛宣怀消极应付，张之洞则以"众情不愿岂能强抑"，领衔与湘鄂两省巡抚并与铁路督办联电外务部，鼎力主持废约，并责成盛宣怀同日致电新任驻美公使梁诚与合兴公司交涉，以股票私售比利时，有

---

① 《盛宣怀致伍廷芳电》，光绪二十六年十一月十五日、二十三日、二十八日等，盛宣怀：《愚斋存稿》卷四六，第 35 页；卷四九，第 18 页；卷五七，第 1 页。

② 《湘绅龙湛霖等致盛宣怀电》，光绪三十年三月二十八日，盛宣怀：《愚斋存稿》卷五四，第 14 页。《湖北士绅呈张之洞文》，光绪三十年，《北京报》1904 年 12 月。

悖合同规定，托他总以争至废约为止。[①]

梁诚受托照会美国国务院，获得的回音，最初是本国政府不允许中国政府对确系美国人的公司采取有损美国在华利益的废约行动，再则辩称：合兴公司已将前经售出的股票收回，要求中国政府惠待美国公司。梁诚出于策略考虑，为"于美国体面毫无损伤"，"改废约为赎约"[②]，美国国务院对此案才任其自然。

三　"公道偿费"和"去美来英"

梁诚在与合兴公司展开由废约改为赎约的交涉中，后者最先漫天要价，提出偿金 1810 万美元，后减至 700 万美元。所有已售出的债票 222.22 万美元（约合库平银 300 万两）须我国以现金收赎，另索酬金 25 万美元和股票余利 40 万美元。梁诚以违约之咎在彼，拒绝这些要求，但允许给予偿金若干，按实际支出来计算，以不超过出售股票所得而用在筑路上者为度。经几度磋商，合兴公司最后另开账单，索偿 675 万美元，这个款量浮索额相当于实支数的 3 倍。又经多次谈判，直到 1905 年 6 月双方达成协议，做成草约。同年 8 月 29 日，梁诚与合兴公司代表据称曾任陆军部长的路提和前法官英格澜签订正约。此约中说明缘由：因中国政府将建筑粤汉铁路的特权及合同注销作废，情愿给以公道偿费 675 万美元。中国政府可将合兴公司在中国所有产业、已成铁路、铁路材料、测量图表、开矿特权以及在中国所有应得权利，无论明指暗包，一概全行收管。合兴公司已售出的债票 222.2 万美元，持票者须于 40 天内告知中方是否愿意留存，否则即作为愿意留存。偿费从订约日起 3 个月内先交 600 万美

---

① 《赵尔巽（湖南巡抚）致外务部电》，光绪三十年四月初二，《张文襄公全集》卷一八九，1928 年，第 28—29 页。

② 《梁诚致美国国务院函》，1904 年 12 月 22 日；《代理国务卿致梁诚照会》，1905 年 1 月 6 日，《美国外交文件》（英文），1905 年，第 128 页。《张之洞致枢桓电》，光绪三十一年七月二十日，王彦威编：《清季外交史料》卷一九〇，第 20—21 页。

元，限 6 个月内一律付清，并从 1905 年 5 月 1 日起至交讫时止，按年息 5% 加给利息。最后彼此声明，非将末次款项交付，所有现情仍然不改，据前订合同，合兴公司所享有的利益亦不因此合同而有改变。①

此案原因合兴公司行为有违借款合同，我国乃提出废约要求。双方谈判结果，只字未提合兴公司违约，理应由合兴公司交纳违约金，却变成中国"情愿"给予"公道偿费!"偿费号称公道，却包括了用种种名目所包装的浮索费用②，仅有一点是实的，花了如上所记巨额偿费，只收回 20 英里（或 32 公里）的广（州）三（水）支线。

偿金中扣除已售出债票 222.2 万美元，实须付现金 450 万余美元，约合银 700 万两；对于其时两湖地方贫乏的财政说，是一个巨数。在首付 200 万美元时，为了尽速了结此案，除了由湖广督署饬湖北官钱局凑集银 20 余万两外，还向汇丰银行暂借银 300 万两，才付讫该首付的数额。

上文已述，英国早就企图从九龙直上华中设一铁路，以便于深入腹地，渗透其势力。中、美间谈判解决合兴违约问题时，其驻汉口总领事法磊斯就近密切注视事态的发展，坚持于汇丰银行提供上述银两以资一时周转。他往访督署，最后商定，以张之洞奉特旨筹办收回粤汉铁路商请英国国家"借助其款，发给美国公司买回股份，以完张的专责"。英国政府"托令"香港总督允许照筹所需款项，于 1905 年 5 月 9 日由湖广督署和该领事签订十年期 110 万英镑的《赎回粤汉铁路借款合同》一件。同日，张之洞致法磊斯照会称，这次借款甚为公道，并许以将来粤汉铁路修造

① 《张之洞致军机处、外务部电》，光绪三十一年七月十二日，《张文襄公全集》电奏十三，1928 年，第 24 页。

② 《论废除粤汉铁路美约》，《外交报》乙巳年第 26 号转载于《泰晤士报》，第 12—13 页。

之款，除中国自行筹集外，如需向外洋借款，当先向英国询商①，从而成为英国过后不久要求分享湖广铁路借款利益的一个凭据。110万英镑约合500万美元，此中40万英镑抵还汇丰银行短期周转银，付清合兴公司偿金，断绝与合兴公司关系，时人抨击之为"去美来英"，仍未摆脱强权者的束缚。

第四节　日本谋在华中、东北等地区推进扩张政策中的铁路借款

日本以《马关条约》把我国台湾攘夺到手，加紧其殖民扩张的南进步伐；除了目注于台湾对岸即福建旁及浙江，并力谋进一步向着被认为英国势力范围的长江中游而其势力相对较弱的赣、鄂两省伸张势力。另外，它于1905年战胜俄国后，俨然把我国东北地区南部视若它的准殖民地，着力经营。其中，以各种手段，而动用金融工具在铁路建设中渗入势力是一个重要的方面。

一　民营潮汕、商办南浔两路日本资本势力的渗入

1903—1904年，我国民间倡办潮（州）汕（头）和南（昌）浔（九江）两路，日本认为，从潮汕西北向与江西拟建的南浔东南相向连接，正可构成从台湾的对岸福建直入长江中游地域的一大通道，遂决定由国家拨款，旋使其本国公民和私营公司行动，示意或通过联办或利用贷款进行渗透，转为己用。就潮汕说，此路在华侨张煜南于1903年为挽回利权向清政府呈准承办后，日本

---

① 《张之洞致军机处、外务部、商部等电》，光绪三十一年八月十一日；《致汉口英国总领事照会》，光绪三十一年八月十一日，《张文襄公全集》卷一九三，1928年，第27页；卷一〇七，1928年，第4—5页。

驻台湾总督府即决定，由该府拨款一笔，授予日人爱久泽直哉，由他贷给福建籍早年迁居台湾的林丽生为期 99 年的款项一笔，再由后者与张煜南商定集股合约①，一度由借款转成股本而渗入银 100 万两。1906 年，商办江西全省铁路总公司决定以九江达省城南昌的南浔铁路作为赣路首段。日本以江西铁路是日本政府多年想望之"南清"（即华南）铁路的组成部分之一，决定由政府出资规平银 100 万两，经日本兴业银行借给上海的大成工商会社以入股方式转贷给铁路公司。在入股《合约》中又规定得离奇，从付银之日起算股息七厘，倘延搁不付股息之时仍须按月照给重利七厘②，弄的究是入股，还是贷款性质含混不清。它自己承认，这种借款形式颇为曲折间接，为什么呢？"盖虑及清国政府收回权利之现状及扬子江岸英国之立场，采取此种形式属事之不得已者"，云云。

潮汕案真相暴露后，日资被摒弃，南浔铁路上述借款的秘密被揭露后，江西全省铁路总公司遭到舆情的严词诘责。日本为资"弥缝"，在日本外务大臣林董、驻华公使林权助以及驻汉口领事高桥橘太郎等策划下，于 1906 年年底起十余年间改为连续提供几笔借款。不过，南浔铁路公司直到 20 世纪 20 年代末一直性属商办，举借之债性属私债，只因南浔铁路 1928 年由国民政府铁道部代管，当该政府整理旧债时，对南浔借款问题有所涉及，特着此一笔。

---

① 《林丽生致爱久泽直哉函》，1903 年 12 月；《张煜南等人集股合约》，光绪二十九年十二月初六；《爱久泽直哉与林丽生借约》，1904 年 3 月 1 日，中国社会科学院经济研究所藏日文档案，宓汝成编：《中国近代铁路史资料（1863—1911）》，中华书局 1963 年版，第 933—934 页。

② 《日本外务大臣林董致日本驻华公使林权助函》，1907 年 5 月 10 日，并附件甲：《江西铁路总公司与大成工商会社合约》，光绪三十二年十二月初十，乙：《日本兴业银行与大成工商会社关于江西铁路公司借款契约》，光绪三十三年二月十七日，中国社会科学院经济研究所藏日文档案，宓汝成编：《中国近代铁路史资料（1863—1911）》，中华书局 1963 年版，第 973—975 页。

二　暴力胁迫下中日间新奉和吉长两路借款的成立

日本在我国境内与俄国交战期间，不顾清政府抗议，擅在东北南部修建铁路两条：一条是从安东（即今丹东）到奉天（即今沈阳）；另一条是从新民屯到奉天。战争结束后，日本与清政府会议东北三省事宜，除迫使清政府对俄国允让日本的一切概行允诺外，其与铁路借款有关的，一是从长春至吉林的铁路，由中国自行筹款筑造，不敷之款，允向日本贷借，约以半数为度，期限为25年；二是从奉天省城即沈阳至新民府日本所筑造行军轨路，售予中国，另由中国改造成自造铁路。对其辽河以东所需款项，也向日本公司贷一半之数，借期为18年。① 接着，日本迟迟不从我国东北南部撤兵，用以迫使清政府悉如其求地把1905年上述记录条约化，于光绪三十三年二月初一（1907年3月14日）由我国外务部大臣那桐、瞿鸿机和唐绍仪与日本驻华公使林权助签订《收买新奉暨自造吉长铁路条款》，其中，除了规定中国政府因收买日本所造的新奉铁路议定售价在天津交付正金银行外，此路接收后由中国政府改为自造铁路，允将辽河以东所需款项向南满洲铁路公司筹借一半之数。中国政府自办吉长铁路所需款项之半数，亦向前开公司筹借，借款条件除借期外均仿照关内外铁路借款合同办理。嗣后，吉长铁路添造支路或再行接展，应由中国政府自办。如款项不敷，应向满铁筹措。各路一切进款应存日本国银行。借款本息如到期爽约，通融展期不得逾三个月，否则即将路产交满铁暂代管理等。②

日本认为，吉长、新奉两路不仅在军事上、商业上对日本国

---

① 马慕瑞：《中外条约汇编》第1卷，商务印书馆1935年版，第554—555页。按：《汇编》中把这些条款标作秘密议定书，实则只是"会议记录"，在法律上是丝毫没有约束力的。当年类此记录，共计22号，王彦威编：《清季外交史料》卷一九三、卷一九四。

② 王景春主编：《中国铁路借款合同全集》上册，1922年，第165—167页。

最为必要，对它的南满铁路的经营、确保修建该铁路的权利而谋将来之发展亦必须尽速建设。① 乃进一步迫使清政府由邮传部与满铁于光绪三十四年十月十九日（1908 年 11 月 19 日）、宣统元年七月初三先后订立《吉长铁路借款细目合同》《新奉铁路借款细目合同》等件②；分别规定中国政府为修建新奉铁路辽河以东铁路所需款项之半数 32 万日元（约合库平银 24.8 万两）和修建吉长的半数 215 万日元（约合库平银 172 万两）允向满铁筹借。终使这些铁路虽说都属中国国有，事实上，都被完全操控在日本的国策公司——满铁手里。这些借款实质是日本使我国背上借款的重负，为它实施所谓"满洲经营策"的殖民政略而修建、改建对其深具战略意义的线路。

第五节　京汉比利时借款的提前清偿和英国、日本两国资本势力的渗入

1903 年前后，全国各地广泛展开挽回利权运动。1905 年，粤汉线筑路权益的赎回，给这一运动以有力的推动。在此形势下，邮传部尚书陈璧鉴于《卢汉铁路比国借款续订合同》规定：中国在 1907 年 8 月 11 日（光绪三十三年七月初三）以后，无论何时可将借款还清，一经全还，所有合同即时作废，乃奏陈清政府："京汉路原借外款，权利受损。"主张在该年十二月以前筹款收回，以免意外枝节，获准。邮传部原设想在国内发行公债悉以

①　《日本内阁关于吉长铁路借款细目合同的决定》，1909 年 6 月 22 日，[日] 外务省编：《日本外交年表竝主要文书》上，原书房，1969 年，第 314 页。

②　王景春主编：《中国铁路借款合同全集》上册，1922 年，第 173—176、207—212 页。

华款清还，旋以款巨期迫，改定借金还金，即以举借外债为主，辅之以拨支官款和发行国债以清偿比款，废除原订合同。[①]

比利时之所以能取得卢汉借款，与法、俄两国的经济、政治支持大有关系。时移势易，俄国和日本交战既遭失败，其势力在东北南部被迫退出，其在关内的既得权益认为尽可放弃的便让给曾有联盟关系的法国。法国在与英国竞争中，实力的强弱使其偶或迁就英国，与之妥协。邮传部既拟另借新债还清卢汉旧债的信息一经传出，各国银行争相揽办。邮传部惩于前事，对这次拟借之款，制定"债东及承办银行不得有丝毫问事之权"的原则，并迅即于光绪三十四年九月十三日（1908 年 10 月 8 日）由陈璧代表中国政府与英、法两国银行代表熙礼尔、贾斯纳订立《汇丰、汇理银行借款合同》，借额 500 万英镑（约合库平银 3813.4 万两）。准该两银行将此借款各分一半，彼此不相牵连，协同办理债票的出售。售票所得的八成，留在欧洲备用；余二成供作邮传部自办工艺实业需用，贷方概不干涉。另规定：借款本利统由中国政府负担，以江、浙两省房捐、酒捐、盐斤加价银，湖北的盐斤新旧加价银、酒糖税、田房契税等和直隶烟酒杂税、盐斤新案加价银等收入中每年提取库平银 425 万两作为抵押。倘若应付本利届期不能照付，中国政府即应将上述税项交与承办银行收受。[②] 这笔借款按照合同执行，在同年 12 月 10 日前把债额经折扣（470 万英镑）的八成实计 376 万英镑存储欧洲，清偿比债。余下二成，实计 94 万英镑，于次年 2 月汇至国内备用。通过这笔借款，法国在京汉路上的既有势力依旧，英国则不只渗入了势力，随着时日的推移且渐具后来居上之势。

邮传部核算清偿比款本息，加上提前还款加给酬金二毫五，

① 《陈璧奏折》，光绪三十三年七月初三、光绪三十四年九月十二日，陈璧：《望喦堂奏稿》卷七，第 11—12 页；卷八，第 16—19 页。

② 王景春主编：《中国铁路借款合同全集》上册，1922 年，第 99—106 页。

共计为 12531 万法郎，与借自汇丰银行、汇理银行款项经折扣后的八成折合法郎约计 9482 万两相比较，尚短 3000 万余法郎，约合银 1016 万两。它在拟拨官款未成转令交通银行发行赎路公债 1000 万元。这笔公债在应募者少的窘境中，该部准该行把公债票向外国银行抵借款项。承购者计有日本横滨正金银行 1910 年 8 月 15 日按日元计的 220 万元（约合库平银 170.8 万两）、10 月 9 日及 26 日由英国敦菲色尔公司和密德兰银行先后承购共 45 万英镑①（约合库平银 339.9 万两）。

　　邮传部在清偿比利时借款中，曾向度支部举代官款以资补苴。宣统二年（1910）年底，该部以官款急待归还，加上其他各路借款本息亦急需偿付，另与日本横滨正金银行董事小田切万寿之助商妥息借 1000 万日元（约合库平银 770.4 万两），1911 年 3 月 24 日（宣统三年二月二十四日）在北京订定《邮传部借款合同》。规定准银行承办发行这笔借款债票，供中国政府保其全还京汉铁路和进项不敷之数。九五扣实交，年利率 5%，期限为 25 年，以江苏漕粮折价、度支部进款库平银 100 万两作为头次抵押。②官款何需借外债来归还？盛宣怀致江苏巡抚程德全函中道出真情：美、德、英、法诸国其时正在与清政府洽商法制实业大借款，日本欲阻挠此事，邮传部乃以铁路名义借 1000 万日元，免其干预耳。③另据当年《申报》东京通讯报道日本贷款的动机："日政府以美、英、法、德各国资本家纷纷运动中国大借外债"，正金银行特开秘密大会公决筹集巨金，先行运动借自我国即日本以谋对清商业上之利益均沾，为此，"曾质询意见于外务大臣求其援助。小

　　①　《驻华日使伊集院彦吉致外务大臣小村寿太郎报告》，明治四十三年八月二十五日；《驻英日使加藤高明致小村函》，明治四十三年十二月十日，中国社会科学院经济研究所藏日文档案。
　　②　王景春主编：《中国铁路借款合同全集》上册，1922 年，第 109—116 页。
　　③　《盛宣怀致程德全》，宣统三年五月初三，盛宣怀：《愚斋存稿》卷七七，电报五四，第 20—21 页。

村外相竭力赞成，乃特派小田切赴北京运动"。故此次借款，表面上为正金银行之行动，实则系中、日政府之一交涉。① 另外，日本以有此项贷款，急剧增强了它在京汉路上的势力！

第六节　英国、法国等国觊觎修建川鄂间铁路和四国银团的湖广铁路借款

19—20 世纪之际，英国、美国等国觊觎修建川鄂间铁路。粤汉路的建筑权益从合兴公司赎回自办后，湘、鄂两省以集股不易，进展迟滞。湖广总督张之洞鉴于川省已计划修建的铁路若无鄂路势必没有出路，而鄂省既须分认粤汉赎路之款，又需筹措川汉鄂段经费，再无余力修建粤汉鄂段，而决定举借外债。英、法两国金融资本此时组成一家联营投资公司；德国既植势力于山东，亟谋向长江流域伸张势力，乃全力与英国、法国展开竞争。美国针对列强在华纷争竞逐铁路借款权益，继几年前提出共同对华门户开放政策之余，亟谋使这个原则赢得某些实际的结果。② 于是，在其总统亲自干预下，力争平等参与此事，最终形成四国银团的湖广铁路借款。

一　英国、法国等国各谋提供贷款修建川鄂间铁路

1899 年，一家英国公司向外务部呈请修建川汉铁路。义和团事件后，英国使馆几次要求准许英国公司修建川、鄂两省间的川汉铁路。外务部答以此路已决定自建，设若将来资金不足或需借

---

① 《申报》宣统三年三月初四。
② 《美国参议员欧劳林致日本驻美大使高平小五郎函》（英文），1909 年 7 月 5 日，中国社会科学院经济研究所藏日文档案。

洋款，当向英、美两国公司商借。美国驻华公使康格获此信息，1903 年 8 月照会外务部：川汉铁路若需借洋款，望先与美国公司商借。并要求我国若与他国人磋商而有损美国的权益，应予反对。外务部郑重声明：各国公司请办铁路都应由中国酌定，不能以请办未定之案视为应得利益。四川省川汉铁路公司于 1904 年集股设立时，英国公使函致外务部要求所需外资都在英、美两国举借。① 重庆法国领事则建议四川总督锡良：有关集股勘路等事尽可与一家法籍公司商办，以使"贵国及敝处彼此两有裨益"。②

湘、鄂、粤三省人士于 1905 年赎回粤汉路权后议定《公共条款》：各筹各款、各修各境内的粤汉区段。湘、鄂两省筹集的资金都不多，特别是后者。张之洞认为，该路既经收回自办，不能不亟筹开工，免贻外人口实。又以为路工既开，必须克期告成始，能早收利益。他认为，借款若铁路用人、择地、管路、行车及开矿之权丝毫皆不准干预，又不以铁路作押，绝无他患。③ 他致外务部电中涉及川汉线称："川汉铁路在川境者二千余里，工费必需数千万"；"在鄂境者一千二百余里"，需费亦复不少。"鄂省民力困竭，万万无从筹此巨款。"为"维大局，鄂不能不急筹开办，以通川路"。鄂既分认粤汉赎路、修路之款，再欲另筹川路此款，断无此力。故此路非借款万不能成，决心借用外资来完成。

日本其时正加紧向长江中游流域扩张势力。横滨正金银行上海分行经理小田切与张之洞的日籍铁路工程顾问原口要迎合张之洞的意旨，旋即与之达成协议，由湖广督署与正金银行以湖北兴业公债的名义签订主要拟用于铁路建设的借款 2000 万日元。④

① 戴执礼编：《四川保路运动史料》，科学出版社 1959 年版，第 4—5 页。
② 戴执礼编：《四川保路运动史料》，第 4—5 页。
③ 《余肇康致瞿鸿机电》，光绪三十一年八月二十七日，《张文襄公全集》卷一九三，1928 年，第 30 页。
④ 《张之洞致外务部电》，光绪三十一年九月二十七日，《张文襄公全集》卷一九四，1928 年，第 28—29 页。

英国其时与日本正结成联盟，警觉日本对鄂路提供借款的动向，即由其驻汉口领事法磊斯提醒同地日本领事：英国拥有此项借款优先权。汇丰银行经理熙礼尔则赶到汉口提醒张之洞，借用日款拟用于铁路建设有违 1905 年照会里的约定，是自食其言。英国外交部则就湖北兴业公债先后训令其驻日大使和驻华公使分别向两国政府表示异议和抗议，日本回应英国并无优先于英国而商议出资之意①，从清政府转取得一笔邮传部借款作为补偿后悄然退去。

二　德国与英国、法国角逐中的三国财团投资协议

英国既阻止湖广督署初拟借用日债，汇丰银行、中英公司乃力劝张之洞另借外债兴修粤汉并暗含川汉线的鄂段，并表示愿与法国东方汇理银行联合提供。

1907 年秋、1908 年年初，张之洞先后受命督办粤汉、川汉两路鄂段铁路，即照会法磊斯征询英国金融组织是否愿为建筑上述线路提供贷款。后者做出肯定回应，提出苛刻条件。张之洞对其先欲包工意在揽修路之权，继则要求凡欲用款时必令英总工程师签字，意在干涉中国用人购料之权，等等，认为这种种无理要求实出乎情理之外②，予以拒绝。得到的回应是：如有他国欲办，可先请他国办。双方一时中止商谈。

德国为加紧向长江流域扩张势力，辩称：1898 年与英国达成的协议是建筑铁路的范围而非铁路投资的范围。张之洞在与汇丰银行中止商谈当天，德华银行代表柯达士立即向张表示：愿意提供贷款并迅即达成协议。3 月 7 日，双方签订《中德湖广铁路借款草约》。不过，双方都注意到英方未必会甘心于退出而达成谅

---

① 《日本驻汉口领事水野幸吉致张之洞函》（原件中文），1907 年 7 月 4 日，中国社会科学院经济研究所藏日文档案。

② 《张之洞折》（定稿未奏），《张文襄公全集》卷七〇，1928 年，第 33—35 页。

解，"如英商据约力争，仍应向英议借"。①

中德借款草约一签订，英国即对清政府施加外交压力。其公使朱尔典向外务部抗议，其外交部则对我驻英公使李经方强词诘责，分别要求撤销上述草约。清政府隐忍退让，提出只让德国承揽建筑川汉路鄂段所需之款，以践履优先举借英款以建粤汉的诺言。英国并不以这一让步为已足，挟制清政府非如其意不可。清政府在英国的外交压力下，接受它提出的由英、德、法三国自行协商联合提供贷款的办法。

英、法、德三国财团在各该国既定政策的指引下，经过磋商于 1909 年 5 月的柏林会议上达成如下协议：（1）由英、法、德三国财团贷给中国 550 万英镑作为建筑粤汉铁路两湖段暨川汉铁路湖北段用；（2）英、法两国的借款供修建粤汉两湖段、德国的借款供修建川汉的鄂段，如果川汉川段亦需借款，英、法亦得参加；（3）关于总工程师，粤汉用英人，川汉用德人，从而预将川汉线的川段也包括在它们的贷款项目之内。

英国联合法国使德国意在独揽粤汉、川汉两湖境内段的贷款做出让步，故看作是自己的胜利；德国则因英国终于容忍德国企业在"被它看作是自己势力范围的地区开辟活动的新园地"，并且"消除了德华银行与英法财团由于相互竞争而引起的分歧而深为满意"。②

英、法、德三国财团转而对清政府齐施压力，一如它们所预期使清政府同意，于 1909 年 6 月 6 日在汇丰、东方汇理和德华三家银行代表联合提出的《湖北、湖南两省境内粤汉铁路、鄂境川汉铁路借款草合同》上签字。

---

① 《张之洞折》（定稿未奏），《张文襄公全集》卷七〇，第 33—35 页。
② 《德首相毕鲁致德皇报告》，1909 年 5 月 15 日，《德国外交文件》（英文）第 4 卷，第 19—20 页。

三　美国的强行加入和四国银团的湖广铁路借款

美国得悉英、法、德三国财团的柏林协议，除了照会此三国政府要求共同信守对中国"门户开放"的原则，让它也"机会均等"地参与投资外，急电驻华公使柔克义，制止清政府批准与英、法、德三国刚草签的合同。国务卿诺克斯则训令美国驻英大使芮德，急速面会英国外交大臣，就中国局势进行所谓"私人的非正式的"商谈，又向英、法、德三国正式提出组成一个强有力的美、英、法、德四国银团，实行所谓国际充分的、诚挚的合作，以解决这次借款问题。

德国洞察美国的方案具有政治动机，它以正谋在远东，特别是在中国扩张其影响和势力，为了有利于与英、法两国对抗，认为没有和美国相抗争的必要，首先同意美国参加。法、英两国旋亦先后宣布不反对美国参加。[①] 美国终于也参加粤汉两湖段和川汉鄂段的贷款。英、法、德三国政府同时与美国商定，关于借款细节留交四国财团去解决。

美国从它的整个对华策略出发，在借款比例、材料提供方面寸步不让，在四国财团谈判迟迟难获结果中，美国总统塔夫脱直接致电摄政王载沣，声称他个人对于运用美国资本开发中国深感兴趣，粗暴指斥中国人民拒借路款的正义斗争是"某种出于成见的反对"[②]，要求清政府对之采取镇压对策。美国使馆代办费莱齐按照美国国务院训令，对清政府提出严肃警告，并声称：若有谁不愿美国资本和其他三国资本在这次借款中承担同等份额就是冒犯了美国的尊严和合理权利。进而恫吓：若这样，就是对美国特

---

① 宓汝成：《帝国主义与中国铁路（1847—1949）》，上海人民出版社 1980 年版，第 173—174 页。

② 《塔虎脱致载沣电》，1909 年 7 月 15 日，《美国外交文件》（英文），1909 年，第 178 页。

别不友好的行动，中国政府应负完全责任。另称："如果他国银行家坚持反对美国的参与"，中国就应决定专与美国协商，美国银团愿承担借款全部。①

美国在压迫清政府接受它的要求后，增强了同英、法、德三国谈判的地位，不再认为自己是在英、法、德已将签订合同时才提出要求参加，而认为，目前外国资本所提供的只是一项尚未为中国政府所接受的建议，声称："美国政府将坚持平等参与"，并提议把借款总额从550万英镑增至600万英镑，以便于在四国间的平均分配来解决这个问题。

英、法、德、美四国财团继而对材料购置、总工程师等人员任用问题，斤斤较量。英国提防德国在长江流域增强其势力，企图即使不是全部排除，也必须削减德国的权益。法国忌妒美国，而美国则坚持要享有绝对同等的机会。为与德、法两国抗衡，英国又不能不支持美国享有绝对同等的机会。美国认为，四国间的利害矛盾最尖锐的存在于英、德两国之间，设若后者被排挤出长江流域，一定会向清政府要求在山东或他处的某种权益作补偿，可恶的势力范围政策必将重演。该四国财团间的谈判持续到1910年5月23日在巴黎才达成协议。作为一年前英、法、德三国财团间协定的补充。6月底，英、法、德、美四国政府同意四国财团签订的协定，驻在中国的该四国使节7月13日以同文照会分别交给清政府，通报四国银团的巴黎协议。其大要是：此借款由有关四国财团均分，一切材料购置尽可能平均分配，派定英、德、美、法四国工程师所执掌的路线和各银团应使借款债票在国际上自由转售，等等，只待改订正式合同。

湖广铁路借款在形成过程中，既是中外有关方面的磋商，更是我国清政府与有关四国政府的交涉。尽管清政府在进行中尽力

---

① 《诺克斯致美国驻华代办费莱齐电》，1909年7月15日，《美国外交文件》（英文），1909年，第179页。

保守秘密而终不能掩尽天下人耳目。此项交涉从最初起即激起全国人民，特别是湖南、湖北、广东三省人民的坚决反对和抵制。英、法、德、美四国打着"敦邦交"的幌子，一再照会清政府催促签订正约。湘鄂人士则电牍纷驰，"群以取消合同为唯一之策"。① 清政府在舆论压力下，生怕激起严重纷扰，犹豫踟蹰，不敢贸然签字。迁延至次年，英、法、德、美四国齐向清政府发出最后通牒式要求："从速了结""勿再延宕"。清政府当即宣布"签字势难久延"，旨准邮传大臣盛宣怀与德华、汇丰、东方汇理三家银行及美国资本家代表于宣统三年四月二十二日（1911 年 5 月 20 日）订立 600 万英镑（约合库平银 4540.6 万两）的《湖北、湖南两省境内粤汉湖北省境内川汉铁路借款合同》，即习称的《湖广铁路合同》。②

《湖广铁路合同》规定大要：借款 600 万英镑中除以 222.2 万美元用来赎回前美国合兴公司代清政府发售而未赎回的债票外，专充建筑鄂湘境内粤汉铁路和鄂境（西端展延至四川夔州）川汉铁路用；如有不敷，由贷方照本合同条款续贷一笔，其量不超过 400 万英镑，借款期限 40 年，从第十一年起每年两次、分 60 次还清；以两湖百货厘金、盐捐、赈捐等每年关平 520 万两为担保，并把这些担保品交给海关管理。将来如修改海关税则、减免厘捐，应先向银行等商明，务于新增关税内如数拨足，尽先抵补。债票在合同成立后从速（不得超过 12 个月）一次发售，九五折交付，存入贷方各银行湖广官办铁路账户备用。中国政府须选用总工程师三人：一为英籍，管理两路境内粤汉路（约 900 公里）；二为德籍，管理川汉铁路湖北境内的广水至宜昌（约 600 公里）；三为美

---

① 《度支部尚书载泽复邮传部尚书徐世昌函》，宣统二年三月，《顺天时报》宣统二年三月十三日。

② 宓汝成：《帝国主义与中国铁路（1847—1949）》，上海人民出版社 1980 年版，第 177 页。

籍，管理同路宜昌至襄州（约 300 公里）。工程完成借款未清偿前，中国政府仍须派欧洲人或美洲人作为各该铁路的总工程师。粤汉、川汉两线将来若须展长，需用外国资金，该四国银行团享有尽先商办权。此合同画押后 6 个月内在长沙、武昌、广水、宜昌四处同时开工，工程期限估计从实在开工日起三年造竣。① 这笔借款借成后，事实上除了扣还上文提到的 222.2 万美元外，多半耗在设置管理工程局所等费用和日后按期清偿届期的利息上。②

帝国主义列强从 19 世纪末起十余年间，既通过军事、外交压力，迫使清政府或默认，或明许我国的这个、那个地区是它们的势力或利益范围，亟谋以实质的设施——铁路是主要的一种——使之显示出具体的存在。反过来说，投资或通过贷款建筑铁路又可缘铁路的延伸，形成扩张它们在我国的势力范围。铁路建筑耗资巨大，采取发行公债办法募集资金于外国或国际金融市场，在世界各国铁路史中事所常有。就我国铁路借款说，在甲午战争前，清政府于试办铁路中或应采购路料的需要，或为一时融通资金，已有向英、德等国在华商号、银行借款，尽管贷方别含扩张势力的心态，而在借方能以主权为重基本上并未损权失利，一般来说，并不受制于贷方，属于正常的经济行为。经甲午一战的失败，在国际、国内形势的制约下，情况突变。虽然清政府于 1896 年派胡燏棻督办津卢铁路，后者受命之际处于官款未能及时拨到，商股骤时又难"凑集"的局面中，在请准暂借洋款后，于 1896—1897 年间分别向英国汇丰银行、俄国华俄道胜银行先后举借零星外债。

---

① 王景春主编：《中国铁路借款合同全集》上册，1922 年，第 9—30 页。

② 同行中有论述当年借款筑路获有积极效果并举粤汉一路为例以资说明。这是只就所举的实例说，似值得商榷。按：粤汉路的粤段是广东商办铁路公司建成的；湘鄂段（从汉口到株洲）的株洲、长沙间利用商股筑成；只余此中武昌、长沙间线路，利用借款拨了一些官款筑成。最后一长段即株（洲）至韶（关）段的建筑经费，动用英"退"庚款，即已属于我国所有之款筑成的。因此，为修建粤汉路虽然订借了这笔借款，而工程本身基本上是我国利用自有资金建成完工的。

这些融资行为，与甲午战争前所借的属于同一性质，却也开始呈现出难以照常保持这一单纯的经济行为了。嗣后，外国的银行、商行无论是就我国政府自己决定建筑的线路还是列强企图在我国修建的线路，以接受其贷款充作建设资金，便罕有例外地终都被强制悉如其意地来达成。这种借贷与其说是一种经济行为，更质变成为有关国家对我恃强凌弱的强权行为。从1896—1897年间的几笔津卢铁路借款到1898年年初的《关内外铁路借款合同》的成立，是一个转折点，其转折并持续了近三十年！

第七章　地方、中央的零杂债项和四国银团的币制实业借款

　　八国联军入侵京津令全国震惊，东南、华中地区行政长官——两江、湖广总督为谋求保障一隅秩序，采取"东南互保"措施。此着客观上符合组成联军的八国，特别是英国侵华政略的需要。除组成联军的俄军大部与其他七国在京津地带联合行动外，另有分支滞留在东北地区，占领线的、点的形胜要地，并利用地区政治中心奉天军政当局——盛京将军继续视事，为其实施军事管制效力。湖广总督苦于财政艰窘拟举借外债，英国给以积极支持。俄国为谋增强它控制下的地方当局保安实力，指使并贷予款项使之能较有力地维持秩序。这两笔非常的地方借款，成为清政府从 1900 年起最后 11 年里借款的最先事例。《辛丑条约》订立，清政府"回銮"北京，承此前中央和地方关系已是"外重内轻"而更呈现尾大难掉景象，加上此前甲午战争赔款既摊派给地方分担，巨额的庚子赔款基本上又是这样处置的，使原本不丰的地方库存顿时处于干涸困境。各省既必须奉命行事，又苦于经费不足，便利用皇权失坠，并在户部默许或暗示[①]中，纷纷举借外债，从而出现地方借款盛行现象。清政府在同一时期除了继续与列强订立

---

　　① 《上海时报》1904 年 10 月 6 日；梁启超：《中国国债史》，广智书局 1904 年版，第 45 页。

一系列铁路借款和被迫追偿庚子赔款无可奈何接受名为"镑亏借款"外，多半是以这种、那种原因，由补款、偿款以及价款余欠所构成的不同类型的债项。正式的借贷且较重要的，只有一笔，是与四国银团签订的币制实业借款，这是清政府举借的最后一笔外债。

第一节　地方借款的盛行

八国联军侵华期间，形成特别的地方借款两笔，清政府处于自身难保中，只得听其自然。此前，地方当局因筹措军饷借用外债以济急，奏请由清政府给还，每遭驳斥。这时开了此两件先例，除有的省认为有必要举借外债而奏请外，便多数事后奏报了。在此过程中，地方当局还有以发行国内公债筹款的，多采取与在华外籍银行商定，由它们趸批购去，使其性质蜕变为外债。地方外债的盛行使人诘问："各省借而将来万一不能偿还，则其责任岂不仍在政府中央？"日后的事实也正是这样，终使"全国财政更不统一，棼如乱丝"，流毒后来。①

一　湖北、奉天的两笔非常借款

1900 年秋，湖广总督张之洞与两江总督刘坤一等人决定实施"东南互保"，后为谋增强治理地区的保安实力，解决筹措军饷的急需，在各国驻汉口领事"争来询商，愿借巨资"② 中，接受英国驻汉口领事法磊斯的意见，向汇丰银行融通资金。督署即与该行订定借款一笔，计 7.5 万英镑。这笔借款由法磊斯电禀英国政

---

① 梁启超：《中国国债史》，第 44、46 页。

② 《张之洞奏折》，光绪二十六年九月初六，《张文襄公全集》奏议，卷五一，1928 年，第 21 页。

府允为担保，以鄂省川盐江防加价钱文作抵，十年期，年息四厘半。低息和英国政府的允为担保，显示它对东南互保一举给予有力的支持。[①]

组成联军的俄军一支侵入东北地区并实施军事管制。1900年年底，俄国占领军司令阿列克谢也夫胁迫受其劫持的盛京将军增祺草签《奉天交地暂行章程》和第二年1月30日通过换文确定《交还东三省地方专条》。其中规定："奉省办理善后需款孔亟，暂行向俄借银三十万两"，继而又为"撤散兵勇并开销别项"，"准向道胜银行借款三十万两"。[②] 增祺把这些情况通报给议和全权大臣奕劻、李鸿章，缕述"奉省沦陷，粮饷无资""盗贼遍地，厘税无收，兵民需饷尤亟"，为救燃眉之急，已先后向该银行借8万两和20万两，年息八厘，一年归还。[③]

如此两笔非常借款开了此后十年间地方各省动辄举借外债的先例。

二　东南西北各省的借款

清政府从西安回到京城，权威大损。地方各省既被摊派清偿甲午、庚子两笔巨额赔款，又要力行新政，在省库枯竭下，便以举借外债救急。按各省借款各笔先后时序分省[④]叙述如下。

———————

① 中国近代经济史资料丛刊编辑委员会主编：《帝国主义与中国海关资料丛编之九：中国海关与辛亥革命》，中华书局1964年版，第80—81页。

② 《盛京将军与俄国水师提督往来照会》，光绪二十六年十二月十二日，中国人民银行总行参事室编：《中国清代外债史资料（1853—1911）》，中国金融出版社1991年版，第686—689页。

③ 《奕劻、李鸿章致行在军机处电》，光绪二十七年正月十九日，转录增祺电《文献丛编》第8辑，第4页。《增祺折》，光绪二十八年三月二十七日，《军机处题档抄本·赔款及内外债》，中国第一历史档案馆藏。

④ 以下各省资料，除加注者外，均参见徐义生编《中国近代外债史统计资料（1853—1927）》，中华书局1962年版，第36—53页。

（一）福建

1901 年 11 月，闽浙总督许应骙因库款支绌，拟向日本台湾银行商借银 300 万两。经与日本驻厦门领事上野专一、该行买办施增商定，于 12 月 21 日由该行提供贷款银圆 150 万元，以福州附近常关税厘充作担保。

日本垂涎闽南土特产——樟脑已久，当地商人承包亏损时，日本认为，有机可乘。1902 年，以技师面目出现的日本人爱久泽直哉在上野专一的指使、支持下，向福建当局自荐作为技师，自愿担保借款，兼任亏耗。向日本公司筹措银圆 20 万元，不取利息，待制出樟脑贩卖时，归还此项。许应骙轻信之，认为"弃利于地，实为可惜"，并以"利既无着，权于何有"为词电告外务部，于同年 4 月，与三五公司——实为台湾银行订立借款合同，借额银圆 20 万元，从而使该樟脑局为这个日本"技师"所把持，进而垄断收购福建的樟脑和樟脑油。[①]

1905 年，闽浙总督、船政大臣兼管闽海关税务崇善以船政局旧欠外国厂商料价亟待清偿，又须重新采购新料。鉴于"官库奇窘，无可腾挪"，经奏准于同年 6 月向汇丰银行借银 30 万两，以涵江、铜山、泉州三处常关年征税饷约 35 万两和在建的马江闽关铜币总局及该局日后所得之利作为抵押。约定倘若到期本利欠付，上述税饷即交予海关办理，汇丰银行则将铜币总局的产业出息作抵。

1909 年 1 月 4 日，福建布政使尚其亨为弥补本省财政亏空，以该省厘金作担保，向台湾银行借取按日元和银圆计各 5 万元，月息 0.9%，借期 1 年。此后，福建地方外债全由这家台湾银行独家承揽。如同年 4 月，福建度支所借库平银 5 万两，再以该省厘

---

① 这笔借款成立时，贷方自愿不取利息，到 1911 年 7 月，要求按年利率 5%计起息；1915 年 9 月增至年息 10%。参见徐义生编《中国近代外债史统计资料（1853—1927）》，中华书局 1962 年版，第 35 页。

金担保，拨作本省当年2—5月应解庚子赔款汇往上海。台湾银行通过对贷款担保品的控制，在增强控制福建地方财政的同时，急剧增强着日本在福建的势力和影响。

（二）新疆

俄国长期以来蚕食中国西北边陲，把新疆地区视为拓展其势力的范围。英国势力渗入西藏后，为与俄国在中亚争霸，也把这里视若战略要地。两国银行在各自政府的作用下，争向新疆地方当局承揽贷款。1903年，新疆巡抚潘效苏谋求增强统治实力，维持社会治安而准备整编省内军队，俄国给予积极响应，一银行出面以全疆矿产及垦荒权益作抵押，于同年6月1日提供库平银200万两借款。日俄战后，俄国势力有所削弱，英国乘机楔入。1907年1月，伊犁将军长庚为改组新疆伊犁军队筹措饷银，向来把活动重点置于中国东南地区的汇丰银行立即给予积极回应，提供借款库平银100万两。

（三）广东

广东地方外债多半由汇丰银行承揽。1904年1月，两广总督岑春煊为筹措慈禧生日礼品的采办用费及整编该省军队，向汇丰银行举借港币140万元；1907年6月11日又借了1笔，计库平银200万两，充作广东省军政费用。张鸣岐继任总督后，情况依旧，先后共借3笔：（1）1910年10月28日，为弥补广东财政赤字，向该行借款港币300万元，期限为15年，以厘金作保；（2）1911年6月9日、14日，为供作广东官银钱局兑付纸币基金，以资周转广州市面，向台湾银行先后借款两次，共160万日元，以广东小饷押等杂税、杂捐作担保；（3）同年8月30日，向汇丰、汇理、德华三家银行共借港币500万元，其中为清偿之前借汇丰之款的本利先扣除其中的大部分。其时，广东民间以清政府铁路干路国有令所激成的反抗风潮中，有人倡议拒用纸币，致人心惶惶。张鸣岐在市面一日数惊的危局中求助于汇丰等三家银行，后者及时提供贷款，给予极大支持，充作纸币兑现的准备金。广东地方当局则付出了相应的代价：除了以广东厘金银 240 万两为第一抵押外，又规定必要时，将广东省他项已核准的税收补足厘捐收入，意味着广东地方财政命脉从此便被控扼在以汇丰银行为首的外国银行手里。

（四）湖北

1906 年年初，湖广督署决定新建武昌炮兵营和扩大陆军小学堂，却以修建汉口道路的名义，先派人向日本三井洋行要求贷款；后者认为，这种仅属单纯借贷，不伴随特殊权利，索要年息 8.4%的高利，不积极承揽。英国麦加利和德国德华两家银行立即愿以年息 6%提供贷款。事为日本外务大臣林董察悉，认定这是一个绝好的机会，他以正金银行汉口办事处此时虽尚未正式开业而能提供这一特殊的贷款，对今后以汉口为中心的长江中游渗入，增强日本的政治、经济势力大有好处。指示横滨正金银行总行安排尚未正式开业的汉口分行速与湖广督署进行直接交涉，并于同年 7月 25 日（光绪三十二年六月初五）[①] 签订《湖北善后局借款合同》。规定借款额洋例银 40 万两，年利率 7%，期限为 5 年，以善后局在汉口城内外所有的 427 亩地皮契约作为抵押。如借款未能按期清偿，这些地皮应听贷方一律售出，变价偿还。签署者除了借贷双方代表，盖用善后局关防并日本驻汉口领事认证，还加盖湖广总督部堂大印以示郑重。此件合同别有一项规定："此次借款议定以后，湖北善后局即与正金银行结成彼此存欠流水往来"关系。"如有……需用款项，可随时向银行商办，不限数目"，从而使正金银行得以全盘监控湖北地方财政。

1907 年，张之洞奉命内调京师前，为弥补其任内的财政亏空，遣湖北官钱局总办高松如向日本驻汉口领事水野幸吉问询正金银

---

① 《水野幸吉致外务大臣林董报告》，明治三十九年七月二十五日；《湖北善后局借款合同》，1906 年 7 月 25 日，中国社会科学院经济研究所藏日文档案。

行能否提供贷款银 200 万两。后者经电询总行获得可试与进行商谈，要求年利率 8%。湖广督署立即同意。水野察觉督署实况相当窘迫，决定增加担保条件，除了提出以湖北盐厘增加额为担保外，还要求增列大冶矿山。张之洞忌惮如同意可能引起舆论的谴责，希望无论如何一定要撤回这一要求，待将来适当时候再行续议。日方改要求在拟定的合同中加一"但书"："在本利全部归还以前，正金银行对在开采的该矿矿石有优先购买权。如届期不能照付本息，兼以大冶矿山作保。"另说明只作保，除了鄂省派员开采，正金银行不能干预，外人不能擅自开采，于 9 月 4 日做成这笔借款。

陈夔龙接任湖广总督后以部队举行秋操需费殷繁，善后局一时难以筹措，于光绪三十四年七月初一（1908 年 7 月 28 日）向汉口正金银行借洋例银 50 万两，年利率 8%，期限为 5 年，由汉口筹饷烟酒糖税局征收的烟叶捐、糖捐、酒捐三项作保。第二年（宣统元年），陈又以举办新政，除拨借官款外，向中外商人息借银超过 150 余万两。谋借新债以还旧欠，经奏准于元月二十九日（1909 年 8 月 14 日）与汇丰银行订立合同，借洋例银 50 万两，期限为 10 年，年利率 7%。借款本利，由鄂省大宪专保外，再以宜昌盐厘作保。倘将来此项不敷应付，添拨鄂省其他税项归还此款。倘仍不能应付各项本利，英国驻汉口领事，可要求湖广总督另拨他项税厘归海关管理。

瑞澂接任湖广总督后，以张、陈两前任购舰练兵、举办各项新政，陆续借用外债为数甚巨。加上利重期迫，深陷入无月不有到期逼索之款的窘境。又遇上汉口银号倒闭，银根奇紧，乃于 1911 年秋咨请度支、外务两部代奏清政府，要求另借款项清偿旧欠，转重息为轻息，变短期为长期，期能稍苏喘息。两部签注意见，认为所奏尚属实情，但俟此次清偿之后不得借口不敷，再行请借。谕旨："依议"①，于宣统三年闰六月二十六日（1911 年 8 月 14）以湖广总督为一方，与四国银团的成员银行——汇丰、汇理、德华、花旗四家银行为另一方订立《湖北省宣统三年七厘银借款合同》，规定借款额为洋例银 200 万两，期限为 10 年，年利 7%，分 10 批偿还，以本省的筹饷银和酒、烟草等货税充作担保，并以宜昌盐厘为第三抵押以及他项税收作为补充。如果不能按期还本付利，作为担保的税收交给海关管理。② 9 月 21 日，又由该省度支公所和工赈所出面，另向华俄道胜银行各借洋例银 10 万两，共计 20 万两。③

（五）江苏

1908 年 7 月 1 日，江苏当局为筹措赈灾用款，由该省裕宁官钱局向正金银行借洋例银 100 万两，以长江以南安徽省境茶厘作为担保。1910 年，上海发生橡皮风潮④，为救济沪上市面银根奇紧，两江总督张人骏经向清政府奏准，由上海道蔡乃煌与汇丰、汇理、德华、东方汇理等九家银行商妥，于 8 月 10 日由后者共提供贷款规平银 350 万两维持市面，安定人心。接着，为偿付源丰润等银号对外商个人与外国银行的积欠，江宁藩台樊增祥奉张人骏命，并经后者奏准，仍用"维持江南市面"名目，与汇丰、汇理、德华三家银行商妥，于 12 月 11 日再提供贷款规银 300 万两，以江苏省盐厘充作担保。

（六）东北

东三省总督赵尔巽先于 1910 年 5 月 21 日向横滨正金银行借

---

① 《瑞澂致军机处请代奏电》，宣统三年二月二十七日，载《军机处电报档》，中国人民银行总行参事室编：《中国清代外债史资料（1853—1911）》，第 678—679 页。

② 王铁崖编：《中外旧约章汇编》第 1 册，生活·读书·新知三联书店 1957 年版，第 743—746 页。

③ 北洋财政部公债史档案：《善后大借款卷》，中国第二历史档案馆藏。

④ 当年上海人习称橡胶为橡皮，英商麦边操纵橡胶股票，一度哄抬上涨数十倍；旋又一朝狂跌，影响到市面资金流转，形成一次金融风潮，习称"橡皮风潮"。

款 150 万日元，部分由三井洋行经手购买军械，部分用作收回奉天纸币——官帖。6 月 25 日，又借 70 万日元，以抵补收回官帖经费的不足。

（七）山东

山东巡抚孙宝崎为弥补本省财政亏空，于 1910 年 11 月 30 日向德华银行借规银 40 万两，12 月 30 日又向同一银行借规银 15 万两。

三　发行公债演变成外债

地方库款在普遍"奇绌"中，直隶总督袁世凯试办发行公债以求缓解。经他试行，便有一些省当局起而效仿，结果是内债多半外债化。[①]

直隶总督袁世凯为增强自己的军事实力和政治地位，于 1904 年年底，以实行"新政"的名义决定增练新军二镇一协。他预计招募经费和军火、器械、营房地价、工料等需银 500 万两。考虑到直隶当年可筹之款年约 480 万两，乃决定以此项充作基金，招募国内公债银 480 万两以应此需。他上奏清政府力陈此事第属创行，如蒙准予试办，拟请降旨作为永远定案。倘有违定章，照误国病民论，予以应得之罪。谕旨照准。[②]

袁世凯所立章程，一时被赞为完善之举。招募办法是将全省州县分成三等，各州县派定数额分别为 24 万两、18 万两和 12 万两，然后进行"招募"。当时军民皆不知公债为何物，直视同一种报效。加上在贪婪成性的县衙书吏经手下，发行公债对他们来说无异于得一"诛求"的新口实，名为劝募，实际是勒捐和苛派。售出债票只百余万两，换来民间的怨声载道。此项以长卢盐税和

---

①　刘锦藻：《清朝续文献通考》，商务印书馆 1936 年版，第 68 页。

②　《直隶总督袁世凯奏折》附上谕，光绪三十年十二月，《东华续录》，光绪朝，第 56 册，第 26—27 页。《论中国"外债"之真相》（译自日文），《东方杂志》1911 年第 8 卷。

直隶税入作担保的内债，转被觊觎卢盐之利的日本看中，直隶当局旋与横滨正金银行商定蠡购余额中的 300 万两，使之演变成为外债。

湖广总督陈夔龙以湖北历年筹办新政，陆续挪借积欠华洋商款达 300 余万两，认定改募内债确是一种方法。于 1909 年 10 月 26 日奏准清廷援用直隶章程，发行国内公债 240 万两。募集办法与直隶基本相同，结局也与之类似。债票总额中的 96.5 万两分别由横滨正金银行（76.5 万两）和华俄道胜银行（20 万两）所承购而蜕变为外债。

安徽巡抚朱家宝于 1910 年年初，为增练新军及办理崇陵工程，以"库款奇绌，援案试办公债"上奏清政府。他在折中详陈：安徽岁入在 500 万两上下，岁出在 600 万两，年有赤字。近年"添练陆军，增认海军经费"，等等，加上为立宪"八年预备事宜"，如设咨议局、审判厅等经费，"预计又岁须 100 余万两"，只有募公债为弥补之计。又道：何况直隶创于前，湖北继于后，皖省事烦款绌，只有援照直隶章程，参酌湖北办法，发行公债银 120 万两，才能解决问题。清政府发交度支部议复，后者以朱家宝所奏属实，且已有例在先，建议自应准予照办，以资要用。次年年初，上谕"依议"。发行结果，内债变成外债，所有债票几乎全被英商怡和洋行所认购[1]，计银 110 万两。

同年 8 月 21 日，湖南巡抚杨文鼎也以该省"财力殚竭，积亏过巨"，向清政府要求援案试办公债 120 万两。清政府批令度支部复议，后者认为，"所称财政困难自系实在情形"，要求与直鄂事同一律，姑允所请。清政府于 9 月 5 日朱批"依议"。[2] 公债发行

---

① 《户部议复安徽巡抚朱家宝试办债票折》，宣统二年正月十六日，《户部奏档抄本》，中国社会科学院经济研究所藏；凌文渊编：《省债》（安徽），第 8 页。

② 《户部议复湖南巡抚杨文鼎试办公债折》，宣统二年八月初二，《户部奏档抄本》，中国社会科学院经济研究所藏。

后，省内承购的只有 20 万两。事为日本驻长沙副领事界与三郎所探悉，即向驻华公使伊集院彦吉报告：为了日本势力之伸展，由日本全部承募，正金银行、三井洋行便在其本国使领人员的示意下，在与德国礼和洋行做了一番激烈的竞争后如愿以偿。[①] 日本目光所注实在债外，最直接而具体的是此项公债担保品的水口山铅矿。

清末最后 12 年（1900—1911 年）间，地方当局直接经国际交涉以借外债，如上所述分为三大类，债量计算单位，中、外币都有。这里，概以库平银量为准。经折合，以广东为最多，湖北次之，江苏位列第三。福建、湖南等十省所举借的外债总量为 3500 余万两（见表 7-1）。

表 7-1　　　　　　　　地方外债统计（1900—1911 年）　　　　　　单位：万两

省别	数量	省别	数量
福建	159.5	东三省	300.0
新疆	300.0	山东	50.3
广东	963.2	直隶	500.0
湖北	621.9	安徽	110.0
江苏	412.9	湖南	112.6
总计		3530.4	

第二节　中央政府的零杂债务

零杂债务包括借款、补款、偿款以及原订分期支付间有逾期或迄未按约支付而转成的债项，归成两类。

---

① 《日本驻汉口总领事松村贞雄致外务大臣小村寿太郎报告》，1911 年 1 月 5 日；《致驻京公使伊集院彦吉报告》，1911 年 1 月 10 日，中国社会科学院经济研究所藏日文档案。

一　企事业债项

（一）电讯

1900 年秋，在华经营电报有年的英商大东和丹商为主的大北这两家电报公司应入侵京津一带联军的需要，践踏中国领土、领海主权尊严，擅在北起大沽、南至吴淞的近海水域安设水线，收发电报。中国电报总局总办盛宣怀警觉到此举破坏中外接线的界线，"事权一失，利益随之"。并认定："一旦尽撤防闲，其妨碍一时者固多，而关系于它日尤大。"谋求有所挽救，向大东、大北两公司提议收回自办，旋于 1900 年 8 月 4 日（光绪二十六年七月初十）与之订立《沪烟新水线合同》，把从大沽口直达长江出口处吴淞，中程于烟台上岸的烟台—大沽水线作价收回，价款转作借款，计 21 万英镑，期限为 30 年；以该水线的财产和收入为担保，并以收回后的水线仍由两公司代办、代管，一切费用由电报局出资为条件。次年 2 月 9 日，双方续订《沪沽副水线合同》。同上例，由中国收回从大沽至烟台添设的水线，价款转作借款 4.8 万英镑，期限为 29 年，担保条件同上件。[①] 这正、副两线是收回了，经营管理大权依然操在大东、大北两公司手里。[②]

1908 年，清政府将官督商办电报局改制为商款官办。邮传部核计收赎电报局的商股需银 280 余万两；又以官办后亟须扩充电

---

① 《李鸿章致行在军机处电》，光绪二十六年八月初九；《盛宣怀致李鸿章电》，光绪二十六年八月二十八日，《李文忠公全书》电稿，卷二五，第 29、31 页。交通部财务司编：《交通部债务汇编》第 6 册，《电政航政内外债》引言，1943 年 11 月。王铁崖编：《中外旧约章汇编》第 1 册，生活・读书・新知三联书店 1957 年版，第 970、983 页。

② 张雁深：《日本利用所谓"合办事业"侵华的历史》，生活・读书・新知三联书店 1958 年版，第 32—33 页；《外务部折》，光绪三十四年四月二十二日，王彦威编：《清季外交史料》卷二一四，第 6—8 页。《东三省总督徐世昌致外务部电》，光绪三十四年九月初三，《清光绪朝中日交涉史料》卷七四，第 9 页；《徐世昌奏折》，光绪三十四年九月，徐世昌：《退耕堂政书》奏议，卷二〇，第 3—4 页。

报业务、改良电话装置等"所费尤巨"，鉴于当年电政经营所得仅敷常年经营，决定借用外债以济急需。该部经与大东、大北两公司商定，从该两公司国际业务收入中预付中国电报局应得报费份额的方式，于1911年4月10日（宣统三年三月十二日）与该两公司订立《预付报费借款合同》，并咨外务部照会驻京英、俄、丹三国公使查照预付额，也就是借款50万镑（合银400万两），分两期交付：第一期30万英镑，于该年5月1日交清；第二批20万英镑，于第一批交清后6个月内交付。借期19年。年息5%，半年一次，平均交还。此笔借款即预付款取作改善整顿电报、电话的电信设备。另经密奏获准，兼顾路邮两政。[①]

（二）木材业

19世纪70年代，清政府允许民间纳捐采伐东三省原始森林林木。到1902年，我国官商合资组织公司，在鸭绿江畔经营林业，一时颇称发达。1905年，日本与俄交战时强行占领该公司，迫使清政府同意，以该年12月22日《中日会议东三省附约》第十款为依据，允许设立中日合办木植公司，在鸭绿江右岸地方采伐木材。嗣后，由奉天当局驻当地日本领事于1907年、1908年就中日合办的鸭绿江采木公司订立合同、章程、办事章程，等等。日本驻华公使林权助凭借这些文书，一再催逼外务部限期开办，并将采木地段具体规定为鸭绿江右岸，从帽儿山起至二十四道沟止，距江面干流60里界内。公司的创业资本300万日元，中日各半，限期于该年10月1日交齐。日本届期备齐现款，奉天省因财力不充，经巡抚唐绍仪在北京与外务部熟商，于1908年秋向汇丰银行订借沈平银110万两（合库平银105.77万两）以资用，这家公司

---

　　①　《邮传部、度支部奏折》，宣统三年三月初八，《清宣统朝外交史料》卷十九，第41页。《盛宣怀片》，宣统三年三月，盛宣怀：《愚斋存稿》卷十九《邮部奏疏上》，第52—53页。

名为合办，实权则全被控制在日本手里。①

（三）矿业

临城煤矿原是 1882 年（光绪八年）经直隶总督李鸿章奏准创设的官督商办矿局。1900 年，该矿局督办钮秉臣等面对战乱局势，与卢汉铁路工程师比利时人沙多订立合办合同，由官矿局将一切产业权利移交给中比合办公司。几年后，直隶总督袁世凯认为，此举"利权丧失过巨"，"名为合办实同盗卖"，决定废除原合办合同；经派员与沙多磋磨两年，于 1905 年 5 月 22 日袁世凯和代表外务部的唐绍仪、梁敦彦与比利时卢汉煤矿公司订立《临城煤矿借款合同》，规定为足敷购置新式机器、扩充临城矿务，由该公司筹借法金 300 万法郎（约合银 92.3 万两），期限为 30 年，年利率 7%，以临城矿局所有新旧产业作为头次抵押。所有该矿一切事宜由直隶临城矿务局与卢汉煤矿公司合办。每年盈余，先付这笔法郎借款的利息，次付合办双方所出股本的利息，若尚有余款，以其 10% 充作矿务局的公积，剩余之数，归临城矿务局和卢汉矿业公司均分。②

19—20 世纪之际，法、英两国资产者垂涎云南矿藏，集资创设隆兴公司。在法国驻云南总领事弥乐石的奔走支持下，以开办铜矿尚有起色，岁缴 100 万斤相利诱，使云南当局轻信，于 1902 年 6 月 21 日（光绪二十八年五月十六日）由云贵总督魏光焘暨云南巡抚及矿务大臣为一方，与隆兴公司总办弥乐石为另一方，订立《办矿章程》，许以奏请国家批准该公司承办该省云南、澄江、

---

① 张雁深：《日本利用所谓"合办事业"侵华的历史》，第 32—33 页；《外务部折》，光绪三十四年四月二十二日，王彦威编：《清季外交史料》卷二一四，第 6—8 页；《东三省总督徐世昌致外务部电》，光绪三十四年九月初三，《清光绪朝中日交涉史料》卷七四，第 9 页。《徐世昌奏折》，光绪三十四年九月，徐世昌：《退耕堂政书》卷二〇，奏议，第 3—4 页。

② 《袁世凯奏折》，光绪三十二年二月初八，《养寿园奏议辑要》卷三二，第 7—9 页。《外资矿业史料》，中国人民银行总行参事室编：《中国清代外债史资料（1853—1911）》，第 595—596 页。

临安、开化、楚雄五府和元江、永北两州厅所属荒废的和寻出的铜、金、银、煤、铁等矿藏。如果上述七府、州、厅境无矿可办，则由中国国家为该公司另指他处相为互抵。公司开办矿业后倘有起色，岁缴京铜若干万斤以表感谢！[①] 等等。如此章程屡经滇人抗议，迫使隆兴公司不敢贸然从事。1911 年，该公司派高林士[②]着手开办。云南士绅尽力抵拒，要求省当局废弃前约；旋由外务部与法、英两国驻华公使于 1911 年 9 月、10 月以来往函件议定：取消上述 1902 年的合同，给予该公司关平银 150 万两作为补偿，无息，三年内每半年交付 25 万两，分六批交讫。[③] 同年 9 月 22 日，交付第一批补偿金，清政府旋被推翻。此后未交之款（关平银 125 万两）乃债留后代，转作国库券担保的一笔短期借款。[④]

　　1890 年，湖广总督张之洞奏准在湖北汉阳创设冶炼钢铁的铁政局，即日后的汉阳铁厂，包括开采大冶铁矿，此两厂矿以经营不得法、徒资糜费，1896 年经张之洞奏准以盛宣怀为督办，招商承办，改制为"官督商办"。盛宣怀为保障铁厂燃料的供给，1908 年，奏陈清政府："揆度商情，非将厂矿合并，不能放手扩充；非遵照商律改制为合股公司，不足以坚通国商民之信"，提议改制为

---

　　① 《云南隆兴公司承办七局矿务章程》，1902 年 6 月 21 日，王铁崖编：《中外旧约章汇编》第 2 册，生活·读书·新知三联书店 1957 年版。弥乐石其时又是法国资本家驻云南代表。

　　② 高林士系英国矿业工程师，时任法国云南银公司经理。

　　③ 《收回云南矿权换文：外务部函》，1911 年 9 月 29 日；《法国代办函》，1911 年 10 月 1 日，王铁崖编：《中外旧约章汇编》第 2 册，生活·读书·新知三联书店 1957 年版。

　　④ 1913 年 7 月，财政部与高林士来往函商定：到其时未偿之款库平银 125 万两，改作 8.15 万英镑，加计利息 7%，以国库券担保，于 1914 年 3 月偿清，事实则直到 1921 年才如数付讫。

　　按：前辈、同行有把此项名之为类"借款"的，并列作库平银 150 万两，似与事实两有出入。此项根本非借款，系"补偿"之款。150 万两是偿款总额，按约定支付第一批 25 万两，只有未按期清偿之数（库平银 125 万两）才有可能演变成日后也竟成为一种债项。这里以此数而不以原偿额作为债额。此额后又改折成为 8.15 万镑，这则属另一回事。

商办，获准后把汉厂、萍煤，包括大冶铁矿于该年秋改组为汉冶萍煤铁厂矿有限公司，向农工商部注册成立，其性质属于商办。就本书以国债为对象来说，一家商办公司举借的外债自然不在考虑之列，但就改制前的"官督商办"这一类型企业在当年的一般情况说，"官督"之重，压过"商办"。而就本书所涉及的汉阳铁厂说，国家原拨资金库平银 500 万两尚未全部归还；官之督更形严密。这样，无论汉阳铁厂还是萍乡煤矿在官督商办期间所借外债，虽是"商"债，实同国债，因此附作论述。

1896 年，盛宣怀既受命督办汉阳铁厂，在整顿中，与英商怡和洋行联系拟借银 200 万两。怡和洋行派人到厂视察，并赴兴国大冶查验铁煤各矿，同意贷款，但要求以铁厂及煤铁矿地作押，并把厂务、矿地交怡和洋行派人代办。张之洞获知此情，电嘱盛宣怀："铁厂可合办，而铁煤各矿万不可押借款项"，此事宜格外审慎。盛宣怀复告："虽有此议，未必能成，也未竟成。"

盛宣怀继而选定江西萍乡煤矿，聘任德籍技师为工程师，决定从国外引进当年先进的采掘机械，开拓水陆运道，在该矿所招股本远不足额的情况下，经向张之洞报准于 1899 年 8 月由矿局营销总办卢洪昶与德国华泰银行代理商礼和洋行订立《萍乡煤矿借款合同》，借款 400 万马克（约合库平银 133 万两），10 年期。①

1902 年 8 月 7 日（光绪二十八年七月初四），盛宣怀又为济萍矿建设资金不足，再与礼和洋行订立《礼和洋款合同》，由该洋行提供贷款，一为 300 万马克，付现；另一为 100 万马克，充添置生产工具的价款，两笔共 400 万马克（合库平银 99.8 万两），年利 7%，八年内分摊还清，以汉阳铁厂担保。该款由萍矿总办出

---

① 《张之洞奏折》，光绪二十五年七月初十，《张文襄公全集》卷三○，奏稿，1928 年，第 30—34 页；《盛宣怀咨外务部文》，光绪二十八年，《约章成案汇览》乙篇卷三八下，矿务门，第 50 页；汪敬虞主编：《中国近代经济史（1895—1927）》下册，人民出版社 2000 年版，第 1739 页。

票签字，声明何用，任听随时陆续取用，准礼和洋行九五扣佣。萍矿则允在此项未还清前，不将该厂产业等交割出售与人。①

当时，萍矿为添置设备，融通资金，英、美、比、俄等国金融组织都谋取得贷款利益，但日本虎视眈眈以国家之力与其相竞争，特别是与德国资本势力竞争，因此，除了1904年华俄道胜银行应萍矿需要提供短期借款库平银13.2万两以资周转②外，此后全被日本所揽得。

日本在明治维新中制定"殖产兴业"国策，把兴建制铁业（实指钢铁工业）作为此中要政，继1896年（明治二十九年）公布"官办制铁所官制"任命了所长，于次年选定九州福冈八幡为厂址，于1902年2月开始投产。当设厂时，日本政府注意到其国内铁矿贫乏，企图运用某种手段把我国已营运有年的汉阳铁厂所属的大冶铁矿取作该所的原料取给地。日本人伊藤博文在卸其第三任总理大臣职的同年10月访问我国时特地前往武昌。他在与张之洞晤谈中提及以日本的焦炭与大冶铁矿石进行互换贸易；并巧言道：以此"重敦交谊，互相利济"。③ 张之洞回以可以考虑。接着，日本政府的现任阁僚紧步跟上。如外务大臣青木周藏训令驻上海领事小田切万寿之助与中国有关方面确定购买现属中国人所有的大冶铁山某一特定区域的全部矿石，并商议在上述区域内矿石由日本人单独开采是否可能，农商务大臣曾祢助荒特派八幡制铁所长官和田维四郎来华实地调查大冶铁矿情况，并授予以在大冶铁矿划定区域"订购"该区域的铁矿石以及为开采该处铁矿须

---

① 《商部奏》，光绪三十一年二月初八，附：《盛宣怀承办矿务清单》，户部抄档，矿务类，第1册，第52—56页；中国社会科学院经济研究所藏。

② 《商部奏》，光绪三十一年二月初八，附：《盛宣怀承办矿务清单》，户部抄档，矿务类，第1册，第52—56页；中国社会科学院经济研究所藏。

③ 《盛宣怀致总理衙门文》，光绪二十五年十月二十日收，台湾"中研院"近代史研究所编：《矿务档》，1353号。

雇用日本技师的范围内便宜行事。[1] 和田来华后，与汉阳铁厂督办盛宣怀迭有接触，后者在向张之洞汇报经过中说："伊藤又有函来"，既威胁说：此时，"日本若据俄、德、英、法、意成案索办一矿，自开自运，何难之有"！又缓和语气道："通易有无，诚为彼此利益，况已炼之钢铁可售，我正苦乏焦炭，先售以未炼之铁石，并易其可炼铁石之焦炭，计亦良得。"张之洞上看伊藤面子，下看小田切的交情，同意盛宣怀的"格外通融"。[2]

日本政府谋划既定，即采取所谓"通易有无"的煤铁互售方式以求保障其八幡制铁所的铁矿石的供给，进而由盛宣怀与日本制铁所长官和田于光绪二十五年二月（1899年4月）订立《煤铁互售合同》；接着，又续订了第二次合同。当盛宣怀试探贷款的可能性，日本方面认定在我国汉厂、萍矿需要时，若能"援其资金"，使汉厂、萍矿与八幡制铁所形成持久而巩固的关系，更属有利。除了能获得借贷营业一般利益外，更能收到四大政治经济利益的效果，即："一、运出我国（日本）焦煤而回运矿石、生铁以促进发展我国基础工业——钢铁工业；二、以此经济交往在中国扶植我国势力，进而在湖南、江西两省建立扶植帝国（日本）势力的基础；三、遏制中国钢铁业的顺遂成长，使东方制铁事业由我国一手掌握，并借此使中日两国关系密切。"[3] 至于什么关

---

[1]　《青木致小田切电》，1898年11月30日；《日本驻汉口领事濑川致青木电》，1898年12月7日；《小田致外务次官都筑馨六机密函》，1898年12月16日；《曾祢致和田命令状》，1899年4月5日，［日］外务省编：《日本外交文书》第31卷。武汉大学经济学系编：《旧中国汉冶萍公司与日本关系史料选辑》，上海人民出版社1985年版，第5—9页。

[2]　《盛宣怀致张之洞电》，光绪二十五年六月十五日，盛宣怀：《愚斋存稿》卷三四，电报十一，第22页；《张之洞致盛宣怀电》，光绪二十六年五月十一日，《张文襄公全集》卷一六〇，电牍三九，1928年，第40页。

[3]　《小田切致外务次官都筑密函》，明治三十一年十二月十八日；《小田切致青木机密函》，明治三十二年四月十七日，［日］外务省编：《日本外交文书》第31卷，第544号。武汉大学经济学系编：《旧中国汉冶萍公司与日本关系史料选辑》，上海人民出版社1985年版，第28—30页。

系，实属不言自喻，即日本为主、我国为从，日本决定采取借贷方式使之竟成事实。

如何提供贷款，日本政府注意到当年其国内经济现状，认定若由民间资本家向中国提供，实难办到。但若由他国资本家提供资金，使铁政局及大冶铁矿管理权全部落入他国人之手，则甚为遗憾。因此，决定命正金银行负责贷款，此项资金实际上由政府贷出，但表面上必须作为民间资本而与政府无关似的。另运用政府公权力使三井、大仓内部秘密成立辛迪加，表面上则是各自为主以收实际之利。进而决定贷款策略，以长期为得策，特定为30年，大冶铁矿本身固不待说不能落入其他外国人手中，就是其事业之经营也须防止落入其他外国人手中。借款以200万日元为度，后又限在500万日元之内。所有这些，都因时因事而定，终成系列。此外，日本政府鉴于当年英、德、美、比等国资本组织都程度不等地在觊觎取得贷款的汉厂、萍矿的利益，特叮咛该两厂矿须防止落入其他外国人手中；但应避免与英国之冲突，与德国之冲突亦须避免。日本政府决策既定，便由有关各省如外务等省训令在华的使领馆人员善体此意，全力以赴地见机行事，紧接着，便是其在华使领馆人员以及有关银行、商号貌似个别地各自行动，实则相互照应着，分头并进地付诸实施。

早在日本政府为图控制汉厂、萍矿制定系列策略前的19—20世纪之交的数年间，盛宣怀为筹措铁政局及大冶矿山周转资金和江西萍乡煤矿的开业费用，拟举借巨额外债，经数次征询小田切的意向，日方回应初露迟疑，继提出苛刻条件，因此都未成为事实。待日本政府设想改以与汉厂、萍矿结成借贷关系以取代煤铁互售的过程中，汉阳铁厂向大仓组提出贷款要求，后者迅即同意，于1902年订立合同，规定借款25万日元（折合库平银19.9万两），是日本政府之对汉阳铁厂由"煤铁互易"转向以贷款为重的首着。

光绪二十九年十一月二十八日（1904 年 1 月 15 日），日本兴业银行由小田切代表与盛宣怀订立《大冶购运矿石预借价正合同》。其中规定：（1）借款 300 万日元，其中，1/3 供萍乡煤矿用，2/3 供汉阳铁厂添置生产设备用。期限为 30 年，年息 6%，以大冶矿局现有及将来的资产作为担保；（2）在借期内，不得或让、或卖、或租与他国的官商，"如欲充作另项借款的担保，应先日本"；（3）聘用日本矿师，约定矿石 10 年期内的每吨价格；（4）以大冶所产铁矿石售价还本付息，不还现款；等等。其条件之苛刻，悉如日本政府之意。有如时任大冶的日本技师所说，大冶铁矿及其所有产业，"为我国人所掌握"，"实利实权之归于日本"，实属"事关重大"。过后一年，初立附件，规定从正合同签字日起，其前于 1899 年、1900 年先后所订的矿石合同，都改为"展期三十年"。① 据此，使煤铁互易合同，根本无须再订。日方当事者踌躇满志地称："吾日本能著先鞭……此大冶铁矿由德而入日手之历史也。"②

1905 年，萍乡煤矿为扩充本身事业和偿还过去积欠的零星往来款项，向大仓拟借一笔数达 400 万两的新债，铁厂方面也需要巨额借款，备为增添两个熔炉及其他各种设备之用，向三井洋行拟借 400 万日元乃至 500 万日元。日本驻汉口领事永泷久吉面告盛宣怀：金额过大，虽以三井、大仓之手进行调度，亦不无困难。又认为由两局单独订立合同，不如两局联合借款为佳。继又提出苛刻条件：（1）以铁政局所属一切物件作为抵押，并萍乡煤矿所属一切物件作为副押；（2）须由贷方荐用日人二员在铁政局和萍乡煤矿以备咨询；（3）若欲将铁政局及萍乡煤矿一切事宜改变，

---

① 武汉大学经济系编：《旧中国汉冶萍公司与日本关系史料辑》，上海人民出版社 1985 年版，第 121—122 页。

② 西泽公雄：《大冶铁矿历史谈》，《东方杂志》1910 年第 9 期。武汉大学经济系编：《旧中国汉冶萍公司与日本关系史料辑》，上海人民出版社 1985 年版，第 40—41 页。西泽当时为大冶铁矿的日籍管理员。

如扩大并聘用工程师，须询问贷方或其所指之日人，俟其允诺然后举办；（4）从三井洋行替铁政局在日本扩大铁政局制品的销路所得款项里，偿还利息。若不足，由铁政局补缴。① 达成的两笔借款是：（1）1905 年 6 月 26 日由萍乡煤矿督办盛宣怀和总办张赞宸向大仓组借款 30 万日元（约合库平银 20.8 万两），年利率7.5%，期限为两年，以该矿所产煤炭及焦煤作担保；（2）1906年 2 月 13 日由汉阳铁厂督办盛宣怀、总办李维格为一方，与三井洋行上海支店经理为另一方，订立《三井洋行 100 万日元借款合同》供该厂扩充设备用。贷款分 10 期匀付，借期为 3 年，年利率7.5%；铁厂每次收到款项即开出期票付与三井。若期票到期，铁厂不能照付，三井即将铁厂制造的各钢铁货、栈存煤炭、焦炭以及其他材料执掌销售，如各物所值不足偿清欠款之数，三井即可向铁厂指索，至还清为止。②

　　在上述第（1）、（2）笔借款合同订立之间的 8 月 22 日，日本桂太郎内阁通过外务、大藏、农商务三省几乎同时提出的议案：为确实扶植日本在汉口方面的利权，采取如下手段：（1）大冶铁矿及萍乡煤矿之采掘权，将来看准时机，使其全归于日本；（2）上述两矿之经营以及汉阳铁政局和兵工局之经营，必须以聘用日本技师负责业务为条件提供资金，其管理权亦必须归于日本。付诸行动时，表面上作为商业关系较为便利，通过日本制铁所长官着手进行，逐渐扩大其权利。与本件历来有关系的日本兴业银行、三井物产会社（三井洋行）及大仓组，将来亦须适当利用之。为求达此目的，贷款金额要大，利息要减低，并延长大冶铁矿采

---

　　① 《汉阳铁政局及萍乡煤矿借款杂纂》77，中国社会科学院经济研究所藏，第 180页。

　　② 《永泷久吉致外务大臣桂太郎报告》，1905 年 8 月 23 日；《致新任外务大臣小村寿太郎机密报告》，1905 年 8 月 23 日，中国社会科学经济研究所藏日文档案。

掘的年限，等等。①

　　汉阳铁政局收到三井借款后，即派总办李维格前往英、德购入钢铁冶炼设备，并计划机器到后即努力制造钢板以期外销和供应上海造船业的需要。另考虑到铁政局事业一扩张，必须扩充焦炭制造和运输船只等设备，又向三井物产会社试探借款的可能性。经多次会谈无果，而一当铁厂打算另向德、英等国借款，大仓组立即出面承揽。1907 年 5 月 1 日（光绪三十三年六月十九日）日本驻汉口领事橘三郎并代大仓喜八郎为一方，与萍乡煤矿总局督办盛宣怀、总办林志熙等订立借款合同，规定借额 200 万日元，年利率 7.5%，期限为 10 年，以矿局所有之财物作抵押。俟萍矿还清礼和借款，不得将已抵之产再抵别项借款。这笔借款中应扣还前年借的 30 万日元，实数为 170 万日元。这笔借款在大仓组缺乏资金承担下，经日本外务省与大藏省协商，认定该矿局为现在华南唯一的煤矿，保留其担保权，实属有利。决定全部金额由政府支出，饬日本兴业银行买入相当于 200 万日元的债券，再由大仓组将上项金额转贷与萍乡煤矿局。②

　　同年底，汉阳铁厂再向横滨正金银行贷款 30 万日元，由李维格代表盛宣怀与该行汉口分行总办武内金平于光绪三十三年十一月初九（1907 年 12 月 13 日）订立合同，期限为 5 年，年利率 7%。一切参照前订有关合同一律办理。③ 并构成汉阳铁厂、萍乡煤矿并成汉冶萍公司前的最后一笔。

---

　　① ［日］外务省编：《日本外交文书》第 38 卷，第 2 册，第 1110、1117 号。武汉大学经济系编：《旧中国汉冶萍公司与日本关系史料辑》，上海人民出版社 1985 年版，第 123—126 页。

　　② 《永泷久吉致外务大臣林董函》，1907 年 5 月 2 日；《永泷久吉致驻华公使林权助》，1907 年 6 月 13 日，［日］外务省编：《日本外交文书》第 38 卷。《林董致林权助机密函》，1907 年 6 月 13 日，武汉大学经济系编：《旧中国汉冶萍公司与日本关系史料辑》，上海人民出版社 1985 年版，第 155 页。

　　③ 《借款合同》，光绪三十三年十一月初九，陈旭麓主编：《盛宣怀档案资料选辑之四：汉冶萍公司（二）》，上海人民出版社 1986 年版，第 155 页。

二　订购舰械价款欠额

清政府为苟延其摇摇欲坠的封建专制统治，所举办新政中的重要一着，是增强军队以强化国家机器。当年国家军队由陆海两军组成，先以操练新军作为重点。继则作出"振兴"海军的决策。宣统元年秋，清政府设立筹办海军事务处（次年改为海军部），订购舰艇军械的价款，一般都能按期支付；武昌起义爆发，价款欠额遗留后代。

早在筹办海军事务处时，张之洞在湖广总督任上实施新政中，于1904年秋上奏清政府："长江门户关系紧要，非多备炮舰、武器，不足以建威销萌。"要求装备水师获准，遂饬布政、按察两使等与日本驻汉口领事水野幸吉和川崎造船厂总办川崎芳太郎于光绪三十二年闰四月初二（1906年5月24日）订立《定造浅水快炮艇并配置武器合同》，议明价格96万日元，前三年付利，后五年还本，计付过三年利息和一年本利。1911年10月后的未付余额几经演变，终于在1913年2月欠款缓期合同中规定，欠款（含未付息金）为129.3万日元。①

筹办海军事务处设立，宗室载洵受命为该处大臣，统一南北洋各舰，于1904年9月起先赴欧洲各国，继于次年8月赴日、美两国考察海军。他在美国期间，与该国伯利恒钢铁公司创办人之一席洼泊达成用美方贷款购买军舰的"谅解"，由后者提供500万英镑的海军借款。次年秋天，席洼泊来华，与清政府进一步磋商具体办法，并于武昌起义后十一天，即10月21日匆忙签订《借款银2500万两的合同》。不过，这个合同在时局日紧中终未付诸实施，但贷方认定合同已具有有效性，美国国务院则声称要"保

---

① 财政科学研究所、中国第二历史档案馆编：《民国外债档案史料》第3卷，中国档案出版社1991年版，第281—288、290—291页。

障美国公司在中国的既得利益"。① 过后几年中，犹据此认为此项军购贷款是它的既得权益。

海军部为采购军需用品，于 1910 年 8 月 16 日向日本三菱船厂定造永丰号炮船一艘，价款 68 万日元，分五期交付。按期付清第一、第二、第三期款共 34 万元，未付款 34 万日元。又向川崎船厂定造永翔号炮舰一艘，船价付款办法、实交情况都与永丰舰同。同月，向英国阿模士庄船炮厂定制肇和号巡洋舰一艘，原价 21 万英镑，付过头二批 7.5 万英镑，欠付 13.5 万镑。向英商威克斯厂和硕效厂购置鱼艇炮械等，欠付价款分别为 8.5 万英镑和 10.37 万英镑。又：向克房伯厂、瓦罗堪厂订购浅水河炮船价及运费 1.4 万英镑；向德商西门子电机厂订购兵轮用无线电 4 套，欠付数 6.5 万马克。在此前后，另向意大利安些度厂订购鱼雷艇 1 艘，价款英金 6.9 万英镑，未付价款 5.6 万英镑；12 月，经上海地亚士洋行经手，向奥地利士他俾路免图厂购置船舰欠付价款 4.79 万余英镑。② 所有上述各笔借款，笔笔都多少不等地支付了一些，其未支付价款余额即欠价，于日后才被转作为一种债务。这里，把上述各笔分作"原价""已付"和"欠价"三项，此中的欠价构成债款。③ 海军部军购欠款演变成为债项就所见史料有确数可计的，为 68 万日元、61 万余英镑和 6.5 万马克，折成库平银约计 460 万两。

① 孙毓堂：《抗戈集》，中华书局 1981 年版，第 249 页。

② 财政科学研究所、中国第二历史档案馆编：《民国外债档案史料》第 3 卷，十九、三十七、四十二、四十三、四十六、六十七等目，中国档案出版社 1991 年版。

③ 《锡良、程德全致军机处电》，宣统元年八月十八日，《清宣统朝外交史料》第 9 卷，第 33—34 页。

第三节　英国、德国、法国、美国
四国银团的币制实业借款

经过日俄战争，东北地区局势日益严峻。1907 年，东三省总督锡良等一再向清政府奏陈："东省大局久成日俄分据之势"，"自日俄协约告成"，"大局益岌岌可危"，"介居两强之间"，"吞噬之心益炽"，"势成逼处"，"隐患日深"。他认定："俄以全力逼我疆土，我亦当以全力经营。"如广开商埠、厚集洋债、开拓实业为巩固边陲之计。并强调举借洋债是目前至急要着，要求准东北地方举借外债 2000 万两，以一半设实业银行，一半供移民开矿筑路经费。否则，他断言：势必陷入束手待毙的绝境。美国涎羡于我国这一地区土地辽阔沃饶、资源丰富，被其国内一些扩张主义者视为"新的海外边疆"。[①] 对俄、日两国业经形成的分据局面，亟谋有所突破。垄断资本巨头有铁路大王之称的哈里曼提出，通过这里的"环球铁路计划"开了头，国务卿诺克斯的《满洲铁路中立化》继其后，两者在遭到挫败之余，决心通过贷款投资于此来显示其势力的存在，进而谋在我国夺取一个牢固的立足点[②]，作为其在华推行扩张政策的一着。东北地方当局对美国的意图，故未必尽行了然，但看好其愿意提供贷款以救急，并幻想引入第三国势力为我所用，以抵制日、俄两国殖民东北的活动。双方出发点不同，企图实现的目标更有差别，但在通过借贷以开发当地却有相同之处。清政府当光（绪）宣（统）之际，正力谋集权中

---

① ［美］亨脱：《边陲防务和门户开放》（英文），第 21 页。
② 《德国外交文件有关中国交涉史料选译》第 3 卷，孙瑞芹译，商务印书馆 1960 年版，第 124 页。

央。它认同东北行政当局的设想，更谋为缓解多年财政困境，拟在试借外债以改革币制上找条出路。同时，为使财权不因此而下移，决定把中央、地方要借的款合二为一，由度支部主持，并迅即与美方达成协议草约。美国鉴于几度拟在东北渗入势力遭到挫折的前事，在与清政府协议有成后转向英、法两国诚挚邀请，并获积极回应，共同参与，旋即正式成立名为《整顿币制及兴办实业五厘递还金镑借款》，日、俄两国一开始即密切注视着此事的展开，除向清政府施加外交压力、军事恫吓以示反对外，待清政府一与美、英、法、德四国财团组成的国际银团正式订定这笔借款，更认为这笔借款合同中的规定，漠视它们自己早已认定在中国享有的特有权益，相互配合地全力反对；在与该银团四国展开激烈的外交角逐中，终由对抗而联手同以牺牲我国的主权尊严为代价达成妥协。

一　币制实业借款的先声

美国人司戴德在出任美国驻奉天领事前认为，日、俄两国在我国东北地区纷争竞逐，而美国在东亚影响力薄弱，其原因在于美国投资稀少。于是，一再鼓动美国朝野增加对中国的资本输出，进而以争取中国门户的实在开放。他曾为美国资本巨头哈里曼的"环球铁路计划"效力，又曾为"建筑锦瑗铁路计划"奔走。1906年10月，他出任驻沈阳领事，与曾留学美国耶鲁大学、时任奉天巡抚的唐绍仪过从颇密，二人商定组织一家金融机构，命名为"东三省银行"，由美国出资2000万美元作为创业资本，用以稳定东北金融，开发森林、农矿，整修铁路。1905年秋，他卸任回国不久，唐绍仪受命为答谢美国退还庚款善意的特使赴美，兼负试探借款的使命。司戴德时任职于国务院远东司，即怂恿金融巨头出资支持，并与绅洛公司达成初步协议，由该公司提供贷款。司戴德的过分热心引起美国驻华公使柔克义的不满，也引起国务院里一些官员的反感。其时，正是美国和日本为协调对华关系并于 11 月 30 日由国务卿罗脱和日本驻美大使高平小太郎达成习称的《罗脱高平协定》，以日本不干预美国的殖民地菲律宾事务换取美国听任日本在我国东北地区出以和平手段的自由行动。这笔借款交易，旋即被搁置一边。

二　币制实业借款草约的签订

1909 年春，塔虎脱就任美国总统，阐释对华政策：美国努力给中国人以财政及币制改革的便利，希望获得其他各国的谅解。次年 5 月，清政府公布厘定币制则例，决定改革现存的紊乱币制。美国国务院于 6 月中旬面交我驻美公使张荫棠备忘录，切望中国立即进行此项改革，并有意提供贷款以促成此举，并愿派一位专家出任清政府的顾问。驻华公使嘉乐恒在给国务院的报告中除了赞赏清政府的改革币制决定外，并力陈美国若能提供贷款，正是今后影响中国财政金融的绝好机会。[①] 6 月，副国务卿艾第在与张荫棠晤谈中，敦促此项改革应立即进行，不宜拖延。并认为，极有必要聘请一位外国货币专家协助，但表白决无意强制清政府一定聘任美国专家。[②]

清政府收到本章开首处所引锡良的奏折，即交外务、度支和邮传三部妥议具奏。除了邮传部认为锡良奏陈为"一隅一端之计"，特别指出其计划修建纵贯地区内部铁路干线，必将招致日、俄两国反对外，基本认同其举借外债建议，外务、度支两部则认为，外债举借过巨，虽非良图，但用之于生利，既为各国所习见，亦符均势之本谋。度支部正谋为改革币制借举外债，更谋掌握举

---

① 《美国外交文件》（英文），1912 年，第 88—89 页。

② 《美国国务卿致梁敦彦函》，1911 年 1 月 18 日，中国人民银行总行参事室编：《中国清代外债史资料（1853—1911）》，第 803 页。此件系译自《美国外交文件》（英文），在此史料中印作 1910 年，疑有误。

借外债之权，建议由东三省商借，妥订合同，经该部核定再行签押。①

　　新任币制协办大臣盛宣怀旋经度支部同意并经摄政王核准，于 10 月间往访嘉乐恒，试探美国银行是否愿意提供借款 5000 万两，后者回应自应给予适当考虑。② 与此同时，度支部上奏清政府：东省拟借之款，宜归并度支部办理，获准。据此，该部即与美国花旗银行（北京）洽商，后者表示由美国资本家摩根公司、昆洛公司、花旗银行等联合承办，并由花旗银行代表美国银行组成的财团展开协商。度支部考虑到东省拟借银 2000 万两，加上该部拟借银 5000 万两，合在一起，决定借不逾 5000 万美元（约合银 8000 万两）。该部尚书载泽和币制协办大臣盛宣怀正式向嘉乐恒提出借款数额，并表示如果美国承借此款成功，将招聘一美籍人士担任财政顾问，协助中国的币制改革，但此举与借款无关，该员纯系咨询性质。③ 嘉乐恒据国务院的指示，接受中国政府的要求，美国政府和美国财团认为，所有有关东三省当局单独借款的谈判，应予取消。中国方面应饬令东三省总督照此办理。④ 这正符合清政府的意旨，进而把此项借款的缘由和预计的用途，定实为整顿国家的币制和开发东北地区实业，简称为币制实业借款。

　　载泽、盛宣怀两人与美国花旗银行（北京）总办梅诺克经几次磋商，于宣统二年九月二十五日由度支部左丞陈宗妫、右丞傅兰泰，与梅诺克签订借款草合同一件，作为已定之局⑤，该合同要

　　① 《度支部、外务部折》，宣统二年八月初二，《清宣统朝外交史料》第 12 卷，第 23—24 页。
　　② 《嘉乐恒致国务院电》，1910 年 10 月 2 日；《艾第致嘉乐恒电》，1910 年 10 月 6 日，《美国外交文件》（英文），1910 年，第 90、98 页。
　　③ 王铁崖编：《中外旧约章汇编》第 2 册，生活·读书·新知三联书店 1957 年版，第 691—694 页。
　　④ 王铁崖编：《中外旧约章汇编》第 2 册，第 691—694 页。
　　⑤ 王铁崖编：《中外旧约章汇编》第 2 册，第 691—694 页。

点是：（1）借款额不超过 5000 万美元，由美国财团代清政府出售同额债票筹集，听从清政府按照借款办事所需随时提用；（2）此项为信用贷款，以清政府的信用及其还债之权柄为担保；（3）其他种种细节待详细借约规定；（4）所有应议未订之款，如彼此意见不合，此草合同作废。

三　四国银团币制实业借款的成立

美国财团虽与清政府签订了上述草约，但考虑到单在本国金融市场发行借款债票未必都能够尽行销出，有赖于欧洲金融界的合作，更由于其时正谋分享英、法、德三国与清政府已经基本商妥的湖广铁路借款的利益，准备以此项借款让三国分享作为交换。10 月 31 日，美国国务院训令驻英、法、德三国大使将订立这件草合同通报给各驻在国政府，强调这次借款的大部分将用于中国履行其对美、英、日三国所承担的改革币制的义务。深信此项改革无论是对与中国有广泛商贸关系的各国，还是对中国本身以及其他有条约关系诸国，都具有重大意义。为促进此项改革的实现，美国政府欢迎有关各国给予热情支持。①

英、法两国此前不久曾支持日、俄反对美国插足东北，此时在希望打开东北地区的门户上，英、法两国以及德国的财团转谋借助美国资本力量挤进东北，并乘机加强对清政府的财政控制，于是都接受美国的邀请，并进而要求与美国一起在借款合同上签字，享有同等权利。11 月 10 日，英、德、法、美四国财团在伦敦就在华铁路投资范围和分担借款、分享权益等问题达成正式协议的前提下，议定在币制改革借款方面也采取联合行动，倘若中国政府不同意，从策略上考虑，可仍由美国财团代表与清政府

---

① 《艾第致美驻法公使电》，1910 年 10 月 31 日，《美国外交文件》（英文），1910 年，第 91—92 页。同文电报分别致美驻英、德、日三国大使。

签押。①

美国财团接受英、法、德三国银团的要求和提议，转身要求清政府不许有异议地接受它们之间的决定。载泽急于取得一笔贷款，遂表示："美国财团乐意有多少同伙都可以"，中国"将只同美国人签订最后合同"，并希望借款债票的发行，美国能掌握其中的大部。② 美国代表进一步建议：为顺利完成这一必需的币制改革，中国应与美国合作，努力促使其他国家参加此项借款。

美国国务院继而照会英国驻美大使馆，希望英国支持中国聘请美籍人士为中国的财政顾问。英、法、德三国财团反应冷淡，美国做出让步，表示如果不同意而致这个问题得不到解决，美国政府愿与英、法、德三国政府磋商，共同推荐一名不涉及对华贷款的其他国籍人士担任并达成妥协③，并一致同意由美国财团代表兼代表各该国财团促使清政府订立借款的正式合同。

宣统元年三月十七日，度支部代表清政府与英、法、德、美四国财团代表在北京正式订定《币制实业借款合同》，规定：（1）借款总额不超过1000万英镑，供清政府整理、划一币制和兴办东三省实业用，年利率5%，实收九五，清政府以信用担保该借款本利按期清偿；（2）此项贷款由以美国摩根公司为首的美国财团与汇丰、德华、东方汇理三银行为代表的英、德、法三国财团平均提供；（3）以东三省烟酒税、出产税、销场税和各省盐斤新加价年各若干合成每年共库平足银500万两作为头次抵押。如借款本利届期拖欠，除展缓公道时日外，"则应将各该省饷源……即行交与海关并由海关管理，以保执票人之利益"；（4）本合同签字之日，度支部即交银行等以整顿币制章程、币制用款单、东三

---

① 《四国银团协定》，《美国外交文件》（英文），1910年，第92页。

② 《美国国务卿致中国特使梁敦彦》，1911年1月18日，《美国外交文件》（英文），1910年，第93—94页。

③ 王铁崖编：《中外旧约章汇编》第2册，生活·读书·新知三联书店1957年版，第694—710页。

省用款单，并载明拟办何种实业，等等；（5）如清政府急需款项为兴办东三省各事和布置整顿币制，详开清单，经银行等认为合宜，即在美国或欧洲备款 100 万英镑，共 200 万英镑，"听候清政府之便，或用全数，或用若干"，由度支部开单提用；（6）借款期限为 45 年，从合同成立起 15 年后 25 年内，无论何时，清政府愿将欠款全数清还，则按此数加给 2.5%，25 年后，则无须加价；（7）清政府因办理本合同之事款项不敷欲续办借款，除在中国自筹外，允先与银行等商办续借所需之款。另附：币制改革费用和东北发展实业费用清单等件。①

新任东三省总督赵尔巽紧接着于合同订立的 5 月 6 日，经由度支部向贷方提出从备充发展东三省实业用的 100 万英镑中先交 40 万英镑（约合库平银 302.7 万两），以济急需——偿还救灾借款和筹备开办实业。贷方同意，于 15 日内如数垫付这笔款项。② 7 月，四国银团在伦敦会议上讨论债票发行问题后，派司戴德作为代表来到北京作最后安排。武昌起义旋即爆发，该银团便以我国"在海外信用本属不佳"，于今更"完全动摇"，不考虑即发行债票，而后也始终没有发行，表明这笔借款一面世即归于夭折。但在往后近十年里，却似魂灵般一再被提了出来。

四　中外各方的反应和结局

清政府一订立合同，即颁布谕旨公告："近来国家财政竭蹶，由于币制不一，民生困苦，由于实业不足，朝廷洞鉴于此，不得已饬部特借英国、美国、德国、法国四国银行一千万英镑，专备改革币制、振兴实业用；并着随时造具表册呈览，以副朝廷实事

---

① 王铁崖编：《中外旧约章汇编》第 2 册，1922 年，第 694—710 页。

② 此项垫款在 1913 年 4 月 26 日成立的善后借款中扣讫。

求是之意。"①

国内有识之士早已洞察清政府惯会欺人惑世之语，遂揭穿清政府以改革币制、举办实业名义，举借外债，急谋实现缓解其濒于破产的财政，以增强封建专制，集权中央，苟延其统治残局，质疑"现政府何有改革币制之诚心"，"不过欲借此名目，搜得巨款聚而咕嗌之耳！"在此一年中，政府或"可以无忧库藏之竭蹶""除弥补预算中七千万之不足，尚可以有所盈余，以苟延残喘"。可是，"自今以往，国库每年收入将以十分之九还外债本息"。"吾四万万人虽饥无食，寒无衣"，唯"终岁勤勤为政府输与债主而已"！又指出，根据合同规定，单就派遣顾问一条说，势必至全国金融机关之权尽握诸顾问之手而不止。今后，我国之财政必将有监督之者，监督权非在国民，必在外国。"呜呼！一万万元（意指1000万英镑数）新外债成，四万万条性命绝！""今日有债权于中国"，他日其将"为中国之主人翁"。"我中华将由生计上隶属国而变为政治上的隶属国！"对清政府另严作抨击"借款未交资政院核议，即行签押"，签押了借款又讳莫如深，不公布以释群疑。如此作为，正暴露清政府所谓决心立宪的虚伪。②

这笔借款的始作俑者司戴德此时已返美有年。他在获悉借款合同正式订立的信息当天，在日记里写道：币制借款完成了，金元外交终于被证明是正确的。两天后补充一句："这次借款合同的签订，是美国国务院制定对华新政策的第一个具体成果"，它"向美国财团证明，在中国进行冒险事业是明智的"③，云云。

俄、日两国对美国首倡的这次贷款行动，从一开始即给以密切的注意。除了先分别、后联合向清政府施加外交压力、军事恫

① 《宫门钞》，宣统三年四月初六，中国社会科学院经济研究所藏；《大清宣统政记》卷二七，第7页。

② 《国风报》评论，第5、7、10期。

③ ［美］克罗莱：《司戴德》（英文），第401—403页。

吓，反对清政府向美国借款外，俄、日两国又指示其驻美、法、英三国代表，全力阻止这次贷款计划的实现。[①] 中美借款草合同一签订，俄国接连多次与日本驻俄大使商讨对策，相互配合，联合行动，并把活动重心移置在与英、法、德、美四国的外交角逐上。俄以日本其时正与英国结成联盟，建议日本联合英国，对清政府施加压力，要求分享涉及中国的财政权益。另外，它以自己与法国素有较密切的关系，呼吁法国政府宣布拒绝支持其本国银行做出有碍于俄国利益的行动。法国给予积极响应，声明绝不容许法国财团在东三省和蒙古参与同日、俄两国特殊利益不相容的活动，尽管它拒绝支持俄国破坏四国银团。合同一正式订立，日、俄两国同声抗议。无论是日本驻法大使向法国外交部的口头声明，还是俄国驻美代办照会美国国务院，都认为这笔借款"漠视"了俄、日两国在中国可以获得的权益，表示坚决的反对，要求取消这笔借款合同。继而俄、日两国认为，合同的要害尤其在于第十六款，于是作成主旨相同、用词略异的照会，于 26 日分别递交法国。俄国要求法国政府设法取消第十六款，日本则要求对此款做番修改。俄、日两国驻英大使，则向英国政府发表类似的口头声明。四国银团做出反应，于伦敦会议上决定，为消除日、俄两国的疑虑，于合同生效前由中国政府就第十六款发表声明："否认支持银团贷款东北地区的垄断要求。"俄国获悉后并不餍足，认为这样的声明不能保证中国政府不向四国银团借款用于满洲的企业，自己仍会从中国的满洲被排挤出去。四国银团谋求借款合同能顺利付诸实施，在 9 月下旬的柏林会议再次决议：（1）银团不利用《币制实业借款合同》第十六款将其活动扩大到中国的满洲，也不妨碍俄、

---

①　［美］查尔斯·威维尔：《美国和中国：财源和外交研究（1906—1913）》，张玮瑛、李丹阳译，社会科学文献出版社 1990 年版，第 185—187 页；［美］W. 斯科尔、M. 斯科尔：《塔虎脱政府的外交政策》（英文），密苏旦，1970 年，第 204、209、211—212 页。

日两国在该地区的投资活动；（2）假使中国政府迫于俄、日两国的压力，希望取消《币制实业改革合同》第十六款，银团不拟反对。俄、日两国与国际银团的四国就这次借款展开的外交较量，至此才算是获得妥协的解决。[①]

这样的解决意味着什么？美国原谋以贷款作为突破日、俄两国分踞东北局面的一种手段，清政府则幻想引进美资以牵制日、俄，阻滞整个地区的变色。借款商定，俄、日亟起反对。此方的四国（美、英、德、法）与彼方的两国（日、俄）经过纵横捭阖，此四国不单承诺不妨碍彼两国在东北的所谓特殊"权益"，而且挟制清政府也按其意旨行动，事实上，反而承认着俄、日两国在东北地区存在不容"漠视"的权益。这次借款除了使清政府原欲引进美资牵制日、俄的设想幻灭，而且上述四国和两国之间外交文件来往结果，转使俄、日两国几次签订的"协约""密约"赢得列国事实的承认，从而使我东北大地正在变色的程度又深一层！

---

① 中国社会科学院近代史研究所编：《沙俄侵华史》第4卷，下册，第629—633页。

第八章　辛亥鼎革之际的外债

　　辛亥鼎革之际的时限，设定为从 1911 年 10 月 10 日武昌起义日起到中华民国临时大总统孙中山 1912 年 4 月 1 日解职日止。在这近半年的时段里，就国家政体说，废除了持续两千余年的封建专制，尽管此后有反复，但共和政体毕竟从此确立。与此大事有关举借外债的具体事例，既有稍前于这一时段所形成，也有略迟延到其后，这些也概取作叙述的对象。至于虽发生于这一时段，但实与此时大事关系甚微的债案则不予提及。借者主体，大别有二：一是当年革命者的首脑机关：民军名称不一的机构、南京临时政府及其结束后的留守（府）和宣布独立各省的军政当局政府；二是革命对象的清政府及其余孽——1921 年 1 月 1 日起仍受命于清室的袁世凯内阁和以袁世凯为首的中华民国临时政府。沿用当年的习称，对此两方分别以南方、北方代称。

第一节　剧变中的国内局势和外来干预

一　国内政局的剧变

1911 年 10 月 10 日（宣统三年八月十九日），武昌起义爆发，清军第二十一混成协统黎元洪被推为鄂军都督，布告起义宗旨：推翻清王朝，建立中华民国。该都督府旋致电上海同盟会黄兴、宋教仁等转电还在海外的孙中山从速回国，主持大计。在此后一个多月的时间里，全国各直省先后相继宣布脱离清政府而独立，计有湖北、湖南、江西、山西、云南、贵州、浙江、广东、福建、四川……广及国内中心地区十八省的大部以及上海等地，清政府统治立即陷入土崩瓦解的境地。

清政府获悉起义警讯，即令军咨府、陆军部速派陆军两镇由该部大臣荫昌督率南下，作垂亡前的挣扎。旋于 14 日任命两年前被黜退在乡的袁世凯为湖广总督，责成他督办对革命党人的战抚事宜。袁世凯答他人的"国能救乎"道："不能。天之所废，谁能兴之！"转作自我表白："托孤受命。"该当鞠躬尽瘁，并誓言："余不能作革命党，余且不愿子孙作革命党。"[①] 他率军南下，到孝感对民军厉行血腥镇压。他被任命为内阁总理大臣时，则派遣亲信往访英国公使朱尔典作试探：如果清政府愿意让位，或授权给袁世凯建立临时政府，各国是否将承认？如果革命党人拒绝同北方联合，中国便有分裂的危险。朱尔典吞吞吐吐，表示，这个问题必须持保留态度。又补上两句：袁世凯会博得各国的信任。

---

　　①　王锡彤：《抑斋自述》，载贾熟村《北洋军阀时期的交通系》，河南人民出版社 1993 年版，第 57 页。

他和南方首领们的争吵既然是中国内部的事情，他们相互之间应该能够达成协议。① 袁世凯得悉后心领神会，旋利用猛扑汉口战役一度得手而发动政治攻势，派人持函给黎元洪提议"早息兵事""和平了结"，并旋即先在武汉，后移上海举行长达数月的和议。

革命的南方，由各省都督府代表联合会议于 12 月通过，颁布《中华民国临时政府组织大纲》，定南京为临时政府所在地。为革命在海外奔走多年的孙中山应此前国内电召，于 12 月底到达处于南北对峙前哨的上海。上述联合会继已有决议，于 29 日推举孙中山为即将诞生的共和国首任大总统。次年 1 月 1 日，孙中山就任临时大总统，誓言："倾覆满洲专制政府，巩固中华民国，图谋民生幸福。此国民之公意，文实遵之。"② 同时，成立中华民国首届政府，即南京临时政府。临时参议院旋即制定具有民主精神的《中华民国临时约法》，标志着我国政体出现了有史以来适应时代潮流的一大变革。

在此期间，实际掌握清政府政柄的袁世凯以"逼宫"为中心紧张地活动着：如由其亲信梁士诒对隆裕太后以"军费已不足一月之用"相恫吓。袁世凯自己则上奏清政府：请派唐绍仪为全权代表南下议和。待唐南下后，由梁士诒密电唐绍仪，政府正商筹退处之方，"此后如何推举，苟不得人，则祸变益巨"。要他刺探孙君是否肯让。③ 另外，他又与当年我国驻外使节如驻俄公使陆征祥等电达清政府要求清帝逊位相配合，于 1912 年 1 月 19 日清政府召开御前会议上由列席的梁士诒、赵秉钧等对隆裕晓之以利害。隆裕无可奈何地于 2 月 3 日授权袁世凯与南方磋商退位条件，并于 12 月在接受优待条件后下诏退位，终结了清王朝。

---

① 王锡彤：《抑斋自述》，载贾熟村《北洋军阀时期的交通系》，第 57 页。

② 李新总编：《中华民国大事记》第 1 册，中国文史出版社 1997 年版，第 174 页。

③ 李宗一：《袁世凯传》，载贾熟村《北洋军阀时期的交通系》，河南人民出版社 1993 年版，第 60—61 页。

次日，孙中山为践履就任临时大总统时暂行"承乏"的诺言，咨临时参议院辞职，并荐举袁世凯继任，厚望他能"服膺共和"。11日，临时参议院举荐袁继任临时大总统，并促其"即速来宁"就职，却遭到袁世凯的拒绝，说是舍北而南，实有无穷窒碍。同时，他会见各国公使，与其达成默契：必在北京建立共和政府，否则，各国断不承认。①

在袁世凯虽已被举尚未履任，孙中山虽已请辞职，尚未解职时，前者即以临时大总统名义，于17日无视南京临时政府尚在而任命黄兴为南京留守，统辖南方各军。孙中山的信念是："革命之目的不达到，无和议可言也。"② 可是，迫于形势，孙中山于4月1日咨请临时参议院正式解除自己的临时总统职务；5日，该院决议将政府迁往北京。14日，袁世凯政府公布《南京留守条例》，规定南京留守直隶大总统，其职责是维持整理南方各军及南京地面之责。而后，于6月14日撤销留守府，终使南京临时政府归于消失。

曾几何时，这个鼎革时段结束了，史事的实质是，正在力求推动历史前进的南方，为形势所迫，不得已而与反革命的专制阶级谋妥协，中国又被扭上逆历史发展的斜道。之所以至此，除了内在原因，间接地与帝国主义操纵中国政局有极大的关系。

二　列强的对华政策和行动

帝国主义列强——英、法、德、美、俄、日六国，面对中国发生革命，出现推翻帝制、开创共和的新局面，在谋求保持其在华已经具有的威势和既得权益的基础上，进一步增强其在华势力，控制中国的发展，并力图影响这次革命的进程和结局。在此六国中，前四国和后两国的对华政策基本雷同，但策略上则又存在一

---

① 李新总编：《中华民国大事记》第1册，中国文史出版社1997年版，第187页。
② 《孙中山全集》第9卷，中华书局1986年版，第115页。

些差异。

英国国势相对来说此时已远不如前，但历史的积淀使它在中国仍占有优势且以盟主自居。武昌起义爆发后，它宣布要在中国除了保护英国及其臣民的利益和生命财产安全外，也要保护那些"未受保护的外国臣民的生命安全"①，反映出，中国在英国眼里，只是一个庞大丰富的市场。它希望看到中国的完整得到维持，不致被别具野心的国家所吞并。② 英国谋求维持这个市场的秩序则需要在中国保持一个政府，一个基本行政机构，也就是仍需要像此时已沦为革命对象的清政府那样一个政府和行政机构。革命战争一爆发，英国从主观愿望出发，认为清政府绝不会被推翻，希望重新建立它的权威。待起义的烈火形成燎原之势，英国警觉到清政府在中国人民中很不得人心，面临的前景黯淡，结果很可能是清政府的垮台，但仍说什么中国人的教育程度不足以适应政体中如此激烈的一项变故，更不愿中国以这一变故为转折而发达起来，扩充国权。为此，英国不只是"拒绝与起义军保持任何联系"，还幻想"目前的乱事——辛亥革命能被镇压下去"③，而采取所谓严守中立方针，以便其选择能为它所认可的代理人收拾时局，平息革命。这样的人首先被美国驻华公使嘉乐恒所相中，朱尔典同声叫好，共同认为拥有军事实力的袁世凯是一个理想人选。10月底，他在致本国外交大臣格雷的函中力予推荐："谁也不可能比袁世凯更好地在中国人和清政府之间起中间人的作用。"④ 格雷表示："我们对袁世凯怀有很好的感情和敬意。"希望看到"作为革命的

_____

① 《法国外交部长柏梯致格雷函》，1991 年 12 月 5 日，《蓝皮书·中国》第 1 号，英国，1912 年，第 108 件，附件。

② 黄远庸：《远生遗著》第 2 卷，商务印书馆 1924 年版，第 214 页。

③ 《朱尔典致格雷函》，1991 年 10 月 30 日收，《蓝皮书·中国》第 1 号，英国，1912 年，第 23、25 等件。

④ 《朱尔典致格雷函》，1991 年 10 月 30 日收，《蓝皮书·中国》第 1 号，英国，1912 年，第 60 等件。

结果，有一个强有力的、能与各国公使维持内部秩序"的政府；继而强调：这样的政府的执掌者非袁世凯莫属；我们应对这样的政府给予外交支持，以期在与中国已建立起来的贸易关系中获得进展。① 支持袁世凯替换清政府，以此定为英国的基本政策。

由于政治、经济利益总的一致，所以，法、美、德三国认同英国的政策，相互保持密切联系并协调行动。俄、日两国虽别有图谋，但也无异议。俄国驻华公使廓索维慈说："不可能明显地反对……法、英两国的意图。"② 更自我标榜："在一系列头等重要的问题上我们跟英国、法国是休戚相关的。"附带指出，它此时的着力重心，是企图占领与俄国接壤的中国的几个省份，首先是把外蒙古肢解出去，煽动叫嚷"欢迎蒙古王公们为解放他们的土地所作的努力"。③ 日本最初不反对支持中国的革命运动，用心在于指望中国在持续内战中自我削弱，以利其在东北、华东、中南各地扩张势力。它野心极大，但其经济实力尚远不足以相副；作为英国在东亚的盟友，更为避免招致列国的恶感，采取了暂时观望形势变化的策略，并做出在与英国协调行动中倘若可以扩张日本之权益，则不要失去可乘之机。日本期求实现的近期目标有三：（1）不能以得到南满洲为己足，还应该占据直隶、山西等地；（2）对南满洲应设法使别国承认日本在该地的优势地位；（3）占有中国中部资源，遏制扬子江口，夺取该江之利益和资源及大冶等矿山。其中对最后一项认为："与我国（日本）之关系最深，如有必要，可以兵力加以保护，进行军事上的占领。"④

---

① 《朱尔典致格雷函》，1991 年 10 月 30 日收，《蓝皮书·中国》第 1 号，英国，1912 年，第 58 等件。

② ［俄］齐赫文斯基主编：《中国近代史》，北京师范大学历史系、北京大学历史系、北京大学俄语系翻译小组译，生活·读书·新知三联书店 1974 年版，第 504 页。

③ 《列宁全集》第 17 卷，人民出版社 1959 年版，第 457 页。《英国驻俄公使布坎南致格雷函》，1912 年 1 月 3 日收，《蓝皮书·中国》第 3 号，英国，1913 年，第 11 件。

④ ［日］依田熹家：《日本帝国主义与中国》，卞立强等译，北京大学出版社 1989 年版，第 112—117 页。

　　英、法、德、美、俄、日六国混成一体的列强，针对中国革命的行动方针一经确定，除运用军事手段、外交压力加以实施外，经济方面的信贷也被当作实现其既定目标的一种策略性措施，紧随着我国国内局势的演变因应着行动。最初，朱尔典急着向其本国政府动议给予袁世凯以财政援助，遭到质问："如果南方完全被共和政体统治，则对北方的任何资助将会引起报复性的抵制……以及在华外人的被屠杀等将如何处理？"告诫他"避免给中国任何一方以贷款"。接着，朱尔典取得本国政府的认可，为了促成南北双方展开谈判，对袁世凯内阁开始提供财政援助，进而确定原则，为了在"过渡阶段"维持袁世凯政权不致垮台，准备随时应其迫切需要，给予及时的支持。[1] 12 月 6 日，格雷致电英国驻法、德、美三国大使：向各该国建议，立即向袁世凯政权提供财政援助。[2]

　　英、法、美、德四国在此之前早已怂恿各该国财团联合组成国际银团作为贯彻实施其本国对华政策的工具。继币制实业借款、湖广铁路借款先后订立后，这个银团对中国发生革命所出现的剧变局势，亦步亦趋地紧跟各国政策行动。它对贷款一举，从初时的不表示可否，到 11 月 8 日的巴黎会议上作出决定，暂时不向清政府提供财政援助，但绝不反对"向一个能负起责任的中国政府提供贷款"。[3] 过后不久，又改为"为了促成南北和谈的利益"，该应袁世凯政权的需要及时给予信贷。俄国基本认同这一方策。日本呢？它在加入银团后，除了积极配合进行贷款活动之外，另干一着，在北方支持清政府，在南方帮助革命军，目的在于让两者皆疲惫，以坐收渔翁之利。

---

① 《美国外交文件》（英文），1912 年，第 102—104 页。
② 《美国外交文件》（英文），1912 年，第 103 页。
③ 《美国外交文件》（英文），1912 年，第 103 页。

第二节　财政困境中的南北借款

　　清政府的最后十年，财政几乎年年有巨额赤字，平均达岁入总量的 1/5 上下。我国爆发革命，英国转谋作为机会，进一步控制在我国当年岁入总量中约占 1/3 数额的关税，以遏制我国整个财政资源，以中国关税在此之前充作多项借款担保为理由，悍然声称这笔税收"确系各国债权所有人的财产"①，以不使此项落入革命党人手里为由，向清政府索取并夺取对中国关税的保管权，致所有税金，全被揹留。国内既发生内战，势必冲击社会经济生活。赋税中如田赋、钱漕以及厘金等，由于种种原因，或需做出一些"豁免"；更因税源壅塞，征取减少，而该支出的经费能够减省的往往有限，等等，使本属拮据不堪的财政更似雪上加霜。这是南北双方共同面临的状况。

　　国家内部即一度出现南北对峙局面，就北方说，日益增多的独立各省先后即不再解交"京饷"，依然受其统治的一些省份各为地方谋，也多以筹办戒严、设防等说辞，截留应该解交中央的税收，少数照常征解的也鲜有足额。清王朝为作垂死挣扎，大动干戈。而在收入剧减、支出激增中，户部奏报警讯：财政势将不支。② 但它毕竟君临国家 268 年，无论是内务府还是皇亲国戚，积聚财货多多。为应急需，还可以，事实上，也曾经拿出一些金银，或多或少报效一些以济急用。③ 南方则异是。从来革命者都是白手

---

　　①　陈诗启：《中国近代海关史》，人民出版社 2002 年版，第 477 页。

　　②　《度支部大臣载泽奏折》，宣统三年九月初六，《清宣统朝外交史料》第 23 卷，第 22 页。

　　③　《朱尔典致格雷函》，1911 年 12 月 1 日收，《蓝皮书·中国》第 1 号，英国，1912 年，第 101 件。

起家的，唯指望以革命的宗旨、纲领赢得人心，进而通过劝募所得、政治捐赠以求保障供给于一二。南方建立的临时政府，既无旧政权库存可资接收，也无从在治区各地直接征收税赋，独立于清王朝的各省，从旧政权的库存中多少还可以接收一些，也只是一次性的。这些省份虽受临时政府管辖，各省军政当局除极少数如沪军都督府外，在财政方面多是不将应解之款从速完缴，不单不予临时政府以支持，反而多要饷项。比较之下，在财政状况同属艰窘中，北方的处境胜过南方。同是南方，各省军政府较优于临时政府。

一　北方的借款

北方的借款以 1911 年年底为界，且区分为前、后两个段落。起义的炮声顿使清政府上下惊慌失措，饥不择食般多处寻求贷款支援。对面临崩溃的清王朝，也有一些唯利是图的外来的潜在贷主为博取可能的暴利，愿作番冒险。清王朝的中央、地方在多方设法借款中一与之磋商，却徒说一阵的多，很少能达成协议。这是前一阶段的概况。在 1912 年起的日子里，情况有变化。列强继所希望取代清王朝的强人一被认准，力谋使之取代仍能为己所掌控、利用，而对他的需求则多给予正面的回应，并以是否承诺所提出的借款条件作为定夺，事实上是应袁世凯政权之急，一次次地达成了名为垫款的金钱交易。

在革命惊雷的震慑下，两江总督张人骏首向清政府奏陈危急局势，要求举借洋债以济急。他在武昌起义爆发后第三天即 10 月 13 日急电清政府："鄂乱事起仓卒，江南地处下流，向多伏莽，窃发堪虞。""皖赣逼近鄂疆，兵备均甚空虚，非缓急有备，实难肆应。"且"饥民载道，更应速为抚遣，在在需款"，要求先行息借洋款银 500 万两，朱批照准。24 日，他又以增强江防和招勇购械、赶拨鄂省，不敷应用，拟加借 200 万两，又获准"著照所请"。① 张人骏派人到上海向侨寓当地一些外商商洽借款，经接触而都告落空。

山东巡抚孙宝琦为融通资金，先于 10 月 17 日向德华银行通融济（南）平银 10 万两②以资周转。紧接着，于 20 日电奏清政府："东省事机紧迫，库存现银不敷备用"，提出"拟向德华银行借银 300 万两"，以其半拨入藩运两库，另一半拨给官银号维护市面，兼备缓急。廷议："军备空虚"，准其如数举借专为添募巡防 20 营的非常特别之需。山东当局再与德华银行接洽，遭婉拒。转通过法国男爵勾堆，由奥地利商人戴玛德经手商定举借 40 万英镑、九二扣，于 11 月 21 日草签一份借款合同；但这个戴玛德旋以"中国乱事日紧，借款情形亦日见其难"③ 为由搁置一边。可是，他逐利之心未泯，转又与度支部接触，声称愿提供贷款 6000 万法郎，也可以增加到 15000 万法郎。后者不加审查，迅即于 10 月 27 日和他以及法华公司代表甘锡雅草签《宣统三年中国整理各项新财政之借款合同》一件，规定借款额为 9000 万法郎，或 360 万英镑。度支部同日奏陈清政府："此次借款实为非常特别之用"；"虽利息重，一再磋商实难减让。军需万急不能不勉为定议"。勾堆等贷款活动初步实现，急返巴黎活动，而在法国政府禁止在该国证券市场发行债票的干预下，终又未成事实。

直隶总督陈夔龙以武昌起义给予天津市面以沉重冲击，电奏清政府："津市危急"，"饷需万急"，已"饬交涉使与洋行商借银 200 万两，一年归还，以本省各实业税及烟酒税作虚抵"。他先有

① 《上谕》，宣统三年八月二十二日、九月初三，《宣统政纪》卷六一，第 29 页；卷六二，第 9—10 页。

② 《五国银行团 1913 年 6 月 23 日致代理财长梁士诒函送各省地方借款明细表》，中国社会科学院经济研究所藏日文档案。

③ 《度支部片》，宣统三年八月二十九日，《户部奏档抄本》下卷，宣统三年；《孙宝琦致外务部函》，宣统三年十月初五、十七日，外务部档案。

行动后再奏请。清政府在借款已成事实后，朱批："准其向洋行商借以济急需。"① 这笔贷款旋由大清银行经手与法国东方汇理银行商定，于 10 月 25 日连续提供行平银 5 万两，又 100 万两，共 105 万两用作缓解天津市面的紧张局面。②

东三省总督赵尔巽在 10 月中旬，先后向日本正金、俄国华俄道胜两银行试探商借钞币，专备东三省非常缓急之用，然后补行奏报，于 10 月 27 日获准："度支部知道。"③

赵尔巽先于 17 日派遣督署度支使往访奉天（今沈阳）正金银行分行经理小野，商借正金银行券，并要求"严守秘密"，即使对日本政府也要求"不使知道"，情愿提供盐税或落地税担保。小野当即正告："凡借款合同必须取得总领事的签证"而后可，"不告知政府是不可能的"。又道：所提供的担保税种已充当此前外债的担保，该"另找适当担保"。该度支使马上解释："此次借款系充当出兵费用，即拟往南镇压民军之用。"又道："如正金银行方面不答应也没有办法。"过了两天，他又对小野说："连日来官银号遭受挤兑，准备银只剩有 200 万两，对今后情况不胜忧虑。""如 500 万两借款之事不能立即实现，希即先借 100 万两也好。"并强调"希望立即借款"，"任何条件不拘"。过后，小野与督署方面继续保持接触，先后探悉后者以有"急需"，唯求能"立即贷给"，款额可以"减为 300 万两"，担保可改以"地租 40 万两"来充当。"如不够，则以土地房屋买卖税 100 万两作为担保"。小野不在乎这些，郑重反问："从海龙及洮南到南满铁路上某一地点敷设铁路计划中是否准备向正金银行举借款项？"原来日本旨在攫取建筑铁路的权益。铁路事务时属邮传部掌管，东三省总督无权

---

① 《宣统三年九月十六日谕寄陈夔龙》，《宣统政纪》卷四〇，第 47 页。

② 《1913 年 6 月 23 日五国银团致代理财政部部长梁士诒函》附件，中国社会科学院经济研究所藏日文档案。

③ 《上谕》，宣统三年九月初八，《宣统政纪》卷六二，第 45 页。

过问，也不能做主答复可否。23 日，赵尔巽乃亲自问询该行副经理井上，这次借款"正金银行何以一反往例，迟迟不予回答"？并告以"其中一部分系用以支付从三井物产公司所购买的武器之类的代价"，仍要回到日本的。井上把这些情节向总行、向日本驻奉天领事小池张造汇报。日本外务大臣内田康哉获悉后终以东三省督署准备提供的担保不能满足日方的要求，复电小池：对此贷款，暂时不再进行①，终未成为事实。

日本政府当 1911 年、1912 年之交，眼看清帝终将退位，指使浪人川岛浪速之流加紧策划所谓"满蒙独立"，联络一些敌视共和政制的满族亲贵，谋划发动满蒙勤王军，并以坚守满人祖先故土绝不归还为理由，保留大清之名，暂据满蒙，以养实力。一时间，蒙古卓索图盟右翼旗喀喇沁王贡桑诺尔布、昭乌达盟巴林部右翼旗巴林王等闻讯蠢蠢欲动。日本横滨正金银行就其政府拨款，于 1911 年 12 月 18 日以借的名义给喀喇沁王银 2 万两；第二年 2 月 28 日和 3 月 1 日又分别给巴林王和喀喇沁王各 2 万日元和 9 万日元，并以德王旗内和卓索图盟内所有矿山作担保。所有这些，尽管立有"借契、借据"之类的文书，而如此钱财往来，实为收买，根本不属借款性质。②

东北地方当局除了向日本提出借款要求，另向俄国华俄道胜银行（哈尔滨分行）申请贷款 300 万卢布（后增至 500 万卢布），许以北满的关税、盐税和地产税作为抵押。俄国政府断定赵尔巽"需要这笔钱势将作为把军队派往南方与革命军作战的军费"，对俄国有某种政治利益，只是目前借款给中国是冒险的。转又认定此项借款所能获得的好处：俄国控制了东北北部的关税，就可以

　　① 《日本驻奉天领事小池张造致外务大臣内田康哉报告》，1911 年 10 月 17 日，往电 320 号；同年 10 月 19 日，往电 329 号；同年 10 月 23 日，往电 337 号；《日外大臣内田康哉致奉天领事小池张造》，同年 10 月 24 日，来电 177 号；《致内田电》，同年 10 月 26 日，往电 345 号；《内田致小池电》，同年 10 月 28 日，来电 187 号，中国社会科学院经济研究所藏日文档案。

　　② 宓汝成：《辛亥鼎革之际外债透析》，《近代中国》1997 年第 7 辑。

大大增强其在华的地位，足以弥补由于提供借款可能遭受的经济损失。沙皇政府正准备支持道胜放贷，在获得其驻华公使廓索维慈11月5日电告：北京情况十分混乱，以奕劻为首的皇族内阁实际不复存在，新内阁又尚未组成，形成无人负责的局面，建议务须郑重下，终于放弃。①

　　清政府比较顺利地借成且较重要的是几笔军购借款。（1）陆军部于1911年10月19日即武昌起义爆发后第九天，秘密恳托在北京的大仓洋行支店为向日本泰平组合采购军火代垫价款；后者在日本政府示意下即与陆军部先于10月23日签订供应武器合同，第二年2月5日，又与陆军、度支两部为一方签订略如价款余额的182.18日元的借款合约一件。（2）袁世凯继续被清政府起用，为遂其以战迫和策，派人与其素有来往的德国军火工业集团及其经理者瑞记洋行洽商借款，后者当即表白："因在中国营业多年，素来感情很好，今当增厚友道之厚谊，愿借与英金。"即由清政府余孽的袁世凯内阁度支部尚书绍英与瑞记洋行代表奥地利史高德厂于1912年1月29日签订借款合同和军械军火合同各一件。前一合同规定：借额30万英镑，期限为5年，在两星期内分两次交清，专为维护北京市面之需；后一合同为订购军火、军械价款45万英镑，期限为10年，采购合乎野战、山战等用的军品，由瑞记洋行按期供给，皆以崇文门商税作担保。这两笔借款习称为瑞记第一次借款和瑞记第二次借款。②

　　往后，袁世凯既被帝国主义列强认定为能为它们效力的理想人物，于是北方对外借款的境况改变。

---

①《尼拉托夫与总理兼财政大臣科科弗曹夫来往函》，1911年10月22日、10月26日；《廓索维慈与尼拉托夫来往函》，1911年11月5日、6日等件，中国社会科学院近代史研究所编：《沙俄侵华史》第4卷，下册，第750、752页。
②这两笔借款，借期分别为5年、10年；1917年俄对德奥宣战，宣布作废而未废除，迁延到1925年却转手成为意大利借款。徐义生编：《中国近代外债史统计资料（1853—1927）》，中华书局1962年版，第114—115页。

　　袁世凯被举为第二任临时大总统尚未履任前，以亡清内阁总理大臣名义派遣阁员度支部代理首领周自齐向四国银团驻北京代表试探申借巨款的可能性，后者做出意属可以考虑，但不明确表示的回应。袁世凯政府继以内定的总理大臣唐绍仪于 2 月 26 日向四国银团提出要求紧急垫款，后者以对它究竟能否存在下去，巩固起来，一时尚未尽消除疑虑，更为谋求通过贷款攫取最大限度的权益，不提巨额借款事，允为临时应急"腾挪"少许，随时垫支款项。见之于事实，便是在 1912 年年初到 6 月中旬的日子里，先后垫款五次。在此期间，袁世凯政府与银团外各国的、跨国的大小财团而由华比银行经手，与俄法比财团达成《华比借款》一笔，付款两次。国际银团闻讯，猛烈抨击袁世凯政府，终迫使其道歉，才容忍其已收垫款的事实而终勾销此项借款合同。经此波折，国际银团应袁世凯政府的急需，先后提供五次垫款，并插入已成复废的华比借款，顺时序分别简述如下。

　　第一次垫款。袁世凯未就任临时大总统前，借口南方军队骤增，糜饷过巨，并以南北既已统一，国民希望和平为由，倡议裁兵，通电各省请军政分府裁撤，缩减军队。[1] 与此约略同时，他遣度支部副首领周自齐向四国银团驻京代表表示：为此，南京临时政府需银 700 万两，其中 200 万两为急需，要求急垫款项。后者应允后，立即致电在上海的该银团代表，就近在上海垫支库平银 200 万两，与南京临时政府财政总长陈锦涛于 2 月 28 日签押，形成当日尚无借款名目在事后始被称为善后借款的第一次垫款。袁世凯政府与国际银团商定了垫款，却让给南方临时政府并由后者签订垫款合同，借以抢占政治优势，并用此动作示意：南方该如其所请裁军，撤销"军政分府"了。

　　第二次垫款。与第一次垫款订立同日，袁世凯政府派唐绍仪

　　① 周震麟：《关于黄兴、华兴会和辛亥革命前后的孙黄关系》，载《辛亥革命回忆录》第 1 集，文史资料出版社 1961 年版，第 337 页。

向四国银团提出一份垫款暨借款的全盘计划。3月2日，复派周自齐向国际银团代表以有迫切需要，要求紧急提供垫款一笔。伦敦汇丰银行获悉这一消息，向英国外交部陈述意见并由后者做出原则指示：为加强中国的实际政权，"维持其不致垮台允予贷款"。[1] 3月9日，国际银团与周自齐商定：垫支银110万两，是为第二次垫款。袁世凯政府将此款分成三份：（1）充作安抚清室遗老的旗饷；（2）处置被袁世凯政府本身炮制出来的动乱[2]；（3）采购军需以震慑南方革命势力。

　　四国银团意在把持对华贷款，激起银团外其他财团的嫉妒，起与竞争中由巴黎斯毕抽尔公司与比利时总公司联合组成法比财团，又与俄国的华俄道胜银行、英国的以老沙逊洋行为代表的东方银行组成法、比、俄、英国际辛迪加，先于该年2月20日与袁世凯政府订立草合同，继于3月14日由度支部所派代表陆宗舆与贷方订立《1912年中国政府五厘息金镑借款合同》，即规定以1000万英镑为最大限额借款的"华比借款"当天和4月6日由华比银行经手，先行分别垫支100万英镑和25万英镑，两计125万英镑。袁世凯政府在实收这些款项折成规银1200余万两后，拨给南方约为563.3万两（其中拨给湖北、上海两军政府分别为规银101.2万两和5万两），余则供作自己的军政经费，包括收买它的反对者。[3] 国际银团闻讯，立即向袁世凯政府以掩盖隐瞒、违背承诺相诘责，最后迫使袁世凯政府道歉，而后容忍其已贷之款的存

────────────

① 《朱尔典致格雷》，1912年4月11日，《蓝皮书·中国》第2号，英国，1912年，第22页。《四国银团与袁世凯往来函》，1912年3月9日，中国社会科学院经济研究所藏日文档案。

② 袁世凯既被举为总统，要求其到南京就职，为拒绝南下，而在北京左近炮制的一次动乱。

③ 《参议院修正华比借款草约》，《中国日报》1912年4月3日；《政府公报》1912年7月20日第81号公文；王铁崖编：《中外旧约章汇编》第2册，生活·读书·新知三联书店1957年版。《朱尔典致格雷函》，1912年5月6日，《蓝皮书·中国》第3号，英国，1913年。此项借款系由华比银行经手，习称"华比借款"，又称"英比借款"。

在，于 4 月 27 日废除这笔借款合同，并通报给国际银团结案。

第三次垫款。华比借款风波平息后，国际银团于 5 月 17 日函告唐绍仪和财政总长熊希龄，已应所要求备齐规平银 300 万两，静候拨用。并旋即分别在上海和北京各交半数。严格规定使用垫款的监督条件，如对监督裁军，规定中国政府须偕同一位或数位由公使馆指派的外国军官亲赴现场监视，等等。但须指出：国际银团作为贷方，获享此项特权。至于怎么行使、是否行使，则由它自主了。这样，见之于当年的事实是：对南方，确是这么做，亲临现场、监视，点名裁军；对北方，为遣散军队，只要求在领取款项时由中央政府委派高级官员及各该地方的海关税务司会同签字即可。① 监视的重点是物（款项），而不是像对南方那样是人（兵）。其结果，便是对南方说裁是真裁，而故纵北方在裁兵过程中可上下其手，变成汰弱留强。

第四次垫款。6 月 2 日，国际银团致唐、熊函中称："如何接济中国政府大宗款项"的整个问题未经议定，先应中国政府的急需，又备齐银 300 万两。袁世凯政府收此垫款，半数充作它自己的军政费用，半数拨交南京留守府。

第五次垫款。同月 18 日，国际银团通知新任总理陆征祥和财政总长熊希龄：预备银 300 万两听候政府拨用，并开单规定这次用途八项，归纳之实为三大项：（1）遣散南京、上海和烟台、登州的军队和饷银。此中被袁世凯政府视为后患无穷，驻在南京附近的十几万军队之遣散费用约占其半数。（2）供作袁世凯政府的政费 170 万两，包括充作优待亡清皇室费 50 万两和八旗米折 10 万两，等等。（3）零星杂项。

国际银团提供了第五次垫款，认定列强所期望的"强人"经扶植且稳定了下来，然后才正式转入与之商谈日后名为《善后》的借款。

---

① 丁名楠等：《帝国主义侵华史》第 2 卷，人民出版社 1961 年版，第 371 页。

上述五次垫款每次都规定有损我国主权、民族利益的条件。简言之，有如下三项：（1）国际银团对华贷款享有优先权，获借方的谅解和同意，给予保证、确认；（2）以当年约占我国岁入总量20%的盐税充作担保，对征收事务由中国政府聘任外国专家接受其"帮助"；（3）由中国政府根据有关列强或银团提名任用一名外国财政顾问，对中国总的财政政策提供意见。

综计北方所借外债共计10笔，统一折合成银圆3665万元，见表8-1。

表8-1　　　　　　　　北方的借款情况（1911—1912年）

序号	年月	名称	贷款者	金额
1	1911年10月17日	山东省借款	德华银行	济（南）平银10万两
2	1911年10月25日	天津市面救济借款	东方汇理银行	行平银105万两
3	1912年2月5日	陆军部借款	大仓组	182.2万日元
4	1912年1月29日	瑞记第一次、第二次借款	瑞记洋行	75万英镑
5	1912年3月14日	善后借款第二次垫款	四国银团	规平银110万两
6	1912年4月6日	华比借款第一次、第二次垫款	英比俄财团（华比银行经手）	125万英镑
7	1912年5月1日	直隶借款	东方汇理银行	行平银10万两
8	1912年5月17日	善后借款第三次垫款	六国银团	规平银300万两
9	1912年6月12日	善后借款第四次垫款	六国银团	规平银300万两
10	1912年6月18日	善后借款第五次垫款	六国银团	规平银300万两
总计				银3665万元

注：（1）万以下四舍五入。（2）不同计量单位统一折合成银圆。按各种成色的银统作库平银1两，库平银1两折银1.34元。银圆、日元等值；1马克折银0.48元，1英镑折银9.8元。

资料来源：据徐义生编《中国近代外债史统计资料（1853—1927）》，中华书局1962年版，第52—53、114—116页表中有关项目改制。

二　南方的借款

南方的借款主体是南京临时政府，包括其成立前的同盟会和结束后的留守府，还有宣布独立的各省的军政府，依此顺序叙述。

1911 年，同盟会谭人凤、宋教仁等组成中国中部同盟会以统筹长江中游各省的革命活动。为筹措经费，谭人凤于 6 月 10 日、7 月 15 日先后由日人北辉次郎经手，出立借据向日本今野洋行借日金各 10 万日元共 20 万日元，年息 6%，借期 1 年，许以新政府成立后把苏杭及湖南所产稻米由其独家输出并以采掘长江流域矿山作为酬报。南京临时政府于次年元旦成立，谭人凤以北面招讨使名义，与日方再度商洽借款，连前所欠，于 2 月 15 日改定借款金额为 90 万日元，月息 1%，以民国元年军需公债国币 30 万元作为担保①，并把原定酬报改为以湖南新化锑矿归中日合办。

此前，当清军在南京负隅顽抗时，黄兴急需订购军械等物资，由日本大仓洋行经手，将价款余欠数于 1911 年 11 月 30 日转成京平银 54.3 万余两的借款一笔，年息 7.5%，期限为 1 年。

宣布独立各省代表，商定集会南京，成立中华民国临时政府；沪军都督府以招商局正需购置轮船，以之商妥联合举借一笔外债，以资周转。于同年 12 月 8 日向汇丰银行借得规平银 150 万两，取其中 40.2 万两作为沪军都督府的借款，以招商局所有分散在各埠的栈房等产业作为担保。

孙中山从海外启程回国时，委托同情、支持中国革命的国际友人如美国人荷马·李在英国洽商借款。此前，还设想以殷实的华侨私产作担保，向外籍金融机构试探借款②，但都未成事实。他在临抵国门于香港与廖仲恺、胡汉民晤谈中主张暂借外债以保障待成立的革命政权的供给。他的理念，若有必要，以一不失主权、

---

① 《今野晋三呈财政部文》，1914 年 10 月 24 日，附：《出资概略》等著件，中国社会科学院经济研究所藏日文档案。

② 邵雍：《孙中山海外借款的三封重要信函》，《辛亥革命研究动态》2001 年第 3 期。

二不用抵押、三利息较轻为原则，可以举借外债以济用。

南京临时政府一成立，为应急需，于 1912 年 1 月 24 日向三井洋行借款 30 万日元，年息 8.5%，期限为 1 个月，以资周转，由实业总长张謇个人担保。届期未能偿还，一再改订展期合同①，构成借款一笔。

此前，临时参议院于 8 日通过发行《民国元年八厘军需公债》1 亿元，总因"仓卒零星，征集颇难应急"，旋改定举借外债以资补充。为慎重计，并拟使之内债化，怎么化法？临时大总统在日后致参议院咨文中做了解释：向治区内大型企业如汉冶萍公司及招商局管产之人商请将私产押借国外巨款，由彼得款后，以国民名义转借于政府，"作为该年发行的亿元公债的一部分"。② 南京临时政府如此决定，也这么做了。

临时政府首先责令招商局以局产"抵押一千万两"，暂借给政府以充军用，由政府"分年偿还利息"。③ 招商局奉命在 2 月 1 日的临时股东大会上表决通过④，却遭到外在势力的干扰。最初，日本驻上海领事有吉明报告日本外务省，这是乘机在长江中下游流域扩张日本航运势力的绝好机会，建议敦促其国内财团速下决心筹备款项。外务省经与有关方面协商后推动日本邮船公司抓紧行动，并授予机宜，力求避免暴露出似乎"公然向革命军提供军费之形迹"。⑤ 2 月 6 日，该公司上海支店长抓紧与南京临时政府签订一份草合同，规定应进一步商定具体条件，在签订正合同前，

---

① 徐义生编：《中国近代外债史统计资料（1853—1927）》，中华书局 1962 年版，第 96—97 页。

② 《孙中山全集》第 2 卷，中华书局 1982 年版，第 106 页。

③ 《申报》1912 年 1 月 25 日，《粤北伐军总司令姚雨平等致招商局……电》，1912 年 1 月 20 日；《沪军都督陈其美照会招商局》，1912 年 1 月 24 日，招商局档案。张后铨主编：《招商局史：近代部分》，中国社会科学出版社 2007 年版，第 286—287、365 页。

④ 《申报》1912 年 2 月 2—3 日。

⑤ 邹念之译：《日本外交文书选译——关于辛亥革命》，中国社会科学出版社 1980 年版，第 358、361—363、369 页。

中国方面不得再与第三国进行借款交涉。中国若有急需，日本方面可以随时先行垫款 100 万元。英国闻讯，要求日本政府制止这项贷款。日本以与英国的第三次同盟条约刚订立不久，乃由外务省向英国表示：本政府对该公司的行动不鼓励、不劝阻，但给有吉明的指示则是为求进展顺利，对该公司随宜"从背后给予必要的援助"。[1] 直到 3 月，日本才决定退却，不准备签订正约，而又"一面努力为日后交涉留有余地，一面迫使对方（中国）约定，不以招商局财产为抵押向他国进行借款交涉"。此项借款则以不了了之而告终。

接着，临时政府责成汉冶萍公司转借外债 500 万元接济经费。

该公司总理盛宣怀在遭到清政府罢官（邮传部大臣）后畏罪亡命日本，日方乘机利用盛宣怀，企图对汉冶萍以合办为名行吞并之实。孙中山对盛宣怀为资争取，恳切表示：民国政府之于盛并无恶感情。若肯筹款，自是有功；反对他与日方勾结合办汉冶萍，规劝他不若公司自借巨款由政府担保，先将各欠款清偿，留一二百万作重新开办费，再多借百万转借与民国，统由民国政府正式承认；再者，与公司订合同依期付息还本与公司。认为若能这样，于公司一无所损，更得民国维持，两皆裨益。[2]

盛宣怀作为该公司的一大股东既为维护其个人利益，兼为取得国人谅解，表示义不容辞[3]，但又托出日方意图，另提方案：华日合办，该公司"或可筹借"。孙中山明察如此条件流弊重重，迫于财政境况极度困难的现实，一度决定姑作质衣疗饥的险着；授

---

① 邹念之译：《日本外交文书选译——关于辛亥革命》，中国社会科学出版社 1980 年版，第 358、361—363、369 页。

② 《陈荫明复王勋电》，1912 年 1 月 17 日，武汉大学经济系编：《旧中国汉冶萍公司与日本关系史料选辑》，上海人民出版社 1985 年版，第 288—299 页。

③ 《王勋致陈荫明转王宠惠电》，1912 年 1 月 14 日，武汉大学经济系编：《旧中国汉冶萍公司与日本关系史料选辑》，上海人民出版社 1985 年版。

权盛宣怀与日本三井洋行洽商借款，并先后于 1 月 26 日、2 月 2 日由南京临时政府和汉冶萍公司为一方与三井洋行为另一方签订《汉冶萍公司合办协约》；又由汉冶萍公司协理李维格与小田切在东京签订《汉冶萍预借矿砂合同》。概括其中要点：（1）汉冶萍改制为中日合办；（2）由日方提供半数股本 1500 万日元中的 500 万由公司转借给政府；（3）另由横滨正金银行提供 250 万日元由三井经手购买军需用品。

上述信息传出，国内舆论哗然：怒斥盛宣怀为贼，"将汉冶萍与日"。① 总统府枢密顾问章太炎、实业总长张謇等向孙中山恳挚陈言，坚决反对。孙中山当机立断，除了已"火急借入日金 200 万元以应军队之需"外，经两度向参议院提出咨文说明经过后于 2 月 23 日下令，废除合同草约。② 过后，孙中山致电黎元洪做了说明：此项借款原属"急不暇择！贷方陆续交付 200 万元则随到随尽"。③

1912 年 1 月下旬，江苏商办铁路公司协理、临时政府实业总长张謇，鉴于临时政府和江苏、上海军政府军需孔亟，据政府决策，策划由江苏铁路公司代南京临时政府出面举借外债。日本财团如大仓组、三井洋行等在其本国政府的指使下，正谋乘机攫取我国长江流域的路矿权益而积极响应。其外务省注意到该路"与英国的关系相当复杂"，志在必得地训令有吉明就近与大仓洋行上海支店加强联系，给予必要的关切，促成其实现。并要他提醒大仓洋行，在应江苏铁路公司的要求准备贷款时，务必要该公司出

---

① 《盛宣怀致三井洋行森恪函》，1912 年 1 月 27 日，武汉大学经济系编：《旧中国汉冶萍公司与日本关系史料选辑》，上海人民出版社 1985 年版。
② 《民立报》1912 年 1 月 26 日；《民兴报》1912 年 3 月 15、23 日；高劳：《临时政府借款记》，《东方杂志》1912 年第 2 卷 11 号。
③ 《民立报》1912 年 1 月 26 日；《民兴报》1912 年 3 月 15、23 日；高劳：《临时政府借款记》，《东方杂志》1912 年第 2 卷 11 号。

具文书，说明拟议中的借款对"英国方面之利益并无侵害"。① 1
月 18 日，双方在上海签订了以江苏铁路收入及其股票为担保、借
额为 300 万日元的草合同一件。英国闻讯，由其驻日大使质问日
本外务省：此借款是否"与日本对这次中国革命"迄今声明不干
涉立场和不鼓励对任何一方提供借款的方针相悖，要求日本注意。
据 1908 年《中英沪杭甬铁路借款合同》规定，作为担保的包括江
苏铁路（上海—枫泾段），而今草合同中也以江苏铁路充作担保，
岂非恰相抵触？英方强硬要求："无论如何应着其暂停交
款"。② 日本外务省则虚与委蛇，示意大仓洋行把这笔贷款做成既
成事实。在英方一时冷眼旁观中，江苏铁路公司总理王清穆、协
理张謇等于同月 27 日与大仓组代表门野签订正合同，提供贷款
300 万日元。英国一时未予计较，待到两年后，英国终以迫使北洋
政府接受它的沪枫铁路借款垫款，用资归还清算这笔大仓借款。

江苏铁路公司从这笔借款中，除了拨给江苏都督府、沪军都
督府分别为 46.5 万日元和规银 88.5 万两外，余额稍稍超过半数
则解交临时政府。

1912 年 2 月，袁世凯既被举为第二任大总统，又出现了借款
银行皆与袁世凯直接洽商的局面，南京临时政府陷入不能办理借
款的窘境。该府在南京的留守为筹措经费和清理其前临时周转的
旧欠，接连形成零星借款 3 笔，即：（1）3 月 8 日，就此前向三
井洋行先后所借分别为规平银 8.6 万两、7.95 万日元和银圆
192.23 万元，合成为 210 余万元一笔；（2）同日，向日本寿屋洋
行借款银 1.3 余万元，充作支付购买军装被服价款；（3）由上海

① 《苏路公司布告各股东书》，《时报》1912 年 2 月 4 日；《政府公报》1912 年 7
月 20 日第 81 号公文；《伟晋颂致朱尔典》，1912 年 1 月 20 日，《蓝皮书·中国》第 3
号，英国，1912 年，第 126 号附件。《日本外交文书选译——关于辛亥革命》，邹念之
译，中国社会科学出版社 1980 年版，第 372—373 页。

② 《日本外交文书选译——关于辛亥革命》，邹念之译，中国社会科学出版社 1980
年版，第 375—376、380 页。

总商会经手，于 4 月 27 日向德商捷成洋行借款 500 万马克，用以付还上海商会曾经垫付之款和充作宁（南京）、沪、杭各地驻军军饷。

留守裁撤后，为对其临时政府、留守府积欠作一清结，改成两笔借款：（1）1912 年 10 月，与礼和洋行商妥对其经手购买军械价款余欠，改定为 420 万马克，授予国库券作为抵押；（2）12 月 31 日，为结清该年 3 月间临时政府向上海英商怡大洋行订购的军品价款余欠规银 16.2 万两，由北京政府陆军部与该洋行于是日订立偿还子弹余款合同，连欠息改作规平银 19.17 万两，年息 7%，以南京临时政府前发行的八厘公债票作为担保。这笔借款，标志着南方借款的终结。

独立各省军政府举借的外债以沪军政府为最多，但所借之款间有分拨给南京临时政府或代表后者举借；贷方多半是日商三井洋行。当它成立时，以旧政权的上海道逃入租界和大清银行停业，无库存可接收。最初经费主要靠劝募所得，仍不足便举借外债以资周转。其与临时政府合借的除了 1911 年 12 月招商局汇丰借款一笔已述于上外，在次年 4 月 20 日至 6 月 13 日不到两个月时间里，由沪军都督陈其美和黄兴、朱佩珍代表该府先后与三井洋行商妥借款 3 笔，即 4 月 20 日的规平银 15 万两，6 月 1 日、13 日各 10 万两，共计 35 万两。此外，由都督府成员、荷兰鲁意洋行买办虞和德经手，向荷兰银行（上海）洽借规平银 1 万两。所有这些主要充作军饷和行政经费。

鄂军政府成立时，接收原藩库和湖北官钱局造币厂的库存，加上袁世凯为实施停战息争策略，别有用心地从华比借款项第二次提供的垫款中拨给部分以示好意，使该政府财政状况较佳于其他各省。鄂军政府在认为大局已定后，于 1912 年 6 月 26 日由黎元洪与德商捷成洋行商定，借规平银 300 万两，以汉口销场税等作担保，以 4/5 充实湖北官钱局资金、1/5 充作购买开采龙角山锑矿需用的机具。

湖南、福建、浙江、安徽各省当局在此前后也各举借了一些。如湖南军政府由湖南矿务总局出面，为筹措军政经费以修筑湘江左岸松柏市铁路的名义，用水口山铅锌矿砂10万吨作担保，与德商礼和洋行洽商借银326万两；于1912年2月24日达成协议：款额改为长（沙）平银100万两，年息5%。同月，福建都督孙道仁与日本台湾银行达成借款50万日元，供作该省军政经费，以省内盐税及内地常关税、茶税和福建省造币局财产作为担保。7月，为筹措补发闽军5—6月两个月的军饷，向美国美孚石油公司借款银圆30万元，年息5%，期限为3年。浙江都督蒋尊簋为筹措部分浙军退伍以及筹办平粜、防疫等费用，以财政司高尔登为一方、礼和洋行为另一方，以向德国克虏伯厂订购军械为条件，并以浙江丝绢及国库证券160万元为担保，于该年5月5日借款600万马克。此款中扣除军械订购价200万马克后的400万马克，经折扣，实收约合银近190万元，支作上列各项用。安徽都督柏文蔚为筹措该省军政经费，与三井洋行接洽，拟借150万日元，商洽结果于5月6日与矿务总局窦以钰一起与该洋行签订借约，以中日合办铜官山铁矿为条件，并以铜官山为担保，由后者提供贷款25万日元，年息8.5%，期限为1年。①

上述所记，系以省别为序。若一察成债先后顺序，不难看出，各省当局初应革命军政急需，随着革命大潮趋向低落，出现渐离时局主流而借的趋向。

南方借款，共计23笔，统一折合成银圆，近2200万元，见表8-2。

---

① 徐义生编：《中国近代外债史统计资料（1853—1927）》，中华书局1962年版，第94—101页。

表 8-2　　　　　　　　　　南方的借款情况（1911—1912 年）

序号	时间	名称	贷款者	数量
1	1911 年 11 月 30 日	*大仓洋行借款	大仓洋行	京平银 54.3 万余两
2	1911 年 12 月 8 日	招商局汇丰借款	汇丰银行	规平银 150 万两
3	1912 年 1 月 24 日	*三井洋行借款	三井洋行	30 万日元
4	1912 年 2 月 15 日	今野洋行借款（三次）	今野洋行（北辉次郎经手）	90 万日元
5	1912 年 2 月 24 日	湖南礼和借款	礼和洋行	长（沙）平银 100 万两
6	1912 年 2 月 26 日	*汉冶萍抵押借款	三井洋行	200 万日元
7	1912 年 2 月 28 日	*善后借款第一次垫款	四国银团	规平银 200 万两
8	1912 年 2 月	*江苏铁路借款	大仓洋行	300 万日元
9	1912 年 2 月	闽省台湾银行借款	日本台湾银行	50 万日元
10	1912 年 3 月 8 日	*三井借款	三井洋行	规平银 8.6 万两 7.95 万日元 银圆 192.2 万元
11	1912 年 3 月 8 日	*寿屋洋行借款	寿屋洋行	银圆 1.3 万元
12	1912 年 4 月 20 日	沪督三井借款	三井洋行	规平银 15 万两
13	1912 年 4 月 27 日	*捷成洋行借款	捷成洋行	德金 500 万马克
14	1912 年 5 月 5 日	浙省礼和借款	礼和洋行	德金 600 万马克
15	1912 年 5 月 6 日	安徽借款	三井洋行	25 万日元
16	1912 年 5 月 13 日	*三井借款	三井洋行	规平银 35 万两
17	1912 年 6 月 1 日	沪督三井借款	三井洋行	规平银 10 万两
18	1912 年 6 月 13 日	沪督三井借款	三井洋行	规平银 10 万两
19	1912 年 6 月 18 日	上海和兰银行借款	荷兰银行	规平银 1 万两
20	1912 年 6 月 26 日	湖北捷成借款	捷成洋行	规平银 300 万两
21	1912 年 7 月	福建美孚石油公司借款	美孚石油公司	银圆 30 万元
22	1912 年 10 月	*南京留守府礼和借款	礼和洋行	德金 420 万马克
23	1912 年 12 月 31 日	怡大洋行借款	怡大洋行	规平银 19.17 万两
	总计			银 2191.3 万元

注：1. 有 * 者，借者为南京临时政府及留守府，无 * 者为各省军政府。

　　2. 折合率同表 8-1。

资料来源：据徐义生编《中国近代外债史统计资料（1853—1927）》，中华书局 1962 年版，第 96—100 页表 1 改制。

辛亥鼎革之际形成了概以银圆计近 6000 万元、30 多笔外债。这些借款的订立，颇出现一些貌似出乎常情的现象。如一方所借之款，该为本方所用，实则北方所借的屡有分拨给南方的，还有由一方（北方）商定，却让与对方（南方）收下、出具借约。在借款合约上的语词，还出现了似乎当年中国并存两个总统般的，如习称《华比银行借款》的《1912 年中国政府五厘息金镑借款》合同"弁言"中有"秉承大总统孙文、袁世凯之意见行事"，"经两大总统核准"再改订正合同，等等。尽管这一拟订的正合同终未订立，但如此错乱债情，正是这一鼎革时期形势剧变、政事错综复杂的一种反映。

当年南北双方财政都拮据不堪，决定了它们在借贷关系中皆处于劣势。尽管如此，由于举债政策的不同，在怎么借这一点上，出现了根本性的区别。北方一心指靠国际信贷以博取列强的支持，只求款项能到手，什么国家主权、民族利益都可以扔在一边。不论已成的借款，还是拟借未成的活动，都表明了这一点。南方则不同。临时政府成立时，就财政方面说，面临的是更艰窘的局面，本来最简捷易集的关税既被列强所揸留，其他税项仓促间也难以征集，等等。在成立前即注意到这些问题，设想发行国内公债来缓解。据此，在其成立后几天，即经临时参议院通过向公众发行民国元年军需八厘公债，但以迫于形势，事实上，未能如所预期，收效甚微。为保障军政大事的运作，乃改定举借外债，这实在是它迫不得已而做出的选择。即使如此，为免有损国家主权和民族利益，它深具戒心，力主慎重，使之内债化。并在筹办中，坚持这个分寸，即使最终未能借成，也在所不惜。拟由招商局借款再转借于临时政府之垂成而败，就是一例。

一笔借款的形成要素，不外乎借贷两方及其用途——款项流向。此时的外债作为整体，就借方说，是"北方"和"南方"；在"南方"又含有独立于各省的军政机关，实为两方三角。就贷方说，细别之，有十余家之多；要言之，也是两方三角，即国际银团、日本的与其政府关系密切如三井、大仓等主要行号①的两方；再加上除了上述两方的所有散户。就借到的款项用途即流向说，也可大致为三：（1）流作政费，花在"议和""裁军"上占其大部分；（2）军费，包括军务费和军器价款，等等；（3）流用于渐离当年主流的其他费用，如为购置生产工具等而借。借、贷和借款流向这三要素中的各个第三方，所起的作用都有限，第二方则对第一方起着呼应、配合和无碍于第一方行动的作用。一笔借款的整个债情中，一般总由借方提出，此时债情也是这样。虽则如此，但主导借款磋商进程的实质却是贷方——国际银团和日本的构成一体的诸行号；待日本一些银行组成财团加入了国际银团并更居于主宰债事的强势地位，导致一笔笔垫款的形成都按其意旨来行事。

本章第一节简述了辛亥革命"曾几何时"，演变成为向一切反动势力相妥协，其时外债，既是这个过渡时期的产物，更是直接参与促成这个过渡中一个不容忽视的因素！

---

① 日本的某些行号，与其政府有着密切的关系，犹似政经联合体。

第九章　民初的善后借款、实业借款及其他

　　袁世凯政府最初向国际银团提出借款要求，后者秉承有关国家的对华政策，以贷款此后须给予"优先"权为前提，并以控制中国财政作为必要条件。双方经过为时年余的磋商，继后者应袁政权的急需，悉如其求的几次垫支款项后，终于 1913 年 4 月达成《善后借款》一笔。这笔借款在商谈过程中，就一再遭到银团外组织的挑战。银团内部对承揽这笔贷款总目标虽属同一，但相互间利害却矛盾重重。当年主导银团行动的英国，当这笔借款行将成立时，提出而后对中国的企业投资，听诸自由竞争的主张。① 借款合同签订后不久，银团本身则就此主张做出相关的决议。银团外金融组织，以此便用实业借款的名义对我国展开贷款的竞争；银团的成员财团之间也角逐激烈。当时列强于全球范围内处于激烈的殖民地分割和再分割局势中。在我国，则力谋增强各自在华的既有威势，加紧扩张其势力范围，并以提供铁路贷款作为一种首选手段，同时也揽办其他一些属性实业的贷款权益。国际形势迅即导致欧战的爆发，日本在欧洲主要国家先后相继卷入，美国在一时虽尚未参战但全力关注欧洲战事的形势中，本身稍前于此认

---

① 　［日］外务省编：《日本外交文书》第 2 册，大正十二年，第 244、248 页。

定"能随心所欲地欺负中国人"① 之余，侵凌中国，屡以小额贷款为介质，开始其对我国作全方位势力渗透中的一着。美国警觉这一动向的出现，本着其既定的对华"门户开放"原则，有所行动，谋求对日本或能起一些阻遏作用；而一遇日本的抵制，除了以言辞申明自己的意志，事实上，总是给予迁就相妥协。

第一节 国际银团的"善后借款"

"善后借款"是中国外债史上一笔巨额借款，借方初意，以此借款资为处理辛亥革命所产生和引起的事务，最后实际上是其中相当一部分被袁世凯政府挪作发动镇压"二次革命"的军政经费。此项借款，从提出到最后定案，时经一年两个月；在此期间，略可分为两大阶段：先是贷方应借者需要，不时垫支款项，以缓解其急需，兼为成立一笔借款做准备，而后转入借款的本身。前一阶段的垫款经过已述于第七章，这里只以后一阶段借款的正式订立经过作为叙述对象。这笔借款在磋商中，借方的决策者始终是袁世凯，执行者相继为唐绍仪、熊希龄和周学熙；贷方是国际银团，但其成员构成有变动，初为英、法、德、美四国财团，后增加日、俄两国财团后，扩大成为六国银团，最后即将签订合同时，美国财团声明退出，缩小为五国银团，并由五国银团最后签订借款合同。袁世凯以"善后"之名求取外债，作为图谋巩固强化其权位在财政方面的一着；国际银团则对应于"善后"一词在英文用"Reorganization"一词，其义译成中文应为"重新组织"或

---

① 《花旗银行（北京）经理梅诺克致纽约美国财团代表司戴德函》，1913 年 11 月 22 日，中国人民银行金融研究所编：《美国花旗银行在华史料》，中国金融出版社 1990 年版，第 131 页。

"改造"，也就是企图运用贷款作手段，通过控制监督中国财政以控制监督袁政权，进以求能实现按列强意旨"改造"或"重新组织"中国的目的。这不只是用词的不同，更同时有实质的差异。善后旨在缓解财政的急需，改造则以控制该国的前途为目标。层次有高低、宽窄的区别，结果更有全面、局部的悬殊。构成借款的合同原是约束借、贷双方的一种"法"的文件，这笔借款合同更涉及监控我国财政和更含有束缚我国的条款而具有不平等条约的性质。①

一　"善后借款"的性质及其"名"和"实"

袁世凯于清王朝遭到辛亥革命的致命打击之际受命组阁，在财政方面，指望取得外力的支援。旋派人向在华的美国财团，也是四国银团的代表司戴德试探取得借款的可能性。1912年2月15日，袁世凯当选为中华民国临时大总统，于履任前筹谋解决辛亥革命所产生、遗留的问题和建立新的统治秩序所需的经费，先派遣度支部副首领周自齐向四国银团做了借款试探，继由内定为内阁总理大臣的唐绍仪于2月26日向该银团提出紧急垫款要求。同时，希望能提供一笔6000万英镑的借款，并许以愿意整顿盐税并以此项作为借款的担保。这笔借款计划用途，说明准备供作今后五年内年需1200万英镑的行政费用，设有富余则以其80%用于生产性事业，20%用于陆海军及教育方面。②

4月29日，袁世凯第一次，也是唯一一次出席临时参议院会议，宣布施政纲领，它的中心内容是裁兵和借款。他说，南北已经统一，国民希望和平，倡议"裁军"。他以当年财政本已拮据异

---

① 宓汝成：《四国银团和善后借款》，《中国经济史研究》1996年第1期；汪敬虞主编：《中国近代经济史（1895—1927）》，第463—468页改写。
② 《美国外交文件》（英文），1912年，第117页；《四国银团的备忘录》，1912年3月25日，中国社会科学院经济研究所藏日文档案；［美］菲尔特：《美国参加在华国际银团》（英文），1931年，第74页。

常，裁军更需大量经费，认为非举债不足以济急；而且，结合实际，提出只能借用外债的主张。他说得冠冕堂皇，连资产阶级革命派杰出代表如黄兴对他也表示同意。[①] 他说得似乎无懈可击，实则包藏祸心。这个总统专注在心的，是削弱资产阶级革命派的实力，解散忠于民国、共和理想的军队（或简作"南军"），举借外债，除准备大量用于裁遣"南军"外，还准备通过汰弱留强忠于他的北方军队（或简作"北军"）。引用当年俄国驻华公使库朋斯齐的话来说，即"袁世凯虽多次声称必须解散大部分武装力量，他只是对自己不能依靠的南军采取这个措施，同时却经常扩充驻扎在北京的忠于他们的部队"。[②] 至于为了使他掌握的国家机器能运行不息，故需大量款项，为了收买各派政客、动摇不定的议员等的特别用款，在他看来更必须保障。[③] 拟借的债项名目虽依然是"善后"，其实质意义却已蜕变为向建立袁世凯军事封建独裁转变。袁政权的借款决策既定，放手让政府有关部门首脑如国务总理、财政总长以及外交总长去执行。他除了对执行者说一句"劳你去办"以表示信任兼资慰勉外，遇有所请示多以"便宜行事"相答复。在他看来，只要借款有成，什么条件都不在乎。主持借款谈判的人中当贷方提出的条件实在无法接受和欺人太甚，注意到国家权益而不甘为袁世凯个人利益去做火中取栗的蠢举，有辞职以求净洁己身的：国务总理唐绍仪是这样，财政总长熊希龄也是这样。但毕竟也有为袁世凯政府死中求活拼着做去的，直到他生命的最后岁月，才终于憬悟受到"连累"。[④]

袁世凯在 1912 年秋当借款谈判处于有可能破裂的节骨眼上

① 金冲及：《杰出的民主革命家黄兴》，载中山大学近代中国研究中心编《从林则徐到孙中山——近代中国十八先贤传》，中山大学出版社 1994 年版，第 315 页。
② ［俄］齐赫文斯基主编：《中国近代史》，北京师范大学历史系、北京大学历史系、北京大学俄语系翻译小组译，生活·读书·新知三联书店 1974 年版，第 509 页。
③ 《美国外交文件》（英文），1912 年，第 137 页。
④ 周学熙：《周止庵先生自叙年谱》，第 45 页。

时，做了一次直接干预。他对日本驻华公使说："六国财团不外借口救活中国，而试图垄断利益，干涉内政"；"如在一定期限内不许从六国财团以外方面获得借款"，便是其中的一端。"至于盐务须像关税一样，同样由外人经理，可谓干涉内政太甚"，等等。这些话倒未说错，是揭出实质的。问题在于他话锋一转，接着说：像上述"这种条件，我方假如承认了，实际上也完全行不通……是办不到的"①，清晰地表明，他的谴责只是虚晃一枪，并不排除有可能（"假如"）接受、承认的，只是即使这样，事实上也会"行不通""办不到"，言外之意，在具体方式上还需要细作斟酌。其谈话真意，实在是与银团有关列强暗通曲款，明示其该注意方式和策略。

借款以"善后"之名而举借，借到款后，实际用途却是另一回事。照签署借款合同的借方全权代表之一周学熙事后的感慨而言："借款所订用途极严，尤以办理裁兵为急务"；"赣宁事起"即"二次革命"发生，"战略重开，军需浩大，裁兵之费，竟以此用兵。"② 他浩叹，"国家晦气！"实则岂是"晦气"一词所能了得！

二　借款的磋商

"善后借款"虽是袁世凯政府提出的，在磋商的整个过程中，国际银团始终占据主导地位。为应袁政权的急需，贷方一次次垫支款项时是这样，向着转到借款商谈（大体以提供第三次垫款时起算）期间也是如此。国际银团于 1912 年 3 月 9 日向袁政权提供

① 《伊集院彦吉致内田外务大臣电》，1912 年 7 月 13 日，《袁世凯谈话要旨》，中国社会科学院经济研究所藏日文档案。袁世凯说的"行不通""办不到"，具体所指是"盐产遍于十省""制盐贩盐之户数至千万"，外国人想恃强深入稽征，办得到吗？行得通吗？不会激起全国民间的抗争吗？参见 1912 年 6 月熊希龄呈大总统报告中的大意，中国社会科学院经济研究所藏日文档案。

② 周学熙：《周止庵先生自叙年谱》，第 46 页。

第二次垫款时，即从后者取得"谅解和同意"，保证赋予前者在大改组时需用的一笔巨额借款优先权。这个袁某人且亲致函件，予以"默认"，"照此办理"。在磋商中，历经曲折，最后达成协议。

（一）银团的贷款方策和初次接触与一度僵持

国际银团图谋对华贷款享有"优先"权既取得到袁政权的确认，其伦敦总部作出决定，增加三项要求：（1）鉴于盐税在当年中国财政收入中占有 20% 的比重，要求以盐税作为借款的担保；（2）对盐税本身，要求中国政府采纳海关总税务司的建议，聘任外国专家予以整顿；（3）申明在此后还须提供垫款期间及其尚未偿还和日后拟贷给的借款债票尚未发行完毕前，中国承诺"除了通过四国银团的中介，绝不商谈其他任何垫款和借款"。除了这些，国际银团驻京代表向袁世凯政府转达六项建议：（1）提高关税税率，继续实施把关税税金存于在华外国银行的办法；（2）在铁路和会计部门增聘外籍人员；（3）在外国专家指导下整顿盐税和土地税；（4）聘任外籍财政专家等人员到财政部工作，协助制定一套近代会计制度和预算编制；（5）鼓励利用外资以促进中国工矿企业的发展；（6）把中央、地方所拖欠的外债在拟借的款项中悉数偿还。[①]

1912 年 5 月 11 日，英国政府在发给英国财团的备忘录里，指示谈判策略："陛下政府认为，目前是谋求中国总的财务行政改革的有利时机"，要使其同意接受"任何类似国际财务管理"时，要讲究策略，务必不致引起中国人民的反抗。"如果在这方面做得过分，就有破坏借款的根本目的——在中国建立一个强有力的中央政府——的危险"。又指出：中国的"一切改革，无论如何均应由中国方面自行提出，而且应该采取任用外国顾问作为中国政府官员的方式，而不是采用外国人管理的办法"。具体来说，

---

① 《四国银行备忘录》（原件英文），1912 年 3 月 25 日，中国社会科学院经济研究所藏日文档案。

（1）由中国政府根据外国政府或银团的提名，任用一名外国财政顾问，对中国总的财政政策提供意见；（2）在政府其他部门，如商业、交通、教育等部门，采取同样程序，任用外国顾问，并在铁路或其他国有企业中，扩大聘用外国人员。①

国际银团接着在5月14—15日的伦敦会议和6月18—20日的巴黎会议上，对借款条件确定基本原则和要点。主要是：国际银团作为贷方有权查明动用借款的目的，中国应建立一套审计制度，并聘任外籍人员不仅充当顾问而且享有行政权力，以便保证所借外债的有效使用；盐税作为借款的担保，应交由海关管理，或新设一由外籍人员指导下的类似中国海关的机构来管理；在借款商定后五年内，中国政府应接受国际银团对"改造"工作的"协助"。

国际银团目无中国主权尊严。它的代表——汇丰银行的熙礼尔在与袁世凯政府代表磋商中更以其殖民主义者的傲慢，放肆挪揄凌辱说：中国"现在政体已定，犹如新立公司必须招纳资本"，股东对公司该有监视之权。"今各本国投资于中国，亦必有监视之权方得公允！"② 明目张胆地要求主宰中国的内政。

消息传出，国内舆论哗然，认为国际银团所提出的监督条件是列强对清政府"尚且没有提出过"的条件，断难接受。黄兴通电各省，揭示监督条件辱国殃民，更指出，现在根本没有举借巨额外债的必要；即使为应一时之急，尽可能向外方筹措小额借款，极力节约，渡过难关。一时间南方各省展开国民捐运动，北方省份也群起响应。中国人民反对外力干预的行动，使列强有所戒惧。英国公使朱尔典对如上所述的一些动态，警觉到"与那场成为辛

---

① 《英国政府备忘录》（原件英文），1912年5月11日，中国社会科学院经济研究所藏日文档案。

② 《唐绍仪与银团代表谈话记录》，1912年5月2日，财政部档案，中国第二历史档案馆藏。

亥革命前奏的反对湖广铁路借款的运动"颇为相似，是不祥征兆。① 国际银团防以此或致自我搞砸，才由新为银团成员国的日本驻华公使伊集院彦吉紧张活动，直奔总统府，径往外交部，打听动静，刺探信息，又做转圜、斡旋、解释工夫，使借款谈判虽一时僵持但仍周旋着。

为了摆脱国际银团的钳制，袁世凯政府转而谋求另辟借款渠道，从而引起一场克利斯浦借款的纠纷。

（二）克利斯浦借款的订立和废除

1912 年 5 月间，一个以美国垄断资本洛克菲勒财团为后盾的姜克生国际银团代表白启禄与袁世凯政府接洽贷款。7 月 12 日，双方签订了由后者向中国政府提供 1000 万英镑的借款原合同。他旋即把此项权益转让给英国伦敦证券交易所的一名经纪人克利斯浦其人。后者则说和伦敦三家银行组成一个财团，即以他的名字命名为克利斯浦公司②，并由它接受上述权益。

克利斯浦作为该公司代表，在伦敦就近与中国驻英公使刘玉麟洽谈，于 8 月 30 日由刘玉麟代表袁世凯政府与克利斯浦公司代表上述财团签订借款合同。合同规定，借额 1000 万英镑（实际垫交半数 500 万英镑），供作中国政府该清偿的外债、整顿政务以及兴办实业之用。八九扣，年息 5%，期限为 40 年，以盐课羨利余款作担保；如不足数，由中国政府另行筹款补足。此后若添借外债，克利斯浦财团所提出的条件若与别家相等，享有优先权。此外，双方约定：在本借款债票发行前，中国不得订借其他外债。③

克利斯浦借款合同中，既规定以盐课羨余作抵押，又规定另借外债的限制，给六国银团以极大的震动。汇丰银行董事阿迪斯

---

① 丁名楠等：《帝国主义侵华史》第 2 卷，第 377 页，转引自 K. C. 陈《英国在中国善后借款中的政策》，《近代亚洲研究》（英文）1971 年第 4 期。

② 克利斯浦财团，或作克利斯浦公司，中文中亦作"华英普兴公司"。

③ 王铁崖编：《中外旧约章汇编》第 2 册，生活·读书·新知三联书店 1957 年版，第 823 页。

认为，这笔借款给"善后借款"谈判以摧毁性的一击。①

克利斯浦借款的成立，也是对英国政府的挑战。英国通过其本国财团推动国际银团承揽"善后借款"之初即给予只支持汇丰银行——实指它和它所代表的英国财团和所参加的国际银团——的承诺。以此，英国外交大臣格雷在 9 月初接连指示朱尔典，令其转告银团各国财团代表：尽速与中国政府取得必要联系，准备重开谈判，并制定策略。首先由中国提出，并以终止对其他方面的一切谈判作为恢复谈判的一个条件。袁世凯应朱尔典要求，同意如果六国银团放宽借款条件，就可以取消克利斯浦借款。国际银团接着筹谋怎么放宽些借款条件使袁政权代表重新走到谈判桌前，拟订初步方案而故作"外示舒缓"。②

周学熙不审辨国际银团外示舒缓内实焦急，一奉命继续商谈，于 16 日即主动向银团代表熙礼尔提出重开借款谈判的意见；后者迅即做出积极响应，两天后就势端出形成日后合同有关条款雏形的条件：（1）本借款主要用途应为偿付拖欠的借款，包括归还银团的临时垫款、各省举办的外债和华比银行经手的借款、遣散军队的费用和支付军警的薪金以及给予清皇室的津贴；（2）供本借款担保的税项由海关管理或新设一受外人指导海关那样的机关，征收的税金存入组成国际银团成员的各家银行；（3）本借款的支用应受银行代表的监督，支用借款的申请书应由经银团认可、财政部任命的稽核处长草拟并提出；（4）本借款由银团发行，应给予所规定的佣金和发行一切中国公债的取舍权；（5）于相当时期内规定今后实业借款的用途须经银团同意，并应雇用银团同意的外籍技术专家和稽核处长分别在中国政府指导下，办理此种企业

---

① ［美］景复朗：《香港上海汇丰银行史》（英文）第 2 卷，1965 年，第 492 页。

② 《朱尔典致格雷电》，1912 年 9 月 3 日；《又函》，1912 年 9 月 4 日；《格雷致朱尔典电》（原件英文），1912 年 9 月 9 日、10 日、11 日；《伊集院彦吉致日本外务大臣内田康哉电》，1912 年 9 月 16 日，中国社会科学院经济研究所藏日文档案。

和监督企业的开支；（6）财政部同意银团的成员银行充任中国政府的财政经理人，期限为5年。如开发资源而建立机构及关于改革税收的征收改革应与银团磋商。①

不难看出，国际银团所提条件非但没有放松，反而有所加严，不仅意图控制中国政府的财政，还妄图主导我国国民经济的发展。

周学熙对之只提出两项原则要求是新的，即：第一，勿碍中国政府行政权；第二，勿致激起中国百姓反对风潮。这些，事实上有似乞求了！至于具体对案，正如银团内部经分析后所认定，与银团的原案基本一致，没有实质不同。比如：（1）中国自行整顿盐务，产盐和征收盐税处可酌量聘用洋人，帮助办理。所收盐税，可交存于最妥实的银行。（2）借款用途以经参议院议决的项目为准，其支票之签字应由财政总长自委一华员和六国银团代表会同签字。（3）稽核账目归审计院办理。对于借款的一部分用账，可兼备华英文册据，派华洋人员同办。（4）中国日后兴办实业，如需借款，只可商聘洋技师。（5）倘中国续借款项，六国银团享受优先承办权，等等。除此，他以急需筹措发放欠饷的经费，要求先垫支若干，并正式保证撤销克利斯浦借款。②

周学熙的这般磋商，事实上是授人以柄。银团拒绝垫款，而且告知今后将不再给予临时垫支款项的便利，并坚决要求恢复借款谈判须以首先废除克利斯浦借款为前提，终使袁世凯政府陷入被掐着脖子般来洽谈的窘境。

9月29日，也就是克利斯浦借款预定支讫垫款的头一天，英国政府深防洽谈多时的"善后借款"竟告流产，向有关各国建议：适当放宽借款条件，以便尽快和袁民凯政府达成协议，但遭

① 《六国银团致周学熙借款条件节略》（原件英文），1912年9月18日，中国社会科学院经济研究所藏日文档案。

② 《周学熙致六国银团节略和说明书》（原件中文），1912年9月19日；《伊集院致内田电》，1912年9月19日，中国社会科学院经济研究所藏日文档案。

到俄、法、日等国驻华公使的反对。后者认为，条件一放宽，无异于向袁世凯政府示弱，只会带来害处，反对让步，并认定中国政府迟早仍会求助于国际银团的。

10月9日，袁世凯政府外交部将克利斯浦借款合同副本送致朱尔典，后者声称：该合同与7月9日六国公使对中国政府的声明相抵触，拒绝接受，即将原件退还。23日，六国公使继以克利斯浦借款以盐余作担保，联合提出强烈抗议。袁世凯政府在列强政经连成一体横肆高压下，对所提出的不但要求"废除""撤销"，还须"道歉"，一一予以满足，克利斯浦借款问题才告了结。

（三）借款磋商转成外交交涉

克利斯浦借款问题一解决，伊集院彦吉认定这正是顺势压迫袁世凯政府屈从银团意旨的绝好机会。他在驻京有关国家公使圈中游说：六国公使应有所行动，以保持六国的威势和压力，抓住足以充分刺入中国的机会和要害问题，予以猛烈冲击，用以实现自己的目的。① 他的主意被其同僚所认同，借款磋商迅即转变成为外交交涉。

六国使节心照不宣地协调着行动。伊集院彦吉和法国公使康德充当先锋，接连发动攻势。10月17日，终使新任国务总理赵秉钧发表口头声明：中国政府现拟敦聘"币制、财政、审计、盐务、银行、农林和工商七方面的顾问"。② 康德等得此消息立即通报给英、德、俄、美四国公使，并旋在六国公使会议上决定增提要求：中国政府所拟设立的审计院的组织章程，在公布前，理当将草稿先交与法国公使，转致五国公使传阅，并提出意见。聘请顾

---

① 《伊集院致内田密电》，1912年9月22日，中国社会科学院经济研究所藏日文档案。

② 《赵秉钧与康德谈话记录》（原件中文），1912年10月17日，中国社会科学院经济研究所藏日文档案。

问的合同，也照此办理。整顿盐务除了在中央设立盐务顾问外，在外省也应有相应的人选，并要求派出"全权代表"商谈借款事项，等等。

袁世凯政府旋即委任国务总理赵秉钧和外交、财政两总长陆征祥、周学熙为全权代表，于 11 月 15 日与银团恢复磋商，27 日正式开议。在此后的整整一个月中，据周学熙日后在致临时参议院说帖中所述：银团方面"种种要挟，愈逼愈紧"，尤其集中于监督问题。磋商中屡陷僵局，几至决裂者数次，结果则都不得不降心忍气地接受下来。① 因为，当时的中方代表为避免夜长梦多，力谋能尽快签字定案，渴望在两节（阳历元旦和阴历春节）前后，完成借款的磋商工作。②

借款本身的问题逐个被解决了，六国公使又节外生枝，要求一并解决一些外交问题。

12 月 31 日，康德、伊集院彦吉向中国外交、财政两总长增提两个要求：（1）对辛亥革命外国侨民所受损失应给予赔偿并载入借款合同之内；（2）中国政府应聘用国际银团所推荐的人作为财政顾问。康德强硬表示：这次借款，就是具有政治性质，毋须讳言，不先解决赔偿问题，就不同意借款。伊集院彦吉同声附和，以相催逼。③ 在康德和伊集院彦吉的压力下，这两位总长对赔偿一节竟贸然同意："查明情形，酌予赔偿"，并表示在这次借款中划出 200 万英镑备充此项之用。④

---

① 《财政总长周学熙提交临时参议院的借款情形说帖》，1912 年 12 月 27 日，《盐政杂志》1913 年第 6 期。

② 《财政总长周学熙提交临时参议院的借款情形说帖》，1912 年 12 月 27 日，《盐政杂志》1913 年第 6 期。

③ 《日、法两使与陆、周两总长谈话记录》，1912 年 12 月 31 日，财政部档案，中国第二历史档案馆藏。

④ 《法使与陆总长谈话记录》，1913 年 1 月 15 日，财政部档案，中国第二历史档案馆藏。《陆征祥分致各国公使函》（原件中文），1913 年 1 月 15 日，中国社会科学院经济研究所藏日文档案。《美国外交文件》（英文），1913 年，第 147 页。

过了半个月，即 1913 年 1 月 15 日，康德单独闯进外交部，会见陆征祥，要求中国财政部聘请顾问时，必须"使法人应聘于重要位置，得直接发议办事，不仰人鼻息"。又过六天，康德和伊集院彦吉共同找见陆征祥。对所获得的信息——袁世凯政府对于所谓赔偿与顾问问题拟作如此处置：赔偿范围"仅限于武汉战界内所受损伤者"，聘用财政顾问"不便以此事载在借款合同内"，拟改用"私函"来肯定这一点——强硬反质："此次革命受有损伤者，何止武汉一隅"？"中国各处均有之"，要求突破仅限于武汉战界内的限制；对聘用顾问用"私函"来认定，则认为这"何能作准？""各国政府殊不放心"，"非用公函不可"。陆征祥竟以"凡可迁就者无不迁就"①，不予严正的、明确的驳斥和拒绝！银团转又托词签订借款合同，需要电告各国政府最后定夺，向中国代表提议推迟借款合同的签字。

究竟是否请示了且搁置不论，银团于此请示期间在北京紧张地展开的是在其内部处理借方须向贷方聘任的专家的人数和职位分配的活动。

（四）专家聘任、职位分配问题的解决

关于作为借款条件之一的袁世凯政府应约聘任外国专家、改革我国财政经济这个问题，最初英、法两国认为，难免引起中国民间的反感，有所迟疑。美国则认为，即使需要，不宜由有关诸国派出人选，最后改定由中国政府聘任，并定实人员为三人。袁世凯政府获悉此情，即拟了对案：拟聘任丹麦、德国和意大利三国籍人员各一，分别出任中国的盐务总办、外债室稽核和审计处顾问。1913 年 1 月 1 日，银团代表将此对案函告英、法、德、美、俄、日六国驻京公使。美国公使嘉乐恒认为，这个方案偏从与本

---

① 《法使与陆总长谈话记录》，1913 年 1 月 15 日，财政部档案，中国第二历史档案馆藏。《陆征祥分致各国公使函》（原件中文），1913 年 1 月 15 日，中国社会科学院经济研究所藏日文档案。《美国外交文件》（英文），1913 年，第 147 页。

次借款无关国家中聘任人员，意在避免有关强国对华内政的干预，或其他对华有所不利的行动。法国公使认为，聘任中立国人士出任有关诸职，势必不利于贷款诸国对中国的充分控制，主张中国政府拟出任的洋员应限于贷款国人士，最好能按贷额多少的比例分配人选，总人数应有六人，除了上述的职责应兼行控制中国的军、工、商业等。英国对法国主张的可行性表示怀疑。俄国认为，中国财政紊乱应予控制，顾问人选应由有关诸国决定；另以庚子赔款系用关税担保，俄国以摊分庚款数额最多为由，认为俄国应出一人，而意在审计方面；并建议由法、俄各一人出任。美国建议人员以三人为宜，做如下分配：英人出掌盐务，法人管审计，德人司外债。法国赞成此议，英国表示反对德人出任审计，但遭到德国的反对，认为英人已控制海关，法国已掌管邮政，盐务一职该由德人担任。英国劝解德方：稽核外债并非小职，否则将回到中国的提名案，等等。

　　有关诸国就此争争吵吵，直到2月20日才有结果：盐务总办由英人出任，德人副之，外债室稽核为德人，审计顾问法、俄人各一。与有关系的六国中，只日、美两国落空。日本表示，出任中国顾问等要职，"应不永被排除出考虑之列，并希望能出任职司中国的地方盐务之职"。美国除了不赞成俄人出任一职外，其余都不反对。3月3日，六国驻京公使将银团议决的方案通知中国政府。袁世凯政府以所议与原案不符，一时拒绝接受，但经不住实际的考验，袁世凯旋对作为他的老友朱尔典表示，愿意接受各国人员的出任方案，于是迅即出现谈判有成，只待借款合同的正式订立。

　　其时，美国总统正在换届，新任总统威尔逊于履任后两周（3月18日）发表声明：美国财团退出国际银团，从而决定了过后不久签订《善后借款合同》的贷方是五国银团而不是六国银团。

三　借款合同的订立

国际银团决定贷款给袁世凯政府准备用来强化这个"现政权"，就借款条件本身说，它已达到了自己的目的，之所以一度要求暂缓签订正式合同，主要原因在于银团内部对所攫取到手的权益在其内部的分配尚未达成妥协。同时，它从所认知的中国政情，深恐国民党领袖对于任何未经新国会通过的借款合同可能拒不承认，因而在 1913 年 4 月 16 日又秘密通知成员财团，"要特别留意保守机密"，以突击形式尽速把借款敲定。[①]

袁世凯政府获此信息后喜出望外，由财政总长周学熙通知国际银团的英、日两国财团代表：在众议院议长尚未选出、国会未组成前，中国政府有权直接签订借款协定，否则，借款协定在签字前必须先提交国会通过。因此，中国政府希望在最近几天内签订借款协定。通知中还表示："鉴于立即完成借款协定的重要性"，中国政府"准备满足各公使的要求，立即解决外籍人员担任顾问职务的问题"。[②] 国际银团方面主要是以美国政府刚宣布美国财团退出国际银团，既防美国财团或单独贷款中国，又顾虑袁世凯政府若将此案交付国会审议通不过，转又认定若以尽速解决此案既可恢复英国对华投资的自由，还可鼓励袁世凯政府对其"反抗者"展开斗争，决定抓紧完成订立合同的程序，使借款合同的正式订立顿时呈现急转直下的势态。

4 月 22 日，袁世凯以总统令："任命赵秉钧、陆征祥、周学

---

① 《熙礼尔致德、法、俄、日四国代表密函》（原件英文），1913 年 4 月 16 日，中国社会科学院经济研究所藏日文档案。

② 《汇丰银行致伦敦五国银团电》（原件英文），1913 年 4 月 18 日，中国社会科学院经济研究所藏日文档案。

熙全权会同签字。"① 23 日，国际银团在北京的代表收到伦敦来电："五国银团批准你们所采取的行动。"② 26 日，《善后借款合同》在北京由国务总理和外交、财政两总长即赵、陆、周三人代表中国政府为一方，由汇丰、德华、东方汇理、道胜和横滨正金五家银行代表五国银团为另一方签订成立。③

合同规定了借款用途共计七项，其中三项用于清偿旧债，即：（1）业已到期的中央政府债款；（2）即将到期的中央政府债款；（3）各省地方债款。四项用于政府开支，即：（1）裁减军队；（2）整顿盐政；（3）现时行政费用；（4）中国政府与银团商允之他项行政费。在签订合同的同时，由五国银团向袁世凯政府融资 40 万英镑，作为"善后借款"的垫款。垫款合同与借款合同组成整体，同时签订。此外，袁世凯政府在谈判过程中顺应银团的要求，将早于 1912 年 11 月 15 日公布实施的《暂行审计规则》和《暂行审计国债用途规则》，作为借款合同的附件，与合同具有同等效力。

借款合同额为 2500 万英镑④，由五家银行代中国政府把这笔借款的债票向公众发售。贷方八四扣实交，年息 5%，借期为 47 年，即以 1960 年为终借期。从订借之日起 17 年之后、32 年之前，中国政府可以将未到期的全部或部分债款提前清偿，每 100 英镑须加付 2 英镑 10 先令；如过了 32 年，提前清偿欠款则加款可免。

---

① 王纲领：《民初列强对华贷款的联合控制—两次善后大借款之研究》，（台北）商务印书馆 1982 年版。原注：F.O.（即英国外交部档案）37/1593 号，第 16621 件，爱迪斯致外交部，1913 年 4 月 10 日；又，F.O. 371/1592 号，《朱尔典致格莱》，1913 年 3 月 31 日；《电报》1913 年 4 月 28 日。

② 《大总统命令》（原文英文），1913 年 4 月 22 日，中国社会科学院经济研究所藏日文档案。

③ 借款合同及附件等件。王铁崖编：《中外旧约章汇编》第 2 册，生活·读书·新知三联书店 1957 年版。

④ 此数折合德金 51125 万马克、法金 63125 万法郎、俄币 23675 万卢布和日金 24490 万日元。

债票的发行由五家银行承办，但规定各该银行可将应有之权利、权力及裁断权的全部或部分，转让或托付无论英、德、法、俄或日本公司，或董事等，或代理人等。而且再给予后者以再行转让或委托之权。以此，俄国所持有的债票，在本国承募的实际不到一半，余额在英、法、德、比各国分销；日本所承担部分，全部在伦敦、巴黎、柏林三地分别发行。

借款以中国全部盐税除了已指定为外债担保后而未经清还者外的税款作为担保，倘若将来海关收入除已指定作为担保从前债务等项外，若仍有余款，即默认该余款尽先作为本借款之担保。与担保以盐税为主有关，中国政府须接受债权方推荐襄助，整顿、改良盐税征收办法。在中央政府财政部盐务署特设一盐务稽核总所，以国人为总办、洋员为会办；所有发给引票款项收支，无洋会办签字不发生效力。在产盐各地设立盐务稽核分所，以国人为经理、洋员为协理，两人职权均相平等。所有秤放盐斤、盐税的征收存储需征得协理同意，方属有效。征收所得的税金必须入存于银团的成员银行或经其认可的存款处，非有会办签字不得提取。领取借款的凭单，必须由中国政府特设审计处所属稽核外债室的华洋稽核员会同签押，才能向银行提取款项。

"善后借款"成立之日，恰是"宋教仁案"真相被揭露之时。袁世凯的居心已属路人皆知。合同签订的消息传出，举国哗然。反对和谴责的电报如雪片般飞向北京。根据当年《临时约法》，举借外债须经参、众两院通过才能成立。为此，参议院率先集会，在出席者172人中有110人的压倒性多数通过决议："此次所签订的借款合同，未经参议院议决，违法签字，当然无效。"该院正、副议长则通电全国，指斥政府擅自签押的违法专行的恶行，"关系民国存亡"。[1]众议院在5月15日的特别会议上，抨击休会期间仓

---

① 《伊集院彦吉致外务大臣牧野伸显》，1913年4月30日电，又附件：《参议院正副议长通电》（原件中文），1913年4月26日，中国社会科学院经济研究所藏日文档案。

促签押的邪道，并通电全国，"决不承认"。[①] 国民党人黄兴通电全国，在同声声讨之余，历述合同百般迁就，导致国家权力的损失。[②] 湘、赣、皖、粤四省都督谭延闿、李烈钧、柏文蔚、胡汉民联名通电全国，指陈借巨款不交两院议决为违法，属于私借。并痛陈许外人为审计局总理、盐务顾问等要求，势必财权先亡，国本随之。并警告袁世凯："人心一失，窃恐虽有大力，也将无以善其后。"[③] 孙中山则致欧洲各国政府书，呼吁速止此项借款，抑制北京政府仗其财力与人民为敌。[④]

尽管舆情汹涌，反对声浪湍急，为了巩固一己政权的财政需要，袁世凯政府仍然一意孤行。

借款总额 2500 万英镑，按规定八四扣，实交量为 2100 万英镑，扣除手续费、汇费等，净收数为 2072 万英镑。据合同附件规定，此项进款取作如表 9-1 所示的各项用。

表 9-1　　　　　　　"善后借款"用途分配情况　　　　　单位：万英镑

预扣	项目	数额
	本借款第一期利息	67
提留	中央政府业已到期借款本息	432
	中央政府不久到期借款本息	159
	地方各省借款本息	287
	赔偿外人因辛亥革命所受损失	200
	裁遣军队费用	300
	行政费，1913 年 4—9 月预算数	550 *
	整顿盐务	200 *
共计		2195

注：根据合同及附件改制。带 * 者系约数。借款净交数若不敷各项用途，即于整顿盐务项减拨以资调剂解决。

---

① 《上海日报》1913 年 5 月 11 日。
② 《上海日报》1913 年 4 月 23 日，5 月 13、23 日。
③ 《上海日报》1913 年 4 月 23 日，5 月 13、23 日。
④ 《上海日报》1913 年 4 月 23 日，5 月 13、23 日。

表 9-1 所列的预扣部分简单，由经理借款的贷方银行在其有关账户上作一划拨即成。袁世凯政府提留行政费应贷方要求须制成详明预算，开列国务院和陆军、海军等部经费，各需几何。按约定，对各款的支配使用，贷方获有稽核之权。可是，是否使用此权却由其自便了。关于行政费，其结果，如本章第一节里已经提及，以"赣南事起"，竟"以此用兵"。至于充作"整顿盐务"的，据梅诺克说：政府虽为此多次发布有关"整顿"的文件，但"并未付诸实施"。熊希龄日后说："这笔最后为政府花用。"①

第二节　实业借款名目下的系列借款

"善后借款"行将成立时，国际银团亟谋复活清末四国银团的币制实业借款作为"善后借款"的续借款。袁世凯政府在该银团的怂恿下，不顾民情，于 1913 年 2 月与之达成初步协议：初定款数为 1500 万英镑，但终未成为事实。② 7 月，袁世凯政府向美国财团提出新制改革与"善后借款"的要求，遭拒绝③；转向五国银团再度提出借款要求。银团成员的俄、日、德三国财团虽跃跃欲试，但就银团整体来说，并无后续行动。国际银团既做出实业借款任由自由竞争的决议，于是，谋求取得对华贷款权益的多国金融组织，在各该国政府政策引导、支持下，便都在实业的名目下竞相承揽贷款权益。结合当年列强在全球范围内取作首选项目的是铁路，兼及其他。一系列铁路借款乃先后相继成立。

---

① 中国人民银行金融研究室编：《美国花旗银行在华史料》，中国金融出版社 1990 年版，第 240 页。

② 王纲领：《民初列强对华贷款之联合控制——两次善后大借款之研究》，第 51 页。

③ 《美国外交文件》（英文），1913 年，第 183—184、188—189 页。

一　一系列新线铁路借款

铁路这一资本主义文明的产物，在中外关系上，早在甲午战争过后数年间，已被帝国主义列强取作在我国扩张势力、划分势力范围中具有战略意义的一着，构成史称"利权掠夺战"的核心内容。这时的铁路借款，就其实质说，正是前一次的重演。这里，按时序，分国别，依次叙述。

（一）比利时公司的陇海铁路借款

1912 年秋，比利时铁路合股公司代表陶普施以 1903 年汴洛铁路借款合同规定从洛阳西展至西安路线先派比公司妥商议办为依据，要求我国政府接受该公司贷款，展造由汴洛铁路东至扬子江北的水口、西至甘肃兰州这一横贯东西的干线，并提前清偿汴洛借款。另要求：赶紧设法收回河南省铁路公司正在筹划修建的洛（阳）潼（关）和江苏省铁路公司正在开建的清（江浦）扬（庄）两段。袁世凯政府接受其要求，由大总统令派财政、交通两总长周学熙、朱启钤与陶普施于 9 月 24 日订立《中华民国陇秦豫海铁路借款合同》，规定借款法金 25000 万法郎（11 月另订合同专条，改以英金为准，为 1000 万英镑）。除从中提取 4100 万法郎用以提前清偿汴洛借款的余欠外，专供修建陇海铁路并购置行车设备和在海口勘定、建筑码头等用。此外，待归并的洛潼线、清扬线的使用费，也在借款内开支。该款借期为 40 年，以本路财产及其收入作担保，其收与支均归华比银行经理。本借款若不敷上述各项用，其不敷之数，先由中国政府将可拨之款拨支，以接续办理；如仍不敷，由公司照此合同条款，另行续发债票。[①]

第一批债票于次年 3 月发行，计 10000 万法郎，或作 400 万英镑。

比公司旋派总工程师沙海昂为公司全权代表，企图接收清扬

---

① 王景春等编：《中国铁路借款合同全集》下册，1922 年，第 65—68 页。

段。面对该段员工，他狂言："本路卖与比公司，中国无主权。"国内闻者愤激，各界哗然。该段员工罢工抗议，并电请江苏当局转请总统及两院力予维持，以尊主权而维路政。①

袁世凯政府之所以接受比公司贷款，原谋借资筑路之债挪移款项充作政费。此项借款一到手，在比公司默许下，未交华比银行经理，转把该款的收入、支出均交由被袁世凯政府视若可以予求予取的中国、交通两银行。欧战爆发后，债票再未发行，路工既处于半停顿状态，所收借款之有账可查的，除了从中取出部分（估计为银 200 万两上下）作为收回洛潼费用外，其用在陇海工程的包括该路督办办公室的管理费，据记载，或作从无一文付过，或作"数属寥寥"。② 看来，后一模糊数字倒更近真些。其余款项，被袁世凯政府通过中国、交通两银行挪作政费。

此外，1916 年，袁世凯梦想高升为皇帝而特设的"大典筹备处"宣布此年为"洪宪元年"，在国内激起"捍卫共和，誓除国贼"的怒潮，袁世凯政府命该路督办施肇曾与陶普施于 3 月 5 日议妥定名为"陇海铁路 1916 年七厘国库券"的一笔短期借款 1000 万法郎；规定"备付陇海在欧所需各款"，云云。其时欧战正酣，在欧洲有什么能供应陇海路工所需料件？此款中除扣还前项借款利息外，完全浪用在"大典筹备"上了。

（二）比利时和法国公司同成铁路借款

法国政府在比公司要求提供陇海铁路贷款时，支持法国铁路建筑投资公司与比公司联合，仍以陶普施为代表，经与袁世凯政府交通部商妥，于 1913 年 7 月 22 日由交通、财政两总长朱启钤、

---

① 《涂工程师致施肇曾电》，1913 年 3 月，《申报》1913 年 4 月 1 日；宓汝成编：《中华民国铁路史资料（1912—1949）》，社会科学文献出版社 2002 年版，第 112 页。

② 谢翊之、邵长镕：《对于陈议员鸿畴查办陇海督办施肇曾、张祖廉案之意见书》，载宓汝成编《中华民国铁路史资料（1912—1949）》，社会科学文献出版社 2002 年版，第 112 页。

梁士诒代表中国政府，与之签订《中华民国五厘利息同成铁路金借款合同》及由政府致公司函 5 件，公司致政府函 2 件。综合这些文件大要：（1）借款 1000 万英镑，期限为 40 年，专为建造同成铁路，即从山西大同与京绥铁路连接处起，经太原、西安、汉中至四川成都的铁路。（2）中国政府允许将原有之商办同蒲铁路收归国有并入此路之内。（3）工程期限从勘定线路后五年完竣，合同订立后，公司从速发售债票，倘有财政上意外恐慌，可展缓公道期限。如公司于商定期限内仍未能发售，则本合同即行作废。（4）倘中国政府于合同签字后六个月内未经国会通过，或遇有他项事故，致合同无法进行，公司可将合同作废。（5）应中国政府将同蒲收归国有的需要，预交垫款不超过 200 万英镑。此项，日后实垫 100 万英镑（由 77 万英镑和 579.8 万法郎构成）①，实则多半被财政部挪作行政经费的额外补充。

（三）法国银行的钦渝铁路借款

法、比两国公司联合取得贷款同成权益，紧接着，法国公使向袁世凯政府要求同意由法籍银行单独贷款修建钦渝铁路。袁世凯其时正一心想圆皇帝梦，便谋以铁路借款之名从中挪用若干以资用。1914 年年初，令国务院主持与中法银行商定钦渝铁路借款办法。后者奉命知会财政、交通两部门，会议合同，拟定路线。交通部承旨编出必须急建此路的理由：“体国经野，恒视轮轨之势力以为衡。”“内陆铁路日见发达，而边防吃紧，需路更殷。桂、黔、滇、蜀要僻在西南，若不亟谋交通视同瓯脱……险象环生，煎迫洊至”，等等。它按照国务院的借资修筑，乘机收束外交成约的决定，经与中法实业银行谈判，于 1914 年 1 月 21 日由该两部总长熊希龄、周自齐与该行经理赛利耳订立《中华民国政府1914 年钦渝铁路五厘息金借款合同》，并附件多件。其要点有：

———————

① 本合同及中国政府与比法公司来往密函，参见王景春主编《中国铁路借款合同全集》下册，1922 年，第 127—163 页。

（1）为建筑从钦州起，经南宁、兴义、昆明到叙州，过江止于重庆的铁路，并修建钦州港口等用，由中法实业银行提供 50 年期、年利率 5% 的 6 亿法郎；（2）以该款所建的铁路、港口建筑物及其他相关产业和进款作为担保；任用法籍总工程师。营造中应需外国人员，由总工程师开列呈中国督办核准，委托银行代为选聘。中国政府将来如决定建造叙州至成都铁路，需由中国政府自办，如愿借用外款或用外人襄助时，应先尽银行商办。钦渝铁路造成时，中国政府倘未将南宁、龙州支路造成，也准先尽由银行接续办理。[①]

这笔借款成立后，贷方始终没有发行债票。据附件一的熊希龄与塞力耳来往函中规定：银行预备 1 亿法郎，作为垫款平分五批交付，九二扣实交，年息 5%。截至 1914 年 6 月底，"按虚数共只交 3211.55 万法郎"。[②] 欧战发生后，银行不能也再未如原约交款。这笔垫款原由交通、财政两部门主借。铁路工事既从未着手，经组建的有关机关即一律裁撤。已收的垫款，除从中取出 600 万法郎作为对银行的酬劳外，移交给财政部作为它的一项借款收入。

（四）英国公司的浦信铁路借款

陇海、钦渝两路借款合同的订立，体现出比、法两国在合力加紧向长江流域扩张势力。英国为谋巩固其在这个流域的优势进而向中原地区扩张，由朱尔典以沪宁线虽已完工，但仍未深入中原，难以发展为由，严催我国解决浦信铁路的旧案。1913 年 1 月，中英公司代表梅尔思函致交通部，要求就清末所订该路草合同详加研讨，如需续议，请派员商办。袁世凯政府在英国的软硬兼施

---

　①　王景春主编：《中国铁路借款合同全集》下册，1922 年，第 189—238 页。《交通总长朱启钤呈大总统文》，1914 年 2 月 28 日照准，宓汝成编：《中华民国铁路史资料（1912—1949）》，社会科学文献出版社 2002 年版，第 127—128 页。

　②　这笔垫款从 1915 年 5 月 1 日起分批还本付息中，都有一些余欠；又为凑成整数以及加给展期手续费，先后给予展期库券。截至 1920 年，积欠息金 180.02 万法郎。嗣后，在中法间磋商法国退还庚款中，做了抵消的解决。

下，认为既订有协约，理难令其取消，且不可复缓，做出所谓俯从英方意旨的决策。交通部迎风顺旨，经呈准大总统简派沈雲需筹办浦信事宜，由他与梅尔思磋商借款，并别含侥幸心理，期望以续议的成功博得英国的外交支持。沈雲需在 6 月送达国务院的说帖中提及这一点："此次订约适当善后大借款成立后，各国尚未承认之时，因应一切颇难着手"，"此系中英十五年来未经解决之案"：续议有成以维信用，在外交上亦有可以利用之机。也就是期望以满足其贷款修路的要求，博得它对袁世凯政府的承认。①

中、英双方于 6 月作成草合同，经众、参两院审议、通过，咨送国务院。11 月 14 日，大总统令派财政、交通两总长熊希龄、周自齐和筹办浦信铁路事宜的沈雲需为一方，与梅尔思为另一方签订《浦口信阳借款合同》，取代 1898 年冬（光绪二十四年十一月）订立的《浦信铁路草合同》。规定借款 300 万英镑，充作建造从津浦铁路南段某地至京汉线信阳相近为止，共长约 350 英里铁路及车辆和一切铁路应备材料用。工程估计需 3 年，开工日期于合同订立后不得延至 6 个月外，在此期内，公司预备至多 20 万英镑之款，作为代垫第一期出售债票进款。②

合同规定，在订立起 6 个月内发售债票、开工筑路。受欧战爆发的影响，虽一再展期 6 个月，但债票终未发行，只收垫款 20 万镑。工程一开始，旋即中停。此后两年耗去资本 200 余万元（约合英金 20 万余镑）。已成的如土方、架设的电线、工房等，终以日益旷废颓败③作归结。

---

　　①　《交通、财政两部致国务会议说帖稿》，1913 年 6 月 18 日，财政科学研究所、中国第二历史档案馆编：《民国外债档案史料》第 4 卷，中国档案出版社 1991 年版，第 669—670 页。

　　②　王景春主编：《中国铁路借款合同全集》下册，1922 年，第 168—188 页。

　　③　《国会议员关于浦信铁路的质问》，《晨钟报》1916 年 12 月 16 日。《浦信铁路答复书》，《民国日报》1917 年 1 月 10 日。宓汝成编：《中华民国铁路史资料（1912—1949）》，社会科学文献出版社 2002 年版，第 124—125 页。

（五）英国公司的宁湘铁路借款

清末，邮传部在英、日两国要索下，曾与英国商议借款修建宁湘铁路。辛亥革命发生后，中止进行。比公司取得对陇海的贷款权益，朱尔典于 1914 年 2 月向交通部声明：英国在长江流域商务极大，极愿中国政府在该处建设铁路皆由英国人承办，否则，英国政府必不承认。他并发话：陇海线东端侵入此流域，英国不能任其修筑。继在与朱启钤晤谈中，一再催订英国企图揽办的其他一些铁路合同，并屡屡责问"何故如此耽延"？并以"未免有碍邦交"[1] 相威胁。除此，他又约外交部参事顾维钧前往使馆晤谈：本公使观贵国办理比、法两国陇海、同成等铁路借款合同，数日即定议签字；对本国则故意为难，本国政府万难久耐。况本国在贵国商务之繁，位占首位，而所得建造铁路之权益，反在三等国之下。进而径以"现在中英邦交日形恶劣，本公使不能不以之警告贵国政府"[2] 相威胁。

袁世凯政府屈服于英国的压力，于同年 3 月 31 日，由交通、财政两总长朱启钤、周自齐代表中国政府，与梅尔思订立《中国政府五厘宁湘铁路借款合同》并附件，规定借额 800 万英镑，供作下述两项用：收回安徽省铁路公司在芜湖左近的工程及其财产和建筑从南京到萍乡的铁路。工成后，使株萍线与本路相连接。此项借款债票始终未发行，只垫支款项两笔，分别为库平银 100 万两和规平银 48.6 万两。[3]

（六）英国公司包筑沙兴铁路

孙中山在全权筹划全国铁路期间，以利用外资展修中国铁路

---

① 《交通部朱部长启钤在英国使馆问答记录》，1914 年 5 月 12 日，台湾"中研院"近代史研究所编印：《中日关系史料——路矿交涉》，1976 年，第 131—132 页。

② 《顾维钧会晤英国驻华公使朱尔典问答记录》，1914 年 6 月 11 日，台湾"中研院"近代史研究所编印：《中日关系史料——路矿交涉》，1976 年，第 140—141 页。

③ 徐义生编：《中国近代外债史统计资料（1853—1927）》，中华书局 1962 年版，第 124 页。

的理念，于 1913 年 7 月 4 日与英商宝林公司签订筹办建筑从广州到重庆，将来再接展到兰州的铁路的未及政府批准的简明合同。孙中山被袁世凯政府取消全权后，英国公使坚持此合同为有效。袁世凯屈服于英国的外交压力，面谕交通总长朱启钤：该公司曾为中国出力，未便过于坚拒。而由后者迅即与宝林公司代表磋商。该部以原订路线征之实际，万难实行，经会议几十次，达成另定路线，别订合同，大致以几年前成立的《中英广九铁路借款合同》为底本，于次年 7 月 25 日由新任交通总长梁敦彦、财政总长周自齐代表中国政府与宝林公司代表法兰芝订立《沙兴铁路借款合同》，又作《宝林公司合同》。[①] 规定，"包筑人及其承续人代中国政府募集 1000 万英镑借款"[②]，供作建筑从湖北沙市对岸某一个地点至贵州兴义的铁路，并连接从常德至长沙支路等用，期限为 40 年。如此款实收量不敷上述建筑线路及其一切应需各物，借额可增加 200 万英镑。此借款本息由中国政府担保，并以本路为特别抵押。届付还本息之期而不能偿还时，信托人有权代表执掌债票人行使由特别抵押所发生之各种权责，但有须声明者，此路确为中国铁路。又规定，借款的债票应从速发行，分两期或数期出售。第一期数目以 100 万—200 万英镑为度。在债票未发行前，包筑人应将 5 万英镑存放发行债票的银行，归入本路项下。中国政府得因测勘或其他必需之费用动用此款，等等。

此项合同订立的第二天（28 日），在欧洲以奥地利与塞尔维亚相互宣战，旋演变成第一次世界大战，此项借款债票因而迄未发行，贷方只垫支 5 万英镑。此款除按规定设一铁路总事务所花销了一些外，余额上交财政部。

---

① 王景春主编：《中国铁路借款合同全集》下册，1922 年，第 263—287 页。

② 王景春主编：《中国铁路借款合同全集》中册，第一条："募集一万镑英金借款"中的"一万镑"属勘误，但在同书勘误表中未勘此误。英文本未误，为 1000 万英镑。

（七）日本的四郑铁路借款

1913 年，日本以"南京事件"迫使袁世凯政府惩罚肇事部队长官（张勋）外，提出让予以在满蒙地区建筑铁路的权益作为解决此案的主要条件之一。同年 10 月 5 日，外交总长孙宝琦与日本公使山座圆次郎以换文方式秘密达成《铁路借款预约办法大纲》，内列线路五条，其中，该由中国向日本借款修造的三条：四平街经郑家屯至洮南（今洮安）、开原至海龙和长春至洮南；另由中国修造下列两线：从洮南至承德和从吉林至海龙："倘须借用外债，尽先向日本资本家商议。"①

接着，日本内阁于 14 日决定："首先修筑最为容易而且最为有利的四平街、郑家屯间的六十里的铁路。"②

次月，山座密电日本外务大臣牧野伸显认为，由于国际银团将实业借款分离的结果，列强在中国获取利权（特别是铁路）的竞争必将日趋激烈，日本政府亦必须及早努力，力争在各方面取得利权。他建议采取行贿中国交通部首长获准，由横滨正金银行即准备 5 万银两，用谋加速促成有关细目协定的解决。③

山座旋与袁世凯政府交通、财政两部就"满蒙诸路协定细目"进行磋商，提议：为避免使人产生此路似乎是南满铁路的支线，有可能在中国国内出现激烈的反对，认为不宜交与满铁订立契约。交通部一如其安排，同意日方由横滨正金银行作为贷方。1915 年

---

① ［日］外务省条约局编：《日中间关于中国的日本同他国间文书》机密，第 423 页。宓汝成编：《中华民国铁路史资料（1912—1949）》，社会科学文献出版社 2002 年版，第 211 页。

② 《日本阁议决定》，1913 年 10 月 14 日，日本外务省档案缩微胶卷，MT273，MT137-80，第 208—209 页。

③ 《山座圆次郎致牧野伸显电》，1913 年 11 月；《牧野伸显致山座圆次郎电》，1913 年 11 月 22 日，中国社会科学院经济研究所藏日文档案。《横滨正金银行总经理井上准之助致牧野伸显函》，1913 年 11 月 25 日；《牧野伸显致山座圆次郎电》，1913 年 11 月 25 日；《小田切万寿之助致井上准之助电》，1913 年 11 月 29 日，日本外务省档案缩微胶卷 MT606，MT1、7、3、80，第 1547—1550、1623—1625 页。

12 月 17 日，中日双方由财政、交通两总长周学熙、梁敦彦与横滨正金银行代表小田切万寿之助订立《中华民国五厘利息四郑铁路公债》（习称《四郑铁路借款合同》）并附件、来往函共 11 件。① 综合这些文书中的规定，略如下述：（1）借款 500 万日元（同日附件改定为规元银 340 万两），借款期为 40 年，专供建造四郑路并行车经费和造路期内本借款的利息。展长路线或修建支路需用外资，尽先与正金银行商办。（2）以本路财产及进款作担保。（3）铁路一交付使用，其收入随时交付四平街或相近之地的正金银行。除去本路开支，所有盈余按照足敷偿还日币之数交存正金银行。如有不敷，由政府以他款补足。全路通车后，须将下期应付本利从上述盈余额中照数划扣，并于期前 6 个月交存正金银行。（4）任用日籍一人为本路总会计，造路期间任一日人为总工程师，分段通车时任一日人为行车总管，全路完工后任一日人为养路总工程师，等等。

同日，正金银行声称："若于四郑以外之各路借款等事不设何等办法则首尾不接，结束不全"，要求将来照四郑办法订立借款合同细目，"以便此项问题圆满了局"。② 表明日本紧接着又在策划以提供贷款为名在东北地区修建它认为首先在军事上富具战略意义的一些线路了。

（八）俄亚银行的滨黑铁路借款

俄国多年来企图在我国东北地区北部揽办铁路。1913 年，日本既从袁世凯政府迫取了满蒙铁路承筑权，俄国沙皇政府为保持俄、日两国在我东北地区的均势，拟定了无论在军事上还是商业上都对俄国有利的北满铁路计划。1914 年春，俄国驻华公使库朋斯齐亲往外交部，以日本既在南部得到多处筑路权，要求承认保全俄在北部建筑铁路的优先权益，开列从黑河经哈尔滨到齐齐哈

---

① 王景春主编：《中国铁路借款合同全集》下册，第 293—328 页。
② 王景春主编：《中国铁路借款合同全集》下册，第 293—328 页。

尔等线，迫使后者承诺："如中国一旦资金不敷，愿向俄国商人商借。"①

接着，中、俄间展开谈判，断断续续时经两年，当时俄军在欧洲战场屡战屡挫。1916 年 3 月 27 日，俄亚银行全权代表郭业尔与中国政府代表财政、交通两总长周学熙、梁敦彦订立全称为《1916 年中华民国政府滨黑铁路五厘息金借款》（简称《滨黑铁路合同》）和附件 4 件。其中规定：（1）借额为虚数 5000 万卢布，年利率 5%，期限为 46 年；（2）供作建筑沿中东铁路之一地点，哈尔滨附近，从墨尔根至黑龙江岸黑河府的铁路工程和从墨尔根至齐齐哈尔的支线；（3）购办车辆、材料及应需地段；（4）收购（我国地方当局早已建成的）齐齐哈尔城至中东路边的铁道，并入本路作为支线；（5）备付工程期内借款利息；（6）以本路为特别担保品，若不能按期付利还本或付而不足，贷方即可实行受抵押之所有权；（7）合同一订立，即分批发行借款债票，每一批至少 1000 万卢布。现在欧洲战事尚未停止，若受此影响不能发售，准展缓公道期限。过此期限，仍未能发售，则本合同即行作废。②

同日附件中约定：为履行合同做准备，如测勘线路等，由贷方向中国政府垫付 100 万卢布，旋于 4 月 6 日改定为规平银 50 万两，于 8 日交讫。③

（九）美国裕中公司承造铁路合同

1915 年、1916 年之际，在全国人民坚决反对袁世凯帝制自为

---

① 《驻北京公使致外交大臣电》，1914 年 4 月 10 日，中国社会科学院近代史研究所编：《沙俄侵华史》第 4 卷，下册，第 867 页。原注：《国际关系文件》（俄文）第 3 编第 2 卷第 201 号文件。

② 《中国政府滨黑铁路借款合同》，王景春主编：《中国铁路借款合同全集》下册，第 383—406 页。

③ 《中国政府滨黑铁路借款合同》附件第四条，王景春主编：《中国铁路借款合同全集》下册，第 129 页。《俄亚银行与财政、交通两部来往函》，王景春主编：《中国铁路借款合同全集》下册，第 410—413 页。俄亚银行与道胜银行名虽异而实为同一银行。

声中，美国公使芮恩施报告国务院，中国政府正面临严重局势，亟须给予支持。还在此前，美国资本家注视比、法、英、日等国对我国铁路建设再度展开贷款权益的竞争，已在怨艾："如果美国目前的政策再继续下去两三年，到那时就可能给美国剩不下什么东西来资助了。"[①]芮恩施本着美国的门户开放政策原则，美国在华的长远利益而不是任何暂时的或局部的利益，注意到于 1916 年 5 月 17 日订立的《裕中公司承造铁路合同》，规定中国政府授予该公司承造 1500 英里铁路，拟设五条线：（1）从湖南衡阳至广西南宁；（2）从山西丰镇至甘肃宁夏；（3）从宁夏至兰州；（4）从广东琼州（今海南）至广东乐会；（5）从浙江杭州至温州。如果这些铁路中有不能建筑之理由，经双方协商可以取消，但须补入他线，以符额定 1500 英里为度。上述铁路工程完成，经调查核实工程费用确较省俭，中国应准公司再造 1500 英里，其起止地点，届时双方再行商定。为筹措建设经费，由承办者代中国政府在纽约证券市场发行美元债票。从签订合同之日起，每年 100 万美元，到所规定的线路造成时为度，但其总数不得超过 1000 万美元。[②]

芮恩施认为，裕中公司一举揽办湘、桂、晋、甘、浙、粤六省境内 1500 英里长的铁路及其附加利益，是得到了中国政府迄今给予外国人的最优惠的特许，所有对美国最有利的规定都体现在这次合同中了。[③]

俄、法、英三国对裕中公司一举取得包工建筑我国中心地区长达 1500 英里铁路，虽因卷入大战乏力顾及，但仍侧目相视。它们除了各向我国频施外交压力外，兼向美国表示侵犯了它们各自在华的既得利益。如俄国以丰宁线与中俄间旧时约定允俄承建从

① 《梅诺克致司戴德函》，1913 年 12 月 23 日，中国人民银行金融研究室编：《美国花旗银行在华史料》，中国金融出版社 1990 年版，第 137 页。

② 王景春主编：《中国铁路借款合同全集》下册，第 415—425 页。

③ ［美］芮恩施：《一个美国外交官在中国》（英文），1922 年，第 213—215 页。

北京及张家口往东或往北铁路相抵触，认为难予承认；法国则反对铁路线路经过广西，认为侵犯了 1914 年 9 月中法协议允诺法国在该省承办开矿、筑路的特权，等等。美国政府或裕中公司相应地或与辩难，或作解释，最后则以稍作让步，或改线，或允予共同承建相妥协。①

合同订立后 20 天，袁世凯在举国唾弃中忧愤病逝，实际执掌政权的北洋军阀皖系首脑段祺瑞在日本的影响和俄、法、英三国的反对下，认为上述承办合同失权过甚，应该重议。美国既对有关诸国的反应做了如上所述的应付，迁延到 9 月 29 日新任交通总长许世英与卡利签订增订合同，把承办长程从 1500 英里减至 1100 英里。线路则并作两条：株钦（即从粤汉线株洲站到广东钦州）和周襄（周口店至湖北襄阳）。附一但书：此两线共计若不足 1100 英里，待后再决定线路予以补足。②

北洋政府与美国裕中公司虽相继签订如上两份借款合同，但贷方对借款债票既未按期发行，也始终没有发行，只是在头次合同签订后的 6 月 21 日垫支 50 万美元，存入纽约花旗银行中国政府账户。"增订合同"订立后的 1917 年 10 月 22 日和 1920 年 2 月 26 日先后续行垫款 50 万美元和 15 万美元，三次共计 115 万美元。③

---

① ［美］芮恩施：《一个美国外交官在中国》（英文），第 213—214 页；《芮恩施致国务卿》，1916 年 1 月 3 日、5 月 23 日，《美国外交文件》（英文），1916 年，第 417—418 页；宓汝成：《帝国主义与中国铁路（1847—1949）》，上海人民出版社 1980 年版，第 247—248 页。

② ［美］芮恩施：《一个美国外交官在中国》（英文），第 220 页；《芮恩施致国务卿》，1916 年 10 月 26 日；《美国外交文件》（英文），1916 年，第 191 页；王景春主编：《中国铁路借款合同全集》下册，1922 年，第 429—432 页。

③ 《葛汉章代裕中公司代表葛莱格立致交通部函》，1916 年 6 月 21 日；《交通部复裕中公司函》，1916 年 6 月 27 日；《嘉利致交通总长曹汝霖函》，1917 年 10 月 22 日；《交通部复裕中公司函》，1917 年 11 月 16 日；《裕中公司代表陶伦诗致交通总长函》，1920 年 2 月 26 日；《交通部复裕中公司函》，1920 年 4 月 25 日，王景春主编：《中国铁路借款合同全集》下册，第 425—445 页。

上述各条铁路借款的约定总额与实际垫支数几乎全都相差甚大。约定额与垫款量之比因路各不同，若按总量计，后者只相当于前者的 12%，即 1/10 多些（见表 9-2），从而决定列强原谋通过铁路借款进而在华扩张势力的野心。除了日本得逞，大都化成泡影。实际债量折合银约 8000 万元，大抵有一半用之于铁路工程，包括终未成路又归废弃之工，剩下的多半挪作行政经费。

表 9-2　　　　　铁路借款合同额和实垫数量（1912—1916 年）　　　　单位:%

日期	借款名称	借款合同额	实垫数量	比重
1912 年 9 月 24 日	陇海铁路借款	1000 万英镑（9830 万元）	400 万英镑（3932 万元）	40
1916 年 1 月 1 日	七厘国库券	1000 万法郎（324 万元）	1000 万法郎（324 万元）	100
1913 年 7 月 25 日	同成铁路借款	1000 万英镑（9830 万元）	100 万英镑（983 万元）	10
1914 年 1 月 21 日	钦渝铁路借款	6000 万法郎（19440 万元）	3210 万法郎（1396 万元）	7
1914 年 11 月 14 日	浦信铁路借款	300 万英镑（3994 万元）	20 万英镑（19 万元）	0.6
1914 年 3 月 31 日	宁湘铁路借款	800 万英镑（7864 万元）	库平银 100 万两（140 万元）	19
1914 年 7 月 25 日	沙兴铁路借款	1000 万英镑（9830 万元）	规平银 48.6 万两（70 万元）5 万英镑（50 万元）	0.5
1915 年 12 月 17 日	四郑铁路借款	500 万日元（600 万元）	500 万日元（600 万元）	100
1916 年 3 月 27 日	滨黑铁路借款	5000 万卢布（2976 万元）	规平银 50 万两（70 万元）	2
1916 年 5 月 17 日	裕中公司承造铁路合同	1000 万美元（1898 万元）	115 万美元（480 万元）	12
总计		65286 万元	7981 万元	12

说明：1. 为资比较，把各种外币量统一折合成国币元的约计数，置于括弧中。

　　　2. 比重（%）指实垫量相当于约定借款量之比。

资料来源：参见正文有关脚注。

附：江西南浔铁路公司对日借款

该公司时属商办，所借之债与国债无涉。1929 年，国民政府铁道部代管该路后，鉴于该铁路积欠日债过巨，关系路权，在整理外债中，把该路债务由政府整理。[①] 下面对该公司的债项作一附述。

南浔铁路在 1912 年以款项不敷而停工，又因前欠日本商人借款亟须归还，于 7 月 8 日向日本国策会社之一——东亚兴业会社借款 500 万日元，九五扣，年息 6%。以专聘日人工程师为条件，使原在职的本国工程师先后被逼离路。该路旋在"二次革命"中颇遭损失。为恢复及清偿旧欠，于 1914 年 5 月 15 日又向该会社借款两笔，分别为 50 万日元和 200 万日元，条件是把该路的九江码头租借给日清轮船会社利用。1916 年 5 月，该路工程通车，客运居多，货运清淡，营业不振，加上管理不善，入不敷出而贷方又频索旧欠，因而于 1922 年 5 月 16 日再向东亚兴业会社借款 250 万日元[②]，这四笔日债共计 1000 万日元。债情概要，见表 9-3。

表 9-3　　　　　江西南浔铁路公司对日借款情况（1912—1922 年）

单位：万日元

序次	日期	数量	利率（%）	期限（年）
第一次	1912 年 7 月 8 日	500	6.5	15
第二次	1914 年 5 月 15 日	50	6.5	15
第三次	1914 年 5 月 15 日	200	6.5	23
第四次	1922 年 5 月 16 日	250	7.5	15

南浔积几次借款的结果，自 1912 年起，所聘的日籍工程师改委为工程顾问；该会社向公司另推荐会计顾问一人，有权随时稽

①　财政科学研究所、中国第二历史档案馆编：《民国外债档案史料》第 4 卷，中国档案出版社 1991 年版，第 163—172 页。

②　国民政府在整理外债中经与日本几度磋商，直到 1935 年达成整理办法，余欠本额仍为 1000 万日元。积欠利息按 800 万元计，利率减为 5%。每月付款 1.5 万元，直至 1937 年抗日战争爆发时止。

核铁路账务。本路路务，从此完全被置于这些顾问的监督、控制下运行。①

二　合办银行、建设商埠、导淮工程等借款

袁世凯政府中某些部会主管，认为借款以发展实业无害有利，间有为展其抱负与国外某些社团或金融企业洽谈借款，但几乎都有始无终，或被别具野心的强国取作在华扩张权力中竞胜争强的一着。

（一）中法实业银行股金欠款

1912 年年初，法国东方汇理银行（北京）经理游说国务总理兼财政总长熊希龄，设立一家中法合资银行。熊希龄旨在以法国资金解救中国政府的财政危机②，与之商定于次年 3 月成立中法实业银行。该行创设章程中规定："以发达中国实业为宗旨"③，创业资本 4500 万法郎。法方认股 2/3，中方由政府出资 1/3 即 1500 万法郎，使中国政府与法国资本家的关系只处于附股者的地位。而且，这笔资金由法方垫付，这样，中国政府投入该行的资金就转为欠东方汇理银行的一笔债项。

（二）中法实业借款

中法实业银行一成立，即开展它的发展中国实业的活动。继 1913 年 3 月财政部拟以盐税收入作担保，向该行借款 3 亿法郎未成，该行代理总裁塞利尔在法国对华政策导向下，于同年 10 月 9 日与熊希龄代表中国政府在北京订立《实业五厘金币借款合同》，专为中国政府经营实业及各种工程之用，并首选筑造江苏浦口口

---

① 金士宣、徐文述：《中国铁路发展（1876—1946）》，中国铁道出版社 1986 年版，第 247 页。

② 徐义生编：《中国近代外债史统计资料（1853—1927）》，中华书局 1962 年版，第 111 页。

③ 《中法实业银行章程》，王铁崖编：《中外旧约章汇编》第 2 册，生活·读书·新知三联书店 1957 年版，第 858 页。

岸工程。又规定：该项借款八四扣实收，年利率 5%，期限为 50 年，10 年之后、20 年以前无论何时借方可提前清偿，但须加价 2.5%，20 年之后则无须加价。以中国国家实业，包括兵工厂及造币厂之类作为担保。一切建筑材料如中国自出，除质地可用者外，优先购买法国产品，输入中国概免中国关税、杂捐、厘金等项。总工程师、总会计等人员都由法籍人员充任，等等。①

同日订立垫款合同，规定从合同成立之日起 6 个星期内垫支 5000 万法郎，分两次交付，专为合同所载购买地皮、办理一切实业之用。12 月 5 日，双方订立附合同作为正合同的补充。附合同约定：倘浦口商埠工程告竣后尚有余款，另行商榷。却又着重提出，充作"他项工程如汉口桥梁之类"。②

英国对法国资本势力继取得贷款修建钦渝，又目注于汉口桥工、浦口建埠的动向，认为这是法国亟谋从华西南的钦州、北上重庆（渝）折而顺流东南下在长江流域伸张势力，极为不满。法国获悉此情，做出少许退让以期获得妥协。次年 3 月 2 日，继任财政总长周自齐代表中国政府与该银行代表连续签订的两件即第一和第二附合同，除了规定这笔借款由中国政府声明以所收及将来应收长江以北各省的酒税作为担保的补充，如到期政府欠付每半年利息或本金之全部或一部分，银行即有全权运用该担保品所取得之权利。对借款用途做出改定，浦口工程的剩余之款改成用以充作北京市政工程用费③，不再提及汉口桥工程。

中法实业借款债票实际发行额为 1 亿法郎，八四扣交款，应交本金 8400 万法郎里扣除垫款及其利息等费，净能支配数约为

① 财政科学研究所、中国第二历史档案馆编：《民国外债档案史料》第 4 卷，中国档案出版社 1991 年版，第 601—611、812—814 页。

② 财政科学研究所、中国第二历史档案馆编：《民国外债档案史料》第 4 卷，第 601—611、812—814 页。

③ 财政科学研究所、中国第二历史档案馆编：《民国外债档案史料》第 4 卷，第 601—611、812—814 页。

7800 万法郎。财政部即从中提取 4200 万法郎挪作行政经费，余则拨给浦口商埠和充作北京市政工程等经费。①

（三）英商汉口商场借款

英国在法国既不再提汉口桥工程的情况下，支持其本国商行——怡大洋行②揽得在同一江岸另处建筑商场的贷款利益。怡大洋行于 1914 年 9 月 19 日与内务、财政两总长朱启钤、周自齐和督办汉口商场事宜的杨度，订立《发达汉口商场借款合同》，发行五厘金镑债券 1000 万英镑，充作发达汉口商场所规定项目的经费，如整修马路、建造一座大桥或隧道，将长江北岸与武昌相连接以及布置电车轨道，等等。又规定，此件一订立，贷方垫支款项不少于 100 万英镑。如果贷方无力交付贷款，则本合同即行作废。如合同订立后一年内，本合同不能付诸实行，则中国有权随时将合同废止。③ 可是，怡大洋行在此期间既未垫款，又未发行债票。时过一年，英国政府在欧战已经爆发后于 1915 年 12 月 16 日发布禁止投资国外令。怡大洋行受此令限制，谋使原订合同不致被废止，才函告借方提供垫款 3 万英镑，并要求待大战结束后两年再按合同规定继续垫款，借以表示其对于商场借款合同的诚意。杨度则为之解释：贷方并非别生枝节，报准中央"勉从其请"，对合同做出"暂不取消的处置"。④ 至于 3 万英镑的垫款，旋折作银 21.3 万两，并以年利率 8% 计。⑤

————————

①　有数可计的是：浦口埠督办提用 1205 万法郎，北京市政公所提用 150 万法郎，京、津马路、桥梁工程 500 万法郎和北京电车公司官股提用 1271 万法郎，余充支付利息、印刷费、手续费等。

②　怡大洋行系 Samuel Co. 的中译正名，也有取音译作三妙尔公司的。

③　财政科学研究所、中国第二历史档案馆编：《民国外债档案史料》第 5 卷，中国档案出版社 1991 年版，第 161、166 页。

④　《杨度致财政部咨》，1916 年 6 月 11 日、2 月 2 日，财政科学研究所、中国第二历史档案馆编：《民国外债档案史料》第 5 卷，中国档案出版社 1991 年版，第 166—168 页。

⑤　1937 年 5 月，国民政府在整理内外债时与贷方的继承者——祥兴公司商定，以"免除欠息不计新息"将已垫之款 3 万镑折成国币，免尾数，按月摊还，予以解决。

（四）延长油矿勘矿欠款

美国美孚石油公司对我国陕西延长石油矿藏垂涎已久，得悉国务总理熊希龄有意开发此资源，于1913年、1914年之际，派人来华活动。熊希龄予以积极回应，迅于1914年2月10日由熊希龄和财政、农商、交通三总长周自齐、张謇、朱启钤为中国政府代表，与该公司代表签订《勘矿合同》，准该公司派极得力之专家，立即前往陕西延长、直隶承德及附连地方详细探查。若探明结果值得开发，即合组公司从事开采，并拟订公司股资由美孚出55%，中国政府出45%，此中的37.5%由公司赠与作为取得中国政府所给特权之代价。其余7.5%，中国政府须于两年内购买，否则，仍作为美孚之资本。

合同规定：有效期60年。在此期间，中国政府允诺："不准其他外国人或外国团体在上开地方开采石油及其副产品。"还别有一条："如中国政府欲在美国办理借款，美孚石油公司应允暗中帮助。"①

合同订立后，经勘查，美方认为，无开采价值，已用之费，我国该摊分银54万余元，一时未予处理。1917年2月5日，双方订立应还该公司的《勘矿欠款合同》，约定此数为欠款，以四个月为一期，分六期付清，取消原定勘矿合同②，了结此案。

（五）导淮借款和整理运河借款

淮河流域历来旱涝不断，有心人深切感受该河经常泛滥对国计民生的危害，时谋治理之方。状元出身、置身实业的张謇以其切身感受，经亲自调查察看，讲求研究，继1906年提出"复淮浚河、标本兼治"的主张，于1913年又设计"沧海分疏"，即将淮

① 财政科学研究所、中国第二历史档案馆编：《民国外债档案史料》第5卷，中国档案出版社1991年版，第42—46页。

② 财政科学研究所、中国第二历史档案馆编：《民国外债档案史料》第5卷，第42—46页。

水部分导入长江、部分导入大海，并倡议由沿河中下流三省合力治理。至于经费，他设想以工代赈、加亩捐等，并认为面对国弱民贫，借外债以治淮河，也是不得已的一法。还认为，宜采取由绅商集资成立公司，以公司名义举借外债，以淮河治理后所垦荒地的收入，取作偿还借款的本息。

从清末以来，美国红十字会每遇淮河水患参加赈济之余，也关注治理此河，并表示愿意设法筹款兴办导淮工程。张謇出任农商总长兼全国水利总局总裁后，经与美国红十字会商谈，涉及借款问题。美国政府获悉此情，以此事为超出商业利益、政治目的的人道主义事业，赞成该会从事此项工作。1914 年 1 月 30 日，由张謇与美国驻华公使芮恩施代表美国红十字会订立《募集导淮借款之协议》一件，规定：中国政府承认允许美国红十字会或其代表或其承续人在一年内筹集导淮借款 2000 万美元（此项数目或增或减须于测量告竣后查系必要的数额），用以疏导淮河流域内河道。另规定，此项借款按年息 5% 计，以河工区域内凡系官地能有或目前所有之收入，以及将来因河工收效而可为中华民国加增之收入作为担保。[①]

芮恩施旋致电全国水利总局：美国红十字会商派工程师来华勘察淮工，需费计 10 万美元，提议先由该会代垫，一旦导淮借款成立，即从此项中拨还。否则，中国政府与美国红十字会各认一半。[②]

10 月，我方要求芮恩施与美国红十字会商量，向该会先借1000 万美元，以赶办河渠、河洫等工。芮恩施的回应是：欧洲战事起后，美国金融亦复紧急，以款不易集做了婉言拒绝。

---

① 财政科学研究所、中国第二历史档案馆编：《民国外债档案史料》第 5 卷，第31 页。

② 《全国水利局总裁致财政部咨》，1914 年 9 月 11 日，财政科学研究所、中国第二历史档案馆编：《民国外债档案史料》第 5 卷，第 34—35 页。

《募集导淮借款之协议》一时未作废，对其有效性且一再展延，而终归成为不废自废，遗下该分摊勘探费一半的 5 万美元。

在上述协议有效性展延期中，原拟承担工程的美国广益公司，于 1916 年派代表来华。[①] 先于 4 月 19 日与山东巡按使蔡儒楷、水利局副总裁潘复订立《山东整理南运河借款》；继于 5 月 13 日与水利局总裁金邦平订立《导淮工程、整理运河借款》，款额都规定至多为 300 万美元，年利率 7%，九扣实交，期限前者为 30 年，后者为 20 年。[②] 借款的投放项目，由导淮工程推广及于整理运河的山东南部和江苏的区段。

此时，日本正以武力为后盾，急剧扩张在山东省境内的势力。对后一借款无端提出抗议，认为触犯了它自认为具有的种种特权。美国虽否认它在山东享有所谓特殊权益，但在与日本僵持中转对我国施加压力，把运河借款部分权益于同年 11 月转让给日本兴业银行，实质上，默认日本在山东享有特殊权益以相妥协。然而，这两笔借款在山东、江苏两者的反对下，最终都未成立。

（六）李·希金逊借款

美国金融资本组织意图在我国开拓资本市场。1914 年前后，纽约证券市场经纪人格司特来华活动，获得袁世凯政府授权为中国政府在美国的财政经理人，约定如有中国政府命令，办理别种（实指借贷）之事。[③] 1915 年年初，格司特取得美国国务院的认可和驻华公使的支持，继与李·希金逊公司商妥，于当年 4 月 7 日由我国驻美公使顾维钧代表财政总长与该公司代表安伦订立《三

① 《内务总长致财政总长咨》，1914 年 10 月 17 日，财政科学研究所、中国第二历史档案馆编：《民国外债档案史料》第 5 卷，第 35—36 页。《兰辛致古德利》，1946 年 6 月 23 日；《芮恩施致兰辛》，1946 年 9 月 15 日，《美国外交文件》（英文），1916 年。

② 徐义生编：《中国近代外债史统计资料（1853—1927）》，中华书局 1962 年版，第 132—133、144 页。

③ 《外交部致财政部函》，1915 年 10 月 6 日，财政科学研究所、中国第二历史档案馆编：《民国外债档案史料》第 5 卷，第 349—354 页。

年期六厘金币库券合同》。规定该公司允代中国财政部在美发行国库券 500 万美元，构成习称李·希金逊借款一笔。[①] 合同规定：此借款系充作实业、市政、教育及其他性质相同事务之用。又规定：该公司对财政部先行支付 100 万美元（实交额为 93 万美元）。[②] 此款实际并未支作实业、市政等用，而被袁政权挪作军政经费，国库券始终未在美国金融市场发售，所垫之款成为本借款实数。

第三节　中央、地方的零杂债项[③]

民国初年，财政比较混乱，中央和地方为应付各种急用，纷纷向大小银行举借债款，其中，除奥匈帝国借款数额较大，达数千万元，其他各项多者不过数百万元，少者仅只数万元。

一　中央的零杂债项

中央各部会的杂债，就主借者说，间有跨部会的；款项的用途也有兼及他部的。这里基本上以部为别，兼顾其用途。

（一）财政部

总长陈锦涛为筹措行政经费，委托我国驻英公使刘玉麟经手，在伦敦于 1913 年 12 月 31 日与比利时证券银行代表订立《军事债票借款部分发售合同》，规定将该债票面值 62.5 万英镑分期认购，年息 8%，次年 6 月减定为 5%。8 月 7 日，该部又与之商妥，垫

---

① 《财政部致驻美公使电》，1918 年 1 月 16 日，财政科学研究所、中国第二历史档案馆编：《民国外债档案史料》第 5 卷，第 361 页。

② 徐义生编：《中国近代外债史统计资料（1853—1927）》，第 126—127 页。

③ 本节除加注者外，均参见徐义生编《中国近代外债史统计资料（1853—1927）》，第 114—132 页。

款 40 万英镑。1914 年 2 月，为归还华比银行此前对国务院属远东通讯社的垫款，该院与之形成《华比借款》一笔，计银 5 万元，授以国库券作为担保。①

（二）外交部

外交部属留美学务处、驻外使馆，为筹措留学各国学生学费，间有在当地借款济急，借期不足一年临时周转的从略。据外交部 1912 年 9 月致财政部函称：留美学务处和清华学堂以经费无着，于 1912 年 2 月向华比银行（北京）借公砝银 6 万两；4 月向花旗银行息借公砝银 3 万两；等等。一年期满时，从美退庚款中拨款还清。上述函中又称：驻法使馆息借汇丰银行 27.5 万法郎，驻英的欠华比银行 2 万英镑、驻比的息借华比银行近 13 万法郎、驻日的借汇理银行 20 万法郎和驻德的借德华银行 25 万马克等。所有这些借款的本利在次年"善后借款"成立后即从中全部拨还。

（三）教育部

教育部属各处在需款急切、财政部又无款拨支中，于 1912 年 8 月 15 日由北京大学向华比银行借款 40 万法郎（合公砝银 10 万两），以该校房产及书器作抵。1914 年 5 月 15 日，续借公砝银 10 万两，仍以上开物业取作第二次抵押。另为接济留学法、比等国学生的学费，向华比银行连续以公砝银、比法郎、英镑为准的借款，统折成银（下同）95.2 万元，其中约银 15 万元，系用之于添建国内部属某些大学的校舍。第二年 1 月，外交部以美退庚款充作担保，由美国摩根公司垫支我国留美学生学费 38.5 万美元，期限为 1 年，届期还清。1916 年 4 月，驻日公使陆宗舆以留日官费生、自费生 300 人亟须处置，经报准外交总长转咨教育、财政两部，为备留日学生用，照会日本驻使日置益知照横滨正金银行于 5 月 17 日达成 4 年期借款 10 万日元，等等。

---

①　财政科学研究所、中国第二历史档案馆编：《民国外债档案史料》第 4 卷，中国档案出版社 1991 年版，第 63—67 页。

（四）邮传部、交通部

由于邮传部 1908 年为赎回京汉路权发行的赎路公债银 1000 万元未尽销出，经与财政部商定，委托刘玉麟代表中华民国政府与英国善贮公司于 1912 年 2 月 11 日订立《京汉赎路债票押款合同》，由后者承购，换成英镑，作为 15 万英镑，把原为国内发行的公债票质变成一笔外债。[①]

邮传部为所经管的电讯、铁路两业购置器材，临时周转，形成系列债项。电讯项有 1912 年 12 月 30 日为天津电话局向美国西洋电气公司采购电讯器材，由瑞记祥行经手，将价款 4.7 万英镑折合银近 46.2 万元，转作 10 年期借款一笔，年利率 7%，以该局财产及其收入作为担保。[②] 1916 年 1 月 18 日，为汉口、武昌两局装配总电池、电话机件以及在江底铺设电缆所需价款和工程费用，向中日实业公司和三井洋行借款 9.3 万余英镑，期限为 10 年，以该两电话局新增财产作为担保。[③] 路务方面，为应在建或已成铁路的某种急需，或还旧账或借新债之著者，有津浦铁路行将完工时，济工款一时不足，于 1912 年 7 月 11 日由总长朱启钤与德华银行商定，由后者垫款 90 万英镑；8 月 11 日，又与华中铁路公司商定垫支 30 万英镑；为应归还沪宁铁路工程期间购买土地的欠款，于 1913 年 10 月 30 日由新任总长周自齐代表中国政府出具凭函，准中英公司在伦敦发行年利率 8%、期限为 10 年的购地债券 15 万英镑。[④] 为筹措归还津浦、浦信、宁湘三铁路前后的垫款、利息，于 1915 年 12 月 4 日与中英公司代表订立短期借款函约，后者允诺于

---

① 马慕瑞：《中外条约与协定汇编》第 1 卷，1980 年，第 758—759 页。善贝宁公司按英文直译为伦敦城市平安储蓄银行。

② 财政科学研究所、中国第二历史档案馆编：《民国外债档案史料》第 4 卷，第 301—305 页。

③ 铁道交通部交通史编纂委员会编印：《交通史路政篇》第 10 册，1935 年，第 2925—2928 页。

④ 财政科学研究所、中国第二历史档案馆编：《民国外债档案史料》第 4 卷，第 301—305 页。

是月 8 日借给规平银 210 万两，年息 7%，每半年付息一次，以京奉铁路余利作为担保。所收垫支之款，除用以偿还上述三路垫款利息外，余额近半数弥补路政预算的不足。[①]

英国当日本大仓洋行于 1912 年 1 月贷予南京临时政府之款要求以沪杭甬铁路江苏境内段——沪枫铁路作为抵押，认为侵犯了它在长江流域的势力范围，曾向日本提出异议。1914 年，苏路包括沪枫段收回国有，英国乘机迫使袁世凯政府由交通、财政两总长朱启钤、周自齐与中英公司代表梅尔思于 2 月 14 日签订《上海枫泾铁路清还抵欠借款合同》，提供 37.5 万英镑，专为赎回大仓洋行借款本息之用，并声明中国政府不准江苏铁路公司再以沪杭甬路江苏段担保或抵押他种借款。这笔借款九四实收，年息 6%，期限为 20 年。中国政府承认全还，以新奉至辽河以东段除外的北宁铁路（后改名为京奉铁路）余利作为担保。[②] 中英公司凭此合同，通过袁世凯政府，摒除日本的影响，恢复英国自己认为曾经遭到侵犯的权益。

（五）陆军、海军两部积欠的外债

袁世凯被美国银行家称之为"绝对独裁者"，为了日益加强其个人军事独裁的统治，袁世凯年年购置军火，使此两部所借外债量在中央各部门中为最多。世界局势的剧变，欧战发生后，从 1914 年下半年起才一时绝了这类债项。

陆军总长段祺瑞为订购军用被服，于 1912 年 6 月向日本大仓洋行借款银 4.7 万元，年利率 7.5%，期限为 1 年。陆军部为购置军械，由德商瑞记洋行经手，于 10 月 8 日达成协议，代借 420 万马克，由财政部给予等额 1 年期国库券，听其转售。1913 年，财

---

① 财政科学研究所、中国第二历史档案馆编：《民国外债档案史料》第 4 卷，第 301—305 页。

② 《梅诺克致司戴德函》，1913 年 11 月 8 日，中国人民银行金融研究室编：《美国花旗银行在华史料》，中国金融出版社 1990 年版，第 126 页。

政总长周学熙为筹措政费兼为订购军火，于 3 月 1 日与瑞记洋行达成英金 30 万英镑借款一笔，以契税收入作担保。10 日，陆军部与捷成洋行达成协议，为购买军械及支付栈租，由后者提供公砝银近 20.5 万两，由中国银行作担保。

海军部因所属海军各舰急需购买弹药，于 1913 年与日本川崎船厂订立《购买弹药合同》，净价计日币 33.4 万余元，按约交付了 1/3，到 1914 年 6 月 24 日，该船厂把延期未付价款并 1910 年前清海军部订购军火余欠款加在一起，连本带利滚成 140.6 万日元，向财政部索偿未遂，转成一笔债项。

1913 年 4 月 10 日，财政总长代表中国政府，由瑞记洋行经手[1]，向奥地利军火厂订购军械、炮舰，并由奥地利证券公司垫付价款签订合同两件，一件为 120 万英镑，另一件为 200 万英镑，分别习称为奥国第一次借款和奥国第二次借款。这些借项名为订购舰艇，实则半充政费。次年 4 月 27 日，财政总长代表中国政府，又与由瑞记洋行代表奥国银行订借 50 万英镑借款合同。此项借款中的 19.2 万余英镑充作政费，26.8 万英镑任由该洋行扣存，订购军火。经大总统命令认可，并转知奥地利驻华公使习称奥国第三次借款。[2] 这三次借款共计 370 万英镑，均为年利率 6%，折扣九二，期限为 5 年。订购的军火属于第一、第二次基本交齐，第三次所订的巡洋舰截至欧战爆发时根本未动工。财政部调派外交部司员赴奥调查，以欧战梗阻，中道折回。1915 年 6 月前所有每期应付本息，都如期付讫，而后我国既对德宣战，停止偿付，宣布"俟中国参战损失抵算完竣，方能照付"。[3] 最后以废

---

① 财政科学研究所、中国第二历史档案馆编：《民国外债档案史料》第 4 卷，第 367—370、378—384 页。

② 财政科学研究所、中国第二历史档案馆编：《民国外债档案史料》第 4 卷，第 367—370 页；第 5 卷，第 105—109 页。

③ 财政科学研究所、中国第二历史档案馆编：《民国外债档案史料》第 4 卷，第 367—370 页；第 5 卷，第 105—109 页。

除作结。

中央各部用多种货币计数的借款，且按其时时有升降的汇率取其中数折成银圆，总量约银8500万元。其中，以陆海军两部为最多，超过半数；交通部次之，在总量中约占1/4，财政、外交、教育三部门合计不足银2000万元。

二　地方借款

此类借款中最值得注意的是对日借款。贷方的行为人包括日本的国策会社如南满洲铁道株式会社（简称满铁）、准国策会社（如与官方关系密切的大仓、三井等洋行）和其他民间企业以及个人。它们贷款所及，开始向我国的东北、西南各地广泛渗透，增强日本在借款所及之地的影响和势力。

日本贷款活动的重点地区，是我国东北南部和内蒙古东部，也就是被其称作所谓满蒙的地区。1912年10月16日，东三省都督赵尔巽为筹措军政费用，由日本大仓洋行提供贷款100万日元，以奉天省府所有本溪湖煤铁公司股票及出井税、报效金并鸭绿江采木公司股票作为担保。1913年5月、9月，满铁与继任奉天都督张锡銮先后达成协议，分别贷予60万日元和200万日元，共计260万日元，充作行政经费，包括所谓"征蒙费"，就势取得对沈阳电灯厂、电话局及商埠地带的土地道路的设施权，并以奉天省的烟酒、牲畜等作为抵押。另外，它又愚弄、挟制内蒙古科尔沁左翼后旗阿穆尔灵圭和巴林王，先后于1914年2月和4月，分别贷给8万日元和2万日元各一笔。这些借款以这些王爷所管土地的地租作担保，供作他们采购军火和私人花销。其中，前一笔名义上的用途是供作经营张家沟、鹰手沟石棉矿和境内其他矿山的勘察费用，借约中规定必须聘用日籍技师，而且预从借款8万日元中提留一笔，备作技师的薪水、旅费，事实上，成为日人拥有经营这个石棉矿和勘察该境所有矿藏的特权。10月，奉天巡抚张元奇、财政厅长张廷翼向大仓洋行借款 150 万日元，让予以太子河沿岸某处合办一矿为条件，并以奉天省府持有的本溪湖煤矿公司股本全部及出井税、抚顺煤矿商税、报效金和该省府所持有的安东采木公司股本全部充作担保。①

日本把满蒙视若自己的附属地，警惕他国贷款的侵入。1912 年 2 月，奉天当局鉴于 1913 年的满铁借款若到期不还，作为抵押的电灯厂、电话局将归彼营业，开埠局地也将归满铁据有，乃向英商沙逊公司秘密订借奉天大洋 150 万元，期限为 1 年。② 满铁刺探的这一消息，基于当时日、英间结盟关系，在容忍这一借款的同时，做出居心叵测的反应：向奉天当局表示自愿展期，使原拟如期付讫的债项继续存在。

此外，俄国面对日本满蒙着手增强其势力和影响，为资对应，在其卷入欧战前夕，当黑龙江都督毕桂芳筹措行政经费时，主动给以积极回应，于 1914 年 1 月 22 日，由道胜银行以黑龙江省内金矿充作担保，提供 400 万卢布贷款一笔。

其他各省的借款略述如下：

直隶都督冯国璋为筹措政费，由沈瑞麟经手，于 1913 年 4 月 4 日向比利时证券银行、安华士银行借款 50 万英镑，九一扣，年利率 5.5%，期限为 40 年，以该省烟酒税作为担保。

江苏都督程德全为筹措南京、上海军政各费，于 1912 年 9 月向三井洋行订约借规平银 28 万两，年利率 8%，以官有地及房产作担保。

福建镇抚使岑春煊，为筹措军警解散费、军饷并归还前欠日本台湾银行之款，于 1912 年 11 月，向英商乾记洋行借银 200 万

---

① 汪敬虞主编：《中国近代经济史（1895—1927）》上册，人民出版社 2000 年版，第 409 页。

② 据这笔借款合同，以奉天官银号期票 6 张作抵押，届期即予还清。财政科学研究所、中国第二历史档案馆编：《民国外债档案史料》第 5 卷，第 24—29 页。

元，10 年期，以沙埕、泉州、涵江等处常关税收和全省茶税作为担保。次年 4 月 11 日，民政长张元奇为筹措该省行政经费，又以上述各处常关税收作担保，九二扣，年利率 7.5%，期限为 8 年，向台湾银行借款 100 万日元。

安徽都督兼民政长倪嗣冲，为归还本地米商和外商借款等项，于 1913 年 10 月 10 日以年利率 5%，向汇丰银行借规平银 30 万两，以芜湖米捐充作担保。次年 8 月，该省财政厅为筹措行政费用，向日商三井洋行借款银 20 万元，期限为 15 个月，以买米押款作担保。

广东巡抚使李国筠以地方动荡不安，又遭水灾，为筹措饷需、赈灾用款，于 1915 年 7 月 23 日命财政厅长刘庆铠签押向台湾银行订借港币 40 万元，期限为 6 个月，月息 8%，以押税、硝税两项作为担保，约定若届期不能清还，由财政厅将作为担保的税款送交该银行存储。事实上则届期未清，直到 1917 年 4 月还本付利讫。

为资比较，把所有地方借款以不同货币为准的款额概折成银圆，总计银 1600 万余元。就贷款国籍分，其中，比利时、俄国各约 450 万元，日本近 600 万元，英国 100 万元；就借款条件来说，俄、日两国最为繁苛，尤其是日本。后者在图谋我国东北，特别是被它称作"满蒙"地区对日附属化中，通过借款在程度上又深一层。

第十章　北洋军阀皖系执政时期的外债

　　1916 年 6 月 6 日，袁世凯病逝，北洋军阀皖系首脑段祺瑞开始实际执掌国政。1920 年 7 月，皖系在与同一军事政治集团的直系恶战中失败，段祺瑞遂自劾"德薄能鲜"，要求解除其本兼各职，"以谢国人"。在这一时段里，内政方面政变迭起，段本人作为国务总理几度起落；世界大势，正是第一次世界大战从激烈展开到结束。与我有关的列强欧洲诸国，先是置身于欧洲战场，继则亟谋从战争创伤中恢复过来。而美国无论是在参战（1917 年）之前或之后，关注重心都在欧洲。近邻日本乃认为，这正是加紧侵略、陷我为其附属国的"天赐良机"，加紧在我国寻找它认为能替代袁世凯的政治人物，其既把段祺瑞取作对象，便给予全方位的扶植和支持，通过借贷关系的财政援助就是其中的一个方面。为便于记叙，且类分成四：（1）应段政权需要或迎合其需要源源提供的贷款；（2）据其制定的谋华方针，强加予后者的贷款；（3）为设置交通、电信以及其他工矿企业的零星借款或由价款转成的债项；（4）日本为谋广泛、渗透势力于我国各地，迎合地方当局需要而提供的贷款。

第一节　日本扶植、支持段祺瑞政府的系列贷款

日本谋把皖系转为己用，为扶植段祺瑞执政，及时予以贷款支持，在他的几起几落中，更始终这般行事。日本内阁为此做出决议："不反对日本财团单独或与他国财团协议对中国政府进行财政援助"；"如果中国政府……要求供给武器及其他军需品"，也可以"予以友好考虑"。[①] 皖系、段祺瑞则从一系、一人之私利出发，与其密切往来，并凭借日本的支持，狂言要以武力统一国家，以求巩固其篡权当国的权位。

一　日本通过贷款扶植支持段祺瑞政府

皖系当国执政，即令财政部筹措经费以济急需，后者函致中国、交通两银行总管理处以金融紧张、维持市面的名义，筹措款项。两银行总管理处奉命委托华宁矿务公司[②]代借外债。日本有关方面闻讯表示，为辅助我国新政府，愿意提供贷款 100 万日元，以 1 年为期。所产矿砂除留五成归中国政府收买外，其余售与大仓洋行作为条件。至于款作何用，故作"不过问"。财政部旋即与大仓洋行商定，以华宁矿务公司所开采的江宁凤凰山铁矿作担保（旋以农商部反对，改为不以此项担保，给予国库券）。在合同未批准前，一面签订，一面交款，以应急需。1916 年 5 月 12 日、6

[①] 《内阁决议：对华外交政策》，1917 年 7 月 20 日通过，［日］外务省编：《日本外交年表竝主要文书》上，原书房，1965 年，第 437—438 页。

[②] 《中、交两行致财政部函》，1916 年 6 月 10 日；《华宁铁矿公司督办咨财政部》，1916 年 9 月 23 日；《财政部复华宁督办函》，1916 年 9 月 30 日，财政科学研究所、中国第二历史档案馆编：《民国外债档案史料》第 5 卷，第 394—395、400—401 页。

月 22 日两次订立习称"华宁公司库券"契约，构成借款一笔。库券则由中国、交通两银行收齐，经部、行出具各种文据，另由财政部承诺：此项借款由该部担任筹还。①

日本财政资本组织垂涎湖南有色金属矿产资源有年。② 段祺瑞政府在取得华宁公司借款后不久，财政部谋解"库款支绌"之困，与日本兴亚公司磋商借款，并迎合其意图，许以湖南水口山铅矿和安徽太平山铁矿作为担保。9 月 9 日，财政、农商两总长陈锦涛、谷钟秀代表中华民国政府为甲方，与该公司代表永滨、本田为乙方订立习称《兴亚公司借款合同》，又附合同两件。其中规定：（1）借款金额 500 万日元，供作经营太平山、水口山矿业的资金。从合同成立日起 5 日内即如数交款，否则，合同及附件作废。借款年利率 6%，期限为 3 年，但得随时清还。此事双方严守秘密，甲方负责使合同中所指两矿将来中日合办，借日款经营，聘用日人为技术顾问，利益平分；矿产物尽先供给中国政府收用，其余部分或全部输往日本。若甲方欲再行向乙方举借实业借款以开发实业，乙方可再为设法筹措。（2）乙方借与甲方的 500 万日元的用途，乙一切不干涉，事实用作行政经费，乙为助甲起见，允负责任使另在商量中 8500 万日元之大借款，在 3 个月内成立。"倘甲以条件不合，随时可卸免乙之责任"；若终未能成立，甲对"水口山及太平山之矿山事业得免责任"，"当另行提供相当财源为抵押"。③

---

① 《中、交两行致财政部函》，1916 年 6 月 10 日；《华宁铁矿公司督办咨财政部》，1916 年 9 月 23 日；《财政部复华宁督办函》，1916 年 9 月 30 日，财政科学研究所、中国第二历史档案馆编：《民国外债档案史料》第 5 卷，第 394—395、400—401 页。

② 早在 1913 年 5 月 22 日，有一家名为旭公司的一度与湖南当局达成协议，以扩展矿业及救济金融名义，以湖南官矿局所创办的江华锡矿、平江金矿所有资产等作为担保，提供贷款日金 1000 万元，经省议会否决，未成事实。

③ 《兴亚公司借款合同及附件》，1916 年 9 月 9 日，财政科学研究所、中国第二历史档案馆编：《民国外债档案史料》第 5 卷，中国档案出版社 1991 年版，第 562—564 页。

　　湖南人士闻讯，群起反对，组成公民保矿会，呈文财政部要求取消合办合同，声称单就水口山铅矿来说，自前清开采以来20年间，出砂甚旺，获利数达百万两之多，全湘人民以此恃为命脉。以袁世凯专横，亦不敢因以为利。今日共和再造，反将此矿拱手而授之外人，置湖南3000万人之生命于不顾，坚决反对此项借款。安徽公民也同声抗议，在致财政部的请愿书里揭露成立这笔借款的底细：此合同是为协助大借款之报酬品！既违法丧权，又贻祸地方。严正表示："皖人誓死不能承认！"① 段祺瑞政府在湘皖两省公民坚决反对下，正在商议的大借款才终未成为事实。

　　1917年6月，张勋闹"复辟"，段祺瑞出走天津。日本政府横加干预，向我国驻日公使章宗祥表示，"中国时局，宜速解决。宜乘此时兵权在手，组织纯粹之强固政府"，要他转达给段祺瑞参考。② 段祺瑞旋即自任讨逆军总司令，分别以段芝贵、曹锟为东西两路司令，并再任内阁总理。12日，日本由正金银行（北京）向段部东路司令段芝贵提供银8万日元贷款，充作收编张勋复辟失败驻扎在北京天坛部队的经费。③ 又：国务院以"大军云集，饷需万紧"，责成直隶财政厅经手，以所持有的滦州煤矿股票和公积存款作担保，向日本三菱洋行（天津）借款100万日元。由护理直隶省长汪士元与三菱代表秋山昱订立借款合同，于3日内交款，期限为1年。此项借款含糊其词，说作"补助金融"费用，实则首先取用部分以尽快遣散张勋残部。

　　段祺瑞继该年11月被逼辞去国务总理专任参战督办，次年3月第三次出任国务总理。日本军国主义者狂热呼啸，什么中日关

---

　　①　《湖南公民保矿会致财政部呈》，1916年10月2日收；《安徽公民请愿书》，1916年10月2日，财政科学研究所、中国第二历史档案馆编：《民国外债档案史料》第5卷，第565—568页。

　　②　李新总编：《中华民国大事记》第1册，中国文史出版社1997年版，第483、492页。

　　③　李新总编：《中华民国大事记》第1册，第483、492页。

系"如果不形成上下关系",则日本权力不能统治中国,只有密切地结成左右关系,时间一到,转瞬间就会变成上下关系。唯有"使中国军队对日隶属化",是"深深地打入内脏"的要着。①1918年5月16日、19日,日本与段政府连续签订《中日陆军共同防敌军事协定》和《中日海军共同防敌协定》,即密切结成如上所述的所谓"左右关系"。段政权则亟谋以参战②名义,增强自己在国内的威信和势力,进而有利于从国外取得它赖以存在的军品和财政支援。双方各有所谋,恰也存在相通之处。在日本的调教下,段祺瑞政府似若主动地向日本提出以"参战""军械"为名的借款。广州非常国会闻讯,致电日本政府严正指出:段政权要求军械借款,旨在"屠戮异己,宰割国民"③,要求严词拒绝。显然,这无异于与虎谋皮!这类借款,终成系列:

　　1917年12月30日,陆军总长段芝贵与日本泰平公司订立第一次购械借款1809万余日元,期限为两年半。1918年2月25日,又一笔,名为第二次购械借款2360万日元。11月7日,海军总长刘冠雄、军需司长林宝纶与三菱洋行订立海军部三菱借款150万日元,供作购买军火价款;以刘冠雄等所经营的倍富银行所享有的供应海军部军需品的独占权转让给三菱为条件。此时,第一次世界大战已经停火,正在筹划召开和会,可是,1919年1月31日,陆军总长靳云鹏与日本泰平公司仍以参战购械名义,将价款转成借款,形成350.5万日元的借款。7月,又一笔将泰平公司此前垫支的欠价利息,转成86.9万日元利息垫款,共计4756.4万日元。

　　巴黎和会正在进行中,势不能再以"参战"作为名目。段祺

---

　　①　日本参谋本部第一部部长宇桓一成语。参见［日］北冈伸一《日本陆军和大陆政策:1906—1918年》,东京大学出版会,1978年,第219页。

　　②　我国与协约国同盟参加第一次世界大战。据当年实际,主要是输送十余万劳工前往欧洲战场,尽瘁勤务,作出贡献。

　　③　李新总编:《中华民国大事记》第1册,中国文史出版社1997年版,第508页。

瑞政府把参战军改称边防军，日本又倾力支持，形成与订购军品有关的一系列借款：

1919年9月26日，财政部与中华汇业银行订立、实由朝鲜银行转贷名作参战追加借款的160万日元，以盐税、关税余款担保，充作维持边防军存在的经费。12月，边防军总部为购置军械向泰平公司借款银近8.1万元，期限为两年，以国库券作为担保。1920年1月16日，海军部与日本川崎造船所订立《海军部川崎借款》500万日元，以国库券作为担保，授予贷方以十年内军舰及军械的优先供给权。5月8日，边防军训练处与泰平公司以军品转作借款5万日元。3—7月，向日商一和洋行订购枪弹，转成借款19.5万余美元。

这类借款兼由现金和军品组成，是现金供段政权挪作政费；是军品耗在何方？正如上引谴责这类借款者的预言："屠戮异己"，"宰割国民"，终使国无宁日。

二　日本与美国较量中的对华贷款

皖系开始执掌国政时，兼寄望于能从国际银团、美国银行取得贷款。1916年9月，段祺瑞政府据《善后借款合同》第十七款规定，向国际银团在北京的银团成员英、法、日、俄四国财团代表提出1000万英镑追加借款的要求，成为磋商第二次善后借款的开端。对方答称，德国财团因欧战爆发，不能与之合作，所提要求，须移送伦敦总部考虑。段政权转决定邀请已退出国际银团的美国财团，或指派若干银行与日本共同承担此项，意在借美国之力，牵制日本。美国政府在美国财团于1913年退出六国银团后，一时对中国贷款冷淡对待，对美国银行有愿意参与的则任其自由，而卒未接受这一邀请。段政权的这次行动，乃无果而终。

1917年秋，梁启超出任财政总长，面对连年政变迭生、水灾屡见、各地税源短绌、解款无多的库少余储局面，经呈报大总统获准，再根据《善后借款合同》第十七款向国际银团以善后续借款名义，商借英金 1000 万英镑。[①] 英、法两国鉴于银团成员只有日本财团尚有能力提供贷款，顾虑若予同意，势必致由日本财团单独承受，其结果，日本定将在中国独占优势，又转与美国磋商，认为美国银行虽非银团成员，却是清末《币制实业借款合同》贷方签约者之一，希望美国银行能据此承揽这项贷款。美国驻华公使芮恩施在向国务院报告中，除力言中国确实急需款项之余，认为美国银行若能参与此项借款，足以促进美国在华的实业、教育、经济等种种活动。国务院虽然认同他的建议，也不愿意由日本提供贷款，但认为，设若由它成为唯一的贷款者，则"是我们所不希望的"。[②]

日本在欧美诸国对日本在华扩张势头拟有所阻遏而尚未做出最后决定时，抢先一步，迅与我国财政部议定：由日本财团承办。8 月 2 日，梁启超与日本财团代表银行——横滨正金银行代表小田切万寿之助订立《善后续借款合同的垫款合同》，即后被习称的《善后续借款第一次垫款合同》，规定于本合同订立日起 10 天内，中国政府允该银行在日本发行中国政府国库券 1000 万日元，期限为 1 年，利率 7%，先行扣除，实交九三扣，以盐税作为担保。其进款"专供本年 7 月、8 月、9 月三个月行政经费之用"，日后事实则是此中的 4/5 充作军饷。又规定，"倘中国政府愿展本垫款期限"，须在期满前两个月通知银行，银行并准备承允第二次一年期限国库券。倘善后续借款成立，首先从中偿还。[③]

---

　①　《梁启超呈大总统文》，1917 年 9 月 7 日，财政科学研究所、中国第二历史档案馆编：《民国外债档案史料》第 6 卷，中国档案出版社 1991 年版，第 68—69 页。

　②　《芮恩施、兰辛来往件》，1917 年 8 月 6 日、28 日，《美国外交文件》（英文），1917 年，第 6、28 页。

　③　《善后续借款第一次垫款合同》及其《展期合同》，财政科学研究所、中国第二历史档案馆编：《民国外债档案史料》第 6 卷，中国档案出版社 1991 年版，第 62—64、69—72 页。

　　段祺瑞政府获得这次垫款转手即空，以年关临近，复向国际银团提出垫款要求，作为善后续借款的第二次垫款。国际银团的状况和国际形势依然。日本于轻易取得首次垫款利益后，故作姿态，宣布希望美国出资一半共同承担。

　　美国国务卿认为，劝告中国政府放弃该项借款已不可能，但若任由日本单独承借，中国财政势必受它全面控制，其他国家将无法与之制衡。[1] 法国驻华公使向芮恩施表示：要求美国采取行动，制止这种危机的出现。[2] 美国国务院于 10 月 20 日照会中国政府称："美国政府基于 1911 年 4 月 15 日缔结的币制借款契约，即使将美国财团的利益另作别论，单就回顾中国币制改革史，美国政府仍拥有参与此事的权益。"然而，美国倾向于参加此项借款但不出面，拟作如此安排：英、法与日本一同承揽；英国该承担的部分则由美国暂垫。日本获悉此情，急与段政权的财政部商定于 1918 年 1 月 6 日由新任总长王克敏与正金银行代表武内金平订立合同，序言特加说明："中华民国政府现愿借款日币 1000 万元，作为拟与四国银团商借后续借款之第二次垫款，议由日本银团承办"，期限为 1 年，以盐税担保，供偿还中国银行此前所垫支的军政经费，并资恢复该行的信用。[3]

　　接着，段政权财政部又以"库款支绌"如故，经常须由中国银行或借或垫，出现金融紧急局面，认为"倘不急筹归垫，不惟……缓急难通"，势必"牵动市面，妨害大局"。经向大总统呈准，据第二次善后续借款垫款合同中的有关规定，续向正金银行

――――――――――

　　[1] 《英国驻美公使致兰辛》，1917 年 10 月 3 日；《芮恩施致兰辛》，1917 年 10 月，《美国外交文件》（英文），1919 年，第 144、148—149 页。

　　[2] 《英国驻美公使致兰辛》，1917 年 10 月 3 日；《芮恩施致兰辛》，1917 年 10 月，《美国外交文件》（英文），1919 年，第 144、148—149 页。

　　[3] 《国务院致财政部函》，1918 年 1 月 3 日；《善后借款第二次垫款合同》，财政科学研究所、中国第二历史档案馆编：《民国外债档案史料》第 6 卷，中国档案出版社1991 年版，第 143—146 页。

订借 1000 万日元，并即由新任财政总长曹汝霖仍与武内金平于 1918 年 7 月 5 日订立《善后续借款第三次垫款合同》。该行承诺于本合同成立日起 10 天内，垫款 1000 万日元，交付中国政府，年息 7%，交款时预扣，期限为 1 年，以中国盐税收入作担保，专供中国政府拨还中国银行前此垫借与中国政府之款，以资中国银行恢复该行钞票价格之用。倘中国政府愿展本款期限，在期满前两个月通知银行，银行将应允承办。① 以此，1919 年 6 月 4 日，双方由新任财政总长龚心湛和正金银行代表小贯庆治订立《善后续借款第三次垫款展期合同》一件，展期 1 年。关于作为担保品的盐税，进一步规定，于 1920 年 1—5 月，财政部从该税项月提 170 万日元，6 月提 150 万日元，合计 1000 万日元，按月缴存于上海正金银行备供清偿。②

段祺瑞政府原拟向国际银团以善后续借款名义举借新债，结果则由日本财团以垫款名义，连续订立合同三件，展期合同一件，提供共计 3000 万日元。

1917 年夏秋间，京津一带大雨如注，河水陡涨，来势极猛，灾民十余万。熊希龄受命督办水灾事宜，经与在京、津营业的汇丰、麦加利、东方汇理、道胜、华比、正金和花旗七家银行商妥，于 1917 年 10 月 15 日借款规平银 70 万两，习称《天津水灾借款》。③ 11 月 22 日，熊希龄和财政总长梁启超为一方，与中日实业公司总裁李士伟及日本兴业银行总裁上野龟喜代表正金等 11 家日籍银行为一方协议借款 500 万日元，习称《京畿水灾借款》，以其半数赈济遭灾难民，另一半充作排水工程经费，期限为 1 年，年息 7%，预扣手续费 1.25% 和 6 个月利息充作保息用；并以临

① 财政科学研究所、中国第二历史档案馆编：《民国外债档案史料》第 6 卷，中国档案出版社 1991 年版，第 382—385、378—390 页。
② 财政科学研究所、中国第二历史档案馆编：《民国外债档案史料》第 6 卷，第 382—385、378—390 页。
③ 《北华捷报》（英文）1917 年 10 月 20 日，第 153 页。

清、多伦、杀虎口三处常关收入作担保。此款未按期清偿，三次转期。1919 年 5 月 31 日，把利率增改至 9%；1922 年 5 月 3 日，将此项并入于 1916 年 9 月 9 日兴亚公司实业借款即九六公债日元债款，并改盐余充作担保。① 另外，为防灾后疫疠，内务总长钱能训以需款甚巨，报经国务会议通过，向四国银团商借银 100 万元，经与后者商妥，由钱能训和财政总长王克敏、防疫委员会会长与该银团的成员财团代表银行——汇丰、汇理、道胜、正金于 1918 年 1 月 18 日用换函方式，由后者垫款银 72 万两，即习称的《京师防疫经费借款》，年息 7%，期限为两年。由外交使团和四国银团监督防疫经费的分配和收支情况为条件，以盐余作担保。②

　　熊希龄在督办水灾事宜时，注意到河工问题，设想把 1916 年 4 月所订的"运河七厘金镑借款"，改为"京畿河工借款"，经国务会议议决采行。熊希龄即以中华民国督办水灾河工善后事宜处督办与美国广益公司代表于 1917 年 11 月 20 日订立《整理运河七厘金币借款合同》，规定前订合同作废，准该公司为代理人发行债票 600 万美元，专供整理山东、直隶两省境内即北自庞家口拦黄坝起，南至微山湖、台儿庄止的运河，以及必须延长的区段和关系汶、泗两河流域的工程，并以本工程涸复之官地及与本工程有关官地的现征或将征的收入等担保。③ 日本闻讯，即以工程涉及山东省境，提出异议，认为碍及它在该省的权益。美国政府不承认日本在华有其特殊利益，却做出事实迁就，与日本达成协议：此项按七与五之比，美、日分担。广益公司虽表示宁愿出资单独办理开浚运河工程，在其本国政府政策影响下，转以为顺从中国政

　　① 财政科学研究所、中国第二历史档案馆编：《民国外债档案史料》第 6 卷，中国档案出版社 1991 年版，第 115—118、164—166、290—299 页。

　　② 财政科学研究所、中国第二历史档案馆编：《民国外债档案史料》第 6 卷，第 115—118、164—166、290—299 页。

　　③ 财政科学研究所、中国第二历史档案馆编：《民国外债档案史料》第 6 卷，第 115—118、164—166、290—299 页。

府为由，表示亦可另订借款应用。直至 1918 年 5 月 15 日，段祺瑞政府顺直水利委员会由驻美公使顾维钧经手，与美国广益公司和日本兴业银行为筹措运河工程局经费订约，终以美、日间按七与五的比例提供贷款，日本据此视若对它在山东享有特殊利益的一种默认。

　　同时，督办运河工程总局为着手运河工程，仍由顾维钧与广益公司商定，为专备测量运河之用，提供垫款 25 万美元，习称"运河借款第一次垫款"。该总局而后接续以垫款不敷应用，于 1919 年 7 月 8 日垫支 35 万美元，1920 年 4 月 7 日、7 月 22 日和 1921 年 6 月 15 日再分别垫款 10 万美元、15 万美元、5.5 万美元。9 月，督办运河工程总局在致财政部咨中称："现在测量终结"，言外之意，该着手动工了。可是，时移势易，广益公司既不再热衷于为此项工程提供借款，日本更窃喜此事能这么了结。我国为整理运河约定的 600 万美元借款债票并未发行，河工根本未动，徒留下五次垫款共 90.5 万美元的债务。[①]

　　段祺瑞政府最初在向国际银团提出"善后续借款"要求的同时，另向美国金融界寻求借款的可能性；借成的计有两笔，即习称的"芝加哥银行借款"和"烟酒借款"。

　　（一）芝加哥大陆商业银行借款

　　1916 年，财政部以办理实业和巩固中国、交通两家银行准备金额的名义，委托驻美公使顾维钧在美国借款 3000 万美元。后者经与芝加哥大陆商业银行商妥，于 11 月 16 日由顾维钧代表中国政府与该行协理阿博德在华盛顿订立《大陆商业银行借款合同》，习称"芝加哥银行借款"。合同中说明缘由："兹因中国政府欲借 500 万美元，并拟此后在美国续借 2500 万美元，预定借额为 3000 万美元。此项 500 万美元借款，九一扣实交，期限为 3 年，年息

---

　　① 《该款合同和督办运河工程局致财政部咨》，财政科学研究所、中国第二历史档案馆编：《民国外债档案史料》第 6 卷，中国档案出版社 1991 年版，第 303—305 页。

6%，以烟酒公卖税作担保。"中国政府声明：此项抵押品并未抵过他项借款，本借款本息尚未还清前，本借款本息应享有优先之权。若烟酒公卖收入不敷偿付此借款本息，中国政府另行拨款补充。中国政府此后若在美国增加借款至 2500 万美元额内，应许该行首先筹议磋商，从收到中国政府通知后，以 60 日为度作为此项优先权的有效期。若过此期，中国可自由向其他银行商借。①

1917 年 5 月 14 日，北洋政府应贷方要求，在北京由国务总理段祺瑞、代理部务财政次长李思浩与芝加哥大陆商业银行协理阿博德续订一件附合同，增以河南、安徽、福建、陕西四省的"货物税"（或为厘金或为运输等税）作为附加押品，并着重说明："实系纯粹头次押品，并无他项纠葛"。②

1919 年，此借款临到期前，双方经磋商，于 10 月 11 日由驻美代办容揆和国务总理、财政总长特派代表徐恩元与芝加哥大陆商业银行协理阿博德将本息欠额改订为 550 万美元的借款合同，定名为《1919 年中华民国担保二年六厘金币借款国库券》和附合同各一件，增列中国"政府应指定烟酒公卖费为该借款本息之直接抵押品"。③

这些年间，美国鉴于日本急剧扩张在华势力，有碍于它的在华利益，正策划重组一个国际银团，以取代当年名虽存但实处于瘫痪状态的五国银团，以便借以牵制、约束日本。日本将计就计，不拒绝参加，而坚持待组成的新银团活动的地区范围应将"满蒙"除外。美国为谋说服日本合作，曾一度拟将芝加哥大陆商业银行借款原定数额为 3000 万美元的借款公开招募，以换取日本放弃满

---

① 财政科学研究所、中国第二历史档案馆编：《民国外债档案史料》第 6 卷，中国档案出版社 1991 年版，第 654—658 页。

② 财政科学研究所、中国第二历史档案馆编：《民国外债档案史料》第 6 卷，第 661—663 页。

③ 财政科学研究所、中国第二历史档案馆编：《民国外债档案史料》第 6 卷，第 661—663 页。

蒙除外的条件。日本回以强烈的指责。芝加哥大陆商业银行则旋因其本身周转发生困难，把已垫支美元的债权，转让给美国摩根公司。①

（二）烟酒借款

1919年秋，财政部为拨充欠发军费以便编遣军队及偿还积欠国债等项，适有美国太平洋拓业公司董事长史通等来华活动，愿意照芝加哥大陆商业银行借款成案，提供贷款。财政部迅即与之达成协议，于11月26日由国务总理靳云鹏、财政总长李思浩代表中国政府与之签订定名《1919年中华民国两年六厘金币借款国库券》，习称《太平洋拓业公司借款合同》，并《声明》两件。其中规定：（1）借额550万美元，期限为两年，年息六厘，九一折。（2）此项借款专供中国政府拨充欠发军费，清还到期债务用。对前一项用途强调"应按公平原则予以分配"，但"关于中国政府处理其由此项借款所收之款，公司及银行均不负责"。（3）以中国政府烟酒公卖费用年为银币2000万元以上作为抵押，以此，这笔借款又称"烟酒借款"。（4）中国政府声明：极愿请一美国人协助管理全国烟酒公卖费，并允于1919年12月1日委任一美国人为烟酒公买机构的会办，任期至少3年。人选应为公司所满意，其职权不低于前此据1913年《善后借款合同》所授予盐务会办者。（5）此项国库券发行后7个月内，额外愿再发行2000万元国库券，所有条件均与本合同库券相同。再在此后7个月内，公司得优先承购中国政府另外增发2000万元国库券的全部或一部分；（6）倘公司未能实施其优先权而又有人以烟酒税作抵押借款中国，

---

① 《阿博特致美国国务院远东司司长马慕瑞》，1919年10月30日，《美国外交文件》（英文），1919年，第530—532页。王纲领：《民初列强对华贷款之联合控制——两次善后大借款之研究》，第106—107页。该著第106页中该银行与"中国签订的3000万镑借约"中的"镑"，应该是"美元"的勘误。

则从此日起一年后，公司即放弃其同意烟酒公卖会办人选举的权利。①

日本针对美国正在发起组织新银团，认为美国既可单独贷款，日本也可以自由行动，向我国政府提议：如果提供烟酒税作担保，日本愿意提供贷款 26000 万日元。② 而美国政府宣布不支持此项烟酒借款，并告知日本，同时声明，设若新银团仍未能组成，则美国政府将支持其国人参与中国财政事务，单独提供贷款。③

法国经战争虽疲惫不堪，但以中国政府早在 1914 年向中法实业银行借款已以烟酒税作为担保，认为上述美、日两国与段祺瑞政府的行动，损害了法国银行的权益，向我国外交部提出抗议，要求必须委派法籍一人充作烟酒公卖局的会办。法国公使并开列这笔借款本利的到期未付清单相要挟，"倘中国政府无法于公正期限内还清"，中法实业银行"只可按照合同施行其所有对于烟酒税收入之权"。

外交部与财政部商妥不予理会④，转邀美国使馆参赞卫家立到部商谈。美国声明，除了不承认其名犹存的五国银团在华享受比美国更多的权益的同时，向法、英、日、俄保证，绝不从此项贷款谋取任何权益的让予，借资调协。这笔借款终于成立了，但遭到了国内各地各方面人士的激烈反对。合同规定须任命美籍一人，内定为卫家立担当烟酒公卖局会办。⑤ 财政部于 1920 年 9 月 7 日正式宣布他已从是月 1 日起在本部就任，实则并无其事。

---

① 《太平洋拓业公司借款合同》，1919 年 11 月 26 日，附：《声明》，王铁崖编：《中外旧约章汇编》第 3 册，生活·读书·新知三联书店 1957 年版，第 40—50 页。

② ［日］外务省编：《日本外交文书》第 2 册，上卷，第 170—171 页；《坦内致兰辛》，1919 年 11 月 24 日，《美国外交文件》（英文），1919 年，第 541 页。

③ 《兰辛致坦内》，1919 年 11 月 29 日，《兰辛致驻日大使莫礼斯》，1919 年 12 月 23 日，《美国外交文件》（英文），1919 年，第 553 页。

④ 《驻华法使致外交部照会》，1920 年 1 月，北洋政府财政部档案（一〇二七）（2），1216。

⑤ 《美国外交文件》（英文），1919 年，第 550—552 页。

　　1920 年年初，财政部以旧历年关临近，应发放的一切军政各费均无所出，需款万急，呈报大总统："苟无巨款以资接济，其于市面金融，地方治安，均有绝大关系。"① 要求举借外债获准后，通过美国花旗银行（北京）向即将正式组成的新银团提出 500 万镑借款的要求。美国财团代表花旗银行与美国驻华公使一起，向在北京的英、法、日三国同行通报：如果日本财团同意美国财团与日本财团联合提供这次贷款，英、法两国财团的份额即由美、日两国财团来分担。②

　　英、法、美、日四国驻华公使旋照会外交部，提出借款条件：（1）借款以盐税及经中国政府和银团同意的其他收入作担保；（2）立即恢复南北和谈；（3）另政府应在南北双方开始裁减不必要的军队，并指拨本借款的一部分备作裁军之用；（4）四国政府和四国银团对借款的使用及裁军作有效的监督。③ 在华发行的美国《大陆报》就这些条件评道：中国非重造不可，此借款与此有极大的关系，或即作为中国政府重造之起点。又公然声称：这些条件侮辱中国，须由贷款各国联合监督，中国须暂时丧失其主权，但为将来保全其主权的全部，不能不于目前丧失少许，云云。

　　北洋政府接受这些要求，但请求在一星期内先垫款银 700 万元，并表示"竭力疏通日本连同担任"。

　　财政总长李思浩在此前已与日本公使小幡酉吉就急垫款项事

---

　　① 《财政部呈大总统文》，1920 年 2 月 26 日，财政科学研究所、中国第二历史档案馆编：《民国外债档案史料》第 7 卷，中国档案出版社 1991 年版，第 138—140、357—358 页。

　　② ［日］外务省编：《日本外交文书》第 2 册，上卷，大正九年，第 99、101、150—151 页。中国人民银行金融研究室编：《美国花旗银行在华史料》，中国金融出版社 1990 年版，第 111—112、165、170—171 页。

　　③ ［日］外务省编：《日本外交文书》第 2 册，上卷，大正九年，第 99、101、150—151 页。中国人民银行金融研究室编：《美国花旗银行在华史料》，第 111—112、165、170—171 页。

有所沟通，后者表示：在道义上不能坐视中国政府财政紊乱①，以显示日本的"仗义"！武内金平与李思浩于1920年2月18日订约以900万日元作为中国政府拟向新银团商借的500万英镑的预垫之款，即习称的"应急垫款"。当天和其后两天（20日），日本代表才以口头和书面通知美国财团，已和中国政府签署了一个为期6个月的应急垫款。花旗银行经理贝诺德看在眼里，认为："日本人正在玩弄一个极为巧妙的花招。"开始，他们坚持他们所得到的指示，在这笔借款中，无论如何都不能让英、法两国成为参加者；继而"故意拖延谈判，制造分歧，最终在没有和其他国家商量"，也没有对借款规定任何监督的情况下②，抢先垫款，充作中国政府的行政费用。美国驻华使馆获悉此情，鉴于木已成舟，关照花旗银行对垫款一事最好不再提起。日本阻击了新银团，小幡酉吉在北洋政府面前"更俨然以恩人自居"！③

第二节　日本企图实现"中日经济融为一体"的西原借款

日人寺内正毅在任日本朝鲜总督任上，为角逐内阁总理职，抨击掌权的大隈重信内阁的对华政策：动辄恫吓，强迫中国当权者屈服，既惹得其他强国侧目，更激起中国民间的愤慨反对。而且，他认定如此推行殖民扩张战略，即使用武力侵占了中国，每

① 中国人民银行金融研究室编：《美国花旗银行在华史料》，中国金融出版社1990年版，第170—171、173—175页。
② 中国人民银行金融研究室编：《美国花旗银行在华史料》，第170—171、173—175页。
③ 王纲领：《民初列强对华贷款之联合控制——两次善后大借款之研究》，1982年，第108页。

年至少得花 20 亿日元的占领费，而且还要冒国家垮台的危险，是
"霸道主义"，主张应改采"王道主义"。王道主义为何？据他自
己诠释，应采取所谓"合理合法"的手段，在中国扶植、支持能
有利于日本的强者统一政权，不可无取中国之心，但要改采"亲
善"策略，以求最大限度地避免激起中国人民的反感和抵抗，使
中国终成为日本的经济附庸，将日中两国以经济同盟来最终消除
经济国界，把我国置于附属于日本的"日中一体化的经济自给
圈"① 里。寺内对在当地经营商业的日本人西原龟三在谋华策上
以所见略同，倍加赏识，待若心腹谋士。还在 1916 年 6 月下旬，
即在寺内还未受任日本政府内阁总理前，即委托他化名来华，旨
在为自己的设想作番实地探察。待他当上总理大臣，又多次派遣
这个始终未任职官的西原，以"夜叉心肠""菩萨面孔"② 般来执
行该内阁既定的谋华策略。此种活动涉及多个方面，习称"西原
借款"的活动，就是其中之一。

一　日本寺内内阁的谋华策略

寺内正毅为上台组阁做准备，派遣西原来到我国进行实地考
察，在制定谋华策略上，后者认为，当务之急在于首先打下一个
经济基础。他一回国，即向在东京的寺内送上一份题为《目前时
局下对华经济措施》的建议书和一份《改进对华外交，加强中日
经济提携》的方案，认定为求达到日本在华势力"万世不衰"的
目的，目前至关紧要的一点在于确定目标——整合日中两国经济
为一体，用以实现日本的自给自足。他建议采取下述部署：

---

①　[日] 波多野善大：《西原借款的基本设想》（中译本），载中国社会科学院近
代史研究所编《国外中国近代史研究》第 1 辑，中国社会科学出版社 1983 年版，第 141
页。

②　寺田内阁外相本田一郎语，转引自中国社会科学院近代史研究所编《日本侵华
七十年史》，中国社会科学出版社 1992 年版，第 172 页。原注：[日] 山本四郎编：《西
原龟三日记》（日文），第 320 页。

（1）把日本有实力的银行以及与中国关系密切的纺织公司和实业家组织起来，结成团体，实行对华实业投资，以确保日本在华的经济基础。（2）为救中国目前执政者即段祺瑞内阁之急，由上述对华实业投资团体提供利息和条件尽量从宽，而以京绥铁路等作为担保的巨额借款。（3）为了稳定中国财政，促使中国政府采取下列具体措施：①整顿金融。发挥交通设施的作用，对京奉、京张、京汉等国有铁路及其连接线加强管理。②改革币制。中国政府应颁布法令，在现行银本位货币的同时，并行一种金币本位的货币，其形状、成色、名称与日本现行金币划一。先在东北三省、直隶、山东各省设立省银行，而后随着交通事业的发展逐渐推广，最后在全国各省普遍设立。③省立银行所需资金，由日本对华实业投资以贷款抵充，此项借款由中国中央政府和省政当局作双重担保。④省立银行应听取贷方所推荐的顾问的意见，以推行其业务。⑤为整理中央及各省财政，中国政府应根据日本政府的推荐，聘请日人为财政部及各省财政厅的顾问，听取其意见，整顿业务，等等。此外，附注说明：上述③的省立银行之设立，原为促进日本货币在华混合并用之有效方法，但目前交通银行业已停止兑现，陷入困境，如能加以整理救济，使其储积现金资本发行金币兑换券，当较新设省立银行更为便捷。[1] 西原并把建议书等件函致时在北京任总统府的日籍顾问坂西利太郎。西原的总体方案和入手办法，深受寺内赏识，西原更卖劲效力了。

时值大隈内阁向寺内内阁过渡，"诸事繁乱，头绪未清"。8月中旬，西原会见中国驻日公使章宗祥，以当时交通银行停业、严重影响中国金融经济秩序为由，与之交换"救济交通银行"的

---

① ［日］西原龟三撰：《西原龟三回忆》，章伯锋译，邹念之校，载中国社会科学院近代史研究所近代史资料编辑组编《近代史资料》1，中华书局 1979 年版。

意见。① 寺内 10 月初组成内阁，于 12 月即以"内命"，也就是非正式地派遣西原龟三作为"改善国交，力图友好"的所谓亲善使节来华。西原临行前经章宗祥介绍到北京与亲日派政客陆宗舆恳谈，向后者透露他的设想：促进中日货币的混合并用，设立发行金币的银行，并使之与日元挂钩以统一中国的币制。另外，中国铁路自行建设经营，"不许他国夺取""所需资金尽量由日本银行设法提供"，等等。临别时，西原又似情真意切地表示：日本一定给中国以诚意的支援。

在东京，寺内内阁于 1917 年 1 月 9 日采纳大藏大臣胜田主计的建议，通过关于对华政策的决定，标榜以尊重并拥护中国独立和领土完整、不干涉中国一切内政纠纷、与列强保持协商等为原则，对中国将诚意给予指导和启发，增进两国的友好。内阁并宣布了提供新的贷款策略，避免过去那种引人注目的以掠取利权为主、赤裸裸地强迫中国接受的做法，改"以稳妥的条件提供贷款，在增进邦交亲善的同时，采取能促其主动向我提供有利权益的手段"。②

贷款策略既定，日本政府鉴于横滨正金银行时为参加了国际银团的日本财团代表银行，又鉴于国际银团曾做出决议独揽政治贷款，为避免引起国际银团的牵制和限制，采取两项对策：（1）把本国的兴业、朝鲜、台湾三家银行联合组成贷款团③，不与正金银行牵连，以利于实施它的单独对华贷款方针；（2）不管贷款的性质属于政治的还是实业的，一律用实业借款的名目，并全力倾注于银行、铁路、电信等借款上。所需出贷的资金，先由

---

① ［日］西原龟三撰：《西原龟三回忆》，章伯锋译，邹念之校，载中国社会科学院近代史研究所近代史资料编辑组编《近代史资料》1，中华书局 1979 年版。

② ［日］外务省编：《日本外交年表并文书》上（日文），1978 年，第 424—425 页。

③ ［日］西原龟三撰：《西原龟三回忆》，章伯锋译，邹念之校，载中国社会科学院近代史研究所近代史资料编辑组编《近代史资料》1，中华书局 1979 年版。

民间资金调拨周转，其不足部分由政府借给之，即由大藏省拨付 1 亿日元发行兴业银行债券充作周转基金①，等等。西原虽未入阁做官，却选定他为贷款政策的执行人。

二　八项借款的订立

日本计议已定，首先取当时处于瘫痪状态的我国交通银行作为提供贷款的切入点，名曰救济，真意所在则是通过贷款控制该行，在中国金融业渗透势力，进而实施全面控制。西原再次来华向时任交通银行董事长陆宗舆作亲善的恳谈，提出或实行中日合办，或由日本提供贷款的方案，最后决定采取后一种办法。西原进而以优惠的贷款条件作诱饵，交通银行第一次借款迅即于 1917 年 1 月 20 日，由该行总理曹汝霖、协理任凤苞为甲方，与日本兴业银行总裁代理二宫荃成代表兴业、台湾、朝鲜三家银行组成的贷款财团为乙方，订立《交通银行借款合同》（第一次），合同中规定，借额为日金 500 万元，充作交通银行整理业务——主要是充作钞票兑现的基金，年息 7.5%，期限为 3 年，而后如需要外国借款时，先向乙方商办，并聘请该借款财团所推荐的人员作为交通银行的顾问，并配置该顾问在业务处理上所需的辅助人员为条件。根据这个规定，日本人藤原正文即受聘为交通银行顾问，监控该行业务。② 这样，交通银行事实上便被掌握在日本人手里。

上述借款行将签订之际，西原向段祺瑞内阁提出一份筹设中日合办银行的备忘录。陆宗舆随即主动倡议设立一家中日合办银行，并商定命名为中华汇业银行，旋于 9 月间正式开业，授予以发钞的特许，并赋予一项特殊使命，充当由兴业、朝鲜、台湾三

---

① 财政科学研究所、中国第二历史档案馆编：《民国外债档案史料》第 6 卷，中国档案出版社 1991 年版，第 3—7 页。

② 财政科学研究所、中国第二历史档案馆编：《民国外债档案史料》第 6 卷，第 3—7 页。

家银行所组成的贷款财团在华代表。中华汇业银行由陆宗舆充任总理，实权则掌握在常务理事日本人柿内常次郎手里。从此，参与西原借款活动作为贷方主体的除了日本的那个贷款财团外，还有这家挂名中日合办实受日本人控制的银行作为小伙计。事实上，还不止如此。按照西原的设想，一旦时机成熟，交通银行也并入进去，以营造一个改革中国币制的大本营，进而夺取对中国货币金融的支配权，从金融、经济入手，以求逐步实现控制中国的终极目的。

交通银行借款（第一次）订立后次月，美国宣布对德绝交，并怂恿中国采取类似行动。日本则策划中国在它的领导下参与对德作战。3月14日，中国对德、奥宣战。其外务大臣本野一郎委托西原再来中国进行劝说，并迎合段祺瑞政府准备武力统一中国的意向，表示对段祺瑞政府将做出最大善意的支持，由在华日本银行给予财政贷款。"如果中国政府权衡得失机宜，要求无代价供给武器及其他军需品，也将予以友好考虑。"[1]　其结果，就是一系列"购械""参战"借款的订立。

西原衔命第三次来华，一切按所策定的进行。再以整理业务为名，续贷交通银行2000万日元，于9月28日，签订第二次《交通银行借款合同》。其内容与第一次的合同基本相同，交通银行总管理处呈国务院文中曲为辩释，此项借款"纯照商业借款性质办理"。[2]

这次借款数量是第一次的4倍，引起其他强国的严重关切。日本注意到这一点，为此，本野在这个合同签订前特地约晤章宗祥，明知故问地表示：这次交行借款如果确系实业性质自然赞同，

---

[1]　［日］西原龟三撰：《西原龟三回忆》，章伯锋译，邹念之校，载中国社会科学院近代史研究所近代史资料编辑组编《近代史资料》1，中华书局1979年版。

[2]　财政科学研究所、中国第二历史档案馆编：《民国外债档案史料》第6卷，中国档案出版社1991年版，第98—100页。

如果含有政治性质则该由国际银团按照成规来办理，应请借方切实证明确系为整理交通银行之用。曹汝霖心领神会，当即电致章宗祥："此次交通借款，弟以银行总理资格商借，纯系整理银行之用，绝无政治关系。"并保证，一定要像前此 500 万日元那笔一样，"绝对不借供政费"。① 借贷双方做妥手脚，待款项一交割，却立即由财政部挪用其中半数作为军政经费。

　　在中国政局动荡之际，为了及时支持段祺瑞，寺内于 1918 年 3 月又派西原做中国之行。他一到北京，除了与陆宗舆、曹汝霖恳切交谈所谓日中提携根本方策外，还进一步为段祺瑞鼓劲，说什么当前中国的现状只要能灵活地运用权力、兵力与财力，天下事何不可为！进而吹捧、许愿："阁下既已掌握兵力，只需掌握权力；倘财力不足，本人可设法资助"，为日中友好奠基。交通银行顾问藤原正文第二天反馈信息："段氏已为西原之言所动。"4 月 30 日，即由新组成的也是第三次组成的段祺瑞内阁中集财政、交通两总长于一身的曹汝霖和中华汇业银行总经理陆宗舆及该行专务理事柿内常次郎以改良和扩建有线电信的名义，商定借款 2000 万日元。② 可是，曹汝霖兼任着贷方中华汇业银行职务，不好同时代表双方，自己借给自己，乃改由交通次长叶恭绰代行签字。这次借款成立之际，西原对曹汝霖说："此款彼此心照，不限定用于电信。"事实上，这笔借款的用途，实与改良和扩建有线电信风马牛不相及。其中，除有一部分偿还积欠的外债本息外，绝大部分挪作对付南方的内战费用。③ 曹汝霖事后亦承认：除了拨 500 万元

　　① 章宗祥：《东京之三年》，载中国社会科学院近代史研究所近代史资料编辑组编《近代史资料》1，中华书局 1979 年版。

　　② 财政科学研究所、中国第二历史档案馆编：《民国外债档案史料》第 6 卷，中国档案出版社 1991 年版，第 259—260 页。

　　③ 兰冬：《1917—1918 年间日本对华建立友好关系的失败》，《太平洋历史评论》1957 年 8 月。

给交通部，"余则全挪为政费"。① 而拨给交通部的 500 万元，过些日子又谋收回，据叶恭绰后来追述，经他争取，曹汝霖不得已才勉强留下 200 万元。但不到一星期，又拨走一百几十万元给财政部。② 如此，则留给交通部的充其量不过几十万元。

西原在办妥电信借款准备回国前，为使段祺瑞内阁有个思想准备，交给陆宗舆一份题为《中日政府代表为两国亲善商定具体措施》的备忘录。它的主要内容有"创立中国国营炼钢厂以实现中日钢铁自给""确定中国铁路化及实施办法""中国实行金本位的币制改革"等项。

西原一踏上自己的国门，寺内要他立刻返回中国，亲授一份题为《借款问题及其他》的训令。单就借款来说，开列五项：（1）以黑龙江、吉林两省金矿及森林为担保的借款；（2）吉会铁路借款；（3）烟酒专卖借款；（4）建立国营炼钢厂及其借款问题，同时，就中日两国间签订供应铁矿砂合同问题进行商谈；（5）组织中国铁道资本团问题，并拟订中国铁路建设计划及其有关协定。③

西原受命，估量了这些项目的难易程度，决意从他认为比较容易解决而与日本的对外扩张更密切相关的问题，即上述的（1）、（2）、（3）三项入手。他在到达北京的第二天（5月20日）就会见曹汝霖，即就上述取作入手的三项为重点要求中国接受日本贷款。同时，还要求中国政府聘用日人为采金局、森林局的技师并赋予"赞襄"局务的职权，待后创设开发林矿的新企业时借用日款或组织中日合办公司来经营。而在本借款有效期内，中国政府

①　曹汝霖：《西原借款之原委》，载中国社会科学院近代史研究所近代史资料编辑组编《近代史资料》1，中华书局 1979 年版。

②　叶恭绰：《西原借款内幕》，载中国人民政治协商会议全国委员会文史资料研究委员会编《文史资料选辑》第 3 辑，中华书局 1960 年版。

③　《西原借款回忆》，载中国社会科学院近代史研究所近代史资料编辑组编《近代史资料》1，中华书局 1979 年版。

若向国外举借新债而涉及吉、黑两省的金矿、森林及其收入，需先与日本商议后再行决定。

段祺瑞政府迫于日本的压力，于 6 月 18 日，由曹汝霖与日本兴业银行总裁代理土方久征签订《吉会铁道借款预备合同》，日方预行垫支 1000 万日元。[1]

曹汝霖鉴于此前活动，尽管严守秘密，终归有所泄露，并激起民间的反对。对西原这次提出如此广泛的要求，深恐外界的反对，导致内阁的不稳，因此表现出有所戒惧与迟疑。西原立即变脸恫吓：这些问题不解决，等于抽去了日中友好的实际内容，并将影响其他问题的解决。[2] 8 月 2 日，段祺瑞政府屈从压力，在东北地方当局、民间团体坚决反对的函电交往中，密令农商总长田文烈和财政总长为一方，与中华汇业银行总理陆宗舆、专务理事柿内常次郎为另一方，订立《吉黑两省金矿及森林借款合同》，借额 3000 万日元，期限为 30 年，并以该两省的"金矿及国有森林"和此两项所生之政府收入作为担保，在借款有效期内，拟与他人借款时，应预先与贷方商议。[3]

上述两件借款合同订立后，西原在临回日本前，径访段祺瑞，与之恳切交谈了三小时。他面对段祺瑞就中国财政经济、军事等问题放言无忌。段祺瑞在提出解决山东问题时表示希望把青岛港口建成中国的一个军港。西原接着说："青岛不仅要成为军港，还应该建成为凌驾于上海的一大贸易港。"同时，"延长山东铁路（即胶济铁路），使之经甘肃通新疆伊犁，还应进一步考虑，把这条铁路建成穿过中亚直通欧洲的横贯铁路"。段祺瑞表示赞成，还

---

① 财政科学研究所、中国第二历史档案馆编：《民国外债档案史料》第 6 卷，中国档案出版社 1991 年版，第 320—324 页。

② 《西原借款回忆》，载中国社会科学院近代史研究所近代史资料编辑组编《近代史资料》1，中华书局 1979 年版。

③ 财政科学研究所、中国第二历史档案馆编：《民国外债档案史料》第 6 卷，中国档案出版社 1991 年版，第 425—431 页。

请西原大力促其实现。① 西原转身与曹汝霖商议，并于他离开北京的前一天（8 月 6 日），在曹汝霖的私宅与之交换了涉及铁路和关于军事借款的议定书等一系列文书的意见，并约定这些事情待他回到国内与其政府有关部门磋商后再行正式订立借款合同。

此时，日本政界对寺内屡派私人做代表来华进行秘密活动，把外交系统撇在一边，认为是"武断外交"，指斥为"胡闹"；大藏省则认为，中国政局不稳定，寺内的做法太过冒险②，更由于其他强国，在第一次世界大战局势剧变——协约国胜利在望中，又开始把目光转移到中国，认为日本不宜再独断专行了。寺内已决定辞职，继召回西原，由日本外相后藤新平与我国驻日大使于 9 月 24 日换函决定后，到 28 日——也就是寺内在任的最后一天，连续订立三件借款合同。其一件和二件系由章宗祥与日本兴业银行副总裁小野英二郎订立的《满蒙四铁路预备合同》和《济顺、高徐二铁路借款预备合同》③，规定中国政府向日本资本家速行借款建筑上述三条铁路，还有一件则是由章宗祥与朝鲜银行总裁美浓部俊吉订立的《参战借款》，说是据《中日共同防敌军事协定》，为完全协同动作的军队及参战所需各经费，举借此项借款。此三项借款，都各规定为 2000 万日元。④

此外，还有两笔："国营制铁厂借款" 1 亿日元和币制改革借款 8000 万日元，虽议有眉目，但因继任的原敬内阁旋决定对前内阁所议尚在悬案中者一概交涉中止，遂以废案告终。

---

① 《西原借款回忆》，载中国社会科学院近代史研究所近代史资料编辑组编《近代史资料》1，中华书局 1979 年版。
② ［日］外务省百年史编纂委员会编：《外务省的百年》（日文），原书房，1969 年，第 627—631 页。《马慕瑞致兰辛》，1918 年 9 月 9 日，《美国外交文件》（英文），1918 年，第 155 页。
③ 此中四铁路，指：一是开原—海龙—吉林间；二是长春—洮南间；三是洮南—热河间；四是洮热间地点——某海（待后决定）。
④ 上述三项借款，参见财政科学研究所、中国第二历史档案馆编《民国外债档案史料》第 6 卷第四六、四七、四八目，中国档案出版社 1991 年版。

表 10-1	西原借款的次数和数量		单位：万日元
合同日期	名称	金额	备注
1917 年 1 月 20 日	交通银行借款，第一次	500	
1917 年 9 月 28 日	交通银行借款，第二次	2000	
1918 年 4 月 30 日	有线电信借款	2000	
1918 年 6 月 18 日	吉会铁路借款、垫款	1000	
1918 年 8 月 2 日	吉、黑林矿借款	3000	
1918 年 9 月 28 日	满蒙四铁道借款、垫款	2000	
1918 年 9 月 28 日	山东两铁道借款、垫款	2000	
1918 年 9 月 28 日	参战借款	2000	
总　计		14500	

资料来源：荣孟源、孙彩霞编：《中国国民党历次代表大会及中央全会资料》，光明日报出版社 1985 年版，第 20 页。

　　日本通过西原借款的种种名目，如交通银行借款、有线电信借款、吉黑林矿借款、满蒙四铁借款，等等，就势把有关各项利权控扼在手，款的去处，则几乎都由中华汇业银行或中国交通银行经手，列入财政部账户直接拨入国库账户充作军政军费。至于参战借款，更是以参加欧战其名，而实则为增强其发动内战的实力，直接拨交相关机关任其支配。在这些借款形成期间，孙中山函致寺内，正告以"今北洋军人，虽以武力破约法……有似优势矣！而其非能统一长久，亦已炳然！纵使贵国加以援助，终难使民心悦服，此贵国政治家宜注意者也"。[1] 显然，后者是听不进去的。过后不久，在中国国民党 1924 年 1 月第一次全国代表大会上，凝聚民情，发表宣言，不只是对这笔借款，凡"外债，非以增进人民幸福乃为维持军阀之地位"，我国概不负偿还责任。

---

　　①　李新总编：《中华民国大事记》第 1 册，中国文史出版社 1997 年版，第 468 页。

第三节　铁路、电信、航空和其他军工民用企业的零杂借款①

这一时段借款，在"军与军哄、省与省哄"（段祺瑞语）的国无宁日中，涉及实业并实用之于如铁路、电信等企事业的仅有少数几笔，分四目依次叙述。

一　铁路

（一）改订吉长铁路借款合同

日本于 1905 年迫使清政府接受它的借半数款额修建吉（林）长（春）铁路获逞后，到 1915 年提出"二十一条"，要求改订此路合同，让归日本对之管理经营 99 年。"满铁"旋即制订使中国为吉长向日本提出补充借款计划，进而就势迫使中国应允能够比较有效地经营与监督该铁路的方案。接着，驻华公使日置益亲往外交部面称："满铁理事川上俊彦代表已到北京，请转知交通部与之会议。"该部派参事权量、陆梦熊等作为谈判委员与日方从 1916 年 2 月 21 日起展开改订吉长铁路借款合同的谈判，日方在谈判中悍然声称："所以把改订本协约提到中日协商的日程上，完全是为了要通过满铁实行日本对此路的代办经营。"又道："吉长铁路不过是从满铁线终点长春起到吉林为止的一条地方铁路"，"尤其是到了将来要修长吉会铁路的那一天，吉长铁路就更有必要归在日本权限之下"。日方坚持"代办"，实谋"收归"，直言这只是顾全中国的面子，只能在措辞上作些斟酌，作成如"中国政府

---

① 本节除注明资料来源外，皆据徐义生编《中国近代外债史统计资料（1853—1927）》表 1，中华书局 1962 年版。

因南满铁路会社经营南满铁路成绩卓著，特以吉长铁路在借款期间委托南满会社代办经营生利"①，云云！

经过时越近十个月的三十次会议，交通部于 11 月将双方议定的《改进吉长铁路合同》提请国务会议提交国会通过，一时传出其内容要点如下：（1）借款额 500 万日元，内中扣除前欠的 250 万日元，期限为 50 年；（2）如届期借款本息未能付还，满铁得将本路及全路财产收取自为营业；（3）本路在借款期内委托满铁代办经理营业诸务，其所选任的干部并有用人、订约、购料等权；（4）中国政府派代表一人，会计、翻译各一人，以监督本路财政，但这些人员须附随于日本职员，并服从日本干部的指挥；（5）本路一切办法，须悉与南满铁路同。撤去长春的吉长铁路的原有车站，并入南满铁路的长春站代为办理。

众议院在议员多数反对下，咨复政府：本路之委托南满公司代办经营未免失权过甚，拟请政府斟酌，切实磋商，一时才搁到一边。

但是，日本新任驻华公使林权助向段祺瑞政府接连催促签订上述合同，满铁并改派该会社理事龙居赖三等人为结束原草案来京商议，除将借期 50 年改为 30 年以及在某些条文文字上做些润色外，实质未变。继任的交通总长曹汝霖仍委派权量、陆梦熊等人与龙居磋商，于次年 10 月 12 日订立《改订吉长铁路借款合同》和《改订吉长铁路借款细目合同》两件。就其中除了把借款数额改为 650 万日元（须扣还 1907 年 4 月初、1908 年 10 月两次借款的余欠本息 198.88 万日元），期限为 30 年，不得提前偿还外，与原订基本相同。如该路由满铁代为管理，聘任日籍人员三人，分别为工务、运输、会计三主任，满铁即以此中一人作为满铁据合同所享权利的代表。这样，吉长一线以这次借款合同为标志，事

---

① 宓汝成编：《中华民国铁路史资料（1912—1949）》，社会科学文献出版社 2002 年版，第 268—283、287—290 页。

实上沦落成为日本的"国策会社"——满铁直辖经营的一条线路。

（二）四洮铁路借款①

满铁继包工建成四郑铁路，即以四郑借款合同"建造联属四郑的支路或延展线路，如需用外国资本，先与满铁商办"的规定，向我国政府要求由该路的郑家屯续建西展经白音太来（今通辽）、再北展至洮南（今洮安）的铁路。第一次世界大结束后，日本驻华公使敦促益急，北洋政府迫于日本的压力，认为势难延宕，由财政总长龚心湛、交通次长代理部务曾毓隽与满铁理事川上俊彦于 1919 年 9 月 8 日订立略如四郑合同的《四洮铁路借款合同》和附件多件。其中规定：借额 4500 万日元，期限为 40 年，除供作上述干支两线的建造费，并补充四郑不足款项之用。四郑铁路即成为四洮干线的一部分。另规定，将原由正金银行根据四郑借款合同所有的权利、义务，统统委托满铁代办，终形成我国借日债修建铁路，却全由满铁专权代办了。

（三）日公司承购京绥国内公债券

日本既以我东北大地作为拓殖重点地区，亟谋加紧向内蒙古渗透。我国继以自有资金、技术建成京张线后，决定西展至内蒙古重镇绥远（今呼和浩特），并名之为张绥铁路（后又定名为京绥铁路）。工程所需资金，先是通过发行几次国内公债来筹集。1918 年 7 月发行第五次公债券 400 万日元，在未能如期募足而工款待用甚急时，日本认定这是为入侵我大西北地区创造了一个便利条件的绝好机会，遂由其另一个国策会社——东亚兴业公司与京绥路局局长丁士源于 1918 年 12 月 13 日商妥，用京绥铁路借款的名目提供贷款 300 万日元，期限为 5 年，年利率 9%，以这次公债券面额 350 万日元作为担保，实质是使这次国内债券蜕变成为

---

① 宓汝成编：《中华民国铁路史资料（1912—1949）》，社会科学文献出版社 2002 年版，第 268—283、287—290 页。

对日的一笔外债。①

（四）陇海铁路的比荷借款

陇海铁路因与比公司原订的陇海铁路借款仅发行首次债票，工程难以为继，在第一次世界大战期间几乎陷入全停状态。战火一熄灭，该铁路督办施肇曾于 1919 年 5 月经与比公司商妥，在发行第二次债票前，由该公司拨付材料价款和原借款的利息。② 1920年，施氏前往比利时，催促发行原订借款的债票，该公司以战后财力有限，无力筹措，并比利时政府其时令禁现款输出，难以履行义务；经磋商由该公司联系到一家荷兰公司共同承揽路料、路工，并于 5 月 1 日由施肇曾代表中国政府与比利时铁路电车公司代表佐治贝和荷兰建筑海口公司代表儒尔沙多在布鲁塞尔签订《陇秦豫海比荷借款合同》，内载：（1）比公司担任发售债票 1.5亿比法郎，年利率 8%，九一扣，供此路西段观音堂至黄河边的购料和工程费用。荷兰公司发售债票 5000 万佛罗令，八七实交，供东段从徐州东向至海口（即路港建成后的连云港）的铁路工程和筑港工程用。（2）借款年利率 8%，期限为 10 年，以本路财产收入充作担保。（3）该路由中国政府所设的管理局管理一切，而代表所有外国人利益之利权仍属本公司③——比荷两家公司。

二　电信

电信借款，包括电话、电报和无线电台三项，依次叙述。

（一）电话

交通部为发展电话事业，在 1916 年 8 月 26 日至 9 月 11 日间，分三次向中日实业公司商借日币共 300 万元，期限为两年。到期

---

① 铁道交通部交通史编纂委员会编：《交通史路政编》第 9 册，1935 年，第2113—2122 页。

② 财政科学研究所、中国第二历史档案馆编：《民国外债档案史料》第 7 卷，中国档案出版社 1991 年版，第 68—76 页。

③ 王景春主编：《中国铁路借款合同全集》下册，第 117—126 页。

无力偿付，交通总长曹汝霖与该公司代表杨毓珣、材料供应受托者冈部三郎三方于 1918 年 10 月 25 日续贷 700 万日元，连前欠，合成 1000 万日元，改名为《电话扩充借款合同》，内容大要：借项按 97.7 折扣交款，年息 8%，期限为 3 年。以该部所辖电话局、长途电话局现有及将来扩充后的财产并其收入和营业权，以及已设立的吴淞、武昌、福州、广州、张家口和北京六处无线电台并其收入，外加面值 500 日元的国库证券作为担保。对扩充及新设各处电话所需材料给予公司优先承办权，并转托日本古河、住友两个制造厂代办。本借款名虽为扩充电话即发展电话事业，但除了扣还本利 420 万日元外，用于电话事业的不过 133 万余日元，剩余的大部分挪作该部行政经费。贷方据借款条件，除了取得而后享有提供电信器材的优先权，且把电信主权之涉及电话方面，控扼在手。

1916 年 6—10 月，交通部据前订合同规定，与古河、住友两家洋行连续签订《沪宁苏镇扬五局维持材料合同》和《京宁、京汉长途电话材料合同》，北京、天津两电话局《扩充材料合同》等件；贷方又称"卖主"，负责供应所需电机、线路等材料，总价转作借款计 466.12 万日元。

陆军部需购置行军无线电话机，由该部军务司长为代表与英国马可尼无线电有限公司代表商妥，于 1918 年 8 月 27 日订立借款合同，习称《陆军部马可尼借款》。合同规定，该公司愿为该部筹备所需款项 60 万英镑，借与该部，以其半数充作订购电话机，并配带零件暨运输等费用，还有一半归政府使用，期限为 10 年，年利率 8%。在借款未还清前，若需添购应需之件，政府允许只用马可尼式无线电话，并允许将来如有为修理或保管，或制造无线电机件拟设立工厂时，先向该公司提议，以便商定合资设厂等办法。①

1920年2月10日，交通部与东亚兴业会社签订合同，以购买电信材料价款518万日余元转作借款，再借银113万余元（合计银约440万元），由财政部拨作军政经费。该项年息9%，期限为13年，以有线电报全部财产及收入担保，并以聘用日籍顾问和给予电信材料供应优先权为条件。

（二）电报

1918年10月9日，交通部为建置西安至恰克图②间无线电报台，购置器材及运输、装置等费用，向马可尼无线电有限公司借款英金20万英镑，年息8%，期限为4年。

（三）无线电台

海军总长刘冠雄为谋求有利于军事通信，1918年，决定在北京双桥设立无线电台。日商三井洋行经日本使馆介绍，要求承办。交通部报准国务院于2月21日与之签订合同，以借期30年内不许其他国家染指同类利益的条件借款53.63万英镑，作为设置电台的费用，年息8%，即以双桥无线电台财产作为担保。③

第二年5月24日，陆军部与马可尼无线电有限公司再次订立借款10万英镑的合同，充作该部与该公司在中国合办中华无线电公司应出的股本，年息8%，期限为10年，以国库券作担保。这笔贷款，含有与日本洋行相竞争的意味。

此外，还有多次购料价款，如1918年9月至1921年11月三年间交通部向（美）中国电话公司经过20余次采购电话、电报等器材价款余欠，到1936年5月经整理积欠的本金共103.98万美

---

① 财政科学研究所、中国第二历史档案馆编：《民国外债档案史料》第6卷，中国档案出版社1991年版，第456页。

② 恰克图历史上曾是我国境内的中俄通商要埠，现在蒙古国境内。

③ 《海军部抄送三井洋行合同致财政部及附件》，1918年3月28日，财政科学研究所、中国第二历史档案馆编：《民国外债档案史料》第6卷，中国档案出版社1991年版，第176—181页。

元，利息近 8.3 万美元，并作 112.28 万美元的欠款。

三　国营企事业借款

这类为企事业单位所借之款零星、杂乱，其中，包括购货价款或余欠以及承包工价欠额，分类按时日先后略述如下：

1916 年 8 月 9 日，财政部为所属天津、广州两个造币厂采购铸币用银，与美国花旗银行、精炼公司商妥，由后者供银 150 万盎司，由花旗银行支付价款折合银 180.49 万美元，授以国库券，年息 6%，构成习称的白银借款。1917 年，天津炼铜厂（旋并入财政部属造币总厂）向道胜银行借款 20 万美元，以 4800 担铜料作抵押，财政部作担保。1919 年 1 月，江西铜元局为购置机械等设备，与古河洋行商定，以其规定的价格购入精铜 1.8 万担为条件，接受提供贷款 50 万日元，月息 0.7%，定期半年，实际上，到 1921 年 9 月才还清。

1918 年 1 月 5 日，财政部属印刷局为整理赊欠账目，经该部许可向三井洋行订借 200 万日元，年息 8%，九八扣，期限为 3 年，以该局所有资产作担保，并以给予贷方提供器材优先权和招聘日籍技师一人为条件。届期未清偿，利率则一加再加，改成由 9.5% 而后再改成 10%。

1919 年 11 月 27 日，财政部汉口造纸厂与中日实业公司商定，将订购机器价款和纸价预付款分别计 51.6 万日元和 40 万日元转作借款，以该厂全部财产作担保，期限为 3 年，年息 8%。1919 年 7 月 24 日，财政部为筹措合办求新铁厂股本，向法商施乃德公司、法国邮船公司借款分别为 41 万法郎和 406 万法郎（两计折合银 66.3 万元），折扣九八，期限为 1 年，以国库券作担保，年息 9%，次年展期时改定为 11%。

1919 年 8 月 29 日，巩县兵工厂筹备处与丹麦文德公司商妥，向文德公司购入机件价款转作两年期，年息 8%，17.15 万余美元的借款。届期一再展期，年利率则一增至 10%，再增至 12%。

　　1919 年 8 月，湖南长沙商埠局为商埠区内修筑道路，建设水、电等市政工程，向东亚兴业公司商借 400 万日元，实际只垫付洋例银 20 万两，以该局全部财产及收入担保，并给予该公司的推荐顾问、技师各一人和供应材料优先权并给予佣金 3%作为条件。9月 16 日，山东龙口商埠局为修建龙口码头，与美商慎昌洋行约定垫支银 12 万元，构成山东龙口慎昌借款一笔。

　　1917 年 5 月 1 日，财政部为筹措此前未交的中法实业银行第二、第三、第四三次股金，由该行垫支 1125 万法郎，给予国库券作为担保，期限为 4 年，年息 7%。

　　此外，1918 年 5 月 28 日，吉林濛江林业局为筹措中日合办华森制材公司该摊资金，向日本大仓组、王子制纸会社借款 200 万日元，以制售材木收益为担保，期限为 20 年，年息 6%。同月 29 日，满铁代表早川正雄勾结内蒙古温都尔王商定提供奉票 2 万日元贷款，期限为 5 年，年息 8%，供作在郑家屯商埠建筑房屋用，以该商埠地内一段地基作担保。这两件虽都有契约作为借款，而实都属私相授受非法的金钱往来。[①] 为明辨其非，作此附述。

第四节　中央部局、地方各省的零散借款[②]

　　中央部局的借款，只述其本身举借之债，不涉及代表中国政府已见于前三节的债项。地方各省，包括当年独立于中央的各省，

　　① 1918 年 5 月 28 日借款合同，《极密对支借款契约》第 4 辑，中国社会科学院经济研究所藏日文档案。1918 年 5 月 29 日满铁国泽新兵卫致日本驻华公使林权助函，同上档案，"蒙古王借款杂纂"。
　　② 本节资料除另加注外，皆据徐义生编《中国近代外债史统计资料（1853—1927）》，中华书局 1962 年版，第 118—177 页。

如护国军、护国军政府军务院所在各省（或以"南方"代称）的借款。

一 中央一些部局的借款

（一）财政部

于 1916 年 10 月 31 日，由总长陈锦涛、中国银行（北京）经理徐恩元一起，为充实该行钞票兑换准备金，与汇丰、汇理、道胜、正金四家银行商定，联合提供银 80 万元，年息 7%，盐税余款作担保。11 月 11 日，为筹措军政各费，该部和汉口造纸厂作为借方，与中日实业公司作为贷方，订立借约，借款 200 万日元，以该厂一切机器房产作为担保，并以给予该公司供应机件、材料以及贷款优先权作为条件，形成名作"汉口造纸厂借款"1 笔。

1918 年 1 月 5 日，半为部属印刷局偿还积欠的经费，半为该部本身收购开滦股票，向三井洋行借款 200 万日元，期限为 3 年，以该局所有财产担保，并以该局招聘日籍技师、给予贷方材料优先出售权为条件。同年 2 月 21 日至 3 月 25 日间，该部分别向英国安利洋行借 80 万两、日本大仓洋行借 113.7 万两、荷兰银行借 45.9 万两、中法实业银行借 37.4 万两、汇丰银行借 25 万两、道胜银行借 13.8 万两公砝银，八家折合银 471.7 万元的借款，给予期票作担保。除了少量换发中法实业银行的期票，绝大部分用以偿付保商银行的短期往来欠款。3 月，为筹措政费，向道胜银行借 15 万两公砝银，期限为 2 年；12 月 1 日，向大仓组、东亚兴业会社借款 103.9 万日元，期限为 7 年，年息 8%。此两项都授以国库券作担保。

1919 年 3 月，该部为偿付北洋保商银行往来欠款，由中法实业银行垫支，期限为 1 年，年息 10.8%，给予期票，构成习称"中法保商期票垫款"1 笔；同月，为筹措行政经费，向道胜银行借银 30 万元，期限为 1 年，年息 8%，给予期票；4 月 17 日，又为筹措行政经费，由新华银行经手，代财政总长梁士诒向东亚兴业银行借款 300 万日元；4 月 28 日至 8 月 16 日间，该部为我国出席巴黎和会的使节筹措在巴黎的用费和充作外交部的经费，由我驻法公使陈箓向日本银行借银 40 万元，年息 8%，以关余作为担保。

1920 年 5 月 31 日，国务院特种财产管理局为筹措管理费用，向东方汇理银行借银 20.8 万余元，以盐税余款作为担保。6 月 11 日，外交、财政两部为了结 1918 年 5 月醴陵美国教案，经与当地美国教会议妥借款 8.3 万银圆，期限为 1 年，用作赔偿，构成习称"醴陵教会借款"。

1919—1920 年之际，财政部以边防军训练处拟创设中华实业公纱厂，经与中日实业公司商妥，于 1920 年 3 月 1 日订立借款 1000 万日元，九四扣，月息 0.9%，期限为两年，以拟创设的公司全部财产及津浦路货捐为担保，并给予贷方以贷款优先权、代理经营权和介绍权、购买机件及产品 2/3 的贩卖权等条件。这家纱厂卒未成立，实交贷款为 300 万日元，转作该部的一项财政收入。

（二）教育部

在财政拨款未能如期拨足或遭到拖欠时，为济急需，便借款济急，可分三类：

一是为本部或部属学校借款。1918 年 9 月，该部以北京大学临时待用甚急，向道胜银行商借公砝银 15 万两，期限为 1 年，月息 5 厘。借款到期，财政部无力筹付，展期半年，月息改为 9 厘。1919 年 4 月，为筹措本部行政费先后向花旗银行借 30 万美元，期限为 1 年，年息 8%，以关余担保；向道胜银行借公砝银 22.5 万两，银圆 40 万元（两计合银 72.6 万元），期限为 1 年，年息 10%。

二是为国立大学建筑校舍或购置设备，该部与北京大学为建筑北大校舍，以所建校舍和地基担保，于 1916 年 9 月 16 日，联合向比商义品洋行（又作义品公司）借银 20 万元，年息 9%（1921 年改为 10%），期限为 20 年。1918 年 11 月 20 日，该部为北京女子高等师范学校建筑校舍、添置设备，又向该洋行借银 4.5 万元，期限为一年半，年息 9.5%，展期时改订为 10%。

三是筹措留学费用。我国学人公费留学，大致分留日、留欧和留美三路。留美的基本上利用美退庚款，经费有保证。欧洲其时战火正烈，前往留学者少，仅偶需接济，最多的是接济留学日本的费用。如 1916 年 10 月向正金银行借款 10 万日元，期限为 4 年，年息 8%。1917 年 11 月 20 日，再借 10 万元，期限为 1 年。驻日代理公使庄璟珂与朝鲜银行订立借款，先后于 1918 年 7 月 12 日、9 月 17 日各借 15 万日元，1918 年 1 月 10 日借 20 万元，共计 50 万元。1920 年 1 月 29 日，留日学生监督金之铮向第百银行借款 8.5 万日元；3 月 25 日，由四川留日学生监督黄辛木向该行借款 5 万日元；6 月 18 日，由留日学生监督处向兴业银行借款 45 万日元。1919 年 12 月 17 日，教育部以川湘等省对留欧学费未按期汇解，而部派官费生经费财政部也久未拨付，经财政部与道胜银行于 1917 年 3 月 22 日商妥，垫付近 2 万英镑，折合公砝银近 11.4 万两，期限为 1 年，年息 8%，填发如额国库券一纸为凭。1918 年，驻法公使馆与留欧学生监督处致外交、财政两部，以各省不能按期汇寄留学款项，经国务会议议决，由财政部向中法实业银行于该年 4 月 2 日商定由该行巴黎总行汇拨驻法公使馆 1 万英镑，由该部缮给同额期票一纸，年息 9.5%，期限为 1 年。到期展期时，把本利合计改为 1.2 万镑。

（三）陆军部

1918 年 7 月，为清偿此前向日厂订购军货价款利息，陆军部向泰平公司借款 86.9 万余日元；为筹措北京北苑驻军军饷，以该部清河制呢厂全部国家财产担保，于 1919 年 9 月 2 日向中日实业银行借款 100 万日元，并让予该公司对制呢厂采购原材料有优先供应并免纳税厘的特权，期限为 20 年，按月以 0.9% 计息。1919年，代理国务总理、陆军总长靳云鹏耳闻空军在作战中的重要性，侈言建置空军，要买飞机；在呈报大总统徐世昌文中称："战时用以卫国，平时可任邮递、运输、测图"，"非单纯分利者可比"。英国以第一次世界大战已经结束，颇有剩余军品如飞机等待处理。靳云鹏经与英商费克斯公司洽商，迅于 10 月 1 日订立合同，订购维特梅式飞机 100 架和相关设备等，计赊价合 180.32 万英镑。消息传出，民间团体如江苏教育会、中华职业教育社、上海欧美同学会等致电大总统，国务院以"南北决裂在即"，"政府大购战具"，"关系国家存亡"，坚决反对。广州军政府则径电靳云鹏，提出质问，要求早日作罢，以释群疑。① 北洋政府蔑视民情、民意，悍然按照 1918 年马可尼无线电合同成例，发给国库券，期限为 10 年，年息 8%，订购的飞机则远未如数交足。

（四）海军部

为选择购买军火价款，于 1918 年 11 月 7 日，向三菱洋行借款 140 万日元，以该部总长刘冠雄等所经营的倍富银行享有的承揽该部军需品供应权转让予三菱为条件。1920 年 1 月 16 日，又为订购军械向川崎造船厂借款 100 万日元，以国库券担保，给予 10年内军舰、军械供给优先权为条件。

（五）农商部

1920 年 6 月 7 日，为筹措本部行政费用，向正金银行借款 40万日元，期限为 1 年，年息 12%，以盐税、龙烟铁矿股票 100 万元及汉冶萍官股利息作保。

---

① 《靳云鹏密呈》，1919 年 9 月 9 日；《江苏教育会等致大总统各院部电》，1919年 9 月 15 日，财政科学研究所、中国第二历史档案馆编：《民国外债档案史料》第 7卷，中国档案出版社 1991 年版，第 176—179 页。李新总编：《中华民国大事记》第 1册，中国文史出版社 1997 年版，第 654 页。

（六）修订法律馆

为筹措本馆行政经费，于 1920 年 6 月向道胜银行借款 3.6 万英镑，以盐余担保。

二 地方各省借款

北洋军阀皖系当国执政时，日本除了以贷款予中枢以财政支持，又以同样手段在各地渗透势力，并相机通过貌似单纯的银钱往来以实现其侵华政略。

（一）东北地区

张作霖在日俄战争中的行事，早获日本赏识。1915 年，他访问朝鲜，向总督寺内正毅表白：是亲日的，理解满洲与日本的特殊关系。1916 年，他在日本支持下取代袁世凯心腹段芝贵当上奉天巡按使，开始北洋军阀的别系——奉系对东北的统治。当年 6 月 8 日、8 月 10 日，张作霖先与奉天财政厅长王树翰一起，后由王树翰单独出面，两次向朝鲜银行借款 100 万日元和 200 万日元，分别以奉天省电灯厂、电话局全部资产、商埠地的土地及建筑物和该省全部契税、酒税担保。就前一笔说，借约中规定，朝鲜银行得在奉天参加对中国各银行的整理、改善；朝鲜银行及日本其他银行发行的金券得按行市缴纳赋税公款和在奉天省城内享有与中国各银行同等流通的特权。1918 年 2 月 10 日，满铁以接济为名，实为收买，借与内蒙古巴林王 15 万日元，后者以 2500 亩土地作担保。这笔借款于 6 年期满还清后，满铁仍对这些土地享有暂租或永借的优先权。同年 4 月 1 日，满铁又如法炮制，向内蒙古扎鲁特王贷银 1.6 万元，年息 10%，期限为 5 年，以土地 80 方作担保。朝鲜银行得悉奉天财政厅拟充实东北三省银行的资金，亟起承揽贷款，约定绝不为其他目的，于 1918 年 4 月 22 日由该银行奉天支店与奉天财政厅订立借款契约，约定款额为 300 万日元，九五扣，年息 6.5%，期限为 3 年。以对奉天贷款给予优先权

为条件，并以本溪湖煤矿有限公司全部股份担保。次年 5 月 12
日，该银行对黑龙江省府提供贷款 500 万日元，除以其中 1/10 归
省方使用，其余 9/10 解归财政部。6 月 27 日，又向吉林省官银号
贷款 500 万日元，作为整理吉林大洋票的经费和汇兑基金。

（二）华北地区

1917 年，直隶奉国务院令代向三菱洋行借款 100 万日元。
1918 年，以省内银根紧张，省长曹锐等与日本兴业、台湾、朝鲜
三家银行商妥，以开滦煤矿的直隶官股 10.1 万股为担保，由三家
银行于 11 月 23 日提供贷款 150 万日元。先于此在同年 3 月 20 日，
曹锐与省财政厅长汪士元为筹措行政经费，向法商惠东银公司借
银 100 万日元，期限为 3 年，年息 7%，以该省牙税等担保。

日本对德宣战后，取代德国，加紧扩张在山东的势力，提供
贷款被取作一种手段。中日实业公司先后两次向山东地方当局提
供贷款以换取特殊权益。1917 年 7 月 23 日，由该公司代表森恪与
督军张怀芝、省财政厅长王璟芳签订合同，以山东实业借款为名，
实为接济军费，包括收编异己部队的费用等项，提供贷款 150 万
日元。1918 年 9 月 1 日，张怀芝仍以山东实业借款为名，与该公
司缔结《山东短期借款条件大纲》，由该公司提供贷款 350 万日
元。这两笔借款都以该省的货物税、牲畜税、屠宰税、牙税、契
税等担保。前一笔且以若决定兴办实业，应与贷方商议，设法实
行为条件；后一笔则以肯定语气，即"山东省欲兴办实业，应先
与中日实业公司协议"为前提。所有这些规定表明，日本通过贷
款不只是要把山东地方财源控制在手，更企图全面掌握该省经济、
实业的发展。再如后一笔虽约定借期为 6 个月，贷方并不急于要
求如期归还，反而一再同意展期而连续订立《山东省实业借款本
金延期契约合同》《山东省实业借款缺息支付合同》《山东省实业
借款本金转期合同》，等等，以谋遂其持续控制山东财政、经济的
愿望。

日本以山东为势力范围，亟谋向华北腹地渗透。河南督军赵
倜、财政厅长郑焯拟为该省东豫实业公司筹措股金银 15 万元和豫
泉官钱局准备金 30 万元，日本东洋拓殖会社认定是渗透机会，于
1919 年 8 月 23 日至 11 月 18 日间，揽得贷款 100 万日元的利益，
规定了苛刻条件，除索取年息 13% 的高利，并以该会社合组东豫
实业公司、承包郑州商埠建设、开封自来水厂、水力电灯厂及黄
河以南矿山采掘、铁道建筑等项为条件，另加以郑州商埠土地、
建筑物及收益、中原煤矿公司股票 100 万元，以及河南全省牲畜
税作为担保。陕西督军陈树藩在省内大开烟禁，勒收税金，以聚
敛财货，另谋通过举借外债取得外来经济、政治支援，遂以兴办
地方实业为名，与日本东亚兴业株式会社联系，后者由大仓洋行
代理，迅即商妥，为添购铜元局等设备借款 300 万日元，并经财
政部和日本驻华公使认可，于 1918 年 6 月 30 日由陈树藩和省长
刘镇华的全权代表张宝麟与大仓洋行河野久太郎签订借款合约，
规定此项借款九六扣，年息 8%，期限为 5 年，以铜元、纺织两局
及其以后所得红利并该省地方公债票 400 万元作为担保。铜元、
纺织两局拟购的机器，均归大仓洋行承办。款若不敷，大仓洋行
即可不另议条件，加贷一二百万日元。双方另签一附件，规
定：（1）陕西省府即选定委员与大仓洋行议购铜元局、纺织局机
器，由大仓举荐技师各局一人。本借款未还清前陕西省不得再准
他家开设纺织局、炼铜厂。（2）陕西省府以后如再需借款并订购
机器、铜料应尽先向大仓订购。（3）大仓洋行嗣后如在陕西营业，
陕西省府给予特别保护。1919 年 4—6 月间，陕西当局再谋与大仓
洋行签订订货合约。消息传出，陕西籍留日学生同乡会，以心切
宗邦，念念于国利民福，于呈国务院文中斥责陈树藩"徒便私计，
不顾大局，引狼入室"；"擅借外款，祸国殃民"，要求取消，并
给陈树藩以撤换严惩，又痛陈日本谋华的经济政策是既侵我满蒙，
复谋我胶济，而又欲由借款以图染指于我腹部，垂涎于陕棉资源，

从黄河流域入手，以碍吾国实业之发展①，却遭到石沉大海的对待。该省省议会和陕西学生会等团体另致日本公使小幡西吉揭露这笔借款"名实极端背驰"，"实业借款其名，扩张军备残杀同胞其实"，声明绝不承认，才遏制住这类借贷行动。

（三）华中、华东地区

20 世纪最初十年里，日本已把福建及其周边地区视若势力范围，鉴于长江中游湖广地区虽被认作英国势力范围，又是英国势力相对薄弱地区，而亟谋渗入自己的势力。湖北、湖南、江西三省于是又成为它通过贷款以求达到自己目的的另一个重点地区。

湖北督军兼署省长王占元于 1917 年年底致电财政部通报省情："因湘省兵事及荆襄自主，赋税来源均经梗阻"，阴历年关缺少银圆 300 万左右。要求财政部拨款并暂借盐款以济急，概未得允许。日本古河洋行（上海支店）闻讯主动承揽，愿提供贷款银 50 万元，不打折扣，期限为 10 个月，以省署铸造余利及糖捐作为虚抵。湖北当局一与接触，古河提出要求：宜以武昌造币厂厂长与该省财政厅、官钱局长一起作为保证人。王占元拍板定案，湖北省长公署即派政务厅长何佩瑢与古河洋行神津助太郎于 1918 年 1 月 18 日，也就是在年关前 20 余天签订合同，载明在 2 月 5 日（年关前 6 天）前如数交足。这笔借款在合同中以省署"为铸造铜币购买材料"，"一时需款不敷周转"作饰词，实际全归省库，充作一切军政各费。1919 年借款到期，双方于 3 月 29 日由何佩瑢代表王占元转与正金银行订立合同以给予贷款优先权并由财政部保证为条件，借款日币、银圆各 50 万元，期限为 4 年，年息 8%，以该省竹木捐、茶厘作为担保。所借之款以充省营实业资金为名，实则挪作军政经费。

日本兴源公司觊觎湖南水口铅矿有年。1918 年 2 月 4 日，湖

---

① 财政科学研究所、中国第二历史档案馆编：《民国外债档案史料》第 6 卷，中国档案出版社 1991 年版，第 362—363 页。

南督军张敬尧、省矿务局负责人聂仲邦与之签订合约，为接济该省军政费用，提供贷款规平银 27 万两，以该矿矿砂 6000 吨担保。3 月 19 日，该公司又与继任督军谭延闿签订合约，再提供 250 万日元，仍以上述矿砂担保。

江西以地方财政困窘，军政经费时由中国银行垫款济急。1917 年 7 月 26 日、11 月 19 日和 1918 年 8 月 13 日，财政厅或独自或与中国银行联合先后向台湾银行（九江）举借 100 万日元、50 万日元和 30 万日元各一笔，以资融通。这些款项原定借期 7 个月、3 个月不等，可是，没有一笔到期而不一再展期，使临时应急之款，变成逾期一年的借款。1919 年 1 月，省当局由该省铜元局出面，声称为该局添置机械设备，向古河洋行借款 50 万日元，以该局机器、设备及全部财产，外加江西库券 30 万元担保，并以应向日本购买精铜、黑铅的价款实际超过借额的货品为条件。以此，1920 年元旦，又由财政厅向古河洋行追借一笔，计规平银 40 万两，以江西金库券 60 万元担保，除扣还 1919 年旧欠该洋行的本利，余充发放军饷用。6 月 19 日，财政厅为偿还旧债，另向台湾银行（九江）借款 10 万日元。

福建久被日本视若势力范围。李厚基为福建督军兼省长时，据地自雄，扩军攻粤，搜刮不足则继以举借外债；日本则几乎有求必应，以增强其在该省已有的势力。贷方向以日籍或日籍人的名义出面，先后累计达银数百万元，此中属短期周转且到期偿清者省略不计，实际借期达一年及其以上的，述略如下：1917 年 12 月 11 日，李厚基为购买军火和筹措军费，向台湾银行（香港）借款 140 万日元，九二扣，以该省洪山桥兵工厂作担保，年息 7%，期限为 7 年。1918 年 12 月，财政厅长和福建银行为充实该行兑换准备金，于 21 日又向台湾银行（福州）借 68.26 万余日元，名为台湾银行借款，原定借期 3 个月，到次年 11 月约定展期，月利率 1.5%，增为 2%，并以该省茶税、厘金以及竹岐等处厘税征收所入担保。1920 年 1 月 11 日，李厚基和财政厅长费毓楷为筹措省内财政经费，以实业借款名义，由中华汇业银行垫款 200 万日元，期限为 6 年，年息 8.5%，以让予开采福建矿山为条件，并以该省契税、屠宰税以及杂捐、杂税担保。2 月 7 日，又为筹措省内政费，另向台湾银行借款 40 万日元，利息、担保品与上一笔相同。

（四）华南、华西南地区

广东、广西、云南诸省，自 1915 年年底蔡锷联络云南唐继尧等为反对袁世凯帝制自为，组织护国军起，而与北洋军阀统治中央，一直处于对峙或半独立的状态。日本认为有机可乘，其内阁于 1916 年 3 月 7 日制定对华方针，并由外相石井菊次郎派员来华向驻华日使及有关领事传达[①]：为确立在华优势，在袁世凯引退后于适当时机承认护国军为交战团体，并以民间形式出面，支持中国国内反袁活动。贷款即是支持中的一着，拟向以这些省份为基地的护国军政府及准独立各省提供贷款。

1916 年 6 月，护国军政府为筹措军费，张继、黄兴分别向正金银行和三井洋行借款 5 万日元，借期分别为两年和一年六个月。10 月 22 日和 12 月 14 日，军务院岑春煊和广东督军陆荣廷、省长朱庆澜，先后向台湾银行（广州）借 200 万日元和 20 万银圆各一笔，分别以广东旧布政司、广州府衙门两官地、建筑物和广州海关地皮担保。前一笔先收垫款 50 万日元，充龙济光部的开拔费，余充滇粤两军军饷；后一笔则充作广东省行政费用。

1917 年 4 月 2 日，广东代理督军谭浩明、省长朱庆澜和士敏土（即水泥）厂总办刘麟瑞与台湾银行代表小笠原三九郎签订借款合同，规定借款 300 万日元，九六扣，年息 8%，期限为两年，以该厂一切财产、旧藩署和广州衙门及海关土地作为担保和广东地方当局连带保证债务的清偿。如有拖欠，即以该省财政收入代为还清。该厂和广东省政府若都不能履行合同规定的义务，贷方

---

① 李新总编：《中华民国大事记》第 1 册，中国文史出版社 1997 年版，第 419 页。

可将该厂及广东省政府的一切担保品随时任意处理。① 同年 5 月 11 日，为整理纸币和筹措政费，由中国银行广东分行经理冯嘉瑞经手，向台湾银行借款 150 万日元，习称"广东中国银行台湾借款"。此项月息 0.77%，期限为两年半，以该行所有对广东省库的债权、盐税剩余金中每月拨给 5 万两交贷方作为担保。1919 年展期，月息改为 8%。

1918 年 9 月 13 日，广东省财政厅与广三铁路局一起，为筹措水灾善后经费，以该路局收入担保，向台湾银行借款港币 4 万元（合银 3.7 万元），月息 1%，期限为两年。

1919 年 1 月 17 日，广东财政厅长杨永泰和广东中国银行及广东地方实业银行向台湾银行借 76 万日元，充作维持中国银行所发纸币准备金，以电话局全部财产、全省烟酒税收及纸币 56.4 万元充作担保。原订借期半年，到期展期。6 月，广东省省长莫荣新为筹措军政经费，以广东全省矿产物专利作担保，向怡和洋行借 10 万英镑。12 月 31 日，广东地方实业银行向台湾银行借款 23 万日元，以南海、番禺两县衙署建筑物全部及田赋收入充作担保。

1920 年 2 月，莫荣新为筹措广州兵工厂订购机器未付款价，向美商五金公司借款 40 万美元，以兵工厂财产作担保。3 月 31 日，广东财政厅长杨永泰、地方实业银行为清还前欠水灾借款等项，向台湾银行借 15 万日元，港币 8 万元（两计约合银 17 万元），仍以上述县衙建筑物全部，以及财政厅开出的期票作为担保。

总计护国军政府等在此期间，所借外债，除了把为期在一年以内属于临时周转的略去不计，共计 12 笔，借约中款额除了以港

---

① 《朱庆澜、刘麟瑞致财政部电》，1917 年 2 月 19 日；《谭浩明等致国务院电》，1917 年 3 月 14 日，《北洋政府财政部档案》一○二七卷②645、一○二七卷②545，财政科学研究所、中国第二历史档案馆编：《民国外债档案史料》第 6 卷，中国档案出版社 1991 年版，第 14—19 页。

币、英镑、美元计的各一笔，其余全以日元为准。为资比较，且以当年中外币的平均汇率统折成银圆[①]，共约 740 万元。贷方除了英商怡和洋行一家贷款折合银 47 万元外，其余 645 万元都是与日本政府有密切关系的行号——台湾银行、正金银行和三井洋行所提供。

　　日本政府则通过这类贷款，坐收其既定的为确定在华优势，唯恐我国内部不乱策略的效果。

　　[①]　这里以 1 日元折合 0.7 银圆、1 美元折合 1.2 银圆、1 英镑折合 4.7 银圆和港币 1 元折合 0.89 银圆计算。

第十一章　北洋政府最后数年的外债

　　北洋军阀统治在其最后数年里，政局既变化无常，地方更混乱不堪，事实上，陷国家于无政府状态。在国家财政、经济濒于全面崩溃并以此告终的境况中，职司财政者为谋使国家机器能够运转下去，指望借到外债以苟且其存。就与此直接相关的外部情况来说，专以我国为贷款对象的国际新银团恰于这一时段开始时正式组成。它虽然以我国为对象而迁就日本，规定贷款所及地区满蒙除外。北洋政府屡向该银团洽商借款，以借贷双方主旨相悖，几乎全未成功。与此同时，日本政府却以上述除外约定，抓紧为实现其并吞满蒙即我国东北地区而全方位的活动，为在物质技术基础方面做好准备。它为此威胁利诱（包括公然收买、贿赂）东北地方当局兼以挟持中央，形成了以承造、包工、垫款建筑铁路的名义强加给我的系列铁路债务。北洋政府中央既未能从国际银团借到巨款，无奈何中为应急需，便由有关部局从能够借到款项的外国在华商行零星地不断借用，地方当局也是这样，共同积累成大堆零杂债务。在外力的挟制下，北洋政府最后拟对部分外债作番整理，则旋在其本身的崩塌中无果而终。

第一节　中央政府借款成少败多、被勒"偿价"和旧债衍生的债项

北洋军阀直系于 1920 年年中以战败皖系执掌中央政权，面对加速恶化的财经、政治形势，渴望取得外来的财政支持。国际银团于 9 月由各国驻华使馆照会我国它的组成，意含着若需借款可与它洽商。北洋政府初时有所戒惧，旋即窃喜有了一个资金雄厚、可以申请借款的对象而与之交往。在此后 7 年间，执政者虽屡有更迭，希望向它借款济困则始终未变，总的结果是成少败多。同一时期，受国际强权政治的压制，债务方面有因事被勒"偿价"的。此外，还有已成借款届期未能还本付利而由零碎杂款汇成巨额债项。

一　中央政府借款成少败多

北洋政府和国际银团既各有所求，便在借贷上有所互动。在整个过程中，先是因借贷双方意图期望不同，继则借方被贷方认为是个负不起责任的政府，终致几乎全告失败。

1920 年 11 月下旬，国际银团继有关各国驻华公使照会我国通知它的存在，由其成员财团代表往访财政部，详细介绍该银团对华贷款大纲，说明将以促进经济方面基础建设作为贷放款项的重点。又道：根据我国当时财政状况，虽然很难对中国进行任何贷款，但为了帮助中国摆脱目前困境，银团愿意贷予一笔供生产事业如建设铁路等的综合性款项，并详及借款的先决条件，等等。财政总长周自齐听着有所失望地答道："这已超出他的职权范围。"他直率表示："谈判一笔广泛的借款并不切实际，要求不如商谈一

些为特定目的并且不与铁路借款等扯在一起的较为切实些。"他说自己主要关心的是国家的财政情况和怎样使政府各机关能够运转下去。双方各说各的。周自齐最后直言：如果像国际银团那样侈谈铁路借款问题而不及其他，正有似"在一个快要淹死的人面前向他提出要为他修造一幢全部现代化装备的房子那样"不切实际，是解决不了问题的。又道：当前中国政府最紧迫的需要是立刻获得贷款来应付行政、善后的开支。该代表不再言语。事后记道：在目前中国政府的气氛下，任何根据银团拟定的借款大纲中的任何借款都是不可能成功的。① 日后事实正是这样。

北洋政府与国际银团在初次接触中以为什么借款、借款将取作何用上的歧义开始，而归结于毫无结果。类似情节而后一再发生，且简举两例如下。

1920 年 12 月，内阁总理勒云鹏在与美国驻华公使克兰晤谈中，诉说当时政府财政实况："目前政府开支月约 900 万元，收入大约为 600 万元，月赤字为 300 万元。"为能摆脱当前的困境，亟须举借外债。他说：若能借到三四千万元则能将中国财政置于安全可靠的基础上。他说得很恳切，克兰表现出很同情，可是，在表示感谢之余便顾左右而言他。②

1922 年 5 月，代理财政总长董康在致美国财团代表代理林奇的信里，介绍财政现状："各省应解中央政府的税款一文也没有解到"，"月底亟须偿还到期的借款 500 万元"。他又认定："在今后六个月内，每月迫切需要 250 万元以维持政府的运转。"他时兼烟酒税局局长，表示"将用一切手段将这些税款解交中央"，暗示将用烟酒税等税款来偿还借款，要求国际银团能同意每月供给如额

---

① 《贝诺德致纽约花旗总行函》，1920 年 11 月 30 日，中国人民银行金融研究室编：《美国花旗银行在华史料》，中国金融出版社 1990 年版，第 232—334 页。

② 《靳·克会谈中国财政与银团问题的备忘录》，1920 年 12 月 20 日，中国人民银行金融研究室编：《美国花旗银行在华史料》，中国金融出版社 1990 年版，第 236—237页。

垫款，并打算而后与银团签订一笔其数约达 4 亿元用以整理债务的巨额借款。林奇回应以很赞赏董康先生想整理中国财政的抱负，答应与在北京的国际银团同行洽商。[①] 国际银团经过讨论，认为这种要求该由中国代理内阁总理兼代外交总长颜惠庆向英、法、日、美四国驻华公使提出，在后者同意后再由国际银团加以考虑。而就国际银团本身说，认为设若考虑借给中国政府这样一笔行政借款，应以中国政局趋于稳定和重新统一为条件，事实上，将这一要求搁在一边。

上述事例发生过后不久，国际银团成员财团代表（日）小田切万寿之助、（法）马肃、（英）熙礼尔于 1922 年 9 月分析变化无常的中国政情，或认为中国政府就要垮台，或认为可能财政破产、无政府混乱而告终，其中有云：很难有像现在这样事实上已无法使政府机器运转下去的政府。既然如此，国际银团怎愿贷款给这样的政府？只是，它在公开表示时则这么说："本团随时准备与提出任何借款建议的任何负责官员商谈"，显然，意在言外，且隐予抢白。另外，就久陷政经困境的北洋政府来说，它既对公务员、当地警察，甚至对法院的法官都发不出薪俸，并一再激起公务员集体前往财政部坐索薪俸[②]，等等，财政部是更迫切希望国际银团能伸出贷款的援手以救急，结果全部落空。只是所以拒借的原因与前有别，从贷借主旨之不同，转成为看破政府就要垮台而不予理会。且把借而未成和国际银团不予贷款的决定，各举一例，资作实证。

1923 年 4 月 12 日，新任财政总长刘恩源致函国际银团英国财团代表熙礼尔说：为整理内外债务和筹措行政以及军警饷械等费

① 《董康林奇会谈备忘录》，1922 年 6 月 26 日；《银团会议备忘录》，1922 年 6 月 27 日；《林奇致美国财团代表斯蒂文斯函》，1922 年 7 月 19 日等件，中国人民银行金融研究室编：《美国花旗银行在华史料》，中国金融出版社 1990 年版，第 320—322 页。

② 《贝诺德致斯蒂文斯函》，1922 年 4 月 7 日，中国人民银行金融研究室编：《美国花旗银行在华史料》，中国金融出版社 1990 年版，第 320—322 页。

用，申请借款银 4 亿元，3/4 还外债，1/4 作政费，愿以关税、盐余、烟酒税及全国已成铁路作担保，期限为 30 年。并希望每月先垫款 200 万元，以 6 个月为期，用资缓解燃眉之急！借以维护京师地区的安定局面，以事属紧迫，要求尽快给一回音。熙礼尔心知肚明，认为所谓整理内外债云云，不过欲求大借款之能成而以此相敷衍罢了，并允诺转告其他三个财团代表和向本国政府报告。刘恩源一厢情愿地候着，以为熙礼尔所代表的汇丰银行足以代表国际银团，国际银团足以代表四国政府，认为这次借款申请大有希望。可是，经过数日终归寂无回音。

5 月 28 日，国际银团的巴黎会议认同驻在北京的代表对中国政府政经形势的分析和建议，即："中国长期混乱局势已发展到严重危害每一外国财团在华利益的地步；尽管财政援助是恢复中国秩序的一个不能或缺的方式，但若得不到有关国家政府强有力的支持，这种援助也会无济于事的。外国在华投资已受到严重损害。"其意为：在提供新的贷款之前，必须对已有的投资采取有效的保护措施。最有效的办法是由外国对中国财政、铁路及盐务做更进一步的干涉和监督，贷款中国事，宜审慎！言外之意，至少一时不再作提供贷款的打算了。

国际银团毕竟是在我国境内展开营业活动的，对这里出现的某些偶发情事，即使从公共关系角度考虑，也不能视而不见，毫无作为。在北洋政府屡向它申请借款而屡遭拒绝之余，先后也借成如下两笔：

其一，1920 年秋，冀、鲁、豫、晋、陕五省遭旱灾，灾区广达 290 余县，民众受困之深为截至当年的近数十年所未有。财政、内务两部以急需赶办赈济，而库款空虚，考虑到不独关系五省民命，并且涉及地方治安秩序，乃于该年 10 月会函国际银团在京代表，说尽好话："素仰贵银团……一贯热心善举"，要求"慨借巨款 1200 万元"。这些成员银行考虑到对赈灾总得有所表示，双方乃于 1921 年 1 月 19 日由财政、内务两总长周自齐、张志潭代表中国政府，与该银团成员汇丰、东方汇理、正金和花旗四家银行订立《赈灾借款合同》，借额减至银 400 万元，即只相当于原借数的 1/3，九折实交，年息 7%，期限为两年，供赈灾之用。经英、法、日、美四国公使核准，本借款由上述四银行平均借与中国政府，每一财团不过各提供 100 万元。除中国政府无条件担保本借款之还本付息外，再以中国海关收入 10% 的赈灾附加作担保，以各家银行派人参加救灾委员会监督借款用途为条件。①

其二，1925 年年初，北洋政府为修浚永定河，经与九家中外银行商定提供借款充作经费。3 月 23 日，财政总长李思浩、河工处督办熊希龄与贷方订立《永定河修浚借款合同》，借款银 70 万元，其中 42 万元由五家华商银行提供，余下的 28 万元则由汇丰、汇理、正金、花旗四家银行，也就是国际银团四成员财团分摊。每一方只不过各提供银 7 万元，期限为半年，月息 8%，以汇理银行所存盐税作为担保。② 资力雄厚的新银团，在其组成后五年间，竟成借款的仅此银 428 万元。

二　"偿款"、内债外债化和衍生债项

北洋军阀统治末期，还有以另样名称转成的债务："偿款"和国内公债部分外债化，都只与日本有关。还有一项，即此前形成的借款利息不能按期清偿而衍生的新债项，则不限于日债而仍以对日债量为最多。

---

① 《财政、内务两部致四国银团代表函》，1920 年 10 月 14 日；《赈灾借款合同》，1921 年 1 月 19 日，中国人民银行金融研究室编：《美国花旗银行在华史料》，中国金融出版社 1990 年版，第 384—386 页。财政科学研究所、中国第二历史档案馆编：《民国外债档案史料》第 8 卷，中国档案出版社 1991 年版，第 1—4 页。

② 《正金银行（北京）致东京总行函》头字第 59 号；《顺直水利借款》三，中国社会科学院经济研究所藏日文档案。

（一）两笔偿价

1914 年欧战爆发，日本旋于 8 月对德宣战，把矛头指向驻在我国胶东半岛已将撤尽的德军。它登陆龙口，占领青岛，并循胶济铁路步步西侵，直到济南，强词夺理地说，胶济铁路实际上是胶州租借地的不能判分的部分。[①]

1918 年 11 月德国无条件投降，结束大战的和会于 1919 年 1 月在巴黎召开。我国出席代表严正指出："山东是我国的神圣领土，且在对德宣战时已明确宣布废除中德间既有的一切约章，况中、德间最初有关胶澳租约，曾明文规定不准转交他国，中国有权要求直接归还中国。"可是，这次和会在英、法等大国的掌控下，在最后通过的《凡尔赛和约》里竟规定由日本全盘继承德国原在山东包括铁路权益的特权，我国代表拒绝签字。这个问题一时成为山东悬案，或简作"鲁案"。

在 1921—1922 年的"华盛顿会议"上对此案经过会外交涉，就其途径说，竟非移交给我国，而确定由中国赎回。

"华盛顿会议"结束后，为解决山东悬案，中、日两国各派王正廷、小幡酉吉等于 1922 年 6 月组成联合委员会讨论实施细则，于 12 月 1 日、5 日签署《山东悬案细目协定》及附件，等等。对胶济铁路规定：（1）该路及支线一律交还中国。（2）中国政府照德国原估价 5340 余万金马克，加上改修费用，扣除折旧付与日本政府 4000 万日元的国库券，作为偿价。中日各派三人合组委员会办理估价交还事宜。（3）移交至迟于本约实行后 9 个月内完成。（4）移交完毕，中国同时以国库券付给日方，即以路产及收入担保，15 年为清偿期，但满 5 年后可一次付清。（5）国库券未还清前，中国选派日人为车务长，并派中日各一人为会计长，统归中

---

① 《日本驻华公使日置益复外交部》，1914 年 10 月 2 日、5 日，《东方杂志》1914 年第 11 卷第 5 期，中国大事记。

国局长完全节制。（6）发行国库券办法，由中日官员商定。① 另规定："中国清偿库券自行集资。"

如上所述，值得注意的有二：其一，使支付偿价，也只能限于日占时的改修费用，德国原估价数额怎能包括在内？况本应无偿交还。其二，日本虽同意交还，仍谋通过种种规定对此路经营给予一定的影响和控制，所以，它要把清偿库券限定中国自行集资以预谋防止日后或出其他变数。

日本在军事占领青岛期间，另占领当地一些公产、制盐企业以及淄川、坊子、金岭镇等矿业。为解决这些问题，其经过情节与解决方案全部与铁路相同。继铁路问题解决后，于 1923 年 3 月 14 日双方签订协定，给予偿价 1600 万日元，并首付现金 200 万日元，才把有关公产、企业由我收回。②

胶济铁路和青岛公产以及淄川等矿虽说交还了，可是，在强权即公理的局势下，迫我支付巨额偿价，其中，铁路偿价的全部和公产、矿业等偿价减去即时支付部分共计 5400 万日元，转型变成强加给我国的为期 15 年、年息 6% 的两笔债务。

（二）九六公债的部分外债化

1922 年年初，财政总长张弧以当年财政紊乱达于极点，时局不宁，收入难以整顿；军事未息，支出漫无约束，司事者只知以借款暂顾目前，日积月累，偿还愈难。他鉴于信用丧失，再借债更难，经向总统呈准，为着手清偿部分内外债，以盐余拨作偿还基金，发行公债券 9600 万元，简称"九六公债"。

此项债券于 2 月中投入市场，日本兴业银行等组成的日本财团认定这是以债务的绳索加强束缚我国的机会，主动与财政部联

① 王铁崖编：《中外旧约章汇编》第 3 册，生活·读书·新知三联书店 1957 年版，第 208—213 页。

② 《王正廷致财政部咨》，1923 年 3 月 14 日，财政科学研究所、中国第二历史档案馆编：《民国外债档案史料》第 9 卷，中国档案出版社 1991 年版，第 28—29 页。

系，并于 3 月 5 日订立契约，准该行承购此项公债的一部分，即把相当于同年 3 月 1 日应以盐余偿还的外债款 13 笔本息共计 3274.4 万日元，给予面额为 3898 万元的债券①，从而使这笔国内公债的部分，蜕变成为对以兴业银行为代表的日本财团的一笔外债。

（三）衍生债项

我国对外借款，分为有确实担保和无确实担保两类。截至第一次世界大战发生时，有确实担保的借款到期本息总能按期付讫，无确实担保的则偶有衍欠。过后，特别是进入 20 世纪 20 年代，充作前一类借款担保的确实物，既有因原属虚设，或由于情况变迁，起始因属有效而终归无着，致届期本息衍欠情事屡有出现。至于原无确实担保的，则更无论了。欠偿之本仍是本，不论；欠付之利一般由各该债权者代垫，另订契约构成付息垫款，习作“息垫”，或径作欠息宕在一边。这种由原一笔借款衍生的息垫等项，实际上构成了一种新的债项。这类债项所衍生的原借款成立之日，绝大部分在 1916 年后数年间，偶有起于 1914 年的少数借款如中法实业银行浦口借款的两三笔。衍生的债有单次的，多数则属多次。试举一例借作说明。如 1918 年 4 月、8 月分别订立的“电信借款”和“吉黑林矿借款”所衍生的息款有时单列，有时并列，计有 1921 年 1 月的 404.8 万日元、1921 年 11 月的（未包括电信借款）115 万日元、1922 年 1 月的 112.5 万日元、1923 年 7 月的 553.3 万日元、1925 年 4 月的 266 万日元和 11 月的 911.9 万日元。其他债项所衍生的与之基本相似，如对日本泰平公司购料借款的息垫。这里，不一一赘述。

这些衍生之款，烦琐细碎，既有抹零的，间有以原属畸零、

---

① 《财政总长呈大总统文》，1922 年 1 月 18 日、2 月 9 日；《契约书》，1922 年 3 月 5 日，财政科学研究所、中国第二历史档案馆编：《民国外债档案史料》第 8 卷，中国档案出版社 1991 年版，第 207—215 页。

加款改成整数的。为能有一个总的印象，这里把以不同币种计算的息垫统一折合成银圆，总计达7000万余元，其中，日债部分占绝大多数，达94%；法、英部分分别是4%和2%，见表11-1。

表 11-1　　　　　无确实担保外债衍生债数量（1920—1927年）

单位：银万元、%

国籍	数量	比重
法国	289.4	4
英国	124.7	2
日本	6803.3	94

　　说明：财政整理会编印的《财政部无确实担保各项外债说明书》（1927年6月再版）也记有与此表所据的类似史料，以其中数字间有包括"欠本"的，统计的是截至1925年年底的数字。此表以欠本非衍生的新欠，减除未计。该说明书中对中外币折算率分列两种，这里则从徐义生编所折成之数，所有数字，只是近真，并不全与实数恰相符合。

　　资料来源：据徐义生编《中国近代外债史统计资料（1853—1927）》，中华书局1962年版，第188—197页所记息垫改制。

第二节　铁路借款：支复线借款和东北地区铁路包工费等另类债项

　　这一时段铁路借款，大致分为三类：（1）为既成线路添建支线、铺设双轨所形成，包括在延长线路名义下兼资筹措军政费用的借款。无论债的笔数或数量，都不多，经过情节也较简单。（2）日本依据其既定的征服满蒙侵华政策，利用国际银团自我规定其活动范围的满蒙除外，抓紧交替使用种种手段，以实现其在我国东北地区建设富具战略意义的系列铁路，强制我国接受其贷款或由其包工而形成的异类债务。（3）国内已成铁路在运行中，总须不时购买机车、车辆以及备供替换的钢轨、枕木等路料，其价款的全部或部分所转成的料债，此类情节最简单，却又最零星细碎，合成总数则成一巨量。

一　修建支线、铺设双轨和延展线路的铁路借款

（一）福公司清孟支路借款

早在 1918 年 3 月，福公司总董巴森催请我国交通部允其展筑道清线的清（化）孟（县）段。交通部以道清的延长线如果根据原订《道清借款合同》办理，损失过巨，提议将清化至平阳一段作为干线，清化孟县段改为支线，依照《津浦合同》另行商订条文，与道清原合同完全脱离。福公司坚持不允，英国驻华使馆帮同抗争，直到 1919 年 11 月 28 日达成妥协，先与其订立《清平铁路孟县支线草合同》，正式合同以第一次世界大战刚结束，决定稍缓订立。

这一消息传出，山西地方当局——督军、省长、省议会等函电反对，豫籍议员则在国会提出质问，一度搁到一边。中、英双方嗣经会商多次，于 1920 年 12 月 16 日由交通、财政两总长叶恭绰、周自齐与福公司代表堪锐克订定《清孟支线借款合同》，借额 35 万英镑，充作建筑从清化镇至孟县约 65 公里的支路用。日后如有不敷或剩余，借额如数增减。债票在发行前，贷方按开办费等用途分次垫借，于发行债票后收入项拨还。借款与垫款皆由政府担保。1921 年此路开工，可是工程进行迟缓，费时五载，至 1925 年 7 月只修成到陈庄的 13 公里线路，仅相当于预计长程的 1/5。

嗣后，福公司无意继续建筑，一则说债票骤难发售，公司无力继续垫支款项；再则说豫省地方不靖，工程无法进行，意图撒手。交通部一度提出抗议，最后还是应其要求，把已成区段接收、通车。于此期间，几次垫款共计 8.73 万英镑，年息按 7.5% 计，规定在发行借款债票的收入内归还。可是，借款债票迄未发行，

应付本息都未付给，终成宕账一笔。①

（二）京奉路唐榆双轨借款

该路唐山至山海关（榆）段，逢煤运旺季，行车频繁，调度为难。1920 年，该路管理局应开滦煤矿局要求，经呈准交通部为应运输需要添设双轨，估计既需用外汇备付购买国外路料，又需用银圆备拨该段国内各项开支。经与中英公司商定，由交通总长张志谭与该公司代表梅尔思于 1921 年 5 月 24 日签署函约：该公司允借给交通部 50 万英镑和银圆 200 万元，分别供在伦敦购买路料和在天津备拨国内各项开支，年息 8%，按借款全数给 1.5% 佣金，以京奉铁路余利除已取作抵押者外皆为本借款的优先抵押品。借款本息由政府无条件担保，交通部认可从 1922 年 7 月起分期偿还，由该路管理局按月至少分别拨交伦敦、天津两地汇丰银行 1 万英镑和银 1 万元。1922 年 7 月届第一次还本期，京奉路以局款支绌，商展 3 个月；至 10 月，仍以财力竭蹶，再与商展 6 个月；到 1923 年 3 月开始还本，5 月开始付息。②

1922 年，京绥铁路在时势动荡不安中"为军运所累，收入直无可称"；"各项急切要需，类皆无法筹措"。京西门头沟的中英合办煤公司获悉此情，为谋利于煤的外运，要求该路局从北京至门头沟修建支线直达矿区，建筑费即由该公司垫支银 30 万元。4月，双方在商谈中，该公司索高利——年息 15%，期限为 6 年，以该公司应交运费作担保；并以路局须尽力拨给日运量约计 500吨的敞车以备用作为条件。交通部旋饬京绥路局与该公司订立正

---

① 《北庭答复铁路质问案》，《民国日报》1918 年 12 月 18 日；《交通总长叶恭绰呈大总统文》，1920 年 11 月 19 日，铁道交通部交通史编纂委员会编：《交通史路政编》第 13 册，1935 年，第 4817—4818 页；《道清铁路借款合同》，《民国日报》1920 年 12 月 1日；宓汝成编：《中华民国铁路史资料（1912—1949）》，社会科学文献出版社 2002 年版，第 563—565 页。交通部财务司编：《交通部债务汇编》二九《道清铁路借款》，1943 年 11 月。

② 财政科学研究所、中国第二历史档案馆编：《民国外债档案史料》第 8 卷，中国档案出版社 1991 年版，第 99—105 页。《民国日报》1921 年 6 月 5 日。

式合同，并于 7 月 10 日由路局局长肖俊生与该公司的华、洋经理刘经方、麦边签订成立。规定借款分三期交清，路工于 4 个月内完成（工程受战争影响一度中辍，直到 1923 年年底完工）。路局若不能按期还本付息，该公司得以应付运费扣抵。①

（三）包宁展线购料国库券

1922 年，包（头）宁（夏）线路尚未勘测，北洋政府因急需军政各费，国务会议于 9 月 14 日议决并经总统黎元洪批准，由交通总长高恩洪、财政总长罗文干与比利时营业公司驻华经理陶普施秘密商定，借 220 万英镑，充作从京绥铁路西端包头延展至宁夏约长 500 公里购买铁路材料用。10 月 2 日，双方签订购料合同，合同规定：该公司允按照市价在规定期限内供给上述铁路材料预计约需 220 万英镑，而与之订定贷款总额为 330 万英镑的借款；若所需材料不及此数，该公司仍有供给满足此额之权。年息 8%，八七实交。中国除了给予国库券以资凭证，并以：（1）包宁路财产及收入作为第一担保；（2）以京绥全线的财产及收入作为第二担保；（3）京汉铁路可拨用的余利作为第三担保。② 京绥而后修筑支线或延长线需购用外洋材料，公司享有优先权等作为条件。

同日，高恩洪、罗文干联合署函致贷方称：合同系按照 9 月 14 日国务会议并由大总统批准之议决案而订立的，再作声明如下："本日……所订之合同全部条件，除按照合同内声明各项无效之规定可以取消外，应为本政府及后任政府所应承认之正式并不能作废之契约。若将来此项合同按照中国法律解释发生异议时，是项争执仅能认为中国之内部问题；……中国政府对于比国公司

① 财政科学研究所、中国第二历史档案馆编：《民国外债档案史料》第 8 卷，第 380—385 页。
② 铁道交通部交通史编纂委员会编：《交通史路政编》第 15 册，1935 年，第 871—880 页。

所认负之责任，仍然丝毫不能更改。"① 这样的规定，在中外间所有铁路合同中，是罕见的。

消息传出，举国质疑，特别是线路行将经过的绥远各民众团体更是通电反对，指陈当事人等"舞弊、渎职"，"伙同勾结"，"行为误国"。继而众议院指称："此合同名为购料，实则发行债票，明系借款合同性质，与普通购料合同不同"；且金额折合国币达 2000 余万元之巨，理应交国会议决而不交议却由高恩洪等擅用部印公函，实为非法。又揭穿购料之说之无稽，道：交通部对包宁线至今尚未勘测，筑路费用更未筹有办法，"根本计划尚属茫然，不知车辆、料件有何用处"？②

12 月 5 日，众议院在紧急会议中决议：将高恩洪等褫职查办。旋咨国务院文中称："历年以来，法纪凌夷，官常扫地，不肖官吏以舞弊卖国为能事，视违法渎职为故常"，并以"财政、交通两部行政最为紊乱，尤以现署交通总长高恩洪、前署财政总长罗文干……伙同勾结签订包宁铁路材料合同一案"违法渎职罪状最重，"应请移交法庭依法办理，以维法纪而儆官邪！"③

高恩洪则以"怨谤繁兴"呈文新以贿选当上总统的曹锟，要求请派公正大员彻底清查。曹即令审计院院长庄蕴宽查办。审计院报命，经详细推求，参以闻见所及，认为确有滋疑之处，于国家权力损失过巨，建议将当事者褫职查办。而该院虽认为，高在原呈中语极强硬，殊多不类，但又认为，"此则在其本人之自省

① 铁道交通部交通史编纂委员会编：《交通史路政编》第 15 册，1935 年，第 871—880 页。

② 《高恩洪密借外债大暴露》和《众议院查办高恩洪通电》，《民国日报》1922 年 12 月 5 日、8 日；宓汝成编：《中华民国铁路史资料（1912—1949）》，社会科学文献出版社 2002 年版，第 573—574 页。

③ 《高恩洪密借外债大暴露》和《众议院查办高恩洪通电》，《民国日报》1922 年 12 月 5 日、8 日；宓汝成编：《中华民国铁路史资料（1912—1949）》，第 573—574 页。

耳"，予以含混了结。①

比利时国营业公司根据《购料合同》，实际垫支 80 万英镑，八七扣交款，为 69.6 万英镑。此数中除转给陇海线购买路料约 14 万英镑外，余款的下落据审计院呈大总统文中切实数字和当年日报披露，先后由财政部暂借 140 万元、国务院 6 万元、洛吴（佩孚）军费 140 万元、交通部及其上海电料局 27 万元，等等②，被挪作军费、政费的超过垫款实收的半数。③ 设与上述罕见的规定相联系，该是贷方事先预料到会被这般滥行支用，乃声明只求不碍及合同的有效性，其他则不予闻问。

待高恩洪去职，接任的吴毓麟以"合同条件太苛，众怒难犯"，函外交部转电驻比利时公使密查此项库券在国外市场情形，提议如未悉数售出，应即赶办结束，并据此与比利时公司交涉。比公司哪肯轻易同意，中比双方会商，屡作屡辍，直到 1925 年 10 月才决定如下办法：（1）原合同作废，已发行的库券 80 万英镑归入关税内整理；（2）借款期内各部门应用人员均由交通部主持，公司概不干预，只派总稽核一人稽查账目结案。

二　东北地区铁路的系列异类日债

日本既以我国内乱不息为机会，又以国际银团投资对象地区把满蒙除外，乃恃强威胁、收买东北地方当局，挟制、利诱北洋政府中央，允其承造、包工或垫支款项修建它在东北地区亟谋建筑的铁路，转而把所有这些费用强加给我国，形成系列异类债务。

（一）承办建造洮昂铁路合同

日本早在俄国参加欧战屡遭挫折中，亟谋向东北偏西部扩张

---

① 《审计院院长呈大总统文》，1923 年 2 月，铁道交通部交通史编纂委员会编：《交通史路政编》第 15 册，1935 年，第 882—884 页。

② 《包宁铁路改约之内幕》，《民国日报》1923 年 8 月 2 日。

③ 按当年英镑与银圆的汇率，为 1 英镑比 8.6 万左右。

势力。1919 年，它的国策会社——满铁勘测了洮南至齐齐哈尔的铁路线路。1923 年年底，满铁理事松冈洋右①向日本政府提交《关于促进修筑满蒙铁路意见书》，将洮齐线列作必须加紧修建的铁路，并认为，中国政府既然北京中央政府与东北三省两大势力并立，即使同中央政府交通部签订合同，不如取得掌握实权的东北三省的谅解，更易于达到修建此线的目的。张作霖旋与直系交战失败退回东北，意图促进刚经垦辟的洮南至齐齐哈尔一带社会经济的发展以收买民心。在日本的影响策划下，于 1924 年决定从洮安到昂昂溪修建一条铁路，满铁阴谋将此线转为己用。眼看奉方既缺工程人才，又缺资金，为杜绝其他强国或会有的干扰，决定不自出面，组织一家名为中日合办、实由日人把持的东亚公司承包该路工程，并对奉方表示由满铁包垫经费。

时为东北三省保安总司令兼奉天省长的张作霖（由王永江代理）为甲方，与满铁代表松冈洋右为乙方，迅于 9 月 3 日订立《承办建造洮昂铁路合同》，由满铁暂行垫付包工经费，估计需 1292 万日元，车辆等费用不包括在内，即以此数为准。另约定：在合同签订后一年内开工，从开工日起两年内造成，在全线移交后 6 个月内应把包工建筑的经费和或租或购的车辆、设备等费付清。其未经偿还的垫款的部分或全部改作借款，从交路日起，年息 9%，以现在及将来本路所有财产和一切进款作为抵押，于 40 年期内随时清偿本利，至偿讫时合同废止。②

同日，满铁又备函称：本路局长需聘用由满铁所选派的顾问一人"为敝社代表"，"代管本路一切收支各款"，"并得采用执行

---

①　此人自 1940 年 7 月起任日本外务大臣一年，第二次世界大战结束被远东国际军事法庭判处绞刑。

②　铁道交通部交通史编纂委员会编：《交通史路政编》第 14 册，1935 年，第 835、839 页；宓汝成编：《中华民国铁路史资料（1912—1949）》，社会科学文献出版社 2002 年，第 624 页。苏联政府闻讯，曾由其外交部门发表声明，为维护中东铁路利益，拟以中东余利修建洮昂支线，但无后续行动。

职务所需职员两人以内为助手"。张作霖、王永江即回函可以同意。① 这样，名曰东北当局自建的铁路，实质却是日本根据其侵华国策由满铁承包的工程，把建筑工程等费扔给东北地方当局承担，转为自己建成一条它亟谋建筑的铁路。

（二）四洮铁路的多次垫款

四洮铁路是指从时为日本所有的南满铁路四平站起，西北向经郑家屯（今双辽市）、北展至洮南（白音太来）的铁路。日本谋建筑此路，分两步：先修四平至郑家屯即四郑铁路。该路于1918年完工。接着续建郑（家屯）至洮（南）段，两段合称四洮线，把四郑铁路作为它的一个区段。

北洋政府代理交通总长曾毓隽在满铁理事川上俊彦的挟制下，据1915年四郑铁路借款合同要旨，于1919年9月8日以换函方式，约定中国政府准会社承办发售4500万日元的借款，日后实垫500万日元。②

1920年春，满铁以日本国内和欧美各国金融市场紧缩，难以发行借款债票，函致财政、交通两部要求按照满铁的发行社债办法，融通资金，作为短期借款，实即垫款，获得"尚可照办"的回音。3月5日，财政、交通两部与满铁互换凭函，后者交付1000万日元，期限为1年，规定此中500万日元扣还前次所垫的500万日元，余充工程费用，年息9.5%。

此项垫款，而后每届一年展期一次，拨充新工程之用。间或于原本息外，新借若干。如此至1925年5月，复届期续订凭函，将债额改定为2200万日元，期限1年，利息则减定为9%，余同原借款。1926年期满，交通、财政两总长叶恭绰、李思浩经与满

① 《顾问权限换文》，1924年9月3日，铁道交通部交通史编纂委员会编：《交通史路政编》第14册，1935年，第839页。
② 《四洮铁路日金1000万元凭函》，铁道交通部交通史编纂委员会编：《交通史路政编》，1935年，第373—375页。

铁理事松冈洋右商定："照历年成案汇总展期"，以换函按应付借款 2840 万日元，利息 260 万日元，增借 160 万日元，改行订立短期借款 3200 万日元（其不足之数由路局付现），年息 9%，期限为 1 年期，次年期满时付息 100 万日元。[①] 嗣后，以利息过重，与满铁当局议减息率，直到 1927 年年底，迄未解决，悬搁一边。[②]

约略与上述同一时期，满铁另应四洮铁路局的需要，垫支一些零星款项。如 1922 年因时局关系，四洮局长及一部分局员避地移京，其薪水及一切费用路局不能支给，与满铁（北京公所）商订临时垫款条件，从同年 6 月起一年内每月垫银圆 5000 元，年息 9.5%，期满由四洮铁路局偿还或由交通部另设法归还。1924 年 4 月，复商定改为按月垫 1200 元，11 月垫 1600 元，期亦延至 11 月底止。待到期满时，又商定再展一年，仍按月垫 1200 元，嗣又延展至 1925 年年底。如此垫款，共计本银 7.56 万元，利息 1.59 万余元，两计银 9.15 万元。[③]

（三）吉敦铁路承包修建合同

吉敦铁路是日本企图吞并东北战略铁路网中最重要的铁路线路之一，即吉会铁路的东段。它的西段从敦化东向图们江至朝鲜境的会宁，日本早以天（宝山）图（们）轻便铁路名义变相强行建筑着。

1920 年 5 月 1 日，日本财团代表岩佐呈藏致交通部的函中称：关于吉会铁路的正式合同尚未成立，现不得暂行停议。此后

---

① 财政整理会编印：《交通部经营各项借款说明书》第二章第一节第三目之十一《四洮铁路短期借款》和十二《四洮铁路垫款》，1927 年 4 月。

② 借款利息为 7.5%，鉴于"九八交款，扣去 5.5 的经理费""实则已 10%"，四洮铁路局长卢景贵 1927 年 9 月 2 日《致满铁社长山本太郎函》，1927 年 12 月 31 日《致满铁副社长松冈洋右函》；《旧东北交通委员会文书》四洮铁路档。吉林省社会科学院《满铁史资料》编辑组编：《满铁史资料：路权篇》第 2 卷，第 2 分册，中华书局 1979 年版，第 714—717 页。

③ 财政整理会编印：《交通部经营各项借款说明书》第二章第一节第三目之十一《四洮铁路短期借款》和十二《四洮铁路垫款》，1927 年 4 月。

视适当时机，务必从速继续商议。交通部履以"据函前因，意见相同"。①

满铁包工建造洮昂行将告成，将目标转移到吉敦。满铁通过吉长铁路局长魏武英在沈阳和北京先后鼓动张作霖和交通总长叶恭绰谋求实现其修建吉敦线计划得逞后，松冈洋右于 1925 年 7 月下旬电告满铁社长：此项交涉，正在全力进行，估计到办妥为止，需要 20 万日元的机密费，目前请先电汇银 5 万元以备用，复电同意。8 月，他另发一电：为期使此事有成，"除一般贿赂外"，还须向"叶恭绰秘密交付二三十万日元（后可能遭到拒绝），作为他的零用"。松冈认为，所有这些事先都必须做好准备。②

经过如上安排，松冈认为，此事业经张总司令与本人约定，应不成问题，要紧的是极力督促交通总长签字。可是，据日方文书："叶总长犹豫不决，未能做到签字的地步。"松冈急派魏武英回沈阳，于 10 月 12 日先与吉林省长王永江、再与张作霖会谈，后者顺势要求 100 万日元筹备费。松冈接着于 19 日返抵沈阳，立即责令满铁社员镰田弥助叫时任吉敦铁路工程局局长魏武英对张作霖、王永江强硬交涉，张一度迟疑不决，10 月 21 日终于对该合同同意，并由张电叶：请即签字可也。松冈转与交通部商妥后，通知魏武英带合同文本从沈阳赶到北京，直接请叶总长签名盖章。

---

① 《满铁北京代表竹中政一致叶恭绰函》《叶恭绰致松冈洋右函》（三件）和《松冈复叶恭绰函》《满铁致叶恭绰函》时间都与《承办合同》相同。《银行月刊》第 6 卷第 1 号，《国内财政经济》1923 年 1 月，第 5—6 页，参见宓汝成编《中华民国铁路史资料（1912—1949）》，社会科学文献出版社 2002 年版，第 615—616 页。

② 《松冈致满铁社长来往电》，1925 年 7 月 20 日，北京，1925 年 7 月 23 日，沈阳；《松冈致满铁社长电》，1925 年 8 月 11 日，吉林省社会科学院《满铁史资料》编辑组编：《满铁史资料：路权篇》第 2 卷，第 2 分册，中华书局 1979 年版，第 567、569 页。

24 日，吉敦铁路承造合同签订成立。①

事犹未了！在奉张、皖段两系剑拔弩张地对敌、北洋政局又起大变中，张作霖于 1926 年 1 月 12 日通电全国，声明段祺瑞已丧失行政上之实权，今后东北三省与北京政府各部停止行政来往关系。② 次日，段祺瑞予以回击，指令新任交通总长龚心湛彻底清查吉敦铁路合同事，认为前交通总长叶恭绰与满铁签订的合同，未提经国务会议议决，也未由外交部正式通知日本驻华公使，应由交通部声明不能成立，并将蒙蔽擅订情形，彻查办理。③

交通部奉令就近向满铁（北京公所）声明吉敦铁路合同无效，满铁本部获悉，以"碍难同意取消"作回应，并加紧动工修建该路。④ 同时，另作一着：1926 年 2 月 6 日，与魏武英签订约据，以对吉敦铁路的名义垫支 278.78 万日元，听任奉方取作军政等经费。⑤

张作霖旋率奉军再次入关，自称为安国军大元帅，行使统治主权。满铁则于 1927 年 10 月 12 日以补充吉敦铁路建筑经费的不足，与交通部签约提供垫款 915.81 万日元，说是充作筑路经费，实由张作霖奉系从中挪用作为奉钞基金。⑥

---

① 《松冈致满铁社长电》，1925 年 10 月 21 日；《张作霖致叶恭绰电》，1925 年 10 月 21 日；《满铁庶务课长致社长电》，1925 年 10 月 12 日；《交通总长咨吉林省长文》，1925 年 10 月 29 日，吉林省社会科学院《满铁史资料》编辑组编：《满铁史资料：路权篇》第 2 卷，第 2 分册，中华书局 1979 年版，第 572—574、578 页。王铁崖编：《中外旧约章汇编》第 3 册，生活·读书·新知三联书店 1957 年版，第 574—581 页。

② 李新总编：《中华民国大事记》第 2 册，中国文史出版社 1997 年版，第 420—421 页。

③ 李新总编：《中华民国大事记》第 2 册，第 420—421 页。

④ 《满铁北京公所长致松冈函》，1926 年 1 月 7 日，中国社会科学院经济研究所藏日文档案。

⑤ 徐义生编：《中国近代外债史统计资料（1853—1927）》，中华书局 1962 年版，第 196—197 页。

⑥ 徐义生编：《中国近代外债史统计资料（1853—1927）》，第 196—197 页。

　　吉敦铁路于 1928 年 10 月 10 日完工、通车。满铁移交时，提交建筑资金清单，其中开列的除了交款时有名有目用于工程建设外，增列什么交涉费，等等，竟达 2277 万日元，超过原估计建筑数约 1/4。东北当局认定浮开甚多，不予承认，满铁不依。

　　张学良继于该年 12 月 29 日与张作相、万福麟等联名通电全国："即日起，服从国民政府，改易旗帜。"日本大行干扰，就涉及铁路的说，日本政府于 1 月初训令驻奉天领事林久治郎向张学良提出解决吉会等路问题，必要时采取强硬手段。张学良以所有对外已决及未决各案均移交南京国民政府办理予以拒绝。[①] 日本便把有关此路事，列入所谓一系列悬案中的一件。

三　铁路料债

　　铁路建设需枕木、钢轨等器材；运营中需添置机车、车辆等装备，所有这些，在当年几乎全部购自国外，现款结清，包括约定分期付款而无衍生的，从数量而言，多半使欠价转成债项，习称"料债"。北洋军阀执掌国政当年，各系、各省间军阀混战不断，铁路以其使用价值所特具的功能，既为大小军阀争相夺取的对象，战争中用于军运，休战时谋取经营之利；同时又都选定作为破坏的目标，以求能不为对方所利用。因此，这一期间，从国外输入机车、枕木等便与常时比较特多。这些项目，内容杂，就款量说，相差悬殊，有仅及万元（统以银圆计）的，也有多达数百万元的。这里统计所及，不只是料，包括与之有关的诸如运费、仓储费、检验费，等等。且单计债量，不计品目，按铁路线路为准，制成简表 11-2。

---

　　① 李新总编：《中华民国大事记》第 2 册，中国文史出版社 1997 年版，第 936、942 页。

表 11-2　　　　　　　　　铁路"料债"（1921—1927 年）　　　　单位：银圆万元

路名	项目	数量	
		积欠本息	共计
京奉	英国卫德公司货车价款	479.3	523.1
	—	43.8	
京汉	美国巴尔伟机车厂机车款	384.3	1053.1
	美国太康洋行货车款	230.6	
	日本三井洋行枕木款	100.9	
	其他外商零星料债	337.3	
津浦	英国仁记洋行全钢客车价	307.2	1064.0
	仁记洋行钢轨等价	195.5	
	三井洋行敞车欠价	180.1	
	三井、汉森公司车租欠款	104.4	
	其他外商零星料价	276.8	
京绥	三井洋行机车欠价	412.8	1598.5
	三井洋行枕木、机车零件	151.3	
	美国机车公司机车价欠款	319.0	
	美国钢铁公司钢轨欠价	159.0	
	太康洋行货车欠价	407.8	
	其他外商枕木等零星料价	148.6	
汉粤川含湘鄂	怡和洋行车辆欠价	130.5	134.9
	其他外商零星料款	4.4	
沪杭甬	怡和洋行桥梁材料欠款	0.3	0.3
广九	各外商零星料价	4.3	4.3
胶济	通用电气公司交换机价欠款	0.4	0.4
株萍	慎昌洋行修理、保险等费	12.2	12.2
漳厦	茂生洋行承造码头工款	3.7	3.7
合计		4394.5	

说明：各路料价，将价款单价在百万元以上者单列，小于此数者则汇成一总数，成债时虽间有按订货时汇率折成银圆的，但以用英镑、美元、日元以及行化银、规银等为准的较多。即使同条铁路同欠一家商行的各项料债，也间有以多种货币为准的，烦琐复杂，计算为难。表中数额系按整理时平均汇率折成，仅为计算上便利的假定，非悉属实际料价。

资料来源：按照财政整理会编印《交通部经管各项债款说明书》，第二章第一节第二目的材料借款表改制。

第三节　中央部局和地方各省的零杂借款①

中央政府各部门的行政经费，不言自明，该由财政部定时拨给，可是，在当年该部经常不能按时发出应发经费。有关各部为应一时急需，便动辄自向在华外籍银行筹措款项。中央各部所借外债自然以财政部为最多，次之是交通部。当年国人留学海外的官费生，有部派、省派之别；所需经费，例由财政部和有关各省支拨，一旦欠解，留学生们或向所在国我国使领馆或教育部驻该国留学管理处请愿，转电国内予以解决；一般由教育部借款拨支，也有由外交、财政等部予以解决，这里概列入教育部名下，其总数也汇成大宗。其他的借量虽多少不一，基本上都属少量。地方各省和盘踞各地的军阀，也多有借取外债的，但竟成事实的少，事未竟成的酌予记叙。此外，当年在政治上与北洋政府处于对抗地位的西南当局的借款置于节末。

一　中央各部的零星济急借款

北洋政府渴望从国际银团取得贷款，在屡遭失败后，财政部作为借方从银团外金融机构寻找出路，后者以追逐利润为宗旨，明知贷款有风险，在甘冒风险中，放贷便形成量少、期短、利率重等诸特点。

财政部主借之款，大别分三类：

（一）为急济行政经常经费的不足而临时筹措的款项

1921 年 6 月 29 日，财政部为偿付内债本利及拨支陆海军经

---

① 本节所据资料除加注者外，均参见徐义生编《中国近代外债史统计资料（1853—1927）》，中华书局 1962 年版，第 228—233 页。

费，向在华经营的意大利籍震义银行借意币 1200 万里耳（约合银 108 万元），九七实交，以资周转，月息 3%，期限为 8 个月。到期展期，利率改为月息 1.7%。次年 2 月 22 日、25 日，为开支奉军饷项等急需，该部先后以月利息 1.8%的重利，向中法振业银行、英商安利洋行分别借银 35 万元和 40 万元，借期各为 3 个月和 2 个月，以盐余和八厘公债票担保。这个债票原乏债信，届期无力清偿，展期逾一年。

1923 年 2 月 13 日，因年关（阴历）急需，财政部委托盐务署向华比银行借款银 31 万元，月息一分八厘，期限为 13 个月，以盐务稽核总办入存于伦敦、巴黎备付善后借款德国息票项一年所生利息担保偿还。9 月 24 日，为筹发中秋节军政各费，又向华比银行借银 200 万元，期限为 20 个月，商定给手续费 5‰，委托汇丰银行从同年 11 月起至 1925 年 7 月从盐务稽核总所放还财政部账户，不必通知该部，直接扣还该行。次年 3 月 12 日，又委托盐务署以同上担保，向该行商借银 31 万元。1924 年 3 月，再借银 30 万元；5 月又借银 240 万元，月息一分三厘，期限为 21 个月，仍委托汇丰，从本年 7 月至 1926 年 2 月在财政部应收盐余内直接拨还；如各该月盐余不敷时，准推至次月补偿。该部还委托交通部代向华比借款，如同年 6 月 21 日借银 70 万元，月息一分三厘五毫，由财政部每三个月付息一次，以正太铁路余利 1/3 交由法比公司转付为担保；从借款日起至 1926 年 6 月底止，按期偿还，过后未再支付。直到 1931 年经铁道部与该公司磋商，截至 1933 年 6 月底，共欠本息银近 26.4 万元，于次月还清。[①]

财政部为发放参、众两院经费和陆军检阅使、步军统领衙门、京畿卫戍司令部饷项，教育部及部属八校经费等，以盐余为担保、月息 1.2%，于 1924 年 5 月 25 日，向中华汇业银行借款 70 万日

---

① 财政科学研究所、中国第二历史档案馆编：《民国外债档案史料》第 8 卷，中国档案出版社 1991 年版，第 380—385 页。

元。9 月 12 日，又为发放参、众两院经费等，再向该行借 30 万日元。段祺瑞于是年 11 月 24 日就任中华民国临时执政的前一天（23 日），向大仓洋行借款 50 万日元，月息 9%，期限为 10 个月，从 1925 年起，每月由盐余内拨付 5 万元。截至 1926 年 3 月底，尚欠本金 42.8 万日元，连利共计近 44 万日元；过后一天，该部另向中华汇业银行借银 8 万元，以盐税余款担保，月息一分三厘，都用以充作行政经费。① 如此等等，当年频遭媒体抨击，斥之为"沿门托钵"式借法！事实则在而后仍如此继续借款。如 1925 年 2 月 25 日新任总长李思浩向汇丰银行借银 34 万元；9—11 月向汇业银行借银 76.6 万元和 17 万日元；1926 年 2 月 23 日，财政部饬驻津纸烟捐务处向汇业银行借银 65 万元；除了烟酒事务署为还旧欠取用银 30 万元外，拨付国民第一军鹿钟麟和第三军孙岳部的军费；7 月 29 日，该部再向汇业银行借银 110 万元；1927 年 5 月 30 日，新任总长潘复向满铁借 40 万日元，等等。北洋政府向恃借款度日，到了它的末日，从上述系列情状，更活灵活现地体现出来。

（二）为部属企事业单位购置生产工具、生产资料，基本上由价款转成借款，量较少，情节较简单

如汉口造纸厂为采购生产工具及支付运费，由财政部与三井洋行于 1920 年 8 月 11 日约定，将赊价转变成洋例银 3443 两借款；同年 11 月至次年 3 月间，情事同上，与美商茂生洋行形成借款 4133 美元和规平银 70.27 两；1921 年 1 月 27 日又一笔，为规平银 6428.9 万两；4 月，该厂向汉口（瑞典）唯昌洋行购买纸浆，该部把价款转作借款洋例银 3.5 万余两；11 月 11 日，中日实业公司为接济段祺瑞政府军政经费，由财政部与前者做成一笔借贷交易，即以充作整理扩充汉口造纸厂费用的名义，借款 200 万日元（折合银 194.8 万元），以该厂所有一切机器、房产作担保，期限为两

---

① 李新总编：《中华民国大事记》第 2 册，中国文史出版社 1997 年版，第 257—258 页。

年，给予嗣后提供贷款和机件、材料供应优先权为条件。

财政部所属设置于各省的铸币厂，屡以采购铜料的欠价，转成债项。如天津造币厂于 1921 年 6 月将购自三菱洋行的铜料价款转成洋例银 1.8 万两借款；1923 年 10 月 30 日又借一笔，计洋例银 23.9 万两；1924 年 1 月 17 日再借 1 笔，由洋例银 23.5 万元和银圆 3 万元组成，若统以银圆计，近 40 万元。上海造币厂为订购机器等生产工具及栈租等费，于 1921 年 7 月 21 日与美国茂生洋行订立借约，计 64.9 万美元和规平银 8.6 万两（合计近银 140 万元）。同月，另与美商华昌公司订购机器支付保险、栈费，形成 40.9 万美元的债项。1922 年 5 月 8—9 日把购料价款转作欠款，计茂生洋行 7.75 万美元、亚洲公司和新孚洋行各规平银 3.2 万两和 5.55 万两（两笔合计银 26.1 万余元）。所有这些，或由财政部主借或经该部批准成立。

财政部为筹直属印刷局周转经营经费，于 1924 年 7 月 29 日向三井洋行以年息 10%，期限为两年，借 23.5 万余日元。

（三）两笔特殊债项，非财政部主借，终由该部接手

管理特种财产东洋拓殖会社借款。第一次世界大战中，我国既对德宣战，国务院特设特种财产事务局接管在华德商所经营各工厂等单位；1921 年 2 月 13 日，该局为筹措所接管单位的经营费用，向日本东洋拓殖株式会社（青岛支店）借款 300 万日元，期限为两年，索高利年息 13%，并以该局所接管的在武昌、汉口等地的锯木厂、洗砂厂以及码头、仓库等产业作为担保，若作处分时，给予贷方享有优先承购权为条件。

鲁案督办正金借款。1922 年，我国政府与日本谈判解决此案，任命王正廷为鲁案督办，所需经费在财政部不能及时拨给下，这位督办经多方设法未果，只得于该年 12 月 30 日代表中国政府忍辱向对方介绍的横滨正金银行借款银 30 万元，取作谈判、接收胶济铁路等所需费用。贷方既索高利年息 11%，并以赎回的胶济路

收入作担保。这笔借款虽属短期 10 个月，且届期清讫，但以其特殊——无论借贷双方的关系，所导致的影响、结果，都不同一般，特予记述。

交通部职掌路、电、邮、航四政。路指铁路，建筑铁路的借款例由交通部独自或会同财政部共同代表中国政府举债；至于铁路材料，一般由各路局、间由交通部举借。这些债务，有国债、部债之别。邮即邮政，未见有借款。航指航运，在此期间，轮船招商局借过外债，但其时该局非国有，所借之款是一家商办企业的企业债，不在论述范围之内。这里要记的仅限于电政项借款。

电政包括电报、电话、无线电三项，不细分，按成债先后叙述。

该部为建设上海、北京、广州、汉口、哈尔滨五处电台和拨还前欠懋业银行（天津）、边业银行借款本息，兼为张罗本部经费，于 1921 年 1 月 8 日由总长叶恭绰与美国加州联合电报公司订立借约，借款 416.75 万美元，九三扣，年息 6%，期限为 10 年，以各电台的营业收入为担保。如借期款未偿清，电台即归中美合营。① 早在 1917 年 10 月，交通部与美国西方电气公司及日本电气公司协议组织中国电气公司。继 1918 年、1919 年和 1920 年各收 1/4 的股金后，于 1921 年 4 月再收余股的 1/4。交通部以经费支绌，由美国西方、日本电气两公司各垫支 5 万美元，年息 9%，期限为 1 年，以所接受股票全部充作担保。次年 5 月，交通部已无法偿清此项垫款，只拨付 2 万美元，余额 8 万美元展期一年。1923 年到期未能拨还，再与对方商定，先还 2 万美元，其余 6 万美元仍按原合同续展一年，从该年 7 月起按月筹还 6000 美元，分 10 个月到 1924 年 4 月将该垫款本息全部还清。日本闻讯，其驻华代理公使、参事官吉田照会我国外交部，竟称：此项合同，侵犯

_____

① 财政科学研究所、中国第二历史档案馆编：《民国外债档案史料》第 8 卷，中国档案出版社 1991 年版，第 77—79 页。

了三井洋行前订的无线电合同权利，决难承认；美国不予理会，日本方无奈停止纠缠。[①]

从1919年3月起，该部连续向外国厂商订购电信器材，或简作"电料"，价款一般约定分期摊还，而颇多衍欠。也有料已备齐，因这种、那种窒碍，不能按原订计划利用生利，终至形成旧欠未了，新债又生。不单料价无法筹还，连利息也难以拨付。所负欠的对象，有德国西门子电气公司、丹麦大北公司、日本中日实业公司、中国电气公司、美国通用电气公司、慎昌洋行以及英国威利和日本须藤等洋行不下十余家。截至1925年年底，欠价就单笔的本利合计说，相差悬殊，若都以银圆为准，最多的达368万元，如中日实业公司电话料款，最少的则不过数千元。综合本金、利息加在一起，共近银770万元。[②]

交通部为筹措本部经费，也不时举借外债。如为借新债还旧欠，于1922年2月向中华懋业借银40万元；次年9月1日向华比银行借银170万元；以交通银行股票87万元、龙烟铁矿公司股票22万元和金融公债票27.5万元作为抵押，月息13.5%，以正太铁路余利1/3作担保。所借之款实则半用以清偿中国、交通等本国七家银行债项，半供作财政部紧急用款。1924年6月2日，该部又订借银70万元，担保、月息同上，约定每三个月付息一次，至1926年6月底，利息按期支付，过后则多积欠。此前两月，该部由路警总局向德商新民洋行订购手枪、子弹，分发给京汉、京奉、津浦、京绥和胶济五路佩用。除分期付款部分，将余欠银7000元于1925年1月按年利10%计息。截至1932年6月底，结欠本息共计银15600余元。[③] 另外，11月，为部辖广九铁路局清厘到期

① 李新总编：《中华民国大事记》第2册，中国文史出版社1997年版，第21页。
② 财政整理会编印：《交通部经营各项债款说明书》第二章，外债，第二节，电政借款，第一目，材料借款，1927年4月。
③ 财政科学研究所、中国第二历史档案馆编：《民国外债档案史料》第9卷，中国档案出版社1991年版，第148—149页。

借款本息，代向中英公司借银 21.6 万元，期限为 1 年，利息 9%。1925 年 5 月，以垫支利息，对同公司构成借款 5505 英镑，年息 8%借款一笔。

此外，交通部以经管铁路营运收入，时被称为"富部"。以此，招致某些军阀的需索，或因经费不足，思补本部行政经费，两者均需直接、间接举借外债以资应付。前者如 1922 年以筹措建筑烟台潍县公路工款名义，实则主要挪充直系吴佩孚军费，于 10 月 1 日由总长高恩洪与满铁北京公所所长牛岛吉郎以互换凭函方式，订立 50 万日元、为 2 年期的垫款，约定如到期不能偿清本息，可按同一条件续订新约。1925 年 5 月 30 日，双方又以换函方式，借款 100 万日元，利息、借期同上。1927 年 5 月 30 日，双方于换函约定：把前一笔借款展期两年，利息每年照算、交付，本金则积欠未偿。直到"九·一八"事变发生后，不再提及此项。后者如 1924 年，交通总长饬京绥铁路局速筹款项，解部应用。该局原难以自给，加上当时线路遭水患，运输阻滞，无力提拨，但迫于部令，在向国内银行借款未成后，转与曾是德华银行代理人并与京绥有过金融往来的德商鄂葛岭，商妥借 13750 英镑（约合银 10 万元），于 9 月 12 日由局长项致中、会计主任王延煦为一方，与之订立合同，规定月息 1.7%、佣金 2.5%，期限为 2.5 个月，以绥包展线公债票 20 万元作为抵押。借款到期，未归还。截至次年 6 月，付过两次利息，原债权则改由德华银行承受，要求利息按复利计算，发生争执，也影响本利的清偿，进而搁到一边。①

教育部的外债，绝大部分由于补济公费留学海外者费用等所形成。公费留学海外者，无论部派、省派，每遇国内欠解经费时，求援于驻在当地的我国使领馆或部属的留学生监督处，由后者反

---

① 此项到 20 世纪 30 年代国民政府整理外债时，以鄂葛岭年老体衰，按一本一利清偿，予以解决。

馈至外交部或教育部，再转咨财政部而构成或为财政部，或为教育部主借的债项。此类外债，且按留日、留欧、留美为序，分述如下：

早在 1918 年 7 月，我国驻日本留学生监督处因留学经费时虞国内欠解，由驻日公使与朝鲜银行商妥，遇需要时，转为融通，采取往来透支方式办理，限额为 50 万日元。截至 1919 年 6 月，总计用款 48.9 万日元。1921 年 8 月，朝鲜银行要求商定适当办法，予以清结。9 月 10 日，财政次长代理部务潘复与该行总裁美浓部俊吉代表池边龙一订立《留日学费借款合同》，为清偿此前透支款，再添借一些构成 66.61 万余日元，年息 9%，期限为 4 年，以给予短期库券 38 张共计 81.93 万余日元作抵押。[①]

1921 年上半年，驻日公使胡惟德以财政部对留日学费久未解拨，经日本外务省代向正金银行洽商借款 60 万日元，于 7 月收到 5 万日元备用；嗣以贷方要索担保条件苛刻，余款 55 万日元罢借。胡惟德在需用既急、借贷不易中，适有吉田商店店主吉田敏夫亲往使馆表示愿意代为筹措 55 万日元，由藤田银行按月拨付 5 万日元。12 月 31 日，我国驻日代理公使张元节与吉田订立借款合同，年息 10%，以盐余担保，约定到 1924 年 10 月 31 日到期，将本利全部偿付。[②]

关于留学欧洲各国的学费借款，1920 年年中，欧洲留学生监督沈步洲电教育部告急：各省对各该省留学欧洲各国费用汇款迟延，在殊为急迫中要求会同财政部由外交部转电驻英公使施肇基代向中法实业银行（伦敦）分期交付 7500 英镑。财政部即出如数期票一纸，填明 8 月 11 日为发行之期，年息 9%，电汇该行伦敦

---

① 财政科学研究所、中国第二历史档案馆编：《民国外债档案史料》第 8 卷，中国档案出版社 1991 年版，第 162—172 页。

② 财政科学研究所、中国第二历史档案馆编：《民国外债档案史料》第 8 卷，第 208—215 页。

分行，期限为半年，到期时商定展长期限。该行旋即宣布停业，停止清偿。截至 1925 年年底，据该行清理处声称：余欠共计本息1.1 万英镑云。1921 年 3 月，我国驻法使馆为留法勤工俭学经费需款，经呈报外交部转咨财政部备案向巴黎荷兰银行借款 50 万法郎，期限为 1 个月，年息 8%，按日计算，由使馆担保。使馆每次提款即给单据，由该行寄北京向财政部取款，此项直到 1922 年 6月，于盐余项全数拨讫。1922 年 2 月，驻比利时使馆因留比官费生经费已欠发近半年，"坐困无策，势甚困急"，向华比银行借款1 万比法郎。9 月，驻法公使以陆军部所派留法陆军学员学费、回国川资和派往国际联合会军事助理川资，以及留法学生学费等项，呈报外交部请准借垫。经后者咨会财政部同意，"自应全数借垫"，以咨结束；而向巴黎荷兰银行借款 90.17 万法郎，给予如额期票，该行则委托北京中法实业管理公司代表向财政部取款。10 月，我国驻英使馆在"留英官费生供给中断"后致函教育部，为弥补官费各生及遣回毕业各生川资，拟向银行通融垫款 2000 英镑。经后者咨财政部商定由使馆代中央政府担保，向伦敦威思敏史特银行垫支如数，年息 5%，无回扣和期限，于关余项随时拨还。1924年，又以类同缘由，向该行透支 600 英镑，此两项除随时归还外，截至 1934 年年底，余欠本息合计 4600 余英镑。1926 年冬，教育部和各省派出的留法官费生徐悲鸿和李文伯等人往访驻法使馆面诉窘境：所需"学费业经教育部停止"或各省"多时未寄"，以致皆处在"度日无资""留去两难"状况，"要求垫借的款以资维持"。使馆境况也"异常拮据"，经向巴黎志利洋行商借 3 万法郎，由使馆担保，期限为 1 年，报教育部咨财政部备案。①

　　留学美国的官费生费用，多从美退庚款中支拨，较有保障；

　　① 财政科学研究所、中国第二历史档案馆编：《民国外债档案史料》第 8 卷，中国档案出版社 1991 年版，第 46—49、349—352、391—396、499—510 页；第 9 卷，第512—518 页。

间有应一时急需，借款济急。如 1920 年 12 月，教育总长据留美学生监督处电称：滇、直、苏、甘各省秋冬该发经费大部和夏秋各费未汇，所短之数曾向银行挪借垫付，而今催偿甚急，要求教育、财政两部会同电请驻美使馆代借学费 6 万美元。后者即向美京银行于同月 30 日借款如数，期限为两个月。1921 年 8 月间，该处以急需，通过同样程序，由驻美公使签证向孟赛银行借款 2 万美元，期限为 90 天。这两笔原属短期周转而直至 20 世纪 30 年代中才并案整理清讫。留美学生监督处此后每以各省对所派官费生应拨用费常多拖欠，据教育部电令借款维持。在 1921 年 4 月至 1923 年 1 月间，向多家商业银行临时挪借，除了随借随还，余欠 2.5 万美元，最后也如上例解决。[①]

教育部另有一些零星欠款、借款。1924 年 4 月，同济大学因建筑校舍，向德国商团和德人鲍尔特先后借款现洋 7 万元和 1 万元，年息 10%；又历年积欠德籍教授薪金现洋 8.5 万余元，经报部备案，这些还过部分本金，加上利息余额，到 1937 年 6 月拟订清偿办法，从 1937 年 7 月起先还本，再定付息办法。该部因经费困难，会同财政部于 1921 年 8 月 5 日向华俄道胜银行借现洋 30 万元，月息 10%，期限为 1 年，以"该部股息为抵押品"，"如有不敷"，在盐余下拨还，到期付讫。[②]

外交部经费在财政部未能及时拨给下，如 1920 年为"遣派外交官赴任"的出使费用，函托美国驻华公使与花旗银行商妥，于 9 月 23 日由该部与该行订借银 30 万元合同，年息 10%，期限为 6 个月，约定于关余项拨还，但延展到 1922 年年初才予付讫。[③]

---

① 财政科学研究所、中国第二历史档案馆编：《民国外债档案史料》第 7 卷，第 522—526 页；第 8 卷，第 151—156、357—359 页。

② 财政科学研究所、中国第二历史档案馆编：《民国外债档案史料》第 8 卷，第 146—147 页；第 9 卷，第 306—307 页。

③ 财政科学研究所、中国第二历史档案馆编：《民国外债档案史料》，中国档案出版社 1991 年版。

1921 年年初，驻英公使施肇基电称：该部经费 4 月未至，照向例准在英支借 5000 镑以资应付，咨行财政部。经后者与汇丰银行商妥，以该部与之交换来往函方式，由汇丰银行径把如额英镑汇在我国驻英使馆，构成垫款一笔。驻日使馆在 1923 年 1 月至 1925 年 10 月间，因财政部不能按时拨发经费，经该部核准，先后向正金银行（东京）以最多为 3 万日元的限额多次借款，到期末，余欠 30.5 万日元，年息 8%，以财政部核准公函作为保证。1926 年 3 月、9 月、11 月，驻日公使馆武官处以急需经费，咨请财政部同意，向正金银行连续借款 6 万日元、3 万日元和 3.5 万日元，共 12.5 万日元，年利率 8%，期限为 3 个月、6 个月期不等，从该行应放盐余中扣抵。除了首笔在借期中清偿部分本息及未提用部分实欠额为 4000 日元，加上其余两笔的余欠，截至 1927 年 9 月底，共计 6.9 万日元，由外交部咨归财政部管理。[①]

陆军部航空署于 1922 年 2 月 21 日，为设京兰航线并本署经费，向英国费克斯公司借款 30 万英镑，期限为 9 年，以盐余担保。

海军部海道测量局为求航空安全，在南海东沙群岛架设无线电台，于 1925 年 6 月 2 日与德商西门子电机厂签订合同，将无线电台机具等价款余额近 2.7 万美元、银 325 余两和银 2398 元，由海军部咨请财政部照拨，该部同意却迄未履行。[②]

此外，在 1926 年奉、直两军与西北国民军于北平附近交战中，故宫博物院院长庄蕴宽以经费支绌，职员及警卫队薪饷数月未发，情势危急，要求治安维持会设法维持。熊希龄作为该会成员，向法国汇理银行借银 6 万元，期限为 1 年，由熊希龄以信用

---

① 财政科学研究所、中国第二历史档案馆编：《民国外债档案史料》，第 8 卷，第 5—7 页；第 9 卷，第 135—140、473—480 页。

② 财政科学研究所、中国第二历史档案馆编：《民国外债档案史料》第 9 卷，第 394—395 页。

担保，经财政部核准，该项划归部账。1927 年 6 月到期，财政部托词不归还，汇理银行专向熊希龄催讨。直到 1936 年 5 月，国民政府行政院饬财政部妥为解决，俾熊君解除责任①，才予结清。

二　地方各省借款

国家穷、地方乱，地方当局举借外债之轻率，与中央财政部门比较不相上下，只是借成的更少，失败的更多，这里以记借成的为主。

吉林督军鲍贵卿与吉林官银号为一方，以吉林官帖市价暴落，形成金融危机，于 1920 年 12 月 21 日向朝鲜银行借奉小洋 200 万元（约合银 114 万元），按日计息，期限为 1 年，以官银号不动产和吉林电灯厂资产及收入为担保。1921 年 8 月 15 日，吉长道尹蔡运升、长春总商会史焕亭向正金银行借 3 万日元，供作修理长春市内道路用。日本强行建筑天图铁路，遭到延吉居民的坚决抵制，并向参众两院诉愿誓死反对，日本认定不得不求诸吉省当局"谅解"来解决。吉林省公署屈服于日本的压力，以蔡运升为代表，于 1922 年 11 月 8 日与满铁（托名南满洲大兴合名会社）日商饭田延太郎订立《合办天图铁路公司合同》，资本额定 400 万日元，双方出资各半，吉林省方该出的部分"由日商设法代垫"，须付年息 6%，期限为 30 年，转为吉林省债一笔。② 1927 年 5 月 23 日，继任督军张作相等为改建哈尔滨市上下水道及建设新市场，向远东银行借款银 150 万元，年息 7%，期限为两年，以哈尔滨市财政收入作担保。

热河为整理热河兴业银行及筹措财政费用，由都统汲金纯与

①　财政科学研究所、中国第二历史档案馆编：《民国外债档案史料》第 9 卷，第 487—493 页。

②　宓汝成编：《中华民国铁路史资料（1912—1949）》，社会科学文献出版社 2002 年版，第 616—620 页。

朝鲜银行于 1921 年 11 月约定，借款 100 万日元，以热河区内烟酒税担保。

河南当局筹备建设郑州商埠，于 1921 年 1 月 27 日由省府代表韩懋斋向东洋拓殖会社借 32.5 万日元，年息 13%。1925 年，该省府为整顿金融、救济本省财政，督办该省军备善后事宜岳维峻特派财政厅长陈之硕与福公司驻华总理堪锐克商妥，由该公司提供贷款银 30 万日元，5 月 26 日签订合同，期限为 10 年，年息 10%，由省政府无条件保证此项本息到期如数照付，并协助福中煤矿总公司从焦作运输煤炭于各市场。

山东为修建境内宫家坝黄河堵口工程，由省长田承烈与日商亚洲建业公司于 1922 年 11 月 20 日立约，把包工款转作银 120 万元的借款。

两湖巡阅使吴佩孚在湖北省主客各军达 16 万人，每发饷银总需银 100 余万元。1921 年年底，他鉴于军饷已两个月未发，使署所属机关该发薪俸拖欠一两个月不等，若不设法救济，实贻害无穷。除了电令湖北省长萧耀南转令财政厅、官钱局、造币厂三机关筹措，另定以京汉铁路南段抵借外债未成，后经湖北省长萧耀南连日奔走，与日本正金银行（汉口）初步商定借款 500 万日元。彼方要求以九五扣交现，并外加经纪人佣金，另要求须由交通部签字等作为条件，转成罢论。① 次年 2 月，萧耀南谋求从外商取得财政支援，以改建武昌市政工程名义，由商埠局长杨缵绪经手，委托时在汉口的英人矿务顾问、工程师葛兰德和陆军中佐麦德格筹垫所需之款，后者经与伦敦一财团签订草合同，预估银洋 500 万元，即以此为准，由湖北省府印发债票为凭，年息 5%，以该省各项税捐，如土地税、房铺捐、码头捐、戏馆捐、肥料捐等年计可收 1210 万余元的十余种税捐担保，并以所提供的贷款须入存

---

① 《日本驻汉口领事濑川浅之进致驻华日使小幡酉吉电》，1911 年 11 月 13 日、12 月 7 日，中国社会科学院经济研究所藏日文档案，《民国日报》1921 年 12 月 21 日。

于指定的外国银行以备提用和聘用英籍技师为条件。此项债票，规定于每项工程完竣后一年开始还本，每年应还之数为工价的 5%，从第一次交款之日起到 25 年全数还清，等等。这笔借款，遭到舆论猛烈抨击，认为办理市政究需若干尚未制定预算，骤借此巨款不但使湖北财政有发生根本破产之虞，亦无异于以武昌商埠卖与外人。湖北省议会召开紧急会议要求取消，湖北当局在一片反对声中，最后被迫放弃。[①]

四川川边镇守使陈遐令为购置军械、筹发军饷，于 1922 年 12 月 28 日向英商扬子公司借款银 40 万元，以川边特别区内农、牧、林、矿以及水利工程、水电厂等企事业均归双方合办为条件。

江西督军陈光远于 1912 年 11 月一度与台湾银行商妥借款 100 万日元，以江西全省厘金充作担保，卒未成立。

福建在李厚基任督军兼省长时，攻粤、扩军，迄无宁日。搜刮不足，举借外债。日本利用、支持台湾人如林熊祥、林炳章等出面接洽，借方则多以福建银行出面，而实际经手人为财政厅长黄毓楷，在 1921—1922 年向林熊祥等零星借款十余起。这些借款实属非法授受，如利息超过常例规定，达月息 1.6%，并以该省茶税、各厘局税收、屠宰税及闽属土酒捐、契税捐等作为担保。这些借款除了已还者外，在李厚基出走、黄毓楷撤职后，"趋于自行消灭之境"。进入 30 年代，日本领事纵容指使日籍台人，硬使死债复活，屡向省府催索，省府乃决定通过谈判来解决。初步决定认偿的，计有如下几种：（1）200 万日元，1921 年 10 月 16 日成立，月息二分二厘，以全省茶税等充作担保，除已还本 12 万余元，余欠近 187.8 万日元。（2）20 万日元，1921 年 10 月 6 日成立，利息五毫，以闽琯、上渡两税局税收为担保，原约交还。除已还本 7 万日元外，算至 1922 年 12 月，本息共欠 22.9 万日元。

---

① 《武汉商报》1924 年 2 月 15—16 日；《银行周报》第 8 卷第 7 期，第 29—31 页。

（3）台伏票12万元，1922年1月25日成立，月息三分，全部预扣，以东冲、建宁等局税收作担保，算至1922年12月，本息余欠近5.2万日元。（4）台伏票2.9万日元，1922年3月成立，由财政厅立具期票，分12个月摊还，均未照付，实欠2.9万日元。[①]

南方独立各省为应军政急需，也借外债。在权衡形势中，主要还是指靠特设筹饷局或类似的异名同实机构来筹措。借款以广东为最多，一般由广东财政厅主借，贷方全是日籍银行、洋行。所有金钱交易，多半属不到一年的短期周转。为期一年或超过一年的，有1920年12月28日向台湾银行借毫银30万元（约合银25.5万元）；1921年5月23—25日向该行及华南银行共借毫银63万元；1923年6月29日向台湾银行借毫银25万元，8月又借港币3万元（约合银2.98万元），12月24日再借一笔，计毫银18万元和1925年5月13日为整理日债向华南银行以年息12%借14万日元（约合银10.29万元），以广州电力公司军事附捐作担保。仅有一笔是1923年向汇丰银行借港币6682元（约合银6635.8元），以全省沙田清理处收入作担保。至于在1918—1924年间，广（州）三（水）铁路局和粤汉铁路公司（实指该路粤段）主要为采购材料，多次向外国行号借款，或由欠价转成，以其时这些公司性属商办，与国债有别。从略。

广东省长陈炯明为广州市区建设电话、自来水两项市政工程，与英法联合公司于1922年10月成立借款200万英镑，年息7.5%，折扣87.5，期限为15年，以官营、私营电话公司和私营自来水公司、电灯公司等财产及收入作担保；以英人为总工程师，享有材料优先供应和授予会计、监督权为条件。10月，为稳定广

① 《福建省主席陈仪致行政院电》，1935年9月15日；《军委会办公厅抄送闽省认偿日台人旧债报告致财政部并附件》，1935年9月25日，财政科学研究所、中国第二历史档案馆编：《民国外债档案史料》第8卷，中国档案出版社1991年版，第276—299页。

东纸币价格及筹措军政费用，又与之续订一笔，又是 200 万英镑，利率同上，九五扣，期限为 10 年；以该省烟酒税作担保，聘英人为省银行查账员等为条件。前一笔是否借成不详，后一笔在孙中山反对下罢议。广西、云南也借过几笔，不是期不满一年，就是终未成为事实。从略。

1924 年夏，孙中山委托法律顾问美人诺曼向在广州的美商台维斯洋行洽购机械，经广东省廖仲恺签订合同，除部分付现，余额港币 107.5 万元给予期票，构成欠款一笔。[①]

第四节　整理外债的设想和结局

进入 20 世纪 20 年代，与我国外债有关的各国一再要求北洋政府整理外债，后者在财政状况持续困境中拟借外债而屡遭须先行清偿或整理旧债为前提的拒绝，乃把整理旧欠债项作为重心的整理财政案提上日程。与此相关，先后特设"全国财政讨论委员会""财政整理会"等机构兼司其事，都以无果告终，留下截至其时关于我国无确实担保外债量的资料，则还具有一定的参考价值。

一　全国财政讨论委员会的外债整理设想

1922 年 6 月，北洋政府代理财政总长董康向国际银团提出拟借一笔 4 亿元巨款以整理债务，获得的回音是："中国政府应立即

---

① 1929 年诺曼受聘为铁道顾问，请求偿还，经国府委员会通过："准按原额 1/3 数目，由广东省政府拨偿，但未履行；1946 年 5 月 24 日，该洋行由台维斯女士从我国驻旧金山领事领取 5 万美元予以解决。"财政科学研究所、中国第二历史档案馆编：《民国外债档案史料》第 9 卷，中国档案出版社 1991 年版，第 302—305 页。

成立一个委员会编制中国政府现有无担保或担保不确实的外债一览表。"① 他即以"国内迭遭兵燹，市面凋零"，"社会经济与国家财政同陷绝境"为由，向国务院提议组织财政讨论会以妥筹一切，经国务会议公决通过。② 20 日，大总统令：特设全国财政讨论委员会，特派顾维钧为委员长，令派项骧、严璩充任副委员长，并沈瑞麟、劳之常、（英）安格联、（法）宝道、李景铭等 14 人为委员，该委员会旋即组织成立。③

顾维钧于 7 月 11 日该委员会首次会议上就整理财政问题，强调亟应注意者是巩固信用，指出，如今我国外债中无抵押者屡有不能如期还本之事，既有损国家信用，不能不及时设法补救；否则，每致牵涉国际地位，况"将来求助于外人之力者方多"，"必对外信用巩固，然后可期"④，透露出北洋政府所以要设置这个以财政为名的讨论委员会，实以如何整理外债以挽回信用，为借款国外设置必要条件作为重心。

顾维钧久任外交，被特派为该委员会主席，旋与罗文干一起，于 10 月邀约国际银团成员财团代表熙礼尔、梅尔思、马肃、贝纳德和竹内（代表小田切）在其私邸晤谈，把拟整理的外债归为三类：（1）应以现款偿还的早已到期的借款本息；（2）无担保或无确实担保尚未到期的债务和借款；（3）因种种原因债权人未履行合同因而尚有争议的债务。他认为，第（1）、（2）两类需要立即

---

① 《新银团会议备忘录》，1922 年 6 月 27 日，中国人民银行金融研究所编：《美国花旗银行在华史料》，中国金融出版社 1990 年版，第 248 页。

② 财政科学研究所、中国第二历史档案馆编：《民国外债档案史料》第 1 卷，中国档案出版社 1991 年版，第 286—288、292—293 页。

③ 财政科学研究所、中国第二历史档案馆编：《民国外债档案史料》第 1 卷，第 286—288、292—293 页。

④ 财政科学研究所、中国第二历史档案馆编：《民国外债档案史料》第 1 卷，第 286—288、292—293 页。

解决，第（3）类则由中国政府与贷方通过谈判来解决。① 顾、罗两人估计，第（1）类需要以现款偿还的债务量约为 3000 万银圆，第（2）类需以债票偿还的债务为 20000 万元。因此，有必要在前三个月内每月由国际银团垫款 200 万元，在后三个月内则每月需垫款 400 万元，希望与国际银团合作。在座的熙礼尔等四人对所介绍不吭一声，对所要求顾左右而言他，或建议"以盐税作为担保"，"再以关税作为附加担保"相应付；而特别强调湖广铁路借款是中国的"一笔很重要的国际借款，要求以关余或新增关税优先偿还"。国际银团代表斯蒂文斯而后获悉，认为"除非华盛顿会议同意的关税特别会议召开，否则，拟议中的关税附加税不可能成为有效的担保品"②，这又成为三年后召开关税特别会议的先声。

委员们在该委员会的 12 次会议中，就整理外债提出种种建议，较重要的有三，述要如下：

安格联作为中国海关总税务司被派为委员，向内阁总理颜惠庆提出巩固公债基金的建议。他估计当年我国外债还本付息，每年约需银圆 2400 万—2500 万元；政府虽然早于 1921 年 3 月明令，每年在盐税、烟酒税和关税收入项各拨定额以资清偿，若有余额，悉数拨充整理公债基金之用。可是，事实上，终不能收够足数。他未明说所以至此的原因，从其建议采取的补救办法之一，即政府不再以与海关行政无"直接、间接相关的政费，用关税抵拨"，暗示所以如此在于关税每被挪作政费。另建议，正式令总税务司于关税项下除提拨足以偿付以关税担保的外债及庚子赔款外，酌拨可提之款作为整理公债的基金之用。若不敷，则总税务司仍向

① 《会谈备忘录》，1922 年 10 月 2 日，贝诺德整理，《斯蒂文斯致花旗（北京）代经理林奇 1922 年 7 月 18 日函》，附备忘录。中国人民银行金融研究所编：《美国花旗银行在华史料》，中国金融出版社 1990 年版，第 250、258—260 页。

② 《会谈备忘录》，1922 年 10 月 2 日，贝诺德整理，《斯蒂文斯致花旗（北京）代经理林奇 1922 年 7 月 18 日函》，附备忘录。中国人民银行金融研究所编：《美国花旗银行在华史料》，第 250、258—260 页。

盐余项下请求协助①，他言外之意是，整理外债该授权总税务司兼司管理。

国务院将此件发交国内公债局详加考核，后者签署意见："所陈各节，似应采择施行。"旋交全国财政讨论委员会讨论。讨论结果认为，所拟办法，于国家信用诚有裨益，但限制太严，设一旦遇急务不能挪用，政费恐无活动余地，认为"尚费踌躇"②，实际给予否定。

安格联察出此中真意，旋在参与讨论中声明："所拟办法，以本年年底为限"，最后达成共识，即"为求基金既可巩固，财政上又不致过受束缚"，把原建议中"政府此后不再以关余抵拨政费"句改成：政府正式饬令总税务司于关税项下"除扣存足以偿付以关税为担保的外债、庚款，随时由国内公债局及银行方面代表与总税务司酌商提拨可提之款，专为整理公债基金之用"。该委员会于8月1日报告国务院，经国务会议决议："照办"③，事实则迄未照此办理。

次年初，安格联在该委员会讨论中表示："维持内外债务唯一正当办法，是严守优先权原则，并以我国外债中之直接用关税或关余作担保的借款，按优先权成立先后，作成简略次序表，公平分配，分别先后，按此应付。"④ 上述原则无异议，但他以为的唯一正当办法，实际上超出了原定待整理债项限定属于"无抵押者"或"无确实担保"的外债的范围。

时任财政部顾问宝道作为委员，向委员会提出《整理内外债

---

① 财政科学研究所、中国第二历史档案馆编：《民国外债档案史料》第1卷，中国档案出版社1991年版，第295—302、306、308—310页。

② 财政科学研究所、中国第二历史档案馆编：《民国外债档案史料》第1卷，第295—302、306、308—310页。

③ 财政科学研究所、中国第二历史档案馆编：《民国外债档案史料》第1卷，第295—302、306、308—310页。

④ 财政科学研究所、中国第二历史档案馆编：《民国外债档案史料》第1卷，第295—302、306、308—310页。

整理书》，并印成小册子公诸社会。他建议：（1）中国政府向有
关各国声明，如果不允中国实行华盛顿会议所议决的二五附加税，
中国政府对无确实担保的外债难以设法整理；（2）中国政府得以
实现上述二五附加税为前提，然后考虑外债的整理办法，并送交
各国公使查阅；（3）中国政府随时设法，促使各国从速承认会议
所议决的二五附加税案，允认中国加税。他认为，如能做到这样，
则关税既从值百抽五增至值百抽七点五，加上中国出口贸易势必
日趋增加，再补充从其他方面如盐税等项收入，不只是可如期清
偿有确实担保的债项，而且还可以清偿无确实担保的债项。安格
联首先附议赞成，讨论中无异议者。该委员会除报告国务院以备
采择，并函致财政部表示该建议各节"颇有研究的价值"。① 宝道
整理书无一字涉及交通部经营的债务，其建议既同时公之于社会，
即引起北京美国商会的质疑和批评，并通过决议，转请美国驻华
公使馆注意：交通部所经管的数达银 1 亿余元无确实担保债量中
属于美国及其他外国行号提供材料维持公共用具的价款于此中占
四成，岂能不予整理？而转对"许多以投机目的用高利率订借之
大借款"（日本习称为"西原借款"之类债项暗含于中），却能享
受到宝道计划的利益而引为不平。②

　　李景铭委员就当时存在的外债及其相关事项，如所负外债总
额，关税、烟酒税等年入大数，以及关税若附加二五后增收约数
等，做了一番调查、核算功夫，主张对债务予以全部而不是局部
的整理；然后，发行新债票换回旧债票，主要指靠海关进口税的
附加收入做偿债基金。③

---

　　① 财政科学研究所、中国第二历史档案馆编：《民国外债档案史料》第 1 卷，中
国档案出版社 1991 年版，第 291—302、308—310 页。

　　② 《美商对中国整理外债意见》，《民国日报》1923 年 3 月 31 日。按：这一关于决
议和评论，系译自英文《密勒士评论报》。

　　③ 财政科学研究所、中国第二历史档案馆编：《民国外债档案史料》第 1 卷，中
国档案出版社 1991 年版，第 307、339—343、350、365 页。

约略同时，法、英、日、美四国驻华公使先后致文外交部，要求郑重注意我国财政、交通两部未能偿付所欠各国债权人的债务，并把关余优先充作"清理中国政府所担保的外国债务"。[1]

全国财政讨论委员会经大半年工作，向国务院函陈意见，待整理的外债，"就对内说，虽有交通部、财政部经管之分；就对外说，两者都是政府同一负担的债务"，应由政府饬下该两部"同时查明所欠外债的本息若干，分别拟具整理计划"，同时整理，否则国家信用仍无法恢复，更不能免除外人的"啧有烦言"。又："我国所欠负外债"，原有担保品的，"应就原有担保品切实整顿，务使收入增加"，使"偿债自有着落"；其"原无担保及担保品不确定的"，初步估计，所需整理的外债量约达2.2亿元。对如此巨额债量的清偿，除指靠现有关余全数，只有寄希望于关税项增加二五附加上，建议向关系各国驻华公使说明亟应从长讨论。[2]

讨论委员会的职司原为"讨论"，在当年政局时有变动中，至此，再未见有其他后续活动。

二　财政整理会的设置及债务整理的无果而终

1923年8月，北洋政府特设财政整理会，赋予它的任务之一，是筹划整理无确实抵押的债务，具体来说，即：（1）审核无确实担保的中央各机关的内外债务本利实数；（2）根据审定数额，研究整理及清理办法。[3] 过了两年，到1925年11月，临时执政府决定，财政整理会兼为实行债务整理机关[4]，也就是除赋予它就开成

① 财政科学研究所、中国第二历史档案馆编：《民国外债档案史料》第1卷，第307、339—343、350、365页。

② 财政科学研究所、中国第二历史档案馆编：《民国外债档案史料》第1卷，中国档案出版社1991年版，第307、339—343、350、365页。

③ 财政科学研究所、中国第二历史档案馆编：《民国外债档案史料》第1卷，第350、360页。

④ 财政科学研究所、中国第二历史档案馆编：《民国外债档案史料》第1卷，第350、360页。

债务的契约以及衍欠本利情况作番文本整理外，追加以实事整理的任务。

　　大总统特派国务总理颜惠庆为会长，会员 14 人（旋增为 15 人），由外交、财政、交通三部总长，审计院正副院长、税务处督办、总税务司、全国烟酒事务署督办、特别关税会议筹备处处长、前全国财政讨论会会长、筹办全国财政会议事宜督办，以及稽核所会办、北京银行公会代表等充任。该会另设置名誉会员及顾问部，"凡中外人员具有财政经验学识者，得聘充名誉会员或顾问以备咨询"。[①] 贝诺德冷眼旁观地说，"颜惠庆能力很强，我担心的是这个委员会除了精心编造一份报告外，在中国政府无力完成精减行政支出和提高税收效率这些主要任务条件下，是干不出什么名堂来的"。[②] 日后事实，恰被言中。

　　该会旋即制定整理财政原则，其涉及外债的是：（1）整理中务使债权、债务两方各得其平；（2）对财政、交通两部无确实偿还办法的债务，均一律筹议整理方法，使中央全体债务获彻底清理；（3）对内债、外债同时一律整理；（4）将来偿还办法，务从各项国家收入中筹有确实基金，并以最公开的管理方法管理之，以期巩固永久之信用。[③] 接着，它咨请与外债有关机关（主要是财政、交通两部）调取文卷。另外，通知债权者抄送实欠本利数目，并文卷证件。另咨请外交部照会有关各国使馆，就我国对各该国所欠无确实担保债项按一定格式填明送会，经便比较，并限期于半年内完成。

---

　　① 顾问部由 8 人组成，其中 4 人是我国的银行家，还有 4 人是国际银团驻北京代表以私人身份被邀参加。《北京四国银团代表致伦敦电》，1923 年 9 月 28 日，中国人民银行金融研究所编：《美国花旗银行在华史料》，中国金融出版社 1990 年版，第 329 页。
　　② 中国人民银行金融研究所编：《美国花旗银行在华史料》，中国金融出版社 1990 年版，第 265 页。
　　③ 财政科学研究所、中国第二历史档案馆编：《民国外债档案史料》第 1 卷，中国档案出版社 1991 年版，第 353—354 页。

　　财政整理会指望所需资料一旦汇齐，即据以开展审核工作，并在此基础上，制订整理计划。

　　上述安排，一付诸实施，即遭到挫折。单就该会制定债表格式，分送财政、交通两部，要求各就所经管的无确实担保债项本利之经常延期或积欠未偿的列表备用来说，在时过半年，经催询，得到的答复不是"款目纷纭，查核匪易"，就是债案"异常繁重"，且多"重叠套搭，颇费钩稽"。除了这些，还提出一个新问题：地方各省举借的债项是否也列作整理对象？并认为，这类债项，虽经中央政府核准，但这只是于我国行政法上内部程序，中央政府并不以此而负担偿还或督促地方偿付之责任。严格来说，类似地方债项并非国债，不应同列在整理范围之内，并举出实例。其贷方几乎全部属于日本的银行，甚或个人出面贷与江西等地方当局或企业的债项。财政整理会开始未把这类债项置于视野之内，既提了出来，答以"实力调查"①，实则倾向于也视同国债且先作番整理，待后再予处置。至于与我国拟整理的借款有关各国，早在全国财政讨论委员会处于停顿状态中，先于外交部要求各该国驻华公使转饬有关债权方按一定格式填报前，已在行动了。因此，法、英、日、美四国公使馆各制各自的报表，于1923年3月先后向外交部送达节略，要求转咨财政、交通两部，对"未能偿还其所欠各国债权人的债项给予郑重注意"。②

　　国际银团成员财团在华代表于5月23日电致伦敦执行委员会，要求定于28日举行的巴黎会议上，考虑中国长期混乱的局面，严重危害每一个外国财团在华的利益，提议值得一试由外人进行干涉的一些变通方式。并建议各自本国政府可以把国际银团

————————

　　①　《财政整理会呈总统文稿》，1924年3月29日，财政科学研究所、中国第二历史档案馆编：《民国外债档案史料》第1卷，中国档案出版社1991年版，第345—355页。

　　②　《财政部致全国财政讨论委员会函》，1923年1月25日，财政科学研究所、中国第二历史档案馆编：《民国外债档案史料》第1卷，第307页。

作为它们的一个工具，利用中国政府重申整理外债的机会提出要求：（1）在整理债务的同时，制定条例，由审计院审核中央政府的预算；（2）改革中国铁路管理局，将主要铁路置于外人的有效管理之下，并由外籍监督员管理下的铁路警察保护铁路；（3）成立由外籍监督员管理下的特别警察，阻止食盐走私和保护盐税。① 伦敦复电同意，并通报了国际银团（总部）所获悉的一些信息和打算，在适当时机，有关各国公使会列举与各该国公民的有关债务，然后进一步要求中国政府提供情况，在审核中国债务和制订整理债务计划时，我们的目标首先是最大限度地使现有的担保资源能够得到改善和加强。另外，再次提及鉴于铁路本身将是一项巨大的担保资源，当趁此有利时机，坚持对目前没有监督或监督不够的那些铁路进行适当的监督。②

北京的公使团对财政整理会经过一时静观，到 1923 年 12 月，照会我国政府，施加压力，示意称："中国政府不注意于外债之整理，致中国政府之信用在各国金融市场中顿形低落。公使为维护本国债权，深盼中国从速整理外债，以维持信用。""今值关税实现值百抽五改定税则实施之机会，关税有增加之希望，应由中国政府以增加后之关税作为整理外债之用。"③

财政整理会旋制订整理内外债办法，并呈报临时执政府认可，其涉及外债的是：（1）整理对象为中国中央政府所实欠的全部无确实担保的对外债项；（2）债务的整理在关税未能自主前的过渡期内，以其附加税每年收入的确定部分作担保，实行关税自主后

---

① 《四国银团驻北京代表与伦敦来往电》，1923 年 5 月 23 日、6 月 6 日，中国人民银行金融研究所编：《美国花旗银行在华史料》，中国金融出版社 1990 年版，第 326—327 页。

② 《四国银团驻北京代表与伦敦来往电》，1923 年 5 月 23 日、6 月 6 日，中国人民银行金融研究所编：《美国花旗银行在华史料》，第 326—327 页。

③ 周超：《关于整理内外债条陈》，1924 年 3 月 17 日；《财政部致全国财政讨论委员会函》，1923 年 1 月 25 日，财政科学研究所、中国第二历史档案馆编：《民国外债档案史料》第 1 卷，中国档案出版社 1991 年版，第 157—158 页。

则由关税收入中每年提出的一确定数目作为担保；（3）对列作整理项目的债项其原条件与其债额，在整理之前作番公平调酌，以便平等对待；（4）每笔债款经调酌整理后，换给以同种货币、同一数额的整理债券，收回原有债券、合同等作为无效；（5）整理债券的利率及还本付息办法，应在上列第二项原则范围内设定，并酌留余地，以期确能照行。[①]

上述办法（1），又细别为五类：①财政部直接订借并经过外交部正式照会关系国公使备案的债务；②中央机关订借并经财政部承认偿还的债务；③原订借款的中央机关已不复存在或停止营业无从索偿；④外国政府或私人的赔偿要求，于某日以前提出，并经外交、财政两部正式承认的；⑤交通部及其附属机关之无担保或无确实担保的债务，经中国政府认定不能以其收入整理的债项，但此类债额，不得超过 25000 万元的数额。[②]

财政整理会设想：所有经过整理债项的原合同、函件、凭证、债券及其他有关本息担保的文件，与相关或相因而生的政治经济利益的条款，概归无效；对新发行的债券，31 年期内予以清偿完毕。[③]

财政整理会在追加以执行整理的使命后，认识到为完成这一使命，其先决条件在于是否有确足的偿债基金，否则，势必陷于徒托空言。1925 年 8—9 月，北洋政府由外交部先后三次致通牒给参加华盛顿会议除本国外的美、英、法、日、意、比、荷、葡八国驻华使馆，邀请参加定于是年 10 月 26 日在北京举行的关税特

---

① 财政整理会编：《整理债券案进行概要》之四，财政科学研究所、中国第二历史档案馆编：《民国外债档案史料》第 1 卷，中国档案出版社 1991 年版，第 45—51、451—453、548 页。

② 财政整理会编：《整理债券案进行概要》之四，财政科学研究所、中国第二历史档案馆编：《民国外债档案史料》第 1 卷，第 45—51、451—453、548 页。

③ 财政整理会编：《整理债券案进行概要》之四，财政科学研究所、中国第二历史档案馆编：《民国外债档案史料》第 1 卷，第 45—51、451—453、548 页。

别会议，以完成华盛顿会议《关于中国关税税则》该完成而尚未完成的事宜。届时他们应邀参加了，出席的还有未参加华盛顿会议而同受邀请的荷兰等国。

我国为此会议准备议程三项：关税自主、过渡时期临时办法和有关事项如关税存放办法。在会议中，英国公使麻克类提议应整理债务及支配附加税款等问题；日本公使芳泽谦吉声称：关税的二五附加若实行，主张立即整理一切无确实担保之债务，并强调日本为主要债权之国，其意在言外；英国则主张分别整理，即按各种材料借款、铁道借款及其他借款和各项政治借款等分类按序地整理。

会议期间，财政整理会会长颜惠庆于 1926 年 2 月 6 日致内阁总理许世英函中称："关税会议正在进行，实因各国单内列有久未决定办法成为悬案者。彼此主张各异，遂致债额迥不相同。""数目既有参差，办法即难着手，似宜及早解决，俾债额得有确数，斯整理可定范围。"许世英将颜惠庆函批交财政部处理，财政部函致财政整理会，认为"似应缜密讨论，贵会必多卓见"[1]，独缺它自己的主张。

关税特别会议对包括整理债务议题在内的所有问题，相互间"接洽无虚日，而争议纷纷"，"综其结果，即只得概括之范围"，"少具体的决定"。持续到次年 4 月中旬，在北洋政局发生突变（临时执政被罢黜避居天津，国务总理颜惠庆暂行摄政）的情况下，与会的各国代表先于 6 月 10 日在荷兰使馆会议中通过英国公使的先行宣告停止会议的提议，继于 7 月 3 日自行发表停会声明："至中国政府全权代表得列席会议与各国代表共同讨论各项问

---

① 财政整理会编：《整理债券案进行概要》之四，财政科学研究所、中国第二历史档案馆编：《民国外债档案史料》第 1 卷，中国档案出版社 1991 年版，第 45—51、451—453、548 页。

题时"再进行会务。① 北洋政府发起召开的这次会议，终由驻京各国公使的这一声明，以流会而戛然终止；对无确实担保外债的整理，随着顿成泡影。

财政整理会的工作人员面对款目纷繁的债案，经过爬梳，大体编制成表 11-3 和表 11-4，备资参考。

表 11-3　　　　　　财政部无确实担保外债基金欠量（1925 年）

单位：万元

国别	我国计算数
美国	3452
比利时	51
丹麦	33
法国	123
英国	4068
意大利	7196
日本	25499
荷兰	109
挪威	—
瑞典	0.7
总计	40531.7

资料来源：财政整理会编印：《财政部无确实担保各项外债说明书》，1927 年再版本，第 15—16 页。

表 11-4　　　　　　交通部经营各项对外债款欠量（1924 年）

单位：万元

项目	数量
部欠债款	280

---

① 陈诗启：《中国近代海关史》，人民出版社 2002 年版，第 135—136 页。

续表

项目		数量
路政债款	正式发行债票借款	37799
	材料债款	4450
	各种短期垫借款	9841
	小计	52090
电政债款	电报	2097
	电话	1917
	无线电	227
	小计	4241
总计		56611

资料来源：据财政整理会编印《交通部经管各项债款说明书》，第二、三、四编所记数字改制。

第十二章　国民政府的整理外债[①]

　　早在 1924 年 1 月中国国民党第一次全国代表大会宣言中就如何处理当年国家积欠未偿的外债宣布三原则：（1）所欠外债，当在使中国政治上、实业上不受损失之范围内，保证并偿还之（第四条）；（2）中国境内不负责任之政府，如贿选、僭窃之北京政府，其借外债非以增进人民幸福乃为维持军阀之地位，俾得行使贿买、侵吞、盗用等债款，中国人民不负偿还之责任（第六条）；（3）召集各省职业团体（银行界、商界等）、社会团体（教育机关等）组织会议，筹备偿还外债之方法以求脱离困顿于债务而陷于国际半殖民地之地位（第七条）。[②] 国民党以 1927 年 4 月建都于南京开始其当国执政的次年 6 月，由国民政府据其对北洋政府已以北伐军进入北京而瓦解的形势，宣布统一告成。国民政府为巩固新夺取的政权，面对匮乏极致的财政，谋求减轻年须清偿巨额债务，以缓解当前的急难，更期盼能借债信的渐趋恢复，进而为实业建设利用外资创设条件，将整理外债取作财政方面的一项要政。1929 年 1 月，国民政府国务会议决议将整理外债付诸行动，

---

　　① 当年国债整理对象包括内外债，所形成的文书往往内外债并称，引文照录原文中带有内债字样，实则本章所记只限于外债。

　　② 荣孟源、孙彩霞编：《中国国民党历次代表大会及中央全会资料》，光明日报出版社 1985 年版，第 20 页。

在从这时起持续到 1937 年 7 月抗日战争爆发而中止的时期内，为整理外债制定了一系列原则、方针并部署了工作进程。同时，在基本上取得债权国的配合下，完成着须整理债项总量的绝大部分，并渐次出现有益于举借新债的一些积极效应。

第一节　整理外债的决策及其特设机构和工作部署

国民政府宣布"统一告成"不久，即分别在上海、南京两地先后召开全国经济会议和全国财政会议，紧接着采纳财政部和国府外交委员会的建议，决定整理外债，并特设专职机构部署整理工作的展开。

一　整理外债决策的确定和整理的原则方针

国民政府邀请商界、金融界知名人士和专家、学者，还有政府部门有关职官于 1928 年 6 月和 7 月先后出席全国经济会议与全国财政会议，要求整理外债成为此两会共有的一种强烈呼声。两会结束后，财政部设想举借国债以期能周转有资；并本着它的理念认为，首先须维持债信而向行政院建议：对"向极紊乱"的外债，应按国民党的既定政纲，即上引宣言的三原则予以处置。① 外交委员会与财政部具有同感，就国家历年所负为数不赀的内外公债，向国府建议："际此训政肇始，亟应调查性质，设法清理，以固计政而维国权。"它力陈为举借新债，须通过整理旧债以恢复债信，其与愿于贷与者关系尤为重要。它认为如能每年由关税新收

---

① 财政部：《财政整理大纲　经济政策》，《国民政府财政部档案》（三）②2848，中国第二历史档案馆藏。

项下提出 500 万元为整理债务之用，即可着手此项工作。①

　　1929 年 1 月 4 日，国民政府听取、采纳上述呼声和建议，在它的第十四次国务会议上议决：以每年关税新收项下提出 500 万元为整理内外债之用，并特设一委员会专司其事。这个决议，18 日由外交部照会英、美、法、比、意、荷、丹各国驻华使馆通报周知②，标志着整理外债开始付诸实施。

　　1929 年 7 月，在国民党中央执行委员会会议上，委员、立法院长胡汉民在一件题为《整理公债标准（草案）》的文件中专指外债列举五条，除第一条、第二条照录国民党 1924 年宣言中所引的第四条、第六条外，分别是："三、凡有确实担保，应予照常办理；唯以前所订合同如有干涉行政之条款，应即取消；四、凡原有确实担保的实业借款，其因历年政治关系营业不振以致本息欠付或无着落者，政府应即设法恢复其营业能力，俾得继续担任其债务；其以实业借款为名，而滥作他用之借款，应查明剔除；五、凡应予整理的无确实担保的对外借款作整个审查，经审查认为正当者，应予分别整理偿还，否则概予据理拒绝偿还。"③

　　中央执行委员会秘书处将该《整理公债标准（草案）》送达行政院，该院发交外交等部征求意见。外交部对《整理公债标准（草案）》第三、第四和第五三项基本同意，对前两条的含义认为，党的宣言与政府的政策有别，这两条所涉及的债项虽可否认，但从严格的法律眼光观之，政府的偿还义务势难完全卸免。继而揭出北洋政府筹措外债行为，在举借之时，借款名义类颇正大，

---

　　①　《国民政府文官处 1929 年 1 月 7 日致行政院函》，附：《外交委员会提案》，财政科学研究所、中国第二历史档案馆编：《民国外债档案史料》第 2 卷，中国档案出版社 1991 年版，第 32—33 页。

　　②　《外交部 1929 年 1 月 18 日至各国驻华使节照会（抄稿）》，《国民政府财政部档案》（三）②2848，中国第二历史档案馆藏。

　　③　胡汉民：《整理公债标准（密件）》，《国民政府财政部档案》（三）②4542，中国第二历史档案馆藏。

事实则远不是这么一回事。考虑到借款之事后变更用途，如何运用，原属完全为内部行政问题，贷方本可不问，否则，反蹈干涉行政之嫌。它认为，"与其从用途上研究承认与否，不如从手续方面断定去留"。若"借款手续不备，或几近私相授受"，"则在法律上可认为不成立，自当拒绝偿付"。①

行政院采纳外交部的意见，此后，对中国国民党第一次全国代表大会对外政策第四条、第六条特别是第六条所实指的债案也就是习称为"西原借款"为重点的系列日债，一般都从这一视角来看待。

过后一年，国务会议针对整理中日债务议决："应切实注意本党对外政策第四条、第六条规定，遵照办理。"但财政部后又认为，该据此精神灵活运用，酌核办理可也。②

外交部在审核上述《整理公债标准（草案）》之余，提议并获行政院同意，确定整理债务的原则：（1）凡有确实担保而向来还本付息有着的内外债，应予照常继续办理；（2）内外债整理应取同一标准；（3）凡无确实担保的内外债除手续不完备或几近私相授受者外，应予分别整理偿还；（4）凡应予整理之无确实担保的内外债应一律平等整理，不得歧异；（5）凡应予整理之无确实担保的债务应归并为一案办理，其还本付息办法斟酌我国经济、财政情况及各债内容重新另订。③

整理外债既规定了基本原则，如何进行？最初设想由我国制订一个通盘解决方案，召开债权人会议来议定。财政部长宋子文

---

① 《外交部对〈整理公债标准〉的意见》，1929 年 7 月，财政科学研究所、中国第二历史档案馆编：《民国外债档案史料》第 2 卷，中国档案出版社 1991 年版，第 76—78 页。

② 《财政部致财政整理会函》，1930 年 9 月 3 日，《财政部档案》（三）②4521，中国第二历史档案馆藏。

③ 《外交部对〈整理公债标准〉的意见》，1929 年 7 月，财政科学研究所、中国第二历史档案馆编：《民国外债档案史料》第 2 卷，中国档案出版社 1991 年版，第 78—79 页。

1930 年 3 月 21 日发表的谈话说明了这一点：中国政府对整理、清偿外债这个"极为重要"的问题，正在加紧研究，制订一个总的方案，并按这个方案进行整理；除非是在这一方案的基础上进行，不打算跟个别债权人或个别政府打交道。[①] 但是，这个方针在日后所召开的债权人会议遭到挫折；"九·一八"事变后，日本亡我之心不死，中日关系日趋严峻，更失去贯彻执行的可能，结合现实情况的变动，到 1934 年，终于扬弃了这一方针而改定为与各该债权方分别整理。

1932 年 11 月，我国出席日内瓦国际联盟大会代表颜惠庆、顾维钧、郭泰祺就接触所及报告外交部："各国对我虽多具好感，而内部袒日分子从中作梗，尤以英、美、法、比金融界及在华投资受损或持有无确实担保债票者为甚。""彼等立论以日本能维持秩序、尊重债务，易与经济合作，故主协之，冀收旧债，投新资。"又："闻（东北地区）伪组织现已进行整理东北外债以期博得彼辈同情。"这三人建议：对整理外债，我方须有具体办法以资应付，非空言所能收效。又道：国家的改造头绪纷繁，非短期内所能决定，似可从整理外债着手，与各国债权者进行商议，清旧债以复信用，投新资以助建设。借此作釜底抽薪之计，以转移一般袒日空气。外交部长罗文干认为，所陈颇有见地，转呈行政院。[②] 这对限于时势，致一度陷入停顿的整理外债工作，起了推动作用。

1932 年、1933 年，铁道、交通、财政三部各把整理债务计划、方案呈报行政院，兼就其研究所得提出一些建议，这些建议经行政院于 1934 年第 157 次会议议决做成密令实行。（1）待整理的外债其数小而毫无问题者应不待交涉，即时开始偿还；（2）其

---

① ［美］阿瑟·恩·杨格：《1927—1937 年中国财政经济情况》，陈泽宪、陈霞飞译，中国社会科学出版社 1981 年版，第 129 页。

② 《行政院秘书处 1932 年 11 月 10 日致铁道部函并附件》，财政科学研究所、中国第二历史档案馆编：《民国外债档案史料》第 2 卷，中国档案出版社 1991 年版，第 107—108 页。

数大而无问题者即予承认，商议偿还办法；（3）其有问题者另行交涉。①

过后一月，行政院于 5 月 25 日又密令财政、铁道、交通三部：（1）北洋政府于 1925 年关税会议承认整理的债务，由财政部继续承认整理；（2）各债权人开送的账单中关于地方和各机关的债务、欠薪、赔偿损失等项，由各省、各机关自行拟定清理办法；（3）铁道、交通两部所表列的债务已确定整理办法的仍照该办法办理；（4）该两部所列债务间有还本付息虽不能按照合同履行，但尚有相当担保，则在未有根本解决办法前，由铁道、交通两部会同财政部商议整理办法。②

所有这些，构成整理原则的补充。

约略与此同时，军事委员会参谋本部国防设计委员会③于 1934 年 5 月庐山会议通过的一个重要提案——《巩固对外信用利用外资案》——中力陈应财力所及尽先整理外债，恢复对外信用，以利外资输入为主旨："目前虽不能希望国外资本的输入，然政府若能逐渐恢复对外信用，则将来世界经济恢复之后，或有望能输入大宗外资"；"今日乃各个债务国对于债务均不甚顾全信用之时"，我国能于"此时与谈整理，必可条件优越，或可多得利益"。提案中主张就债务性质分门别类，区别对待。其用之于已成事业如已成铁路的借款等，列入第一类优先整理；其债款虽未用之于事业，而名义备作建设之用，列于第二类；至于完全政治借款性质，列于最后④，行政院即令该三部遵照执行。

①　财政部财政年鉴编纂处编纂：《财政年鉴》下，商务印书馆 1935 年版，第 1488 页。

②　财政部财政年鉴编纂处编纂：《财政年鉴》下，第 1488 页。

③　这个"国防"是广义的，所要涉及的业务，包括军事、国际关系、教育文化、财政经济、交通运输、土地粮食、原料制造、专门人才调查等方面。钱昌照：《国民党政府资源委员会始末》，参见全国政协文史资料研究委员会工商经济组编《回忆国民党政府资源委员会》，中国文史出版社 1988 年版，第 2—3 页。

④　《国防设计委员会致国民政府文官处密函》，1934 年 9 月 18 日，郑会欣：《改革与困扰：三十年代国民政府的尝试》，香港教育图书公司，1998 年，第 70 页。

10 月 26 日，国防会议通过提案：（1）督促财政部整理内外债委员会就英、美债务等切实拟议整理办法；（2）属于交通事业影响国际之债务由本协议下次决定办法，届时财政、铁道、交通三部部长出席；如部长因事不能出席，可指定次长一人代表列席。至此，国民政府对整理外债在制定了系列原则、确定方针之余，把工作重心转移于督促实施。

二　整理内外债委员会及其工作部署

国民政府为整理外债，决定特设一个委员会专司其事。它在批准财政部起草，于 1929 年 1 月 24 日上呈行政院的组织章程中规定：该委员会名作整理内外债委员会，为政府审核关于无确实担保的内外债并研究清算及整理办法的特设机关，其组成设委员 7 人，以行政、监察两院院长和外交、实业、铁道、交通、财政五部部长充任。委员长由委员互选推定；委员会设专门委员若干人，由委员会对政府中职务上与国债有特殊关系者和民间具有财政专门学识及经验者，遴选、聘任或委派之。本会得选聘中外财政专家充任顾问、咨议，以备咨询。委员会设秘书长 1 人，由委员长于专门委员中遴选兼任。次年 12 月，人事方面有所修改，委员会改由 7—9 人组成，其中以 1 人为委员长[①]，这个委员长遂由众委员互推改为由行政院长派定。

委员会的组成基本上按章程行事。历任委员长依次为谭延闿、王宠惠、汪精卫和孔祥熙。其中，王氏其时现职为司法院长，谭、汪两人先后皆为行政院长，孔则时为行政院副院长而由院长蒋中正特派。委员人选除如章程所列由在任的与外债有关各部部长充任外，偶有例外，如张学良、叶楚伧等人一度也是委员。至于备

---

① 《财政部 1929 年 1 月 24 日呈行政院稿》附：《国民政府整理内外债委员会章程》，1930 年 12 月修正，《财政部档案》（二十五）13192；又，（三）4764，中国第二历史档案馆藏。

咨询的顾问，迟至 1934 年 11 月才行设置，借以增强该委员会的整理、设计能力。

整理内外债委员会秉承府、院的政令和制定的整理原则、方针，部署工作。它的行动主要体现于 1929—1937 年八年多时间里的七次会议以及与有关部门的文书来往中。这里以历次会议记录①为主，就它议决事项择要依次简述如下：

第一次会议于 1929 年 7 月 26 日召开，除了议决各委员的分工和工作规则外，规定中央各部院债务由本委员会计划整理；各省区债务及非债务之数目，如损失赔偿等项，另案办理。整理债务基金由本委员会负责管理。

第二次会议于同年 11 月 13 日举行。为谋贯彻通盘整理方针，议决召开债权代表会议，规定会议的形式为圆桌会议，同时接谈，应有记录但不发表，在会后发一则新闻。

这次会议通过一份准备提交债权代表会议的《节略》，实即上文提到的通盘解决方案。按英文中译题为《无约束力的试行计划》，计十条，除了专指内债的，有如下八条：（1）极欲将还本付息衍期的与外国正当签订的各项债务，早日为之整理清楚。（2）此时应先将整理范围以内应付款项的来源、数目及其年限首先议定。（3）清偿基金指定海关税收及铁路收入两种，但英法借款、克利斯浦借款及湖广铁路借款的一部分仍由盐税项下清还。（4）愿于海关税收内每年划出一定数目，并将此数目嗣后逐渐增加。至于详细数字，待提出方案经各国赞同后再行定议。（5）铁路各债，凡各该线路恢复原状加以整顿其能力足以还本付息的，仍由各该路自行清偿，但为减轻铁路现时沉重的债务负担，拟于上述海关税收划出的年款内，指定部分专为整理铁路债务用。（6）交通部经管的还本付息衍期的债务，拟于海关税收划出的年

---

① 财政科学研究所、中国第二历史档案馆编：《民国外债档案史料》第 2 卷，中国档案出版社 1991 年版，第 35—41 页。下文中凡引自该记录的，不再一一加注。

款内指定部分来整理。（7）对从海关税收划出款项详细办法，拟于本节略的原则经同意后，再议详细支配办法。拟划出的年款以1960 年为终了期。（8）中国政府愿以海关税收划出的年款作担保，发行债票。中国政府为履行建设事业，拟于海关税收现有担负之后划出年款之前，保留一定数目以应急需。①

债权人会议旋于 11 月 15 日举行，有比、法、英、意、日、荷、美七国驻华使馆官员代表各该国债权者出席。他们却撇开《节略》，各自提出自己的要求和主张，致众说纷纭，失去一个会议中心以致没有取得任何结果，最终使会议事实归于失败。见于会后发交媒体报道意含遗憾的修辞则是：“中国政府极愿筹一债权、债务双方认为公正方案以解决债务，希望讨论顺利，早日得有结果，奈兹事重大，无论何种解决方案均须呈请政府……正式核准方生效力。”作为这次会议的总结。

与召开债权人代表会议失败有关，该委员会于会后与有关各国人士做了非正式接洽工作。在 1931 年 2 月 13 日的第三次会议上，除了听取秘书长口头报告非正式接洽经过外，决议进一步进行；设想再开一次债权人代表会议，时间定在海关可拨整理债务的基金核算精确制表送会后再行举行。不过，准备再次召开的债权人代表会议事实上并未举行，也未再提起。

1931 年 3 月 6 日、18 日，整理内外债委员会接连召开第四次、第五次会议。6 日会议中议决：应德国使馆要求，邀请德国使馆于下次列席各国债权人代表会议，并暂行接受德国债务账册代向各关系部、院核对。不过，由于各国债权人代表会议再未举行，也就迄未发生邀请德方列席的情事。

该委员会根据财政、铁道、实业、交通各部调查“西原借款”订立情形以及对各该部所存起债文件审慎研究结果，在 18 日会议

---

① 财政部财政年鉴编纂处编纂：《财政年鉴》下，商务印书馆 1935 年版，第1486—1487 页。

上议决：日本债务关系复杂，应暂为搁置，并应先与英、美、意、法各债权国或债权人讨论整理办法。又议决：所有外债利息均应于起债时按单利一、二厘计算，不计复利，并部署了整理铁路债务的如下办法：（1）凡各铁路自能担负之债务由各铁路自行清理之；（2）凡向来由盐税偿付的各铁路债务仍由盐税中支付之；（3）凡用铁路名义举借的各政治借款应由财政部负责整理；（4）铁路债务在铁道部无力单独负担的应由财政部尽力协助之。另外，整理交通部旧债的办法应与铁路债务同。

整理外债付诸行动在与债权方洽商中，每因款目繁多、性质复杂、意见各异和希望不同而进展缓慢，特别是从该年起遭到日本连续挑起的"九·一八"事变等陷我蒙受国难的数年间，整理委员会在第五次会议后三年多内未再召开，事实上处于停顿状态。

1934年4月，行政院对整理外债做出新的决定：采取分别整理办法并催促加紧进行，该委员会恢复活动。

1934年11月6日，整理委员会在第六次会议上决议：要求各关系机关按照该委员会所制定的十项内容：（1）债权的国别（如英国、美国）；（2）类别（如交通债务、财政债务、损失赔偿等）；（3）现在履行或不能履行和现已承认或未承认之别；（4）债务性质（如政治的、经济的等）；（5）债形（如债券、国库券及无券等）；（6）债的内容（如欠本、欠息、欠手续费等）；（7）原订担保（或无担保）；（8）债权者之地位（如国家、公司、私人等）；（9）债务者地位（如中央、地方等）；（10）债的内容（如欠本、欠息、欠手续费等）的债务表，重新编制送交该委员会存查。又要求各有关机关切实整理债务，每月将整理计划及在整理中出现的各种情况汇报给该委员会。重申整理债务应以内外债兼顾为原则，并规定：凡外债欠额在1万元以内者，应由各关系机关在6个月内清理之，从而较有力地加速外债的整理进度。

在1937年2月3日第七次会议上听取了财政、交通、铁道三部对近年整理内外债的实况汇报，宣布整理内外债基金至 1936 年年底的结存数目，连利息已有国币 3300 余万元①；做出决定四项，略去属于其中关于内债的一项，分别是：（1）各主管部门对于债务能自行整理者，准其分别自行整理，整理之后报告整理委员会。其无法整理的，由本会研究办理。（2）债务定一最低限度，愿整理者为之整理，以分期还本、不计利息为原则。（3）本年 1 月起，所有整理债务基金 500 万元，储备今后整理之用。②

整理内外债委员会原期以这些决议促进整理工作，并期望能在数年内解决近半个世纪以来一直困扰着中外经济关系中的这个问题。可是，过了不到半年时间，日本帝国主义把侵略战争强加给我国，顿使该委员会整理工作横遭摧折。

整理内外债委员会本身，因工作无法展开而趋向消失状态，到 1942 年，国家岁支中不再列有它的经费，意味着它终被撤销了。

第二节　日本、美国、英国诸国对我国整理外债的反应

当国民政府尚未把整理外债正式提上政事日程，与我国外债有关的各国和国际资本组织，一遇到我国出现在它们认定必将碍及债权者利益的某种事情，便立即以强势姿态谋以先声夺人的声势，左右我国的有关行动。主要事例如财政部继北伐军进入北京

---

① 财政部财政年鉴编纂处编纂：《财政年鉴》下，商务印书馆 1935 年版，第 1489 页。

② 《整理内外债委员会孔祥熙 1937 年 2 月关于该委员会的工作报告》，财政科学研究所、中国第二历史档案馆编：《民国外债档案史料》第 2 卷，中国档案出版社 1991 年版，第 47—48 页。

下令接收时由外籍盐务稽核控制下的长卢盐政，国际银团在北京的代表就函致财政部，指责这一措施"违背借款合同"，耸人听闻地称这是在"完全推翻以盐税作担保的各项外债""断送持券人所应享有的利益"，要求迅速设法"保证有关各项债务按期清偿"。紧接着，英、日两国公使和法国代办，也分别照会外交部，强横要求收回接管长卢盐政成命，恢复盐务稽核总所的职权，否则，将诉诸世界以败坏中国声誉相吓诈。[①] 美国则在事过几个月后由其驻华公使马克谟在致外交部照会里除申明我国对美国债权负有保证偿还的责任外，以不实之词为据，指称中国政府已有声明："海关税收为偿还美债及其他欠款之唯一来源"等。我国有关当局先后做出相应回应，在致英、日、法驻使照会中严正指出："财政部正在南京召开全国财政会议，将设法维持各项内外债务列入议程，注意到以盐税为担保债项的债权人利益，准备与有关债项的债权人代表磋商解决办法。贵使及代办正值我国政府竭力设法维持各项正当债务之际，竟出此无理态度，不胜遗憾。"[②] 拒绝他们先后提出的抗议和指责。后在致美国公使复照里，对来照所云做了实无根据的澄清。这些以及类似回应，才及时平息它们一度掀起的干扰风波。

待外债整理一付诸实施，作为债权人，时有行动的主要是日、美、英三国。它们伴随东亚、中国局势的演变，除了日本，基本上转而采取比较合作的态度，整理外债之能取得一定成果，与英、美两国的乐观其成有关。

---

① 《英日两国公使及法国代办致外交部》，1928年6月28日，财政科学研究所、中国第二历史档案馆编：《民国外债档案史料》第2卷，中国档案出版社1991年版，第220—224页。

② 《外交部致英日两国公使及法国代办》，1928年7月5日，财政科学研究所、中国第二历史档案馆编：《民国外债档案史料》第2卷，第220—221页。

一 日本

日债在待整理的外债中量居次多，债情则最复杂。日本政府熟知第一次世界大战期间勾结北洋政府所形成、被习称为"西原借款"的系列债项等，从一开始即为我国民情舆论所痛击；中国国民党第一次全国代表大会宣言并严正声明，对此类借款"中国人民不负偿还之责任"。1928—1929年，国民政府对整理外债从筹议到决定实施之际，正是中日间展开关于修正关税谈判之时。它谋图将上述系列借款获得事实上的承认，在谈判中横生枝节，要求以我国对之分年摊还定量欠款，作为达成关税协定的条件。它在谈判桌上没有达到自己的目的；当1930年5月6日双方签订《中日关税协定》时，日本驻华代理公使重光葵谋以与我国外交部长王正廷互换照会作为附件[1]，企图借此实现其预期的要求，又未得逞。日本转谋通过媒体假传消息，说是宋子文与日本驻上海总领事矢田七三郎在洽谈中已承认了"西原借款"等，云云，以混淆视听。宋子文不得不通过答记者问予以澄清：此类借款确是中日间一大悬案；我国政府对之始终反对；在这次关税谈判中，日方虽以此相要挟，我方坚决反对，更绝无承认偿还之说。外间所传纯属捕风捉影或别有用心，不足资信。[2]

经过"九·一八"事变，日本对我国整理外债，除对无可争议者外，更是变本加厉，胡言乱语，以行破坏。例如：当国际联盟1932年2月派李顿调查团来华调查"九·一八"事变，路过日本，日本政府抢先向该团报告说是中国所欠日债不得解决构成悬案，是它所以采取这次军事行动的原因之一。它旋在我国东北地区扶植伪满傀儡政权，于次年（1933）8月与之上演了一场解决

---

① 《中日关税协定》，1930年5月6日，附件4，王铁崖编：《中外旧约章汇编》第3册，生活·读书·新知三联书店1957年版。

② 《民众日报》1929年2月2日，上海。

"西原借款"部分涉及东北地区债项的傀儡戏，利用传媒广为宣传，奚落我国政府，以施加压力。继而它声称，不再以中国政府为对手，通过外交途径来解决成为悬案的借贷问题了；转由其大藏省示意其国内有关企业，组成一个说是旨在整理对华债权为目的的团体来同中国解决这个问题，为此它做了一番只能自欺而骗不了人的辩白：如仍由驻华日本使馆办理，则恐牵涉其他问题，致被外国误解，彼此均感不便，云云；实则是日本除蔑视我国政府外，更意图由一个民间团体出面，便于其不择手段地为所欲为强讨硬索。

　　这样一个民间组织，迅即由日本兴业银行、东亚兴业株式会社等20余家组成，名为"对华债权者组合"。1934年年初，这个组合成员的上述银行、会社两家的首脑公森太郎、内田胜司作为代表先到我国驻日使馆递交《对华债权整理理由书》，声称："中国积欠日本各银行、会社债务，至今应付本利约计已达7万万日元。"最近几年中，中国政府屡以关税、盐税为抵，发行内债，以致偿付对外债务的唯一来源日渐减少，故不能不急图整理。继称：今由各债权者代表，纯以私人资格，与中国财政部或财政部所组织的委员会共同磋商一整理办法，确定债务总额及每年拨还数目。[①] 其驻华使馆与相呼应，差遣使馆秘书须磨弥吉郎亲往外交部探询对上述组合在日本所提出的整理要求有何反应。外交次长徐谟严正告之：本部已收到蒋公使（作宾）报告，并将整理债务现正在统盘筹划中告蒋公使。[②] 日本的这个组合则在其政府的纵容下一直为所欲为地活跃着。

　　① 《交通银行三总董与孔祥熙谈话记录》，1933年6月9日，财政科学研究所、中国第二历史档案馆编：《民国外债档案史料》第2卷，中国档案出版社1991年版，第175页。
　　② 《交通银行三总董与孔祥熙谈话记录》1933年6月9日，财政科学研究所、中国第二历史档案馆编：《民国外债档案史料》第2卷，中国档案出版社1991年版，第175页。

二　美国

整理旧债中债权之涉及美国的无论就笔数、债量说都不多，债情也较简单；与之有关，它对我国整理外债一举，并不怎么注意、看重。如 1929 年秋，它在得悉我国的整理内外债委员会准备召开债权人会议，时尚滞留北京的美国公使马克谟训令驻南京领事走访财政部，表示了美政府甚为乐闻，并希望能酌示其他信息；并坦率陈词：美国公使所最注意的是中国政府所欠美国债权人的债款。该部公债司即答以当"尽其所知"奉告。不过，目前尚无所闻，并提醒他现时平（北京）沪各处报章每有误载，多非事实。①

詹森接任公使不久，于 1930 年 4 月照会外交部，重申其前任马克谟的要求，催请我国政府对于美国债权人之权利勿再耽延，要求从速规定保障。②

"九·一八"事变后，美国对我国整理外债一案，态度变得积极起来。詹森于 1933 年 1 月 20 日据美国国务院训令照会外交部称：是时候了，该采取措施，确定及整理欠付美国人民及商业的债务，以增强中国债信。他申述：为公平办事，期望能够从稳定中国财政的愿望的诚意出发，送达题作《中美两国计划中关于相互调查及审议索偿案件专约草案》，并说明此项计划或其他类似性质的计划之施行与否均属次要问题，主要目的是在采取一种可以

① 《外交部关于日本债权人要求整理债务致行政院密呈中引驻日公使蒋作宾报告中语》，1934 年 3 月 5 日并附件；《外交部次长关于整理债务与日本使馆秘书谈话记录》，1934 年 3 月 19 日，财政科学研究所、中国第二历史档案馆编：《民国外债档案史料》第 2 卷，中国档案出版社 1991 年版，第 178—180 页。

② 《美国驻南京领事欧敦司与财政部公债司司长来往函》，1929 年 9 月 9 日、18 日，财政科学研究所、中国第二历史档案馆编：《民国外债档案史料》第 2 卷，中国档案出版社 1991 年版，第 190—191 页。

实行的办法，积极办理本问题，勿再延迟。[①]

　　詹森提交的草案的核心内容有二：（1）中国政府主席与美国总统各派委员一人，再或由海牙国际法院行政部主席指派的第三委员，并作为由此三人组成的委员会主席，依照国际法及正义与公理的原则，确定各项提出之索偿应否判给。（2）在整理中若遇争议不下，采取公断来处理。外交部收后，体察到美国当年正如来照中所述，美国政府不愿使正处在危急时期的中国政府遭受过分的困难，且极欲于可能及适当方面给予援助的善意，着重就其后一建议呈报行政院："目前国家财政艰窘"，"将来公断决定的债务吾方能否悉数履行是个问题，鉴于债务关系究未便置而不问"，"且远东局势日趋紧张，订立中美公断专约解决双方债务借以敦睦邦交而杜纠纷，用意亦颇深远"，但所列种种颇有一些对我不利之处。[②]

　　行政院经院务会议决议，交外交、财政、交通、铁道、军政五部会同审查，并在财政部函请整理内外债委员会派员出席下，经几度讨论，肯定美方的用意为敦睦邦交计，与我国政府初意相符合；但提出的办法不切实际，且对我殊多不利。如我国对美国旧债多系商业性质，解决比较容易；设若他国援例要求，我国势难拒绝。对其他国家的债务中有一部分债务系政治借款，能否承认尚是一个问题。我国整理外债计划，限于中央债务及经中央政府特别允许的各省债务。美方草案所提及的债项类别含糊，设若把各省债务包括在内，则与我既定原则相悖。采取公断办法解决

---

　　① 《外交部咨财政部》，1930年4月29日；《行政院致铁道部训令》，1934年4月6日；《美国驻南京领事欧敦司与财政部公债司司长来往函》，1929年9月9日、18日，财政科学研究所、中国第二历史档案馆编：《民国外债档案史料》第2卷，中国档案出版社1991年版，第192页。

　　② 《中美调查及审议彼此人民债务专约（草案）》，财政科学研究所、中国第二历史档案馆编：《民国外债档案史料》第2卷，中国档案出版社1991年版，第197—200页。

的案例，在他国虽行之有素，根据我国实际情形——对许多国家均负有债务——纵使所选之第三委员对于中、美两国尚无偏倚，很有可能因其本国政府及本国人民对华已有债权，其主张恐不免偏袒债权方面而不利于我而碍难接受。①

次年 3 月，外交部收到詹森解决债务公断催请，于 4 月 14 日复称："中国政府无时不忆及其对于外国债权人所负之责任，且并无不顾对外之合法金钱债业之意"；"深悉美方提议所要求的是对现有债务的最后偿还"，而不必立即偿还。而中国政府作此偿还计划，必须对税收、国内经济状况、积欠各国债务总量暨其他重要问题均须一一顾及。实因这个问题为国际问题之一，不能专从严格的法律方面着想，因此，对美国政府所拟提付公断办法殊无必要。② 美方此后也不再坚持公断要求。

4 月 15 日，外交部等五部部长会议上议决：美方的债案经审核若无问题者应设法清偿，其有问题者如美方坚持公断办法，亦可赞成。③ 这则属于我方的灵活掌握，日后事实则始终没有采取过公断这一办法。

中、美间经过此番外交往来，美国谅解中国方面的困难，一时不再催促中国清理积欠美国的债务。

三　英国

我国政府既决定整理外债，英国密切关注着。财政部 1928 年度（1928 年 7 月至 1929 年 6 月）的财政报告，英国公使蓝浦森于

① 《外交等五部呈行政院》，1933 年 7 月 6 日，财政科学研究所、中国第二历史档案馆编：《民国外债档案史料》第 2 卷，中国档案出版社 1991 年版，第 208—210 页。

② 《外交等五部呈行政院》，1933 年 7 月 6 日，财政科学研究所、中国第二历史档案馆编：《民国外债档案史料》第 2 卷，中国档案出版社 1991 年版，第 208—210 页。

③ 《外交等五部关于处理对美债务议决案》，1934 年 4 月 17 日，财政科学研究所、中国第二历史档案馆编：《民国外债档案史料》第 2 卷，中国档案出版社 1991 年版，第 215 页。

1930 年 4 月照会外交部除称道该报告敷陈精彩，殊堪钦佩以示好外，转以我国将把所有海关收入几乎完全留为国内公债之担保为不当，认为这对于外国持票者及其他债权人本应尽先付款之索欠案置之不顾，不能不惹起非议，令人猜疑贵国政府对于外债并不认真从事整理，于中国在海外之信用亦有影响。蓝浦森表示："对于中国政府之困难固甚谅解，但为求外国债权人免遭不公允的对待"，"不能不请迅采具体可行办法以资补救"。① 外交部复照给予解释、澄清，英方也不再作干预；在行动上，则采取协作态度，如应整理内外债委员会的要求，先提供中国所欠英人债项的清单，继在发现所开额数或有短少，或债务数额有欠确切，或尚处于调查之中，都一一做了补充或说明。

时越三四年，在东亚局势剧变中，英国为谋维护进而重振其在东亚、在中国的影响和势力，希望能为其遭到世界经济大危机、长期萧条后在经济上开拓一条出路，增强对中国的商品、资本的输出，以派遣其财政部首席顾问李滋罗斯来华帮助国民政府实施币制改革为契机，对我国整理外债一举采取积极促进态度，并以李滋罗斯的言行表现了出来。例如，当中国政府宣布币制改革的第二天（1935 年 11 月 4 日），他致函财政部长孔祥熙：中国举借新债的先决条件是整理积欠的旧债，这个问题不解决，必致极大地影响中国的信用。在问询中国有无切实办法迅速予以解决之余，他据其所知指出，津浦铁路每年盈余三四百万元，为什么不以此偿付外债。又进一言：中国新的借款势将决定于整理外债一举能否有成，以相敦促。李滋罗斯除了出主意，提建议，在认为有必要，如在整理津浦路债时，且亲自介入，从中斡旋，促使其整理有成。

---

① 《外交部 1930 年 4 月 29 日咨财政部》附：《英国公使蓝浦森致外交部长王正廷照会》，财政科学研究所、中国第二历史档案馆编：《民国外债档案史料》第 2 卷，中国档案出版社 1991 年版，第 225—226 页。

第三节　外债的整理实际

整理外债既以无确实担保的债项为对象，财政部对有确实担保的，即以盐关两税担保的则以声明公告中外：盐税担保的外债照旧按期还本付息，则意味着与之类似的以关税担保的外债同此办理。另外，对有确实担保的外债经审查尚未到期的计有 6 笔：1895 年的 36 年期俄法借款、1896 年的 36 年期英德借款①、1898 年的 45 年期英德续借款、1908 年的 30 年期英法借款（原名汇丰、汇理借款）、1912 年的 40 年期克利斯浦借款和 1913 年的 47 年期善后借款。这 6 笔在整理前的到期本息，总的来说，都如数付清，只有英法借款、克利斯浦借款两笔，偶有两三期利息衍期未付，或本利俱有衍欠。财政部为提高国际信用起见，于该年 9 月，主动清理，或一次补付清楚，或次第付讫。

整理对象中的外债，就笔数来说，总计约 200 笔；就数量来说，不同部门（如交通、财政、铁道等部门）在不同年份的估计时有参差，大抵超过当年国币十亿元。② 这些债务构成，除了订立合同的借款，还有购买机械设备价款的欠额（如 1919 年丹商文德公司巩县兵工厂欠款）、国库券（如 1923 年青岛公产及盐业偿价日金库券）、赔款（如 1921 年湖南醴陵美教会赔偿费）、外国政府代垫费（如 1919 年荷政府代垫遣返德、奥侨民款）、对聘用外籍人员的欠薪以及积欠国际组织（国际联盟）的付费，等等。混成

① 这两笔借款成立于第一次世界大战前，大战期间都曾停付，以此到期年月都后于约定的岁月。

② 财政部财政年鉴编纂处编纂：《财政年鉴》下，商务印书馆 1935 年版，第 1488 页。本节按国币计的数量，既有估计，更有不同的外币按经常变动不定的汇率折合，是近似数。

一团的债务性质分歧，债情复杂，作为国家的债务则一。截至北洋政府被推翻时，我国外债向由财政、交通两部经管。国民政府新设铁道部，接管了原由交通部所经管的涉及铁路债务的部分。依据整理内外债委员会规定，由各关系机关分别整理的部署，由财政、铁道、交通三部切实整理。铁道部整理的笔数最多，次为财政部，两者相加略超过总量的 3/4，剩下的由交通部整理。按债量计，财政部整理的约计 4 亿元，铁道部 6 亿元，交通部不到 1 亿元。

整理外债实况按财政、交通、铁道三部顺序，叙述如下：

一　财政部整理的债项

财政部认定外债的整理不能建立于理想之上，必求其能够实行。整理的金额须与可资指定的财源相适应。整理首须确定债款总额，继则考虑每年确能照付的基金数量，然后再定利率和期限。期限过长则付利太高，过短则财源不济。利率须视借期之为 3 年、7 年、10 年的不同，分别拟定为 3%、4% 和 5%。所有这些，首先必须作番通盘筹议。[①]

财政部的整理，首先是从债情清楚、数额零细的入手。经完成整理的，有外交部驻外各使馆积欠各国政府和银行共计银 400 余万元的借、欠之款，于 1929 年 8 月整理清讫，分年偿还。陆军大学积欠日籍教官七员共 2.6 万余元，经整理于 1932 年 2 月全数还清。对留学于美国哥伦比亚大学官费生所欠之学费 2000 余美元，经整理核定折合国币为 7900 余元，于 1933 年 8 月全数还清。北洋政府于 1920 年、1921 年先后向美京、孟赛两家银行为资助留美学生费用借款共 8 万美元，连本带息共计 10.9 万余美元，折合银近 36 万元，从 1933 年 7 月起，分 6 个月全数偿讫。驻比利时使

---

① 财政部公债司：《整理无确实担保外债意见书》，1934 年 2 月 27 日，财政科学研究所、中国第二历史档案馆编：《民国外债档案史料》第 2 卷，中国档案出版社 1991 年版，第 122—126 页。

馆以留比学生学费无着，1922 年 2 月向华比银行商借 1 万比法郎，年息 8%，期限半年，迄未偿还。1934 年 11 月，据该行抄送账单，结至 9 月 20 日共欠本息 1.9 万余比法郎，经查实于 11 月全数还清。其他如驻德使馆为接济留德学生学费于 20 世纪 20 年代前期向柏林德华银行先后借款 4 次，也都同上述类此债项办理。汉口造币厂欠付英商顺昌洋行煤价款洋例银 3146 两，经英国公使函称："该商年老窘甚，恳先筹还。"财政部与之商定以降低利率、减让部分利息作为净欠本银 7 万元于 1934 年 12 月一次清讫。①

其次是整理量较大的债项。北洋政府财政部 1919 年 11 月 1 日与芝加哥大陆商业银行订立年息 6%、两年期的 550 万美元的借款（习称"芝加哥银行借款"），规定年付利息两次，事实则只付过三次，最后一次还是由该行代垫。1935 年 11 月 22 日，我驻美大使施肇基受命发表声明：如果美方原则上同意展缓期限，中国将具体建议这一借款与太平洋拓业公司借款一并整理。美国国务院于 8 月 19 日做出愿意有条件展期的声明，并要求对债权人利益给予切实保证。美国持券人协会代表司怀德向我驻美公使馆提交整理方案，我方提出对案。双方往返磋商为时年余，于 1937 年 4 月 12 日议定整理前一借款办法，本金仍以 550 万美元计，借期改定 18 年，利息前三年按 2.5%，后 15 年按 5% 计，以盐税担保。至于 1919 年 11 月 26 日太平洋拓业公司借款，当 1937 年财政部长孔祥熙访美时，美国摩根公司代表拉门德以持券人协会代表名义要求整理。我方鉴于该公司实交 500.5 万美元，并将所领库券全数向 28 家银行押借 490 万元，自垫只 10.5 万美元，该公司早已破产，其自垫部分冲销。承认其他银行的押借部分于该年 7 月 1 日宣布整理结果：借款量定为 490 万美元，照数换发 18 年期的新债票，所有积欠利息一概免除。往后，改定年利率从 2% 起，年增

① 财政部财政年鉴编纂处编纂：《财政年鉴》下，商务印书馆 1935 年版，第 1489—1493 页。

0.5%增至 4%止。新债票规定在 1942—1954 年间逐年抽签还本一次，由盐余项支拨清偿，并即付诸实施。[①]

再次是对债情比较简单的债务，经债权方要求，认定了衍期未还之数，与之商定或减或免利息的整理。如北洋政府于 1918 年 8 月、1919 年 10 月先向英商费克司公司订购飞机，后为设置无线电话向英商马可尼无线电话有限公司订购器材等欠付的价款转成的借款 60 万英镑和 180.32 万英镑各 1 笔。两项借款的持券人推举代表于 1936 年来华催索本息，财政部调阅旧卷查明属实，于该年 6 月底与之达成整理办法：（1）将此两借款合并，本金 240.32 万英镑从 1949 年 6 月 30 日起开始还本，到 1975 年还清。（2）1936 年 6 月 30 日前积欠利息，概行免除。7 月 1 日起，年利率从开始为 1%逐年增加到 1942 年的 3%为止。（3）以盐税余款充作担保。（4）此整理办法由双方同于 10 月 6 日在两国国内登报通告，并于 1937 年 2 月 1 日换发新票付诸实施。

对日债务，我国政府以日方整理中每别提要求，曾以债情复杂，而且成债手续不全、不正的债项，做出暂不整理的决定。至于合乎我整理的原则、方针的，始终整理着。经整理的，有 1935 年日本东亚兴业株式会社和中日实业公司先后函请财政部提前整理华宁公司库券（1916 年）及汉口造币厂购办机器等借款（1919 年）；财政部经与对方磋商，于 1936 年 10 月 25 日和 11 月 24 日先后达成协议：规定前一项欠息全免，原给国库券缴销，另由财政部发给无利国库券，半年一次，分 20 期付清。后一项积欠的息金 262 万余日元，减定为 145 万日元。所有本息从 1936 年 11 月起，每月摊还 1.5 万日元，原垫款合同所订条件一律冲销。

---

① 《拉门德致财政部函》，1937 年 5 月 10 日；《财政部整理太平洋拓业公司借款公告》，1937 年 7 月 14 日；《财政部呈行政院稿》，1937 年 7 月 20 日，财政科学研究所、中国第二历史档案馆编：《民国外债档案史料》第 7 卷，中国档案出版社 1991 年版，第 266—270 页。

此外，财政部与交通部于 1937 年 5 月 31 日会同整理了招商局与汇丰银行于 1924 年 4 月 4 日订立的抵押垫款银 500 万两。这笔以该局历年财力不裕，未能按期偿还。到 1936 年 8 月底，积欠本息计合国币约 1400 万元。这笔借款原属公司债，而且是在商办时期形成的，行政院以 1930 年 10 月 28 日明令招商局收归国营。在汇丰银行的要求下，两部允其所请，与该行会商达成协议，欠款作 1000 万元计，年利率为 4%，由财政部担保八年半内偿清，使这一债项，虽非国债，但成为财政部的一笔担保借款。[①]

二　交通部整理的债项

交通部经管的外债，既有借款，还有垫款、料款以及对曾雇聘之外籍技术人员的欠薪近 20 笔，绝大部分由该部单独订立；其与财政部共同订立的虽都以该部电信事业的产权和营运收益作担保，但实际用途大多为财政及路政所提用，因此与财政部会同整理。

交通部对该整理的债务遵守行政院既定的原则、方针之余，自定细则三点：（1）积欠本利减至一本一利；（2）欠息不再起息，本金以每年单利的 6% 计算，利随本减；（3）先还本金，本金清后再付欠息。

交通部与日本东亚兴业株式会社订立的有线电报工程费垫款 1022 万余日元，结至 1934 年，利息超过本金。该会社代表在催讨中，与之磋商，最后规定改按一本一利计。交通部每月偿付 7 万日元，约 29 年内连本带利予以还清，于同年 11 月 1 日经双方签订协定书，即照约定履行。

1916—1926 年，北洋政府交通部为扩充电话建设，向中日实业公司（包括古河公司及住友、三井等洋行）订立借款、料款合同及期票多种，积欠本利颇多。交通部经与该公司磋商，以延长

---

①　交通部财务司编：《交通部债务汇编》，1943 年 11 月。

清偿期、减少欠息数、降低利率为准则，于 1935 年 1 月 1 日与之签订协定书，将原欠本和息（1528 万日元和 7.29 万余英镑及利息 2196.5 万日元和 4.67 万英镑）减定为共欠本金、利息各为 1632 万日元（折合国币为 1465 万元）。本金按年利率 6% 计，不再计息。从订立议定书之日起，每月摊还本金 8 万日元。

　　1918 年 10 月 9 日，马可尼无线电话有限公司借款，交通部总共提用 17 万余英镑，年息 8%，截至 1934 年 10 月底本息合计共欠 47.6 万余镑。1919 年 1 月 25 日，双方取得协议，将欠本由交通部按月归还 709 英镑，240 个月即在 20 年内全部还清。另规定两条：（1）在此期间若无拖欠，则公司方面愿将欠息免还，否则，仍照原欠总额加息索偿；（2）交通部每月应还之款，都能如期照付，则公司方面愿提出半数作为交通部将来购买材料或派遣学生在公司所办学校学习之费用。① 积欠美国电气公司各种电报电话料款，结至 1924 年 12 月底，计 151.34 万美元。经双方洽商于 1935 年 1 月 29 日商定整理办法：（1）以 90 万美元为基础清理债务；（2）交通部允每月至少偿还该公司 3000 美元，不超过 25 年还清；（3）前项偿还总数如按期付讫，交通部可以免予偿付以前积欠 60 余万美元的息金，认为全部偿清；否则，原有合同一切条件继续有效，并对结欠的本息额加索 7.5% 的利息。欠款利息，即以交通部所持该公司股票所得的红利拨给，但以票额 3% 为限。②

　　交通部还整理了一些零星债项，如德商西门子洋行，英商威厘、通用、久胜三洋行，美商慎昌等洋行的电报、电话材料价额

---

　　① 《国民政府整理内外委员会报告书》，1937 年 2 月，财政科学研究所、中国第二历史档案馆编：《民国外债档案史料》第 2 卷，中国档案出版社 1991 年版，第 58—60、62—63 页。

　　② 《国民政府整理内外债委员会报告书》，1937 年 2 月，《北洋政府财政部档案》三卷②1897，中国第二历史档案馆藏。

的欠额，总共相当于 200 万美元，规定年均摊还 15 万美元予以偿讫。[①]

最后，交通部对旧时雇聘的外籍技术人员间有欠薪未付的，涉及的对象国籍有日本、丹麦、挪威三国共 6 人，欠额总量国币 8.3 万元；就人来说，多的不过 2 万余元，少的只有 5000 元，经各与其本人或其代理人商定，利息概免计，一次付给，到 1935 年 8 月，全部还清。[②]

三　铁道部整理的债项

截至民国初年，铁路外债到期本息都能按期偿付。第一次世界大战发生，使拟建的和正在修建的各线铁路先后停顿，已用之款等于虚掷，铁路财政深受打击。原以建成的铁路及其收入作为担保的债项，也就失去了保障。从这时起，国内水、旱、兵灾无年无之，加上北洋政府动辄任意提用路款，致铁路财务更陷入困境，已有的外债本息既难以按期清偿，连为保养线路、维护营运所需从国外所购路料、车辆价款又常多拖欠，日积月累构成巨款。到 1925 年前后，铁路财政陷入一筹莫展的境地。

铁道部着手整理外债，做出如下五项规定[③]：（1）毋庸整理。如北宁即关内外铁路借款及其双轨借款、胶济赎路国库券，京沪、沪杭甬两路借款等，仍照旧由各该路或由盐税项照付本利办理。（2）财政部所借应归该部负担的如高、徐、顺、济、满蒙五路。吉会铁路垫款和钦渝铁路垫款以及沪枫铁路借款，仍由该部整理。

---

① 《国民政府整理内外债委员会报告书》，1937 年 2 月，《北洋政府财政部档案》三卷②1897，中国第二历史档案馆藏。

② 《国民政府整理内外债委员会报告书》，1937 年 2 月，《北洋政府财政部档案》三卷②1897，中国第二历史档案馆藏。

③ 铁道部：《整理各铁路债务计划草案》，1932 年，财政科学研究所、中国第二历史档案馆编：《民国外债档案史料》第 2 卷，中国档案出版社 1991 年版，第 109—120 页。

（3）应划归关税筹付者仍交财政部在关税项下清偿，如津浦铁路正续借款和湖广铁路借款。（4）将来另案办理。当年东北地区正被日本暴力侵占着，该地区铁路外债如吉长、四洮、吉敦等路的借垫各款，待东北问题解决，另案办理。（5）必须整理的则有京汉、津浦、京绥等路的料债，京沪、沪杭甬等路的购车垫款，以及道清、陇海、广九等借垫各款，等等。

上述规定在整理实践中有所灵活运用，如归财政部或会同财政部整理的事实上都以铁道部为主，或即由铁道部整理。

铁道部与财政部一样，认定整理路债须考虑对整理后债务的清偿问题；否则，即使完成整理，也将等于画饼，终归无效。该部匡计需整理的路债积欠量近国币 6.5 亿元，分年清偿年以 2800 万元为准。根据 1930 年各路营业状况，倘军队不干涉路务且无他项事故发生，每年于盈余内提拨得出如此款额。该部即以全国铁路收入除必要开支外，全部充作铁路借款的清偿基金，向行政院报告备案。为此，该部最初设计"统全路而筹措之"，旋鉴于各路长短不一，债务数目不同，营业状况也不一样，特别是负有债项的铁路受原借款的约束，此路收入不能用以挹注他路，在权衡利弊及可行性后，旋改定以一路的收入整理一路的债务。从各路提取的款项由铁道部派 3 人、有关路局每路派 2 人，并由债权人推举代表组成基金保管委员会保管以坚债信。① 不过，这个办法后未实施，而由各路对经整理的本路债务负责还本付息，间有不胜负荷者，由他路接济。

该部复规定整理细则：（1）清算债额。由该部及各路局派员组织清理委员会，会同债权人进行清算，如查有不确实者，应即改正。原无计息规定，债权人自行加算之利息，应即剔除。规定

---

① 铁道部：《整理各铁路债务计划草案》，1932 年，财政科学研究所、中国第二历史档案馆编：《民国外债档案史料》第 2 卷，中国档案出版社 1991 年版，第 112—114、116 页。

有利息者，算给单利。有规定复利的，一律商请减免。有纠葛或交涉者应即商议解决。清算完毕，开列结欠细数，会同债权人签字，互作确认。（2）将原债款化零为整。除有筑路权利关系外，其余各银行零星借垫款、各商家料价欠款等，数目繁多、零星紊乱、化为整债，一律换发35年期五厘债券，积欠的利息则另给无利债券。（3）原合同既有长期、短期之分，又有性质不同之别，为便于整理，酌加修改或予以废止。①

铁路借款中以料债笔数为最多，以向国外采购铁路车辆器材等由经手商行垫付价款或对供应商未按约定付清价款的商务关系演变而来。它虽零碎杂乱，性质却最简单。规定计算准则：以原料价扣除已付各款为本金。若购料合同原有计息规定，减低至不得超过年息4%，计至整理日止，但最多以一本一利为限。② 料债整理从1932年12月对津浦铁路14家英商料价开始，接着整理京汉路美商泰康洋行等三家和京绥路美商美国钢铁公司等以及其他外商如日商三井洋行等料债。其具体整理经过略如下：

1932年12月，英国人马锡尔代表津浦铁路欠有料款的14家英国商行向铁道部提出整理要求，在双方都有此愿望中，经核实，确认材料原款加利息总计折合国币1400余万元。经磋商，迅即达成协议，于次年2月签订协议书，规定免除复利，减低利率为5%；按1000万元计作为新本，年息5%，从1933年1月起每月由各该路支付5万元，交债权方代表由他按各商新本欠额比例支配至偿清日止。

京汉路对美商泰康洋行等三家和京绥路对美国钢铁公司等以及其他外商所积欠的车辆价款和其他料款，折合国币总数比津浦

<hr />

① 铁道部：《整理各铁路债务计划草案》，1932年，财政科学研究所、中国第二历史档案馆编：《民国外债档案史料》第2卷，第112—114、116页。

② 《铁道部债务科半年工作摘要》，1935年，财政科学研究所、中国第二历史档案馆编：《民国外债档案史料》第2卷，第135—137页。

铁路的多，在 2000 万元上下。铁道部经与各该债权方洽商结果，本金一般照算，间有减让若干，以至折半，作为新本。展长清偿年限，从短则 60 个月，最长匀分 800 个月，即 60 余年间摊还。

其他各路料债的整理，大多与上述同。若为数不多，原定利率不超过 2%，则一经核实、认定，即行付讫。此外，或以数年、十数年为期予以偿清。

截至 1936 年年底，料债的整理接近于全部完成。[①]

发行债票的铁路借款在需整理的债务中量最大，加上有关铁路每受原合同规定而受束缚需予消除，成为铁道部外债整理的重点。按整理完成先后，最先是邮传部正金银行借款，次则是津浦铁路借款、道清铁路借款等共十余笔，其整理经过举三例借资说明。

邮传部正金银行借款原系供该部创办实业用，以京汉铁路进款作为担保；此项借款以财政部、京汉铁路局两都"款绌"，久未还本付息，致积欠甚巨。正金银行一再向铁道部催索。根据政府既定部署，由财政部会同铁道部整理，实则主要由铁道部负责。1935 年 4 月，双方以互换函约方式达成了以减息、展长清偿期限为主要内容的整理办法。

南浔铁路借款原属一家商办铁路公司的公司债，非国债。20世纪初，江西绅商为自保利权于 1904 年冬呈准由商部奏准设立江西省铁路总公司，并着手先建南昌至九江的南浔铁路。日本旨在向长江中游扩张势力，于 1912—1922 年先后向南浔铁路公司提供贷款多笔[②]；原规定为 6.5%、7.5% 不等的年利率，一律减为 5%，

---

① 本目涉及铁道部债务整理，凡据前引该部《工作摘要》并交通部财务司编《交通部债务汇编》，南京，1942 年，不再一一加注。

② 《日本外务大臣林董致驻华公使林权助函》，1907 年 5 月 10 日，宓汝成编：《中华民国铁路史资料（1912—1949）》，社会科学文献出版社 2002 年版，第 973 页；《日本外务大臣后藤新平致东亚兴业会社社长古市公威函》，1918 年 6 月 7 日，宓汝成编：《中华民国铁路史资料（1912—1949）》，社会科学文献出版社 2002 年版，第 633、636—643 页。

减让积欠利息的复利，从次月（即 5 月）起每月由部凑足 7 万元尽先还本，在 20 年期内结清。

津浦铁路借款所整理的包括两笔：1908 年津浦铁路借款 500 万英镑和 1910 年津浦铁路续借款 480 万英镑（实际发行额为 300 万英镑），共计 800 万英镑；债票发行额英国占 37%，德国占 63%，借期为 30 年。在北洋军阀混战频仍收入短缺的境况中，英国发债票部分从 1925 年起即未按期照付；德国发债部分先以欧战爆发、中德宣战，1917 年起停付。1924 年中、德互换照会，恢复还本付息，实际并未偿付。国民政府成立后，先后各补付利息两次。根据借款合同规定，还本付息由津浦铁路营运收入和冀、鲁、皖、苏四省厘金并准按常关收入等担保（裁厘后改由增收的关税抵补），英、德两国公使及债权公司屡次要求中国政府践约偿付。1934 年，铁道部开始与之商洽整理方案，终经李滋罗斯从中斡旋，由铁道部长张嘉璈与李滋罗斯和汇丰银行代表卡塞尔，并有财政部美籍顾问杨格参与下，最后商定整理办法，于 1936 年 2 月 26 日由财政、铁道两部联合登报公布《整理津浦铁路债务通告》，并函告该借款经理人英国华中铁路公司、德国德华银行和英国持券人协会，并令津浦铁路局遵此协议办理。①

津浦铁路外债整理的有成，有似立一范例，推动其他各路比较津浦进行整理，加速着进度。铁路借款的整理结果，如表 12-1 所示。

表 12-1　　　　　　铁路借款整理简况（1934—1937 年）

时间	名称	贷方	款额	内容	备注
1934 年 4 月 25 日	平绥铁路借款	日本东亚兴业会社	520 万日元，利息 520 万日元	将原利率为 9%、10% 统减定为 6%，欠息免除利息；1934 年起每月还 400 日元，至还清时止	经整理的包括 1918 年 12 月和 1921 年 4 月两笔借款

---

① 张公权：《抗战前后中国铁路建设的奋斗》，传记文学出版社 1974 年版，第 98—99 页。

时间	名称	贷方	款额	内容	备注
1934 年 12 月 10 日	平绥铁路京门支线借款	英国中英煤矿公司	国币 30 万元，利息 30 万元	不再计息，每月摊还 150 元，400 个月还清	—
1935 年 4 月 13 日	南浔铁路借款	日本东亚兴业会社	1000 万日元	将原利率为 6.5%、7.5% 统减定为 5%，旧欠息减定 805 万日元不再计息，20 年付清	经整理的包括 1912 年 7 月、1914 年 5 月和 1922 年 5 月三笔同名借款
1935 年 4 月 22 日	平汉铁路借款	日本横滨正金银行	934 万日元	减免复息 300 万日元，期限为 17 年	—
1935 年 9 月	沪枫铁路借款	英国中英公司	30 万英镑，利息 8.7 万英镑	免除欠息约国币 150 万元，每月由北宁路拨付 5000 镑，至还清时止	—
1936 年 2 月 26 日	津浦铁路借款	英国华中铁路公司德国德华银行	605 万英镑	削除欠息 4/5，最近三年利息减半偿付，本金则展期 40 年偿还，计减轻负担 320 万英镑，约合国币 5300 万元	经整理的包括 1908 年 1 月和 1910 年 9 月两笔津浦铁路借款
1936 年 4 月 23 日	道清清孟支线借款	英国福公司	12 万英镑，其中，利息 3.3 万英镑	前欠年息 3%，算至整理时，不再计息，12 年还清	—
1936 年 5 月 5 日	道清铁路借款	英国福公司	49.5 万英镑	比照津浦办法，削减欠息，并减付最近三年利息，本金 27 年清偿，计减让债额 20 万英镑约合国币 300 万元	—
1936 年 8 月 25 日	陇海铁路借款	比利时铁路公司、荷兰铁路公司	458 万英镑，13774.3 万比法郎，3148.3 万弗罗令	积欠利息全部免除，整理后利率开始一年为一厘半，以后逐年增半厘，增至最高四厘止，以后即按四厘付息。第 11 年起还本，分 35 年清偿，减轻负担合国币 15000 余万元	经整理的包括 1912 年 9 月和 1920 年 5 月两笔陇海铁路借款及一些短期垫款

续表

时间	名称	贷方	款额	内容	备注
1936 年 8 月 26 日	广九铁路借款	英国中英公司	130 万英镑	整理后前 20 年内利息减付二厘半，以后仍付五厘，整理前之欠息取消 4/5，本金 50 年内清偿，共减赔额约合国币 800 万元	—
1937 年 4 月 5 日	湖广铁路借款	英国汇丰、法国东方汇理、德国德华三银行和美国摩根公司	565 万英镑	整理后两年内利息减付二厘半，欠息取销 4/5，本金利息第五年起分 35 年清偿，减让债额 170 余万英镑	—

资料来源：铁道部编制：《整理铁路债务》（国大报告用件），铁道部档案二一四，1065，1937 年 6 月底，中国第二历史档案馆藏；交通部财务司编：《交通部债务汇编》，1934 年 11 月。

铁路外债签订了合同而从未发行债票只垫支多少不等的款项者，经整理的计有同成、宁湘和浦信三笔。其结果各不相同，依次简记如下：

1913 年 7 月，北洋政府与比、法两国合资的比法铁路公司订立同成铁路借款 2005 英镑，实只垫款两次，77 万英镑和近 580 万法郎。铁路未动工兴建，还本付息一开始就无着落。垫款利息每年结算一次，滚入本金计算复利，致积欠甚巨。两国先屡行要求从正太路余利中取给，后于 1933 年改要求交付公断来解决。铁道部不同意，经年余磋商，于 1935 年 5 月 3 日达成协议：将所欠本息总数定实为 63.7 万英镑和 470 万法郎，年利率 2%，由铁道部直接负责筹拨，每半年付国币 20 万元，先还新本再付利息，20 年内还清，并于该年 5 月底起付诸实施。

1914 年 3 月，北洋政府与英国中英公司订定的《宁湘铁路借款合同》约定的 800 万英镑债票迄未发行，只交几次垫款，共计库平银 248.6 万两，年利率 6%；在 1920—1925 年间付过几期利息。该银公司对衍欠未付的利息却擅自改定作 7%—8%。这样，双方所记账项既多参差，该银公司复一再催偿，铁道部于 1932 年年初与该银公司会商整理办法，4 月 20 日达成协议：原垫支的分别以规元、库平银的本金统一折作国币为 60 万元，于当年为建筑京赣铁路拟向该公司借的款里扣还，废除原宁湘铁路借款合同。

1913 年 11 月，北洋政府与英国华中铁路公司订立《浦信铁路借款合同》200 万英镑，与上两例相似，只垫款 20.7 万余英镑，年利率 6%。初时年付届期利息；1921 年起时有衍欠。该公司对欠付的利息自行提高利率，且计算复利；到 1937 年，该公司声称积欠本利 41.65 万英镑。国民政府此时决定将浦信改为浦襄（阳），在与该公司磋商借款中动议兼行整理浦信垫款，将该项由铁道部与该公司正在磋商的浦襄借款中拨给 30 万英镑作为全数结清；另分 8 年付给 8 万英镑，作为取消浦信借款合同所得权益的补偿。浦信整理合同与浦襄借款合同均于同年 8 月订立，以抗日战争已在激烈展开，情况的剧变旋使两个合同都自动失效。

铁道部经管的借款该整理的，还有各条铁路所欠各国银行商人短期借垫各款，经整理有成为数较巨的，计有平绥铁路东亚兴业会社借款、鄂葛岭借款、平汉铁路的华比银行、麦加利银行的透支、道清铁路由福公司垫支的购车价款、陇海铁路比荷公司各项垫款和津浦铁路德华银行垫支款，等等。解决办法虽互有参差，所据准则一：减低利率，免计复利，或再加上削让部分本金。

1937 年 2 月，铁道部鉴于整理过程呈加速趋势，估计短期之内不能全部解决。然而不到半年，事起突然，日本帝国主义对我发动全面侵略战争，使整理外债工作失去完成的可能。

四　附：整理中的另类事例

我国制定的整理外债方针，对象是国债，不包括其他。日本政府为遂其所欲，除了派遣人员与我有关方面洽商外，另示意其本国有关方组成"对华债权者组合"——实质是一个讨债团，由它向我国某些省的地方当局以至个人，对所存在的借贷关系径求整理。如作为组合成员之一的台湾银行对其时日本势力影响较强、较深的广东、江西、福建三省的财政厅，达成"整理"多笔，被"整理"的究指哪些，却又含混不清。东亚兴业会社则与山东、江苏两省财政厅对日籍商行的赊欠货款等，也达成了一些偿还。①

日本知道，我国认为，所谓"西原借款"是当年有关者几近私相授受非法行为的结果，对之不予承认，上述组合谋求突破这一点，以摧折我国整理借款的既定原则，强非为是，而从中取出两笔实际供作军政经费、名称则为《交通银行借款》的，由组合的成员、原签署借款合同的兴业、朝鲜、台湾三家银行既作为债权方本身又作为对华债权者组合的代表，径自向交通银行名曰洽商，实则"时相缠扰"。"九一八"事变后，态度更加强横，一再勒索强讨逼取本金利息。1933年，交通银行召开股东会，该代表更认为是索债良机，便以你既有钱付红利，也应有钱付彼所要求之欠息，干出系列骚扰、蛮横的出格行径。交通银行负债人无可奈何地向先后任财政部长的宋子文、孔祥熙请示怎么处理？后者指示："目前环境不良，对外总宜和缓应付"，"酌量付彼相当数目"。该行董事长胡笔江在当政的如此委曲求全的指示下，也只得付点小钱以资打发②，而如此这般地先后被逼去有确数可计的金额至少达100万日元。

国民政府为整理外债，虽两次遭到外来的暴力冲击——1931年"九·一八"事变和1937年卢沟桥事变，坚持既定的原则、方

---

① ［日］国家资本输出研究会编：《日本与资本输出——对中国借款的研究》（日文），东京，1988年，第122页。

② 《交通银行常董与孔祥熙谈话记录》，1933年6月9日，财政科学研究所、中国第二历史档案馆编：《民国外债档案史料》第2卷，中国档案出版社1991年版，第174—176页。

针，特设整理机构责成财政、交通、铁道三部分头进行。经过几年工作，总的来说，在取得与有同愿的对手方配合下，完成了预期工作的八成上下，取得了预期的效果。主要有四：

（1）凡经财政、交通、铁道三部整理的外债，对与有关方达成协议，订立整理协议书或其他函约之类文书，嗣后对曾经整理的债项即以这些文书为准；即使协议书中无此明文，也有此谅解。这样，伴随协议书的签订，有关原约随即失效作废。

（2）经过整理的债务，除了付清欠薪，无一例外地都或减或免多少不等的债量（此中半为现实的，半为预期的），并展长清偿期，对纾解当年一时财政之困起了相当大的作用。更为重要的是，这个结果内含着一种虽触摸不到但可感悟得着的事实，回归于公正和合理。之所以有可免、可减之处，正在于原含有诸如溢价、多索等不公正、不合理处。

（3）外债通过整理，原期重树债信，事实上，也呈现出这个景象。伴随债务整理的展开，我国债信出现被形容为由渐趋恢复而国际信用渐入佳境和信用日著的景象。信用原是一种状态，难以用数字计量，故以铁路债券两种在伦敦金融市场上的行情变化（见表12-2）借资印证。指数所显示的虽然呈现持续上升态势，但行情与票值到底仍存在一定的差距，又说明所达到程度还有所不足。综合观之，大抵臻于中等偏上程度。

表 12-2　　　　　　伦敦市场中国铁路债券行情（1928—1937 年）

年份	沪宁路	津浦路
1928	67.5	40.0
1930	63.0	30.6
1934	80.5	38.5
1935	79.0	55.0
1937（上半年）	90.5	74.5

资料来源：《中央银行报告》，1935 年 3 月，第 82—84 页。

（4）恢复债信原期为引入外资（包括借款）创设条件，与整理进程相伴的事实，就当年对外借贷关系来说，确也与债券行情的上行息息相关地活络了起来。

第十三章 国民政府最初十年借助外资的政策和实际

国民政府于 1928 年宣布"全国统一",把政务重心移注到以经济建设为主的"物质建设"上。鉴于在国内难以筹措足够的资金,制定了借助外资的政策原则。相应于国内政治经济形势和外部环境的变化,这个原则日益具体化并具有紧迫感。如 1931 年 5 月,国民政府制定政策:为了建设除了需动员国内资金外,应于确实有利条件之下借助外资①;经过"九·一八"事变,演化成于国际平等互惠,不损害国家主权、行政之条件下充分利用外国之资本技术②,更寄希望于世界经济恢复之时能有国外大宗资本的输入。到 1934 年,在政府中已形成一种主流意见:利用外资办法自宜以达到利用之目的为基本条件,不应严格有余,宽大不足,过于严格,不特不能利用外资与技术,适足以拒人于千里之外。利用外资原则付诸实践也有一个过程。国民政府在最初四五年所继承的是紊乱匮乏的财政、坠地的债信,加上主要资本主义国家

---

① 《中国国民党第三届第一次临时中央全会决议》,1931 年 5 月 2 日,秦孝仪主编:《抗战前国家建设史料——交通建设》,(台北)中华印刷厂,1979 年,第 3 页;宓汝成编:《中华民国铁路史资料(1912—1949)》,社会科学文献出版社 2002 年版,第 753 页。

② 《行政院令》,1932 年 1 月 16 日,《国民政府实业部档案》,中国第二历史档案馆藏;宓汝成编:《中华民国铁路史资料(1912—1949)》,社会科学文献出版社 2002 年版,第 735—736 页。

濒于爆发或正爆发世界经济大危机（1929 年），估计即使想利用外资也没有他国能顾及此事，我国提了出来也难免遭到拒绝，认为不是时候而未作此举，而着重于恢复债信，致力于整理外债，为举借外债创造条件。外部环境，在政治方面，是日本继军事占领我东北地区后，加紧扩大对我国的侵略，影响到整个远东国际关系；在经济方面，主要资本主义国家在重振其遭到大危机打击的经济后，渴望把中国作为促进其经济发展的商品、资本市场，于是其国内制定种种鼓励资本输出办法以支持其国内金融组织对华的资本输出，从而在从 1933 年起的几年间出现了我国与国外金融组织一个接一个地达成借款的交易。而这最初十年间，又可以 1933 年棉麦借款为标志，区分成前后两个时段。在前一时段，国民政府未奢望能借款国外，而或为商务关系所转化或为赈灾的急需，也形成几笔杂债。待棉麦借款尝试竟成，以经济建设、国防经济建设、国防建设的名义，与外国金融、工业组织在各该国政府的支持下相继成立主要涉及铁路兼及军火、装备军工（重工业）的系列借款。

第一节　最初几年的一些零星借款

国民政府在其执政最初几年，面对财政困境，决定发行公债以资周转，而因国际债信未立，乃侧重发行国内公债以济急；虽然如此，以各种需要也形成一些国际债项。

一　电信、铁路器材价款转成的料债

南京定为首都后，交通部为首都电话局添置当时较先进的通信设施——自动电话，于 1928 年 11 月 7 日向美国自动电话公司

（后改名为中国自动电话电器公司）订购自动电话机及线路等器材价计730198美元。双方商定总价的2/10于签订合同时付清，余款于总机装竣之日起按年利率8%计算，分期归还；最初24个月内每月支付6000美元，从第25个月起至第48个月，每月交付8000美元，从第49个月起至合同总价及利息完全付清日止每月交付10000美元。此项价款未结清前公司得派会计员一人，监理电话局的收入和支出。如交通部不能按照合同规定按期付款，公司有权派员到电话局按照未付款额成数撤回部分财产取作抵偿。[①] 约定的赊欠价后未能按期支付，但贷方未采取撤回部分财产的做法，而于1933年3月26日由双方另订垫款办法。1934年6月19日应公司要求，把赊欠工、料费的商务关系，演化成一笔债项。1935年2月25日，经订立整理借款合同，款额定作46.33万美元，年利率减至5%，每月一期，分113期即到1944年12月31日还清。[②]

交通部继为上海、武汉两市电话局装置自动电话，于1929年6月15日分别向美国自动电话公司和德商西门子公司购置自动电话器材，价款在沪局为57万美元，汉局92.6万美元，年利率分别为7%和7.5%，都规定签订合同时交付总价的2/10，余款统于此后分期摊付。如果买方不能依约付款，如上例，卖方有权进入买方房屋与建筑，搬取合同所规定代表该时未付买价部分的设备。沪局这笔价款，在未能如约付款后，经双方一再磋商，于1935年2月25日达成整理办法，订立整理合同，款额改定为50.3万美元，年利率5%，除合同签订日交付1.05万美元外，此后分112期付清。汉局的一笔，则每月按约还本付息一次，直至1937年8

---

① 财政部财政年鉴编纂处编纂：《财政年鉴》下，商务印书馆1935年版，第1494—1500页。

② 交通部财务司编：《交通部债务汇编》第6册，七"建设首都自动电话借款"，1943年12月。

月暂时停付，计已付本金 38.5 万余美元，结欠本金为 54 万元美金[1]，成为一笔宕账。

1935 年，交通部为首都电话局增设的南局、北局购置设备器材等，仍由美国中国自动电话公司揽办，于 2 月 25 日和 6 月 1 日订立合同，器材价款分别为 14.2 万美元和 5.3 万美元，合同签订时分别交付价款 3.55 万美元和 1.3 万美元，赊欠数分别为 10.65 万美元和 3.975 万美元，作为欠款。按年利率 6%计息，本息月付一次，从合同签订后 9 个月起付。南局的分 96 期付清，北局的分 60 期付清。这些机价等款，按约还本付息，直至抗日战争爆发后。

此外，铁道部为适应铁路营运需要，从国外采购车辆、器材，将赊价转成料债，在这几年中有如下数笔：

1928 年 11 月，铁道部为沪宁铁路购置蒸汽机车，价款由英商祥泰洋行垫支，计 21050 英镑。1929 年 6 月 21 日，又为该路添置车辆及其他零星器材，与英国中英公司驻华代表签订订购车垫款合同，由该公司垫付价款 1521 万余英镑，约定年利率 8%，从最后一批车辆交齐一个月后开始还本付息，每月拨付 9000 英镑，分 20 期偿清。[2] 1931 年，铁道部为粤汉铁路的广韶（关）段或为购置路用设备，或应其一时急需，先后与美商慎昌洋行借款港币 2.7 万元，毫洋 1.1 万元，日本的台湾银行、华南银行借款 6 万日元，毫洋接近 3 万元，以及与英国华商银行借近 4.16 万港元，这些借款总计约合国币 15 万元。

二　合资企业资本金的借垫

交通部在德国汉莎航空公司情愿提供资本金联合创设欧亚航

---

① 财政部财政年鉴编纂处编纂：《财政年鉴》下，商务印书馆 1935 年版，第 1500 页。交通部财务司编：《交通部债务汇编》第 6 册，八"建设上海自动电话借款"；九"建设武汉自动电话借款"。

② 交通部财务司编：《交通部债务汇编》第 6 册，七"扩充首都电话南局机价借款"；十二"扩充首都北局机价借款"。

空公司，以经营连接欧亚间国际航线的怂恿下，于 1931 年 2 月与之签订合资经营航空公司合同，旋即成立一家名为欧亚航空公司的合资企业。按合同约定，双方出资比例，中方 2/3，德方 1/3，汉莎航空公司提供资金为欧亚航空公司购置机件及其他设备，即作为汉莎航空公司和交通部所认缴的资本金，由欧亚航空公司按照比例数目发放股票，以其 2/3 为交通部所有，1/3 为汉莎航空公司所有。[①] 换言之，交通部所出股金，即汉莎航空公司垫借给交通部的款项。此项垫支之款在 1931 年 5 月至 1933 年 5 月间，计先后 3 次，共计 78.2 万马克，约定按年利率 7% 计息，每年付息一次，本金后于 5 年内或分期或一次付清。1936 年 3 月，汉莎航空公司作最后一次垫款时，以第一次垫款已过偿付期，其余两次也即将于两年内到期，交通部乃以款额巨、难以如期清偿，与该公司磋商合并整理，专订一个偿付办法，即现偿 20 万马克，余数从 1932—1939 年分两期归还，对未清偿部分，利息改定为 5%，到 1937 年清偿期又改定为从该年起 3 年内分 6 期归还，全部为垫款本金，已付还 58.8 万马克。[②]

三 赈灾的美麦借款

1931 年 8 月初起，全国各地普降大雨，特别是在长江中下游地区，先是汉口堤坝决口，市区被淹，后则危及首都南京。[③] 遭灾地区涉及 16 省，受灾民众数达 5000 万人。据全国水灾赈济会报告，这是一次创纪录的水灾，财产损失估计为国币 70 亿元。[④] 政府除从军队调派 200 万官兵进行抢救并发行公债 8000 万元以济用外，渴望能从海外获得粮食的接济。服务于中国华洋义赈会有年

---

① 财政部财政年鉴编纂处编纂：《财政年鉴》下，商务印书馆 1935 年版，第 1506—1507 页。

② 交通部财务司编：《交通部债务汇编》第 6 册，八 "德国汉莎航空公司垫款"。

③ 交通部财务司编：《交通部债务汇编》第 6 册，八 "德国汉莎航空公司垫款"。

④ 《各省水灾情况》《武汉水灾严重》，《中央日报》1931 年 8 月 5 日、6 日。

的美人贝克，力主中国应向美国赊购小麦，并通过财政部美籍顾问杨格向中国政府作此建议。国民政府旋即责成全国水灾救济委员会主席宋子文与美国驻华公使詹森洽商。后者建议美国国会把中国赈灾所需小麦作为捐赈未成，获得允以平价购买美国小麦，并提供1000万美元贷款一笔。

9月，财政部代表中国政府与美国农业部商妥，向美国粮食平价公司购买美国小麦或面粉，于25日签订《美国小麦借款合同》，其要点是：以此借款供在美国平价采购小麦或面粉45万吨，从1931年9月底止分批起运，每次收到美国小麦时，即以该美国小麦在起运口岸签发提单日的市价结算款数，年利率4%，每年于6月底和12月底各付息一次，宽限3年，从1934年起，每年各付1/3，至1936年偿讫本利，以关税的水灾附加税作为担保。事后，结算全部麦价不足1000万美元，而是921.28万美元。① 这笔借款的余欠，后于1936年5月并入棉麦借款。

订购的小麦按合同规定，从订立日起至次年3月陆续运来我国，经全国水灾委员会处置，于市场出售约1/3换取现金约国币1000万元，所有实物和现金绝大部分用在赈济灾民和部分用于抢险修复、重建长江中流130余公里江堤的工程，另拨出少许移用于以日本挑起"一·二八"事变（1932）救助离沪外流民众。②

第二节　中美棉麦借款

1933年6月的棉麦借款，借方所得到的是实物——棉花、小

① ［美］阿瑟·恩·杨格：《1927—1937年中国财政经济情况》，陈泽宪、陈霞飞译，中国社会科学出版社1981年版，第423—424、429页。
② 财政部财政年鉴编纂处编纂：《财政年鉴》下，商务印书馆1935年版，第1422页；《全国水灾救济委员会报告》，第305页。

麦（包括面粉），采购价款由贷方支付，借方给予如数期票作为凭证。准此事实，称为"棉麦借款"。这笔借款，就借方我国政府来说，是它成立后向友邦告贷有成的首笔借款，进而开了我国政府此后举借外债以利用外资的先河；就贷方美国财政复兴公司来说，据当日外文报纸报道，是该公司开张后对他国提供贷款的第一笔。[①] 这笔借款是经济的，也是政治的——这里专指以此借款对中、美、日三国之间关系所产生的影响。棉麦借款从提出、成立到转成现金的几个月，正是国民政府坚持反共，策划、发动对湘赣皖豫等省境革命根据地采取所谓"三分军事、七分政治"方针展开第五次"围剿"[②] 的时候，自然被注意棉麦转手出售所得之款与这次"围剿"究竟有哪些关系，究竟怎么分配的，即实际上用在哪些项目上及其对社会经济的意义。本章就此作一叙述。

一　借款的成立和舆情反应

（一）借款的成立

1931 年、1932 年两年，日本帝国主义对我国接连两次发动军事侵略；国民政府向当年主要大国和国际联盟呼请主持公理、伸张正义，不只是都告落空，而且遭到孤立。国民政府谋求解脱这个困境，多方展开外交活动，把重点放在英、美等国上，企求能够得到一些支持和声援。1933 年接任美国总统的罗斯福为谋重建经过世界经济大危机、持续萧条的美国经济，与在国内推行其革命性政策新政相配合，倡议在伦敦召开世界经济会议，并希望各国与会代表能先期到达华盛顿交谈一些双边问题，邀请英、法、日、德等国，也邀请我国参加。国民政府认为，这正是一个机会，决定应邀参加。4 月，特派宋子文率团前往，财政部顾问美国人

---

① 《北华捷报》1933 年 6 月 7 日。

② 1932 年夏，国民党政学系政客杨永泰最先提出所谓"三分军事、七分政治"的建议；1933 年 5 月，蒋介石在南昌军事会议上决定在是次围剿中贯彻实施这一方针。

杨格随行。在去伦敦前，先往华盛顿，与美国交谈协助中国经济复兴等问题，另令其相机接洽国际投资。[1] 以此，代表团准备的事项之一，是向美国提出借款两笔，各为 500 万美元，共计 1000 万美元的信贷草案。[2]

5 月初，宋子文在与罗斯福及其他有关政要就中美双边经济关系涉及白银等问题提出要求借款事宜。罗斯福等了然于其本国仓储巨量过剩棉花、小麦，亟须倾销国外，不单积极回应宋子文提出的要求，借以求能促进美国经济复兴计划的实现；且主动放宽贷款量。美国政界议论纷纷，来自盛产棉麦各州议员主要从经济角度着眼，尽力唱好，热切希望这一信贷有成，借以为倾销国内过剩产品、复兴国内经济多辟一出路。政府官员中，如时任农村信贷署长摩根韬算了一笔账说："即使此项借款永远不能索还，单就出售棉花势必提高国内棉价，单计亟须清仓的库存棉花的价款，就可以增加 1 亿美元的收入。"也有异议的，美国国务院从政治角度即东亚国际关系着眼，深防此时向中国贷款很可能会触怒日本，附带地认为，日本原也是美产棉花的最大主顾[3]，言下之意，未必亟须另找新买主，不主张达成这笔信贷交易。罗斯福权衡这些主张和意见，并为对其前一届胡佛政府对日本军事占领我国东北地区采取不干涉政策做着微调、力谋为在中国贯彻执行美国的门户开放政策，认为有必要作出一种同情、接近中国的姿态。他采取四两拨千斤的策略，作出决断：向中国提供贷款。美国决策既定，宋子文安排杨格经手办理借款事，由他与美国财政复兴公司总经理琼斯磋商，迅即谈妥，于 5 月 20 日由宋子文代表中国

---

① 财政部财政年鉴编纂处编纂：《财政年鉴》下，商务印书馆 1935 年版，第 1423 页。

② ［美］阿瑟·恩·杨格：《1927—1937 年中国财政经济情况》，陈泽宪、陈霞飞译，中国社会科学出版社 1981 年版，第 430—431 页。

③ ［美］布尔格：《美国与远东危机（1933—1938）》（英文），1964 年，第 62—63 页；［美］勃鲁姆：《摩根韬日记：危机岁月（1928—1938）》（英文），1938 年，第 53—54 页。

财政部与琼斯代表美国财政复兴公司正式签订《中美棉麦借款》。

借款合同大要为：（1）贷额5000万美元，以其4/5购买棉花，1/5购买小麦，小麦中又以40%用于购买面粉。（2）为不影响美产棉麦在其传统外销市场的销路，中国采购的这些农产品，必须保证在中国国内出售，不得直接、间接地转销国外，唯一例外，棉织布可以输出除了菲律宾群岛的南洋各国、各地区。（3）中国在美采购棉麦所需价款，公司即凭单付款，由中方签署年利率5%的期票交付公司，作为借款凭证。此期票从公司付款日起三年内偿还，若期满尚有余数未清的商请展缓两年。（4）棉麦价款的支付办法是，一当棉麦从货栈运出即按双方同意的价格付给出售商于三年内付清。（5）中国政府指定统税中的麦粉、棉花、火柴、水泥、烟酒及印花税收入约合2000万美元作为第一担保，扣除水灾借款余额的海关水灾五厘附加税作为第二担保。（6）美棉美麦运往中国尽可能由美国船只装运。[①] 在我国根本缺乏远洋船只的情况下，这个尽可能事实是只能尽归美国船只运输了。

6月4日，宋子文将棉麦借款磋商经过及合同内容密电呈报行政院长汪精卫，要求提请国民党中央委员会和立法院审查通过。国民党中央执行委员会第360次会议决议："借款准予成立，交立法院审议。"立法院经审议于16日通过[②]，棉麦借款正式成立。

此项借款一成立，美国悉如其意地实现了它所要实现的目标，琼斯代表美国政府发表声明："我们可以肯定，这次的中国购买美产棉麦不只是可以直接减少美国的大量过剩的农产品，而且间接地有利于市场有关产品价格的调整，也将刺激所有美国企业，并有助于恢复国际商品的价格。"国民政府当局则从另一角度赞扬此举，如财政部长孔祥熙发表谈话称："正当国家危急之时，而美国

① 中国第二历史档案馆编：《中华民国档案资料汇编》第五辑，第一编，江苏古籍出版社1959年版，第233—242页。

② 张进主编：《中国外交年鉴》，上海生活书店1934年版，第164页。

政府对我赊贷 5000 万美元之巨款，虽棉麦为彼邦过剩品物而友邦对我政府信任……自亦深可感谢。"道出了国民政府的意图，以借贷的经济行为使之发生某种政治影响。两国的共同声明，则低调声称：此举两国俱得利益，既可减少美国大宗过剩农产品，促进经济复兴，又可在中国救济内地棉麦灾荒。①

（二）国内舆情反应

中美棉麦借款在立法院批准通过前后，国内关心从美产棉麦在短时间里大量倾销于国内会给予农产品市场以至整个国内市场以剧烈冲击出发，认为势必导致中国农村经济更行恶化，甚至忧虑其影响所及必将阻碍整个社会经济的发展。也有人评道：美国政府为维持本国棉业农商的生计，所以要以过剩的棉花通过贷款的美名以收其畅销的实利，是"有利于美商而不利于华商"的，美国政府为美国棉业振兴计，不为我国农商计，吁请政府就我国农业、农民和国计民生利益，做慎重考虑。

一些行业团体也纷纷发表意见，有持否定态度的，如上海商会等团体致行政院表示："上年大水成灾，所产棉花收成锐减，而外棉趁机次第输入，以致我国产之棉花价格益见低落，如不谋救济，何以救济农民！"河南地方致财政部电文中直接把借贷美棉比作"饮鸩止渴，摧残国棉"，势必使中南三省产棉地区百万棉农直接间接地以棉业为生活者，濒于绝境，人民生活社会秩序将不堪设想。也有人认为借款的后果不至于如此严重。中华纱布交易所理事胡籁是个代表。他认为："中国产棉本可自给，惟连年因被日方收买，致原料日缺，日纱既倾销于市场，华纱则因原料昂贵，纱价低贱关系，备受影响。在此青黄不接之际，亦有赊购美棉之决定，此可见美棉来华当无若何影响。"

民族资本巨头、上海申新纺织公司经理荣宗敬则尽力支持棉

---

① 中国科学院历史研究所第三所南京史料整理处编：《中国现代政治史大事月表》1933 年 6 月。

麦借款。他在致行政院政务处信里赞称："中美棉麦借款利国利民，嗣后复兴农村及关于建设各事，皆可次第实施，其为福利岂有涯涘，不特纺织业感叨已也。"① 对于美麦的输入，议论较少，也许与其输入量本属不多有关。有人认为："我国麦粉迩来出品殊少，自东北失陷后原料更属缺乏，尽全国所产者只敷厂商二三月之用，故麦粉厂商为维持业务、为顾及全体工人生活计，不得不连续向美、澳各地购运外麦，借以接济。故财政部购麦之举，对我国绝对不致发生影响。"无论反对的还是支持的，共同心愿是：借款既成，要求政府务必用于振兴实业和农村农业。

国民党元老、此时失势在野的胡汉民得悉立法院审议通过这一借款，立即电致立法院长孙科，质责"何以批准这一借款？"他敷陈谷贱伤农，是去年即 1932 年长江上下游最为惨绝的现象。"今此巨量棉麦之输入，究将何用？"表示他"以党员立场，不能不严重反对"。又撰述专文，公开反对此项借款。② 西南政务委员会与之相呼应，要求取消这笔借款。

国民政府以款已借定，由涉及这一借款的有关官员和部门对纷纭群议做出一些答复和解释。如孙科在复胡汉民电中称："此次借款是根据党内历来的主张以及总理利用外资开发国内经济建设的原则而举借的。"企盼美国政府能在经济的原则上协助"中国的复兴建设，以恢复民生经济"。③ 行政院长汪精卫则以"现在吾国棉、麦两项，每年均由外国大宗输入，尤以美国为多"的事实，用求证明"此次借款，绝不致发生使我国农产物因而停滞之影响"。财政部则表示，"此举对于美国及中国人民彼此有益，政府

① 中国社会科学院近代史研究所、中华民国史研究室编：《中华民国史资料丛稿·大事记》第十九辑，中华书局 1981 年版，第 106 页。
② 沈云龙：《黄膺白先生年谱长篇》，（台北）联经出版事业有限公司，1976 年，第 574 页；胡汉民：《塘沽协定与棉麦借款》，《三民主义月刊》1933 年第 2 卷第 1 期。
③ 中国社会科学院近代史研究所、中华民国史研究室编：《中华民国史资料丛稿·大事记》第十九辑，中华书局 1981 年版，第 106 页。

对于内地市场，可以赊贷棉花、小麦，救济棉荒，亦能裨益不少"，等等，用资搪塞。

二　日本就棉麦借款对美国、对我国的不同反应

日本对兼负相机寻求贷款使命的宋子文在华盛顿的行动，从一开始即给予警惕性的静观。中美间一达成借贷协议，日本即在国内煽动舆情，"出现一片反对声浪"，"认为这是美国公然在中国支持一个对日本不友好的政府"。[1] 美国政府则意有所指，而自说自话，这笔"信贷纯粹是商业性质的"。[2]

华盛顿这次经济问题的讨论，日本派了石井菊次郎率团参加。此前两年日本对我国接连发动两次军事侵略，以与美国坚持的门户开放政策有悖，在对美关系上产生芥蒂；石井受命利用此次参加交谈双边问题的机会，对日美矛盾能有所化解；于是他在不同场合曾几次与美国当局会谈，但都未取得实质性成果。日本注意到中美间达成一笔信贷协议，更认为美国对华提供贷款的实质是美国对华经济渗透的一个重要步骤，是中美联合共同对付日本的一种表现，做出不满反应。

日本外务大臣内田康哉于 6 月训令驻美大使出渊胜次，向美国国务院对棉麦借款提出异议。出渊在与美国国务卿赫尔谈话中意含警告，声称：美国对中国提供这笔贷款，使自己卷入为日本所强力反对的西方国家致力于加强中国实力的浪潮，美国此举可能会严重影响到日本的利益。他要求：今后美国在采取任何将会或可能影响日本利益的任何步骤前，必须事先同日本磋商。

广田弘毅接任外务大臣不久，训令出渊向美国国务院明白表示："我们的希望是在事实上消灭这个计划。"到了第二年 4 月 21

---

① 《外交月报》第 3 卷第 5 期，第 185 页。

② ［美］阿瑟·恩·杨格：《1927—1937 年中国财政经济情况》，陈泽宪、陈霞飞译，中国社会科学出版社 1981 年版，第 432 页。

日，日本新任驻美大使斋藤博继于同月 17 日在日本外务省发表
"天羽声明"后声称：美国贷予中国的棉麦借款，"其结果足以危
害亚洲的和平"①，其意既含有立此存照，同时又以此作为对美交
涉的最后一着。

日本外务省在着重与美交涉的同时，转饬其亚洲司第一科审
视中美棉麦借款对日本利害的影响，第一科旋于 6 月 15 日将分析
结果做成备忘录：认为这一借款与其说是美国对中国实行扩张的
一个事例，毋宁说是其考虑国内问题的一个产物，是援救因大萧
条而受到严重打击的国内产业的一个措施。虽然这一协定有可能
加强中国反日派的力量，并可能阻挠自塘沽协定后开始出现的亲
日势力的努力，但对日本来说似乎没有什么可值得大惊小怪的，
暂给中国输了点血罢了。不可能强大到使中日关系倒退，最适宜
的是不急于反对这一借款。②

受上述备忘录所陈政策建议影响，日本外务省就此事调整策
略，为谋事实上消灭这一借款，采取软硬两手相继策略，即先以
行动相抗，阻挠破坏我国棉麦借款的实施，后则别具用心地表示
愿意帮助、合作。

日本外务省亚洲司提出政策建议后，广田弘毅于 10 月 21 日
训令驻华公使有吉明：即使中国市场上美棉价格较低，也有必要
通知日本在华纺织厂（以下简称"在华纺"）服从政治上的指
导，拒购美棉，以便在事实上中止棉麦借款。③

"在华纺"在日本驻华使馆人员的劝说下，作为日本政府推行
其策略的工具，全部地、完全地接受了日本外务省的指导。

我国从美国采购的棉花，主要出路是指望充作棉纺织厂的原

---

① 中国科学院历史研究所第三所南京史料整理处编：《中国现代政治史大事月
表》，1934 年 4 月。

② 郑会欣：《改革与困扰：三十年代国民政府的尝试》，第 168—169 页。

③ 《广田弘毅致有协明函》，1933 年 10 月 21 日，人江昭、孔华润：《巨大的转
变：美国与东亚（1931—1949）》，复旦大学出版社 1991 年版，第 83—84 页。

料。当年（1934 年前后三年）以纱锭、线锭、布机实数做比较，就前两项来说，外资工厂与民族资本工厂略相等；就布机来说，外资的多过我国。在所有外资纺织厂中，日资的"在华纺"又占压倒性优势。"在华纺"在日本政府特定政策的指引下，拒购美棉，成为美棉大量滞销的一个重要原因。

日本政府策动的"在华纺"拒购行为，使我国实施中美棉麦借款遭到严重的挫伤。国民政府面对这一窘境，示意中国棉业公司总经理张嘉璈同"在华纺"代表交涉，说以协同购买美棉。

日本外务省据报，认为阻止棉麦借款的实施已经达到了预期目的：在对中国施加压力该从以经济为主转到以政治为重，指示有吉明：可以同意让"在华纺"在采购棉花上与中国合作。[①] 它别有用心，以此向中国表明，如果没有日本人的帮助，是永远不能期望将此计划付诸实现的；其意在言外是：你中国若想有所作为，须看日本眼色行事。出此闷棍，羞辱我国！

三　合同的改订、修正及注销

处理棉麦借款的机构——美贷棉麦经理处，对借款经半年经理，报告财政部："借款购进的价值 600 万美元的小麦实际上已经出售；因为市价关系，处理面粉尚有困难。"对棉花则含糊其词地做了由于种种原因，实际上主要是由于"在华纺"拒购美棉的抵制下，售出美棉估计只能达到 1000 万美元。建议将美棉借款从 4000 万美元削减至 1000 万美元。财政部采纳这一建议，转请驻美公使施肇基与美国财政复兴公司接洽，并由驻美经理棉麦借款事宜的魏文彬与对方商定，于次年 2 月改订合同。

3 月 26 日，新任国家经济委员会主任委员宋子文和财政部长孔祥熙宣布：已与美国政府就削减此项借款额达成协议：将原定的 4000 万美元购棉部分削减至 1000 万美元；美麦部分维持原数。

---

① 郑会欣：《改革与困扰：三十年代国民政府的尝试》，第 171—172 页。

整个债额改定为 2000 万美元，实计 1708.6 万美元。[①]

此前的 1931 年，中美间曾成立一笔美麦借款。此借款到 1936 年仍余欠大半。国民政府应美方要求，授权施肇基于 5 月 8 日与美国华盛顿进出口银行总经理皮尔逊重新商定把美棉借款和棉麦借款两笔统一由该银行继承，订立《中美棉麦借款修正合同》，将两借款的余欠合而为一，确定债额为 1660.83 万余美元，由中国政府另给整理债券，按年利率 5% 付息，从 1936 年 7 月 1 日起算，分期摊还，还清日期展延到 1942 年。[②]

1938 年，即抗日战争爆发后次年，我国政府声明从 1939 年 1 月 1 日起暂停偿付所有对外借款，但对棉麦借款给予特别考虑，继续清偿着。同年 6 月，贷方以我国正处于艰苦的抗日战争中，自动将 1938 年 6 月至 1941 年到期本息缓付两年，并把原利率 5% 削减 1%，以 4% 计。两年延付期满，我国为维持债信，继续清偿。到 1944 年 10 月，借款本息全部偿讫，累计付还本金 2629.1 万美元，支付利息 667.94 万美元，共计 3247 万余美元。原发期票由贷方全部缴还注销[③]，清讫已经合并的美麦、棉麦两笔对美借款。

四　借款经理处的设置和国内各方对借款利用的期盼及实际

立法院在审议通过棉麦款合同的同时，建议行政院并获同意由财政部责成中央银行专项负责并迅即付诸行动。借款原额为 5000 万美元，设以当时上海汇市公布的纽约电汇价，国币 100 元折合美元在 28 元上下。以 28 元计，则 5000 万美元，相当于国币 1.4 亿元。财政部编制的民国二十二年度（1933 年 7 月至 1934 年

---

① 财政整理会编：《财政部经管外债说明书》第 1 册，第 6 章 "美麦及美棉麦借款"，1947 年。

② 财政整理会编：《财政部经管外债说明书》第 1 册，第 6 章 "美麦及美棉麦借款"，1947 年。

③ 财政整理会编：《财政部经管外债说明书》第 1 册，第 6 章 "美麦及美棉麦借款"，1947 年。

6月）总概算财政总收入 6.8 亿元，则这单笔借款即超过此总量的 1/5，确是个大数，引起多方的期盼，提出多种建议，要求从此项借款里分拨部分，充作这种那种用途。但是，合同在执行中，借款曾做大量削减，而且，借款所得非现金，系棉麦实物，只有在把这些农产品出售后，才能换得现金。其数量预先难以确计，只能在这些采购、出售后，才能有个准数。此数的用途分配，而且以仅见的经理机构的报告为准，作一叙述。

（一）美贷棉麦经理处的设置

棉麦借款合同一成立，财政部即责成中央银行负责此项借款并审查其用途。7月，中央银行组成美贷棉麦经理处，由业务局经理席德懋任经理兼购销科主任，业务局襄理杨安仁任文书科主任。由财政部顾问、美籍林枢、劳赫德两人分别担任运输科和会计科主任。同时，分别组织中美棉业合组社和中美麦业合组社，其成员主要由美安、福家、安利、合义、立基、祥茂、达孚等在华美商洋行以及华商中棉公司、中国联合公司等组成，专责从事进口棉、麦的销售事宜。此外，在美国设立办事处，由魏文彬主持事务，并于纽约、休斯敦和波特兰三地分别设立采购和经理机构。

9月，全国经济委员会改组，扩大其权限，新增棉业统制等项，也赋予参与审核、支配棉麦借款用途的职权。

（二）借款的用途规定

立法院在审议通过棉麦借款合同文中称：此项借款绝不充作内战之用，将用之于发展经济、安定社会秩序的事项（如中国农村的复兴、与开发农村直接有关的交通和水利、救济中国现代衰落的工业）。行政院则与之相呼应地宣布："本借款收入全部用途，限于后列生产事业，不得移充任何对内用兵或其他消费之用。"并规定投向项目：甲、创办及发展基本工业；乙、复兴农村经济；

丙、兴办水利；丁、发展重要交通事业。①

国民党为反共制定了所谓"三分军事，七分政治"，或相应地为治标、治本的方针，其中执行委员会于 8 月 23 日会议作出决议："豫、鄂、皖、赣四省剿赤军费，治标 180 万元，治本 1500 万元，准在美棉麦借款内动支。"② 虽然后者数额大大多过前者，毕竟不顾立法、行政机关的规定而企图挪用作军费。国民党部分军政人员李宗仁、陈济棠、蔡廷锴闻讯反弹，于 9 月 3 日联名致电蒋介石、汪精卫要求公开厘定棉麦借款用途，必须用于生产事业。③ 后者于 6 日复电，支吾以对，棉麦借款中央政治会议早已决定用于生产事业。④ 次年 2 月 7 日，国民党中央执行委员会第 394 次政治会议决议："剿匪治本经费，准在美棉借款内动支，其如何分期拨付，交由全国经济委员会统筹全局，酌情办理。"⑤ 棉麦借款决定用于剿匪治本经费的绝大部分，换成移归经济委员会办理，主要用于促进社会、经济方面的支出。

（三）中央某些部会和地方当局对借款的期盼及借款用途分配的实际

政府中央某些部会和一些地方当局，既得悉棉麦借款的用途已作出规定，力谋在这个规定范围内陈述主张、提出要求，纷纷呈文行政院，要求就该项借款分拨若干，充作在他们看来为各该部会、各该地方最切要的建设事业用。先有铁道部，提出为完成陇海路、新建大（同）潼（关）、长（沙）贵（阳）

等线以及添购机车、车辆，拨出若干，以资应用。单计其为添购机车、车辆一项，请拨国币 5700 万元。后有治淮委员会提出为完成导淮工程，要求从借款中请拨若干，未列具体数字。卫生署则请拨 500 万元添置卫生设施，等等。再就地方政府来说，有湖南省请拨部分充作疏浚洞庭湖用；安徽省要求为赈灾及复兴农村请拨 1000 万元；江苏省请拨 2000 万元以整理垦殖处，如此等等。

这些部会及地方军政长官所发文电，大多情文并茂，言辞恳切。试举就提出分拨要求在单一项目中为数最多的一笔（1 亿元），由陕甘宁三省党军政当局联名致行政院长汪精卫、军事委员会委员长蒋中正及国民党中央党部、国民政府电文节录如下，以示一斑。

"陇海铁路关系西北国防，暨陕甘两省人民生计，至为重要。""西（安）兰（州）段工巨费繁，设非预筹的款，窃恐畏难中阻，观成更将无日。""目前党国开发西北巩固边防，皆应以发展交通为前提。陕甘两省灾后救济、建设进行，亦须陇海路克期完成始能运转物资，徐图调剂。""务恳钧座积极主持，限期展修。""关于筹款方面……请在此次美国棉麦借款内先行酌予分拨，总期路工进展，不致中辍，国计民生，俱深感利便。"①

"中央以棉麦款救济全国农村，西北民众尤深感盼！""西北各省，交通不便，地广人稀，丰年有红粟之粮，歉岁无输调之粟。一经灾祸，闭关待死者辄以数百万计。""农村断井灶之迹，匪兵极敲剥之惨。中央虽有整理之心，政府尚乏除奸之力。""如言治理，惟重安定；若重开发，首启交通。""中央若能拨借款一万万

---

　　①　第十七路军总指挥杨虎城领衔，陕、甘、宁三省主席邵力子、朱绍良、邓宝珊副署致行政院长汪精卫、军事委员会委员长蒋中正电，1933 年 8 月 31 日，《国民政府铁道部档案》，中国第二历史档案馆藏。宓汝成编：《中华民国铁路史资料（1912—1949）》，社会科学文献出版社 2002 年版，第 753 页。

元，以做完成陇海铁路之用……以工代赈，既救垂死之民，且灭兵匪之祸。西北既赖以繁荣，农村无形已为救济。""似此一举数得，而于中央恢复农村经济之原意亦甚吻合。"①

所有要求从借款中分拨部分的文电，基本上最后都汇集于行政院。据时任该院秘书长褚民谊的一件报告中称：截至 1933 年 9 月，也就是从该借款成立日起的一个季度内，若单就提出明确数额的"总计已达九万万之多"②，大大超过上文所述按其时平均汇率所折合的借款量。他在所有复文中，秉承行政院长意旨，做出大同小异模式化的批复，先则虚予赞扬："所陈诚为今日切要之图"以相安抚；然后，笔锋一转，则严正指出："查支配棉麦借款，业有统筹机关"；"按既定支配原则行事"；概予拒绝，使所有有关期盼，全部落空。

（四）借款的实际分配与项目流向

据美贷棉麦事务处经理席德懋 1935 年 12 月 30 日交财政部的《经理美贷棉麦事务处报告》③，借款所得净数及其分配，有如下述：

棉麦以美国运到国内在市场上抛售的量和价。截至 1935 年年底，计棉花 15.95 万余包，合 998 万余美元；麦子 32.3 万余吨，合 600 万美元；美粉 33.8 万桶，合 110.5 万美元，共计 1708.5 万美元。除去偿还棉麦借款项下拨付本额、纽约办事处用费、关税、统税以及其他付项（麦价差额、运输、保险费等）外，净得货款计 1188.5 万美元，折合国币 3362.2 万元，这笔款项拨支项目及其所占比重如表 13-1 所示。

---

① 《甘肃省农会指导员办公室致中央党部、国民政府等代电》，1933 年 9 月 21 日，《国民政府铁道部档案》，中国第二历史档案馆藏。宓汝成编：《中华民国铁路史资料（1912—1949）》，社会科学文献出版社 2002 年版，第 753—754 页。

② 中国社会科学院近代史研究所、中华民国史研究室编：《中华民国史资料丛稿·大事记》第四辑，中华书局 1981 年版，第 164 页。

③ 《国民政府财政档案》三②2555，中国第二历史档案馆藏。

表 13-1　　　　　　美贷棉麦借款拨支项目、数量及其所占比重　　　　单位：万元、%

序号	项目	数量	百分比
（1）	解缴国库转拨各项用途	1414.7	42.0
（2）	拨支全国经济委员会	1537.0	45.7
（3）	拨解南昌行营充作"剿匪经费"	380.0	11.3
（4）	救济四川被灾难民用	30.0	0.8
（5）	余额	0.5	0.2
	共计	3362.2	100.0

资料来源：据《经观美贷棉麦事各处报告》改制。

上列五项中，（3）、（4）两项不说自明，（5）也是未曾动用，皆略；（1）的各项用途之一，也是其中为数最多的一个，是由财政部长孔祥熙于 1934 年 4 月提请行政院核准从中拨支 1320 万元，充作中央银行的股本。[①]（2）经济委员会所统筹的项目又分如下 10 个子目：①修建七省联络公路 650 万元；②卫生事业费 50 万元；③江西建设事业费 190 万元；④西北建设事业费 250 万元；⑤棉业统制费 100 万元；⑥蚕丝改良费 75 万元；⑦茶叶改良费 6.4 万元；⑧燃料研究费 10 万元；⑨调查研究费 20 万元；⑩余额作为预备费。[②] 值得注意的是，（1）、（2）两项拨款的款额，占总数的近 90%，就（2）说，细别其项目流向，用于建设公路的最多，次则是江西、西北两地方的建设事业费以及涉及农村、农业的事业费。数字比例表明，这笔棉麦借款，耗之于内战的有，但比重不大，绝大部分是用于公路建设、增资改组中央银行和促进农村社会经济的安定和发展上。总的来说，其对于国家整备基本建设、增强中央银行实力，进而健全金融体制和促进农村的开发及农业的进步，有一定的作用。

---

① 《国民政府行政院档案》二②966，中国第二历史档案馆藏。

② 王卓然、刘达人主编：《外交大辞典》，中华书局 1940 年再版，第 906 页；郑会欣：《改革与困扰：三十年代国民政府的尝试》，第 166 页。

第三节　中外间以购料为核心的
系列铁路借款的成立

国民政府自称恪遵孙中山遗教，信服铁路为实业之母，在最初面对国内资力有限、国外经济发达的友邦又都不同程度地陷入世界经济大危机的现实，虽翘首寄望于能有外资的输入而终不可得，于是制订实施《庚、关两款筑路计划》[①]来解决。经过"九·一八"事变，国民政府警觉到铁路且攸关国防，遂把它列入国防经济建设之中，并认为是当务之急。同时，它认定最宜急切进行的是制定工作方针，积极引进外资，抓紧建设；在国际上平等互惠条件下，与友邦或友邦经济团体协商，采取最有利之办法以利进行。[②] 这样，在我国致力于整理外债使债信渐次重振的基础上，在当年资本主义强国觊觎对我输出资本动向中，除终以对我发动全面侵略战争的日本外，在从 1934 年起的数年间，我国与当年兼具意愿、实力的友邦，几乎都签订了主要以购料价款为内核的一系列铁路借款。

一　德国：玉南、南萍两段和湘黔路的材料贷款

1933 年，铁道部在浙江省府自力建成杭（州）江（山）铁路，续向江西境内玉山展筑时，决定在该段完工后接手，继续延展先至南昌、再至萍乡……构成一条由浙赣、湘黔两路相连接，

---

① "庚"是指庚款的"退款"；"关"是指关税从新规定税则后增收部分净额的半数。

② 《行政院令》，1932 年 1 月 16 日，《国民政府实业部档案》，中国第二历史档案馆藏。宓汝成编：《中华民国铁路史资料（1912—1949）》，社会科学文献出版社 2002 年版，第 734—738 页。

横贯国家南部东西的一大干线。铁道部计划除了国内建筑经费发行公债自筹外，所需向国外采购的材料设备，把价款转成借款。此消息一传出，德商奥托·华尔夫公司①以在与我国进行易货贸易中熟知赣、湘两省是中国提供德国主要商货如钨、锰、锑矿砂的产地，急起承揽；双方迅即达成协议，先是由德方供给玉南、南萍两段铁路材料，并在铁道部决定兴建湘（株洲）黔（贵阳）时，续行取得垫支该路材料价款的利益。

（一）玉南、南萍的材料借款

铁道部接办玉南段，并准备路成后续往萍乡延展，即将本线起自浙江杭州经江山至江西南昌改名为浙赣铁路。并经与浙、赣两省政府商定：除了国内建造经费在国内发行公债募集，所需向海外采购的物料设备，把价款转作借款。奥托·华尔夫公司迅即把这笔融商业、信贷于一体的生意承揽到手。1934 年 3 月 14 日，铁道部先与江西省政府为一方和中国银行（代表本行及本国银团②，并为奥托·华尔夫公司的保管人）为另一方，订立质押借垫款合同；再由中国银团与奥托·华尔夫公司订立委托保管合同。两者相结合，于 10 月 22 日形成浙赣铁路玉南段奥托·华尔夫公司质押借垫款一笔。合同规定：（1）公司供给铁道材料，以价值国币 800 万元（或其他币种相等的数额）为限，作为该路向该公司息借的垫款，年利率 7%，期限为五年半；即以铁道部发行的第一期铁路建设公债和财政、铁道两部联合发行的玉萍铁路公债各 1200 万元作为偿还基金，由中国银团经手，按额分配。另外，以玉南段营业盈余的 20% 另存款储备作抵债之用。（2）此项垫款每年 6 月底、12 月底各结算一次，年利率 7%，到 1939 年 12 月底，分两次全部偿清。（3）以玉南段的车辆、材料及盈余充作担保，

---

① 该公司与德国政府的国防、经济两部关系密切，于 1933 年在上海设立办事处。

② 中国银团由交通、中国、农民、金城、大陆、盐业、中南和浙江兴业八家银行和四行储蓄部组成，并以时任金城银行总经理周作民为总代表。

提交中国银团代为保管。（4）公司供给的材料的价格应为最克己的价格，并由德国船公司同样以最克己的运率承运。（5）玉南段若需延长，公司享有展筑路线供给材料优先权和由中国银团委派稽核一人稽核玉南段全路款项出入，服务期限以垫款完全偿还时终止。另有"谅解"：公司可将所收回的本金和利息在江西省内购买钨砂运往德国，但其总值以不超过垫款本息的一半为度。①

　　1935年，玉南段行将完工，铁道部按其既定计划，决定展筑南萍段，续与奥托·华尔夫公司接洽，援玉南例，于1936年4月25日双方签订《南萍段材料借款合同》，借款总额为国币1000万元（或其他币种相等的数额），年利率7%，期限为6年，以铁道部发行的第二期建设公债2700万元、为玉南段建设发行的第一期铁路建设公债的余款和南萍段的资产及营业收入作担保。合同订立后，德公司实际供应的材料价款量为国币500万余元。②

　　（二）湘黔铁路材料借款

　　浙赣铁路行将完成全工，铁道部于1935年、1936年之际决定从该线萍乡一端，西展至贵阳，名为湘黔铁路，定为当务之急。同时，铁道部另准备对直贯国土南北的干线之一——平汉线做番整理。德商西门子洋行并代表德国联合钢铁（出口）公司，甚愿垫支2000万—3000万元，承办整理平汉所需材料。奥托·华尔夫公司起与竞争，以其具有德国政府的背景，旋形成以它为主体，继铁道部与西门子公司于1936年1月达成草约③后的7月，订立一备忘录，修改上述草约。到1936年11月28日，铁道部与德国

<hr>

① 《玉山南昌铁路合同》，铁道部编印：《铁路借款合同汇编》第1册，1937年，第225—231页；姚崧龄：《中行服务记》，（台北）传记文学出版社1969年版，第45页；宓汝成编：《中华民国铁路史资料（1912—1949）》，社会科学文献出版社2002年版，第785—786页。

② 交通部财务司编：《交通部债务汇编》第1册《铁路外债》，三"浙赣铁路玉南段借款"19。

③ 张嘉璈1936年10月18日笔记，姚崧龄：《张公权先生年谱初稿》，社会科学文献出版社2014年版，第153页。

爱森钢铁公司、克虏伯厂联合钢铁出口公司和奥托·华尔夫公司三家代表，另订购料合同，于 12 月 5 日经行政院核准成立，并征得西门子公司同意，废除铁道部原与之达成的草约。

新订的购料合同，由整理平汉铁路条款、建筑株贵（即湘黔）铁路条款和通用条款三部分构成。合同大要是：（1）信贷总额国币 4000 万元，以 1000 万元供应整理平汉铁路用，从 1936 年 12 月 1 日至 1942 年 12 月 31 日止的 6 年零 1 个月内分期订购，年利率 6%，由联合钢铁出口公司等四厂商供应所需材料；担保条件，由平汉铁路盈余项按月提拨基金备付，如有不敷由部补足，厂商委托中国银行为其信托人；（2）湘黔铁路采购钢轨等料额定国币 3000 万元，材料于四年内分批订购，由奥托·华尔夫公司代表四厂办理。利率与上期相同，期限为 10 年零 1 个月，以湘黔铁路财产及进款并由平汉路盈余项提拨基金备付；如有不敷，由部补足作为担保，并由厂商委托中国银行为信托人，由铁道部出具信托据交信托人收执。[①]

合同订立即付诸实施。截至 1937 年 6 月，订购材料从德国起运 4 批，以日本于次月对我国发动侵略战争，在运经日本港口时遭日敌劫持，此后，既说不上平汉的整理，湘黔的新建也处于停顿状态。双方商定从 1937 年 10 月起停止材料装运。除了付给大部分货价，余欠加利息截至 1942 年年底以海关金单位为准，共计 35 万单位[②]，年利率 6%，每月结算一次利息，原发期票作废。

二　法国：成渝、贵昆两路借款

（一）成渝铁路借款合同及其终结

1935 年年中，法人梅莱受法国荷兰银行、中法工商银行的委

---

①　张嘉璈：《中国铁道建设》，商务印书馆 1936 年版，第 66—68 页。

②　交通部财务司编：《交通部债务汇编》第 1 册《铁路外债》，四二 "湘黔铁路购料借款"。

托，抱着在华觅一可以合作的伙伴，寻找投资，特别是对铁路事业进行投资的机会。经李石曾介绍，旋与中国建设银公司洽谈，初步商定从投资于线路短、沿线经济较发达的成都至重庆间铁路即成渝铁路入手，待后再相继开发沿线地带的产业，于当年11月11日签订合作合同。紧接着，他转与铁道部联系，后者也以此路需费不多，借款或易成功，当即援德商奥托·华尔夫公司对南萍等段提供材料垫款例，与之商谈。另外，铁道部经与中国建设银公司商定，委托该公司与四川省政府共同发起组织川黔铁路特许股份有限公司，授权该公司筹筑、经营成渝路及其支线或展筑其他各线。这家铁路公司的股本，拟由银公司募集55%作为商股，铁道部、四川省双方各募22.5%作为官股，并决定由部、省双方在国内各发行公债2500万元以资筹措。同时，估算了铁路建筑经费，除国内用款约计4400万元外，向国外采购材料及运费等计2300余万元。据梅莱告知，法国政府为促进输出，规定对材料信用贷款可附带现款二成五，铁道部与中国建设银公司估计铁路建成后头五年间收入，除开支外将不足以还本付息，短绌之数与采购价款加在一起，向法方提出借款数额，材料借款2322万元和现金借款985万元。[1]

铁道部等三方经过协商，由铁道部与中国建设银公司和法国银团于1936年2月18日分别订立投资、借款两份草合同。后一合同的要点是：（1）法国银团以中国建设银公司为债权委托人，并为与铁道部和川黔铁路公司接洽的代表人；（2）法国银团提供材料借款2322万元，现金借款985万元，同意承受以银公司所承受的川黔铁路公司所发行的公司债票作为凭证；（3）在法国采购材料由法国银团代理，并推荐有经验的技术专家帮助一切建筑技术；（4）法国银团给予银公司以借款总额半厘作为酬金；（5）此

---

① 姚崧龄：《张公权先生年谱初稿》，第150页；宓汝成编：《中华民国铁路史资料（1912—1949）》，社会科学文献出版社2002年版，第791页。

约草签后 4 个月内成立正约。①

梅莱回国汇报，法国银团嫌未能尽合其意，改派其时在法国非洲殖民地充当铁路工程师多年的法郎索作为代表来华磋商正合同。法郎索增提种种要求，如提高利率、添加手续费以及要求铁路工程由法国财团包工建设。铁道部以以往包工恶习正在逐渐革除，不能使之复活。经 4 个多月的磋商，到同年 12 月 16 日签订正合同，要点有：（1）债额国币 3450 万元（也可以以英镑、比法郎、马克、美元计算）供作材料价款，利息 7%。（2）川黔铁路公司出给期票予以无条件担保，并给予第三期铁道建设公债 1000 万元作为期票与商股利息共同担保，准其自由处置。如有不足时，政府另筹款补足之。此项担保以本息付清为止。（3）法国银团得向川黔公司推荐工程总稽查、会计稽查各一员，参与工程查账事宜，至合同期满为止。（4）借款期限为 15 年，最初两年半支付利息，此后还本分十二年半偿清。（5）以法国银团经理借款酬给 1%，为取消法国银团的包工，给予利益一成，两计 70 万元，从第一期借款收入内各扣付。（6）应法国银团要求，对由中法工商银行代表中法实业银行与中国建设银公司投资兴筑成渝铁路允予同意，另授予投资贵（阳）昆（明）线的优先权。②

在合同订后到抗战军兴的七个月里，法国只启运极小部分材料来华；到 1938 年 6 月，法方唯恐得罪日本，停止提供。1940 年 8 月，在纳粹德国占领下的法国维希政权与日本订立《松冈·亨利协定》，允许日军进驻法属印度支那，致局势日趋恶劣。我方通知法方：合同暂行中止。1941 年 12 月，双方会商善后，拟议临时处理方案：将余存基金及售卖存料价款抵偿到期本息，以法国境

---

① 张嘉璈：《中国铁道建设》，商务印书馆 1936 年版，第 59—62 页；宓汝成编：《中华民国铁路史资料（1912—1949）》，社会科学文献出版社 2002 年版，第 790—791 页。

② 宓汝成编：《中华民国铁路史资料（1912—1949）》，社会科学文献出版社 2002 年版，第 792—793 页。

况剧变，毫无结果①，事实上，废除了这个合同。

（二）贵昆铁路借款草约的签订及其自动失效

1936 年夏，铁道部与法国银团磋商成渝铁路借款时，密呈行政院并咨外交部称："滇省地处边陲，交通素梗，与内地往来每须绕道外邦。"根据既定的铁路建设规划，贵阳至昆明一线为联系西南交通之重要线路，且可与滇越铁路连接，遥以越南的海防作为我国大西南地区的一个出海口，在国防上、经济上均有克日修筑之必要。经行政院同意在案。②

《成渝铁路借款合同》一签订，铁道部询问法国银团代表是否不久即可对贵昆线借款进行商谈。彼方答称，等成渝路合同顺利实施后再说，但不放弃优先权。③

法国东方汇理银行、巴黎工业公司等闻讯组成另一银团，派东方汇理银行（上海）经理迭罗和巴黎工业公司代表濮乐弗于同月 21 日向铁道部表示：滇越铁路方面颇希望贵昆路能予修建，认为这不只是于滇越路有利，且有助于海防商务的发展。滇越铁路系由东方汇理银行投资，故东方汇理银行愿居间帮助此路之成，探问可否商谈，铁道部答以尽可商谈。④

11 月 27 日，法方向铁道部提交草约之最关紧要两端：（1）债权代表人为（法国）滇越铁路公司；（2）铁道部与云南省府集股组织滇黔铁路公司，滇越铁路公司约法国及安南（即今越南）资本家组织银团担任供给资金。⑤

铁道部察觉其居心叵测，这不是要将拟建贵昆构成滇越铁路

---

① 交通部财务司编：《交通部债务汇编》第 1 册《铁路外债》，四四"成渝铁路借款"。

② 《国民政府铁道部档案》，中国第二历史档案馆藏；宓汝成编：《中华民国铁路史资料（1912—1949）》，社会科学文献出版社 2002 年版，第 798 页。

③ 张嘉璈：《中国铁道建设》，商务印书馆 1936 年版，第 83—85 页。

④ 张嘉璈：《中国铁道建设》，第 83—85、779—780 页。

⑤ 张嘉璈：《中国铁道建设》，第 83—85 页。

的延长线，并认定"借款合同若与滇越铁路公司订立，将来滇越铁路之对于贵昆铁路，不免以债权者关系处于优越地位"，岂不将等于南满铁路之对我东北地区投资建筑的其他各路都作为自己的荣养线？① 乃提出对案：希望收回滇越铁路滇境一段，即河口至昆明一段交与滇黔铁路公司代为管理。迭、濮两人即以"兹事……关系政治外交，应由两国政府交涉，法国银团方面无法讨论此事"，贵昆路借款问题一时缓议。②

法国以中法工商银行为代表的银团与以东方汇理银行为代表的另一银团互相竞争，经法国驻华大使那齐亚以法国银团不应自相分立进行调解，告以无论哪一个承借，最后决定权仍操之于法国政府，并改定由巴黎荷兰银行为主体，由拉柴兄弟、东方汇理、中法工商三家银行组成另一银团来承担。③ 铁道部经与这个新组成的银团商谈，于 1937 年 5 月 8 日谈成草约一件，并规定其有效期为从此日起到 8 月 15 日止。④

这个银团旋派夏第为代表，于 5 月底到华商订正约，却又横生枝节，认为债票仅以铁路收入为担保为不甚充足，要求指定可靠财源，意欲以云南省的盐税、矿税作为补充，等等。⑤ 双方正相持未决，日本挑起"七七"事变，在势难急速订立正式合同的情况下停止谈判，决定将草约的有效期展至年底。到了年底，我国的抗敌烽火更形炽烈，原定草约再未展期，使之自动失效。

三　比利时：展筑陇海铁路（宝成线）购料合同

比利时银团在我国对陇海铁路债票整理中，于德、法等国金

①　张嘉璈：《中国铁道建设》，商务印书馆 1936 年版，第 83—85 页。
②　张嘉璈：《中国铁道建设》，第 83—85 页。
③　张嘉璈：《中国铁道建设》，第 83—85 页。
④　张嘉璈：《中国铁道建设》，第 83—85 页。
⑤　张嘉璈：《中国铁道建设》，第 87 页；宓汝成编：《中华民国铁路史资料（1912—1949）》，社会科学文献出版社 2002 年版，第 801 页。

融资本组织先后在我国获得或行将获得以贷放材料价款的利益，也亟须分尝"一杯羹"。日本帝国主义其时正加紧策动华北特殊化，我国政府当局估计万一中日间爆发战争，敌人进击势必将潼关以东的陇海铁路切断。如果能从宝鸡到成都有条铁路，对于国防及经济均极为重要，而且西北国防与民生须赖西南资源的接济，修建一条沟通西北、西南两地区间的线路，利便军运民用，意义重大。[1] 鉴于比利时资本组织与陇海铁路自 20 世纪初以来一直有着密切的关系，铁道部乃向比利时银团提议：举借一笔新债，作为整理陇海旧债的条件，比利时银团当即做出积极回应。

铁道部初步估计宝成线长约 770 公里（实际长度逾此数），拟将需用国外材料的价款取给于比利时银团的贷款，经与其代表郎勃脱磋商，达成协议，并经比利时内阁核定。铁道部同意比利时银公司声明会同另一家公司即比利时铁路电车公司办理后，于 1936 年 8 月 25 日与之签订《展筑陇海铁路购料合同》，合同规定：（1）比方垫支料款总额为 4.5 亿比法郎（约合国币 5000 万元），于 4 年内平均分批订购材料时支付；（2）该款分 7 年还清，年息 6%，从材料到达中国之日起算；（3）担保品分为三项，每月付款数的 35% 由中国的一家殷实银行担保，以宝成路的收入为第一担保和以陇海、汴洛两路收入除去已有借款抵押的余数充作第二担保。[2] 过了不到一年，抗日战争爆发，宝成路既未动工，也说不上材料的提供，合同签订了，未曾付诸实施，终归为不废自废。

四　英国：沪杭甬路最后区段和京赣、广梅、浦襄三路的借款

英国政府谋求振兴其本国长期陷入萧条困境的经济，加强对

---

① 《张嘉璈笔记》，姚崧龄：《张公权先生年谱初稿》，第 156—157 页。

② 姚崧龄：《张公权先生年谱初稿》，第 170 页。两路中的陇海，系汴洛的延长线，而汴洛此时已并入陇海线。

华资本输出（包括资本货物）是其所采取的诸措施中的一着。德国进入 20 世纪 30 年代接连取得对玉南、南萍、湘黔各路提供材料贷款的利益，尤其引起英国从政治角度考量，妒忌德国资本势力闯入其深植势力和影响的地域，同意并支持其本国金融资本组织对华提供额度为 1000 万—2000 万英镑的贷款；英国的出口信贷部为便利资本财货的推销，在上海特设一个办事处。① 铁道部依据行政院的决策，在日本"亡我之心"不死致中日关系日趋严峻中，兼从经济、军事角度考虑，决定新建京赣、浦襄等线。英国亟须提供材料贷款，先后与英国金融组织磋商，就其终有结果的按时间顺序分述如下：

（一）沪杭甬铁路最后区段和京赣铁路借款的商定

铁道部为完成沪杭甬铁路最后区段②的经费，除了按既定计划主要取给于庚、关两款外，对采购国外材料则应中英银公司的要求于 1936 年 5 月与之签订一份借款合同，款额 110 万英镑，年息 6%，八八扣发行，借期为 25 年，以该路营业收入及钱塘江桥收益的 70% 作为还本付息基金。设立一个由中国委员三人、英国委员两人组成的基金保管委员会予以管理。借款的 2/3 供在英国采购筑路材料用；1/3 则充作现地建筑工款，实际动用额为 88 万英镑。③

（二）京赣铁路借款

在日本加紧策动所谓"华北特殊化"的岁月里，铁道部作出加紧修建东南系铁路的决策，考虑到一旦中日战争爆发，京沪路

① ［美］阿瑟·恩·杨格：《1927—1937 年中国财政经济情况》，陈泽宪、陈霞飞译，中国社会科学出版社 1981 年版，第 419—420 页。张嘉璈：《中国铁道建设》，第 80、90—91 页。

② 这最后区段工程，包括从钱塘江西岸闸口越江到曹娥江东岸百官段，并钱塘江大桥。

③ 交通部财务司编：《交通部债务汇编》第 1 册《铁路外债》，十五"完成沪杭甬路铁路借款"，1943 年。

因濒海必须别设一条从南京西向的运输路线而选定京衢线，即从南京西南行，利用已成的江南铁路，经皖境东折至浙江衢州，再循浙赣铁路往湘黔。但旋以其离海还是太近，且缺乏经济价值，改定为京赣线，即从南京西南向入皖境，经宁国、歙县、祁门及江西的景德镇到贵溪与浙赣线相连接。铁道部以此线与 1914 年英国要求贷款修建的宁湘线东段走向相近，除向中英庚款董事会借用部分英国退还之款充作工程经费，另于 1936 年 12 月 4 日与怡和洋行、汇丰银行订立合同，提供料款 45 万英镑，期限为 10 年，年息 6%。购料事宜统由怡和洋行经理，酬佣金 3%。此路通车前以国有各路客货运价收入和首都轮渡营业收益中各提取若干万元作为担保，并预期本路 1938 年通车后次年起，改以本路的收入及其财产充作担保。① 合同成立后，即分批订购材料从英国运来。为时不久，抗日战争军兴，已付运的部分材料经过日本的神户、大阪，遭扣留；为免被敌方没收，经委托英方出面代为出售，旋以南京撤守，继续进行京赣线工程已失意义。数月后经双方商定：将已订购及可订购的材料设备品，全数移充湘黔铁路的衡（阳）桂（林）段用。除原有的担保仍属有效外，增以该段的财产和收入作为补充担保。后续订购材料、设备等，终因运输困难，滞留于香港而考虑设法让售，并以售价抵偿到期本息。香港陷入敌手后，音讯断绝，成为悬案。截至 1942 年年底，结欠本金 44.2 万英镑（约合 675 万元）。②

（三）广梅、浦襄等借款的订立

1936 年 6 月，国民政府决定在广东路港并举以促进广东的发展，路指铁路，决定修建从广州到梅县的广梅铁路，预定成路后再延展：一路东向经丰顺至潮安与已成的潮汕铁路衔接；一路展

---

① 姚崧龄：《张公权先生年谱初稿》，第 163—164 页。

② 交通部财务司编：《交通部债务汇编》第 1 册《铁路外债》，四十三"京赣铁路购料借款"，1943 年。

至赣州再相机与浙赣铁路相连，使粤、闽、赣、浙四省以铁路紧密连接一片。认为一旦有事，设若东南遭到封锁，四省之间以及中央与广东之间仍有条件紧密连通。港指黄埔筑港，使之成为华南的一大港埠。

国民政府顾忌于日本或对这些工程横作干扰，最初拟由广东集商股组织公司创办而未果，转与中国建设银公司商妥，由它仿成渝铁路组织一家同型铁路公司；另外，与财政部商定发行一笔广梅铁路建设公债以筹措建设资金。对于必须从国外输入的铁轨器材以及车辆等所需外汇，则借用英款。这一方案，经与英国驻华使馆联系，后者做出积极回应，希望铁道部派员测量线路时能允许英籍工程师参加作为条件，并介绍与汇丰银行洽商。①

铁道部旋提出借款申请书，在英使馆财政参赞霍伯器参与下，经与汇丰银行代表卡塞尔、中英银公司代表台维森于 1937 年 1 月 2 日基本商定：（1）发行债票 270 万英镑，年息 6%。（2）发行折扣券，其中，135 万英镑在伦敦发行，备购料用，又以 2500 万—3000 万港元，在香港发行，充作国内建筑用款。（3）粤省盐税附加年约 170 万元作为付息基金，不足之数由铁道部担任补足。债票由铁道、财政两部会同发行。（4）5 年后分 15 年还本，由广梅铁路收入项下及盐税附加税项下拨付。（5）广梅路完成后，与广九路衔接，届时与广九路洽商合作管理办法。为互利起见，当广梅路及黄埔港完成时，确立一联运办法。（6）合同依照沪杭甬路合同，设立基金保管委员会，以保管清偿基金。②

1 月 16 日，铁道部收汇丰银行函告英国财政部和伦敦银行对所议大体赞成，但尚有一个问题待解决。至此时，四国银团虽久

---

① 张嘉璈：《中国铁道建设》，商务印书馆 1936 年版，第 75—76 页；宓汝成编：《中华民国铁路史资料（1912—1949）》，社会科学文献出版社 2002 年版，第 805—806 页。

② 张嘉璈：《中国铁道建设》，第 75—76 页；宓汝成编：《中华民国铁路史资料（1912—1949）》，社会科学文献出版社 2002 年版，第 805—807 页。

无活动但仍存在；英国作为该银团的成员，按规定，如果中国债票在其国外发行，该与其他成员财团磋商。英方特别顾忌日本出面干扰，未即行定实。

日本对中英间洽谈广梅借款，一开始就注意着，待有了成议即出面干预。其驻南京总领事于 25 日向铁道部函问此事究竟，其驻广州总领事亲访广州市长，声称：日本准备加入广梅借款，也可以单独供应铁路器材。[①]

在日本的干预下，英国与四国银团另一成员美国财团联系，表示此项由英国单独承借，仍可随时与四国财团的其他成员财团磋商合作。最后，以日本表示不坚持反对，达成妥协。[②]

5 月 7 日，卡塞尔向铁道部通报了上述情节，并继续磋商合作细节。至于正式成立，则由时在英国伦敦访问的财政部长孔祥熙、铁道部次长曾养甫和中国建设银公司代表李德橘于 1937 年 7 月 30 日与中英银公司代表培滋签订《广梅铁路五厘借款合同》，规定借款 30 万英镑，期限为 30 年，等等。[③]

铁道部与汇丰银行磋商广梅借款中提出浦襄铁路[④]借款事，英方同意提供贷款。继广梅借款合同签订后一周，即 8 月 4 日，同在伦敦由财政、铁道两部的孔、曾两人与英国华中铁路公司签订《中国政府建筑浦襄铁路五厘金镑合同》一件，规定借款额 400 万英镑，供作两项用途：（1）清偿华中铁路公司据 1903 年浦信铁路借款时垫款 30 万英镑；（2）建设浦襄在英国采购铁路材料用。其

---

① 张嘉璈：《中国铁道建设》，第 74—75、78—79 页；宓汝成编：《中华民国铁路史资料（1912—1949）》，社会科学文献出版社 2002 年版，第 805—806 页。

② 张嘉璈：《中国铁道建设》，商务印书馆 1936 年版，第 74—75、78—79 页。宓汝成编：《中华民国铁路史资料（1912—1949）》，社会科学文献出版社 2002 年版，第 805—806 页。

③ 张嘉璈：《中国铁道建设》，第 74—75、78—79 页。宓汝成编：《中华民国铁路史资料（1912—1949）》，社会科学文献出版社 2002 年版，第 805—806 页。

④ "浦"指浦口，"襄"指襄阳。浦襄系由 19 世纪末英国向清政府迫取承办"浦信（阳）"特权，1913 年与北洋政府签订了浦信铁路演变而来。

他条款与广梅借款基本相同。

广梅、浦襄两路借款的贷方，原定于 8 月、12 月先后在金融市场分别发行债票，因 7 月初日本对我已挑起侵略战火，届时乃都未发行。贷方转与借方于 8 月 4 日约定："发行有效期订为两年。"届期，中日战争更激烈，发行债票更是无从说起。虽然两件合同直到此时失效，若一作反顾，此两件合同在签订之日即已濒临夭折状态。

英方原拟投注贷款至少 1000 万英镑，除了对广梅、浦襄两路提供贷款共 700 万英镑，还余 300 万英镑。双方在洽商浦襄借款中，英方有意向贵梅、三梧等线继续放贷；铁道部同有此意向，但仅有初步接触，未成事实。从略。

五　铁路材料、包建码头等对英、德、捷、法、荷的零杂欠、垫款

国民政府在广建铁路线与兴建铁路有关的治港等工程中，为购置材料及承包工价，除了按约定分期结清的不计，间有演变成为欠款、债务的。这些都较零星，基本上按项目或按时序先后，简述如下：

铁道部在由德国奥托·华尔夫公司提供玉南等段材料垫款时，另成立 4 笔料债：（1）与上海的怡和洋行于 1935 年 9 月 28 日为购置枕木垫支价款，形成年息 7%、实际国币 90.96 万元的料债一笔。（2）浙赣线路原始的杭（州）江（山）段在建筑时先求其通、后求其备的方针下，一切设备力求简单，钢轨用的是轻轨，桥梁属临时性质。此时，既经一再延展成为横贯干线并须与在建的粤汉路接轨，乃按玉南、南萍两段标准予以改造。为补充订购钢轨附件，于 1936 年 11 月 26 日先与捷克的维特阔惠次矿产钢铁工厂商定由它提供而形成年息 6%、期限为 7 年 9 个月、按货价为国币 466.8 万元的料债一笔。（3）该路为增加军用设备及筹筑利

便军运的岔道，与德国奥开公司于 1937 年 1 月另购成年息 6%的料债一笔。（4）浙赣全路为添设电话设备，由上海德商西门子洋行提供期限为 5 年、年息 6%的借款国币 53 万余元。①

1935 年 5 月，广九铁路局向捷克斯可达公司采购机车 3 辆，于 3 日订立合同，每辆价款 10325 英镑，第一年每月付港币 1 万元，不计息；第二年后，每月仍交付港币 1 万元，按年利率 6%计息，由广东省银行担保。经由铁道部核准，所有每月应付之款，都由该路按月拨付，预期约 60 个月付清。②

1935 年 6 月 5 日，铁道部为建筑陇海路的咸（阳）宝（鸡）段购置钢桥、钢轨及车辆等与巴黎铁厂订立五批购料函约。③ 材料总价为 45.5 万余英镑，年息 6.5%。还本付息办法：40 天内先付 10%，50 天内再付 10%，其余 80%签发期票 14 组，从 1936 年 4 月至 1939 年 7 月 1 日，每季付一组，以正太铁路余利充作担保，并由铁道部与我国由金城银行为代表行的银团④签订保付合同，由它保障按期还本付息。1936 年 12 月，铁道部与巴黎铁厂和我国银团重新达成的正太余利支配和银团保付协议声明：“如遇天灾、事变人力不可抗争之情形，影响正太路收入的盈余不足偿付时，行方有权暂停保付之责。”这笔价款的清偿便一直按上述规定的办法，即使抗战军兴，正太收入短绌，仍由铁道部竭力维持，一直持续至次年 7 月 1 日。停付后的余欠为 20.1 万英镑，厂方来函催索，铁道部商请一律展缓，由部酌认延期利息，无结果，便使之悬搁一边。

---

① 交通部财务司编：《交通部债务汇编》第 1 册《铁路外债》，三八、三九、四〇、四一的怡和洋行枕木价款等四项。

② 交通部财务司编：《交通部债务汇编》第 2 册《铁路外债》，四七“广九铁路斯可达公司机车价款”。

③ 铁道部与巴黎电机厂在此前于 1933 年 6 月起已有过四次购料函约，所有价值都按期付清，实际属于商务关系。

④ 此银团由中国、交通、盐业、中南和金城五银行组成，金城为代表银行。

　　1937 年，铁道部为谋发展京沪铁路业务，拟在上海、苏州间铺设双轨，并改革车站、仓库设备，添购车辆等，于 6 月 10 日与英国中英银公司订立以 80 万英镑为限的借款合同一件，年息 6%，期限为八年一个月，每月由京沪铁路现金收入中提取 10% 存入汇丰银行作为还本付息之用。"八·一三"事变发生，全路旋即沦陷，铺设双轨、改革设备等计划停止执行。[①] 1938 年春，铁道部采纳中英银公司的提议：将已购尚未制造的材料予以取消；已制造的材料仍行运交，在同年运到后即分存在港、沪两地堆栈。后经委托该公司让售部分，该公司请求在此款项下支付材料价款及各种费用，结欠额 2.88 万英镑要求由部筹付，铁道部以该路沦陷，事出非常，无法办理，须待该路恢复通车再定办法[②]，成为一笔宕账。

　　兴建广梅线是与黄埔开港一并考虑的。黄埔开埠督办与荷兰治港公司于 1937 年 4 月 8 日订立《黄埔码头工程款》（或作《广东港河工程借款》），规定此项工程由荷兰治港公司承包，包价国币 105 万元。1938 年 9 月 11 日，该工程完工，核计全部包价并连同变更工程增减的工价实计 109.86 万元。此项按原规定，交通部以月拨 2.2 万元，发给期票作为凭证，至付清日为止，预期以 64 个月付清。合同一签订，即付诸实施。1938 年 10 月，该码头沦落于入侵的日军手中。虽然如此，财政部以此款为数不多，继续筹付，以维债信。直到 1941 年太平洋战事发生，计已付本金 94.5 万余元。此后，以该公司无人在华，才予停付[③]，终使之不废自废。

---

　　① 交通部财务司编：《交通部债务汇编》第 1 册《铁路外债》，十四"京沪铁路改善设备债款"。

　　② 交通部财务司编：《交通部债务汇编》第 2 册《铁路外债》，四九"黄埔码头工程欠款"。

　　③ 交通部财务司编：《交通部债务汇编》第 2 册《铁路外债》，四九"黄埔码头工程欠款"。

第四节　中德易货信贷借款

　　德国纳粹于 1931 年 1 月攫取该国政权后，德国政府于 10 月宣布退出裁军会议和国际联盟，加紧扩军备战的步伐。该政府在希特勒先为总理后自称元首的独裁统治下，以我国在地缘政治中的重要性，又是从他国不易取得的一些战略物资如钨、锰、锑等矿砂地，兼为其在国内生产过剩所积压的巨量工业成品寻找出路以维持经济的景气①，继一些年来通过人以数十计的德国军官先以私人身份继为官派来华充当顾问，并都表现出"忠于职守""行为端正"②，赢得国民政府掌权者好感的基础上，意图把双边关系更臻紧密。国民政府则从加强国防建设考虑，除加紧铁路建设与德国财政资本组织签订了一系列借款合同外，另谋求能从德国购得大批国防器械军品以及建设国防工业及开发农矿各业的生产工具。并在财政困境中设想，以易货作成信贷，既不须付现，又能用以促进我国经济的发展，认为是极有利之事。这样，在中德之间，孔祥熙与德国经济部长沙赫特签订经济合同之余，将易货贸易提升一步，蜕化出一种名作易货信贷借款的合作模式。

　　中德易货信贷关系的形成，在我国既不通过外交渠道，也把财政部门撇在一边，由资源委员会③正秘书长翁文灏主持，德方是

　　① 《顾振等致翁文灏电》，1936 年 2 月 26 日，参见中国第二历史档案馆《顾振等赴德期间就中德间签约，购械及双边关系诸问题与翁文灏等往来电文选》，《民国档案史料》1993 年第 3 期。
　　② 顾维钧：《顾维钧回忆录》第 2 分册，中国社会科学院近代史研究所译，中华书局 1983 年版，第 511 页。
　　③ 资源委员会直属于军事委员会，于 1935 年 4 月成立，其前身为国防设计委员会。

沙赫特，从中联系的是在中国做军火生意有年、与德国国防部有密切关系、以商人身份出面的克兰；我方则是资源委员会专门委员齐焌。翁文灏晤见克兰称："德国政府派你和中国政府接洽，中国政府是否也可以派一个像你一样的私人代表去德国？"克兰满口答应。①

资源委员会旋决定派该委员会委员顾振为首的四人前往德国，受到德国政府隆重接待后，双方开始磋商易货信贷之事。这笔信贷实由中德双方的最高当局亲自掌握。在德方的是希特勒，他接见我国代表团时表示：愿以德国工业品与中国原料交换，并愿扶助中国实业发展；中国政府一切需要可与德国政府接洽，无须再与其他德商公司接洽。② 德方的有关官员接着顺风迎旨称：中国要采购货种的价格，可照各厂售与德政府之价，利息不拘，可极低廉。③ 中国一方则是军事委员会委员长蒋中正，他其时兼任资源委员会委员长，虽指令时任国民政府秘书长兼为资源委员会第二把手，但命正秘书长翁文灏负责此事，关照他不要考虑其他意见，一切照我的意见切实办理。④

资源委员会派赴德国的我国代表团在那个"元首"表明态度后，与德方磋商颇为顺利但也出现了一个技术性问题，不论是易货还是信贷，总得有个数。

德国国防部经济厅长陶默斯面告我国代表团，凡我国所需物

---

　　① 吴兆洪：《我所知道的资源委员会》，参见全国政协文史资料研究委员会工商经济组编《回忆国民党政府资源委员会》，中国文史出版社 1988 年版，第 79 页。

　　② 《顾振等赴德期间就中德间签约，购械及双边关系诸问题与翁文灏等往来电》，1936 年 2 月 27 日、3 月 19 日，中国第二历史档案馆编：《中德外交密档（1927—1947）》，广西师范大学出版社 1994 年版，第 364—383 页。

　　③ 《顾振等赴德期间就中德间签约，购械及双边关系诸问题与翁文灏等往来电》，1936 年 2 月 27 日、3 月 19 日，中国第二历史档案馆编：《中德外交密档（1927—1947）》，广西师范大学出版社 1994 年版，第 364—383 页。

　　④ 吴兆洪：《我所知道的资源委员会》，参见全国政协文史资料研究委员会工商经济组编《回忆国民党政府资源委员会》，中国文史出版社 1988 年版，第 79 页。

品请即开一清单；接着，又派克兰催索："凡所要物品均可开列，不限于一万万元马克之数"，"以后需要，尚可随时续开"。①

中国代表团仓促间即开了清单给克兰转交陶默斯。这份清单共分防空、江防、中国建设国防工业基础所需的物品和设备三部分；又开列了关于步、空军需要物资和开发农矿所需机料两部分，说明待后再补开细单。② 代表团另告以在国内钨砂 200 吨已购妥，一个月办定即可启运，纯锑在接洽中，等等。请德国运华物品亦盼早发，并补充开列拟购的军火清单，如坦克炮 120 门、钢心弹 3000 万粒，轻、中、重型车辆各若干，建设兵工厂的器械，等等。③

德方在中德双方各想以己所有换己所无地交换所需各物的清单后，于 3 月提交《货物信用借款合同（草案）》一件，其要点：（1）此前于 1934 年 8 月 23 日的易货贸易合同由德政府承受，本合同即作为旧合同的附带合同。（2）货物借款总额 1 亿马克。（3）德方委托德意志国家汇兑银行经办借款手续，中国政府亦须指定经办互换货物的付款银行。（4）借款年息 5%，无折扣、佣金、手续费等。（5）在合同施行中，若遇争执不能解决时，甲方用挂号信通知乙方要求公断，并于信内即指定公断代表；乙方须于甲方挂号信发出之日起 3 个月内指定公断代表，否则受甲方正式司法机关判断。双方公断代表不能推举第三最后公断人时，由德国经济部长、中国财政部长商订之。（6）文字以

① 《顾振等赴德期间就中德间签约，购械及双边关系诸问题与翁文灏等往来电》，1936 年 2 月 6 日，中国第二历史档案馆编：《中德外交密档（1927—1947）》，广西师范大学出版社 1994 年版，第 364—383 页。

② 《顾振等赴德期间就中德间签约，购械及双边关系诸问题与翁文灏等往来电》，1936 年 2 月 6 日，中国第二历史档案馆编：《中德外交密档（1927—1947）》，广西师范大学出版社 1994 年版，第 364—383 页。

③ 《顾振等赴德期间就中德间签约，购械及双边关系诸问题与翁文灏等往来电》，1936 年 3 月 28 日，中国第二历史档案馆编：《中德外交密档（1927—1947）》，广西师范大学出版社 1994 年版，第 364—383 页。

德文为主。①

约略与此同时，蒋介石据探报：德国仍在供给广州兵工要器及制造毒气物品，"甚诧异！"翁文灏据此质询克兰，并要他向德政府说明，如不守信约，则所商势须停止。嗣经我驻德大使馆向德国外交部交涉，并在德国驻华大使陶德曼对解决此事极愿促进下，终由德国国防部向我国在德代表郑重声明："绝不致有私供广州军火及毒气物品之事"；并由该部训令各德商，"对于中国任何方面所需军火，须经国防部许可后方能供给"；国防部则在未得我国军事委员会"许可前，不许德商供给中国任何方面的军火"。此后，除由德方国营公司即合步楼②与中国中央接洽军用品外，商人不得私售。唯商人已订而尚未完全交货之合同，政府未便干涉。旋又由德方国防部命令各商暂缓交货③；1936 年 4 月 4 日达成协议。

4 月 8 日，中德双方分别由顾振代表资源委员会与沙赫特代表德方正式订立周转信贷性质的《中德易货信贷借款合同》，规定德国政府应向中国政府采购德产工业制品，提供 1 亿马克的信贷额，中国则把农矿产品运销德国，以所得货价随时抵偿德国的信贷。在此额度内，购买德产工业制品——实为军火、武器以及重工业的技术设备。所指的农矿产品，基本上是桐油、猪鬃、大豆、生丝，特别是以稀有金属钨、锑、锡等富具战略意义的矿品为重。信贷动用额按年利率 5% 计息。所结成的信用、易货关系无限期，随时可以延长，也随时可以缩短，改草合同文字以德文为主为

---

① 《顾振等赴德期间就中德间签约，购械及双边关系诸问题与翁文灏等往来电》，1936 年 3 月 21 日，中国第二历史档案馆编：《中德外交密档（1927—1947）》，广西师范大学出版社 1994 年版，第 364—383 页。

② 德国国防部专设的公司，由德文每一字为首字母联成为 HAPRO，在华则以其音习称为合步楼。

③ 《顾振等赴德期间就中德间签约，购械及双边关系诸问题与翁文灏等往来电》，1936 年 3 月 19 日、3 月 22 日、3 月 24 日、3 月 26 日，中国第二历史档案馆编：《中德外交密档（1927—1947）》，广西师范大学出版社 1994 年版，第 364—383 页。

"中德文皆为主"。此外，回应对方要求我方指定经办的银行，指定中央信托局，德方为开展在华易货和技术合作，由合步楼在华特设常设办事处就近处理。

　　顾振等就在德观察所得，还在合同正式签订前不久，报告翁文灏："德政府尚似与我作范围更广的经济合作，一万万马克借款似系合作的起点"；"德政府……愿予我国以各种军事知识及技术上之协助"。又："德政府愿与我中央合作""有远大之用意"。① 当代国外学者研究此时中德关系史论道：德国是想以此贸易信贷关系作工具，进而谋把中国绑在它的战车上。② 国民政府当局似也察觉到这一点，说："德方提及政治问题时，惟告以此行职务，只限于经济范围而已"；"绝对未向德方谈及政治"。③

　　① 《顾振等赴德期间就中德间签约，购械及双边关系诸问题与翁文灏等往来电》，1936 年 3 月 24 日、5 月 26 日，中国第二历史档案馆编：《中德外交密档（1927—1947）》，广西师范大学出版社 1994 年版，第 364—383 页。

　　② ［美］柯伟林：《德国和中华民国》（英文），1984 年，第 126 页。

　　③ 《顾振等赴德期间就中德间签约，购械及双边关系诸问题与翁文灏等往来电》，1936 年 5 月 26 日，中国第二历史档案馆编：《中德外交密档（1927—1947）》，广西师范大学出版社 1994 年版，第 364—383 页。

第十四章　抗日战争时期的债政和借款

　　1931 年 9 月，日本帝国主义发动了"九·一八"事迹，进而占领了东北全境。1937 年 7 月，我国政府以日本帝国主义对我挑起全面侵略战争，经争取外交解决而和平绝望后，发动全民展开抵抗斗争；在向国际社会揭露日本暴行的同时，庄严声明：中国的抗战不只是为保卫自己的独立主权尊严和领土完整而战，也是为维护国际正义、人类福利和世界和平而战。[①] 我国在独自艰苦奋战四年余，到 1941 年 2 月 8 日（当地时间 7 时）以日本挑起太平洋战争妄图与德、意两国相呼应征服世界、甘为破坏全人类和平与正义的戎首，即从 9 日午夜 12 时起对日宣战，继又宣布对德、意两国处于战争状态，进而与美、英、荷等国结成军事同盟，为粉碎法西斯国家妄图瓜分和奴役全世界的迷梦而共同作战；又经四年余，同盟国终于使日本继德、意战败之后于 1945 年 8 月 15 日投降；我国于 9 月 3 日宣布抗日战争的胜利结束。在此八年多的岁月里，我国政府在外债领域涉及债政的较大事项有三：（1）停付

---

　　① 国民党 1938 年 4 月 1 日临时代表大会通过《抗战建国纲领》，荣孟源主编：《中国国民党历次代表大会及中央全会资料》下册，光明日报出版社 1985 年版；［日］古屋奎二：《蒋总统秘录：中日关系八十年之证言》第 1 册，（台北）《中央日报》译印，第 79 页。

外债；（2）废止敌国债务；（3）战后处理债务的筹划。不过，第三项虽经筹划而卒未制订方案，从略。这里先将第（1）项和第（2）项两项记之如下。

停付外债，抗战军兴，国民政府为巩固战前正在恢复的债信，对其执政前已形成的债务到期本息，于军务费剧增的境况下仍尽最大努力，按期支付；在东部濒海各地先后沦落敌手后，关税收入大宗既被日敌劫持，盐税又失收甚多等情况下，我国政府始于1938年下半年不得不决定援第一次世界大战期间停付外债事例，由财政部于1939年1月15日发表《通告》和《声明》，说明缘由，决定对以关、盐两税作担保的外债届期本息从当年1月起暂予停付。外交部将《声明》转告有关友邦驻华使馆，取得均甚表同情，无提出异议的支持而付诸实施。[①] 同时，财政部制定了《关税担保债赔款摊存办法》，饬总税务司后，对于关税担保的各项长期债务凡在战前订借而尚未清偿者即就战区外各关税收，以占全国海关税收成数比例，按月摊交中央银行，专款存储。继于3月核定，盐税担保的债务一律准此原则办理。暂停偿付的债赔各款，除了债务化的庚款，计有英德续借款、英法借款、克利斯浦借款、善后借款、马可尼费克思借款、湖广铁路借款、芝加哥大陆银行借款和太平洋拓业公司借款8笔。这些借款的基本情况见表14-1。涉及铁路的借款以同受侵略战争的破坏，主要线路被劫持或遭阻断致无力偿还，以及无确实担保的外债，事实上，也都比照关、盐两税作担保的各债例于同年月起先后暂停偿付。

废止敌国所有债项，我国既于1941年12月9日对日、德、意三国宣战，按国际惯例昭告中外：所有一切条约、协定、合同之涉及该三国关系者"一律废止"。以此，除了与意大利原已无债

---

① 《财政部关于海关担保债赔各款政为摊存办法的通告声明》，1939年1月15日，财政科学研究所、中国第二历史档案馆藏编：《民国外债档案史料》第2卷，第372—374页。

务关系，对日、德两国的债项积案尽予勾销。

表 14-1　　暂停偿付的关、盐两税担保的债项简况（1898—1937 年）

债名	订借日期			币别	原债额	已偿本息		余欠本息		原定偿讫年
	年	月	日			本	息	本	息	
英德续借款	1898	3	1	英镑	16000000	13003575	21240938	2996425	344516	1945
英法借款	1908	10	8	英镑	5000000	4750000	5048879.10	250000	—	1939
克利斯浦借款	1912	8	30	英镑	5000000	1333029	6137820.1	3666971	1349651	1952
善后借款	1913	4	16	英镑	25000000	5308120	30765713	19691880	12727884	1960
马可尼费克斯借款	1936*	10	6	英镑	2403200*	—	559016	2403200	1566225	1983
湖广铁路借款	1937*	4	3	英镑	5656000*	—	2880076.19	6079667	7255200	1973
芝加哥大陆银行借款	1937*	4	2	美元	5500000*	—	650000	6605500	2846250	1954
太平洋拓业公司借款	1937*	7	14	美元	4900000*	—	828050	4900000	1918350	1954

注：附有 * 者，系整理后达成整理协议的日期和债额。

资料来源：据财政部财政年鉴编纂处编纂《财政年鉴》下，第九编"国债"，附表五改制，商务印书馆 1935 年版。

在整个抗日战争的非常时期，我以既贫且弱，经济基础薄弱的国家面对强敌，所需军品、军需物资，以及电信、交通器材等类皆须从国外输入。经积年战争，国力虚耗至极，财政经济也亟须外力支持。为此，战争一开始，我国政府即本着独立自主精神，坚持联合一切同情我国抗战的国家制止日本帝国主义侵略的原则。

以多交友、少树敌的方针，派员四出（包括事变前已出使在外的）向与我尤有利害关系诸国——苏、英、美、法等国积极展开外交活动，寻找政治、军事、经济以及精神、道义的支持。有关诸国自然都以维护各该国的国家最高利益为本，它们对中国的紧急呼吁虽然态度有异，行动有别，但总的来说，迟早都有正面的回应，一次次地提供贷款以济我之困，解我之危。还有以信贷援助和租借与我的事例。本章着重以这些为内容。至于在当年公文中或有只言片语涉及借款但对债情无具体记述，或虽有一些债情的记录但究竟是否有成或是否属于借款关系难以明辨的，则宁付之阙如了。

第一节　苏联三次易货借款

1932 年，日本继占领我国东北地区后制定了"倾注全力"迫使苏联"屈服"的"国策"①，从即时起，苏联就开始积极调整与我国的关系。它对我国的抗日战争，认定客观上符合自己的国家大利。我国政府以中苏两国共同面对日本扩张暴力，国家安全利害同一，与相互动；积极展开联苏抗日行动，1937 年卢沟桥事变发生次日，军事委员会委员长蒋介石对立法院长孙科、外交部长王宠惠说："我国要抗战，最有关系者为苏联的军械供应及互助协定等问题的进行决定。"② 接着，孙科、王宠惠及陈立夫等人为此与苏联驻华大使鲍格莫洛夫先后进行多次磋商。尽管苏联对与我签订互助条约有难色，到同年 8 月 21 日，终由王宠惠与鲍格莫洛夫分别代表中苏两国签订了《中苏互不侵犯条约》，奠定相互支援包括借款支援的政治基础。

---

① 《帝国国策　1933 年日本陆军省制定》，[日] 岛田俊彦、稻叶正夫解说：《现代史资料》，第 8 节 "中日战争"，东京书房，1964 年，第 11 页。

② 孙科：《中苏关系》，中华书局 1946 年版，第 16 页。

一　第一次易货借款

还在上述条约签订前，蒋介石于8月2日亲自与鲍格莫洛夫讨论苏联对华提供军火供应问题，并提交一份关于军火供应的协议方案。另外，特派该委员会参谋次长杨杰和国民党中央执行委员会委员张冲，率领名为苏联实业考察团于8月中旬访问苏联，洽商细节。上述条约签订后，在南京和莫斯科同日正式公布（8月29日前的27日），中苏双方达成以双方都极为需要的——我方需要的军火和苏方需要特定的农矿产品——《相互交换的易货协议》，旋即付诸行动。首先是由苏联着手安排，把我急需的工业品——军火、军用飞机等向我国发运。

9月初，杨杰等与苏联国防人民委员会代表洽商军援问题，得到苏方明确回应："只要于本身备战无害，愿极力帮助。"蒋介石闻讯，电谢苏联国防人民委员伏洛希洛夫：苏联和中国维护远东和世界和平的目标是一致的，希望我们的友谊为实现这一目标而奋斗，益臻巩固。双方在达成协议后，于次年3月1日，由杨杰代表中国政府与耿精将军代表苏联政府在莫斯科正式订立《中苏第一次易货借款合同》。规定借额为5000万美元，用以购买苏联工业产品，中国以指定的农矿产品运销苏联作担保兼以抵偿。鉴于在这件正式合同签订前，我国已收到苏联启运的近300架军用飞机，等等；同时，中国也正加紧组织纯锡、镁、钨等稀有金属等战略物资运往苏联，因此，利息规定从1937年10月3日算起。

二　第二次易货借款

第一次易货借款订立，蒋介石电令杨杰商请苏联供应足够装备陆军20个师和驱逐机三大队、轰炸机二大队的军品以及其他武器，估计采购价约达国币5亿元，指明以1/5供陆军用，4/5购飞机。同时，关照杨杰：根据国内生产能力和运输条件，我国每年只能供给相当于5000万国币的货物运交苏联。①

1938年春，孙科访问苏联，斯大林在异乎寻常地与之做了长达6小时的晤谈中说道：中国既是在为自己打仗，也是在为苏联打仗。他犀利地指出，日本侵略中国的最终目的是要取得整个西伯利亚，直到贝加尔湖。斯大林慨然许诺："中国将继续得到苏联一切可能的援助，包括弹药、飞机和其他军事装备。"②

杨杰再受命向苏方提出续借款项，即获苏方积极回应。该年7月1日中苏双方仍由杨杰、耿精两将军分别代表两国政府签订《第二次易货借款合同》，除偿还的具体年月有异，苏方提供的信贷量以及利率，等等，与第一次易货借款合同全同。

三 第三次易货借款

第二次借款商定，蒋介石致电伏罗希洛夫转斯大林申谢："抗日战局已入重要之新阶段，屡承贵国热心援助，人心士气益为振奋，并亟盼再予支援。目前需要驱逐机及重轰炸机，亟须增加补充，异常迫切；各种炮弹亦不足用，务请速予提前借给以应急需。""如能早到一日，则我方胜利的把握亦多增一分。"③

在此前后，蒋介石几次会见新任苏联驻华大使卢干滋，为解除苏联的顾虑，重申曾向其前任鲍格莫洛夫做过的声明："中国决定抗击日本侵略到底，不以是否得到其他任何国家的援助为转移"，希望借此进一步巩固中苏友谊，在彼此提供必需商品的基础

---

① 《蒋介石致杨杰电》，1938年3月21日，秦孝仪主编：《中华民国重要史料初编——对日抗战时期》第三编，《战时外交》第2册，第482页。

② ［美］杨格，《中国的抗战外援》（英文），1943年，第5页。

③ 《蒋介石致斯大林电》，1938年7月14日，秦孝仪主编：《中华民国重要史料初编——对日抗战时期》第三编，《战时外交》第2册，第499页。

上扩大经济关系①；由中国向苏联运销它所必需的钨、锑等矿品和农产物，苏联则对中国连续提供军火等品，并为此提出从我国中西部向西出国境至苏联境内援建暂拟名为西北铁路一条，以利运输。

卢干滋向苏联人民外交委员会委员李维诺夫报告：由于中国目前处于艰苦的境况之中，希望苏联能做出进一步的更有力的援助，以增强中国的战力；并鉴于此前的援助虽然是秘密的，但却是众所周知的，希望苏联能索性公开表明自己的援助期能收到更大的政治效应。

李维诺夫除了对拟建西北铁路一节外，做出肯定回答：苏联准备于今后给予中国以更有力的援助。② 原则一定，在细节协商中，苏方认为，若过分刺激日本于苏联不便，一度暂停；延至1939年6月1日，中苏两国的第三次易货借款仍在莫斯科签订成立，基本内容与前两次相同，数额则增至1.5亿美元。

这次借款成立前后，世界局势剧变。日本旨在为侵占外蒙古和苏联领土作战略侦察，突然袭击外蒙古哈勒欣河以东地区；苏军奋起回击，于8月底与日军签订停战协定。9月初，德国进攻波兰，苏联把备防德军的可能入侵置于首位，转与日本妥协，与之签订"中立条约"，此中且列有损害中国领土主权的条款。我国政府基于全局考虑，为免致被日敌所利用，除严正声明有关条款绝不能承认，对于中国绝对无效③外，做了低调处理。而从这时起，

---

① 《鲍格莫洛夫致苏联外交人民委员会电》，1937年8月28日；《卢干滋致苏联外交人民委员会电》，1937年12月29日、1938年4月7日和5月6日；《卢干滋与蒋介石会谈记录》，1938年6月14日，苏联外交部编：《苏联对外政策文件》（俄文）第21卷。

② 《卢干滋致苏联外交人民委员会电》，1938年8月29日、9月2日；《李维诺夫与中国大全杨杰会谈记录》，1938年10月15日、10月9日、10月29日，苏联外交部编：《苏联对外政策文件》（俄文）第21卷。

③ 秦孝仪主编：《中华民国重要史料初编——对日抗战时期》第三编，《战时外交》第3册，第390页。

苏联向中国运交工业制品既不像第一次那样合同正式成立前已经着手启运，也不像第二次那样随着合同的签订便源源运来，而是发运迟滞。到 1941 年德国入侵苏联，它更爽约，不再启运了。中国政府鉴于苏联正倾全力于其本身的卫国战争，事实上，已无余力支援我国，给予谅解。因此，按第三次借款额该运交中国的工业制品实际上远未运足，信贷动用量还不到原额的一半。

第二节　美国四次借款以及《美国财政援助协定》《中美抵抗侵略互助协定》

抗日战争一爆发，正出访在美国的行政院副院长孔祥熙在纽约向美国记者发表谈话，呼吁有关各国协力制止日本侵略，明确指出，日本侵华不只是损害中日两国关系，也将破坏各关系国的利益。1937 年 7 月 16 日，中国政府向 1922 年参加华盛顿会议签订《九国公约》的各国送交备忘录，谴责日本破坏《九国公约》，侵犯中国领土、主权的完整；若听之任之，势必在亚洲以致全世界产生严重的后果。[①] 美国作为华盛顿会议的发起国、会上达成的《九国公约》签字国，对日本破坏这个公约所规范的远东国际秩序本负有予以阻止的道义责任，可是，其时它将注意力重点放在欧洲，乃以"中立"为词，采取所谓不介入的态度。

1938 年年初，中国驻美大使王正廷向美国政府试探借款的可能性，国务卿赫尔以任何贷款必须经国会批准，而今看不出会有批准的可能性相拒绝。

随着中日战争的展开，美国在华、在远东以及国务院中专注

---

① 刘大年、白介夫主编：《中国复兴枢纽——抗日战争的八年》，北京出版社 1997 年版，第 129 页。

远东局势的部分官员，就其实地体验和思虑所及，对国内孤立主义、中立政策提出异议，主张制止日本的侵略，声援中国。如美国驻华大使詹森力促美国在反对世界恶棍中挺身而出，采取行动。[1] 使馆武官史迪威陈以提供贷款等形式帮助中国，认为这对美国来说，是一种很好的防御措施，比在本国生产防御装备要好得多；而且，只需在生产防务装备拨款中取出极小的一部分提供给中国就能产生很大的作用。[2] 美国亚洲舰队司令亚内尔报告海军部，如允许日本征服中国，那就等于美国放弃亚洲大陆以及对太平洋的控制权，西方在亚洲就不会有前途了；又认为挫败日本的图谋，唯有援助中国的抗战。[3] 国务院官员范宣德认为，中国的抵抗战争不至于崩溃，这不只对中国而且对我们以及其他民主国家来说都是至关重要的；除非日本失败，否则，美国在远东的卷入，将是不可避免的。[4] 国务院的政治顾问、资深远东问题专家亨培克认为，对掠夺成性的日本帝国主义，其军事行动除非被中国人或其他一些国家所制止，否则，美国和日本在国际政治舞台上面对面相对抗就会到来。他认为，美国政府应果断地采取一系列措施，综合政治、经济、军事的潜力，阻止日本军事机器的前进。还有人认为，支援中国抗战正是替美国买下最便宜的国防线，等等。虽然如此，赫尔仍以现行的"中立法"为词，认为设若对华贷款，违反"中立法"，既会遭到国内孤立主义的反对，也会引起日本的反感。但财政部长摩根韬不以此说为然，径函罗斯福力陈己见。他用反问式以加强语气说："有什么样的和平力量能比出现一个统一的中国更为伟大的呢？"他建议：为求有利于保卫美国未来的和

---

① 《詹森致国务院报告》，1938年6月，《美国外交文件》（英文），1938年。

② ［美］巴巴拉·塔奇曼：《史迪威与美国在华经验（1911—1945）》，陈增平译，商务印书馆1972年版，第26页。

③ ［美］迈克尔·沙勒：《美国十字军在中国（1938—1945）》，郭济祖译，商务印书馆1982年版，第22—23页。

④ 《美国外交文件》（英文），1938年，第234—237页。

平，美国应当运用它的巨大经济力量给中国以支持，若不迅速提供实质性的经济援助，在他看来，中国的抗日战争就会瓦解。他强调指出，美国给予中国以财政支持，所要做的只不过略高于一艘战舰的价值，又为什么吝啬于提供这么一笔呢？他进一步说，何况，我们采取这样的一着，不只是支援中国，还能推动世界各地力量反对侵略的斗争。一场有关政策的议论，毕竟向着支援我国倾斜。我国新任驻美大使胡适致电蒋介石，转达罗斯福的主意："一待时机来临，自当尽力以赴。"[①] 我国向美国举借款项期能有成的条件终于具备。

一　第一次："桐油借款"

美国政策既向着对我提供贷款转变，摩根韬于 1938 年 7 月因事去欧洲捎给中国驻法大使顾维钧一个信息：美国有向中国提供贷款的可能性；并道，在战前（1936）曾与中国银行家陈光甫愉快合作，达成了《中美白银协定》；言外之意，中国政府最好再次派陈光甫赴美洽商有关问题。我国闻讯，于 9 月派陈光甫前往美国洽谈。

其时，我国在战场上武汉会战正紧。中国政府连电华盛顿要求提供紧急贷款相支援，既以增加中国的战力，也借以收警告黩武者的作用。这次会战一结束，蒋介石紧接着于 10 月 31 日发表《为国军退出武汉告全国国民书》，明确表示坚持抗战到底，向全世界表示了反侵略斗争的决心。

12 月 15 日，美国国务院发表关于 2500 万美元对华信用贷款的消息。中美双方出于策略上考虑，将这笔具有鲜明政治性的借款做到商业性似的。1939 年 2 月 8 日，由陈光甫以在纽约特设的世界贸易公司董事长身份代表中国政府，与美国华盛顿进出口银

---

①　《胡适致蒋介石电》，1938 年 9 月 19 日，胡颂平编：《胡适之先生年谱长篇初稿》五，（台北）聊经出版事业公司，1984 年，第 1647—1648 页。

行经理琼斯在纽约签订借款合同，约定额为 2500 万美元，规定该款充作中国在美购买农工产品，不得用以购买飞机、军火，中国则在五年间以运销美国桐油 220 万吨价款的部分分年偿付本息。因此，这笔借款别称"桐油借款"。①

　　桐油借款是美国走出援华的第一步。它成立于中国承受日寇军事压力最大之时，数量虽不多，对坚定国民政府的抗战信心，具有一定的积极作用。② 蒋介石致胡适、陈光甫电称："借款成功，全国兴奋"，"从此抗战精神，必益坚强"，"其富于政治意义至显"。美国驻华使馆也注意到这一借款的影响，认为这一着预示美国阻止日本在远东渗透行动的开始。敌国也为之一惊。日本外相有田八郎认为，这次借款令人遗憾，是一个经济强国所采取的与中国抗日相辅而行的一着行动。

二　第二次："锡借款"

　　日本继占领武汉后，改行实施所谓的政略进攻为重的活动。它的主要方略是在中国沦陷区里组织傀儡政权。汪精卫充当汉奸，在日本扶植下行将粉墨登场时，美国由其驻日大使格鲁照会日本政府："美国不能同意在中国由第三国所策划并为该国特殊目的而设的政权。"③

　　桐油借款成立前两周，即 1939 年 1 月 24 日，胡适、陈光甫联袂访谒琼斯，重申中国政府一定抗战到底的决心，拟请美国再次提供贷款 7500 万美元。2 月 8 日，美国参议院外交委员会通过贷款中国 2000 万美元，并表示今后在财政上将继续援华；3 月 8 日，美国进出口银行也做出类似表示。我国政府仍授权陈光甫与

①　王铁崖编：《中外旧约章汇编》第 3 册，生活·读书·新知三联书店 1957 年版，第 1128—1130 页。
②　刘大年、白介夫主编：《中国复兴枢纽——抗日战争的八年》，第 135—136 页。
③　《美国外交文件》（英文），1934—1941 年，日本下。

美国华盛顿进出口银行洽商。陈光甫察觉美国正需要锡，即提出以锡运美，把出售的价款抵偿借款，美方同意，于 1940 年 4 月 20 日在纽约签订《中美第二次借款合同》。中国以滇锡为担保并以出售滇锡价款的一部分清偿本息，因而又名为锡借款，贷款额 2000 万美元。除了此中至少划出 100 万元采购采锡机器及设备，所有余额都充作在美购买除了禁运的军械、火药及军用品之外的农业及工业产品用。

陈光甫在完成这次借款任务离美返国前致电蒋介石恳切陈词："国际上无慈善事业"；"我先自助，人才助我"。"今后抗战必须基于自力更生之原则"，"否则，求人之事，难若登天"。[①]

三　第三次："钨砂借款"

中美锡借款成立不久，日本大举增兵东南亚，切断由越南通向我国西南边陲的陆上通道。中国政府除吁请美国对日施加压力外，建议中、美、英三国在远东地区建设同盟合作关系，要求美国在人力、财力、军事物资等方面援助我国，美国只回应给予财力支援。

蒋介石在中美达成锡借款后，派宋子文作为私人代表赴美于同年 7 月中旬向美方要求提供总额 7000 万美元的信贷以资在美采购包括军用飞机在内的各种武器等用。8 月 11 日，蒋致宋电称："美国若不在金融上从速予我接济，则中国内外形势实难久持。"[②] 宋子文经与美国政府磋商达成协议，数额减半为 2500 万美元。9 月下旬，在日本进占当时法属印度支那形势中，由国民政府、中央银行和资源委员会的三代表宋子文、李翰和吴志翔为一方，与美国进出口银行为另一方，于 10 月 22 日签订第三次借款

---

① 吴相湘：《抗战时期两过河卒子》，《胡适传记资料》二，台北，第 235—239 页。
② 秦孝仪主编：《中华民国重要史料初编——对日抗战时期》第三编，《战时外交》第 2 册，第 100—103 页。

合约。双方约定，由美方贷与中央银行 2500 万美元，资源委员会分五年运销美国值 3000 万美元的钨砂价款作担保，并动用部分来清偿，于是别称钨砂借款。贷方交的现款，由中国自行支配，用于足以便利、增进中美两国间进出口货物的贸易。

四　第四次："金属借款"

蒋介石在日本加紧促使汉奸汪精卫粉墨登场时，电陈美国政府，此事一旦成为事实，对我国国民心理与经济状况必将发生不测的变化。并在钨借款签订前四天，接见詹森，除要求美国提供飞机、派遣志愿人员来华助战外，还要求美国对华贷款"能化零为整，一次贷我巨款"。

美国有自己的考虑，它对日本从其最初声明建设东亚新秩序（1938 年 11 月）、旋使汉奸汪精卫上演所谓"还都"、成立伪"中华民国中央政府"（1940 年 3 月），到 1940 年 9 月与宣布建立欧洲新秩序的德、意法西斯签订三国同盟条约，公然图谋称霸太平洋、重新瓜分世界，给予严重关切的同时，密切注意在中国的上述这些事态的发展。它认定防止中国形势的进一步恶化，必须采取某种行动。当日汪间签订《基本关系条约》，承认汪伪政权并发表所谓"中日满共同宣言"的当天（1940 年 11 月 30 日），美国总统罗斯福在谴责日本恶行的同时，宣布决定对华贷款 1 亿美元，以其半数为商业贷款，半数供作稳定中国汇市的平准基金。

《中美抵抗侵略互助协定》签订后，我国政府认为，今后中国抗战决定成败之因素，实以经济之能否稳定为先决条件，为此，几次向美国寻求财政支援。最著者如 1943 年 11 月下旬，蒋介石参加开罗会议时向罗斯福提出借 10 亿美元的要求。他在所准备的题为《急救中国经济之办法》中叙述 1942 年 5 亿美元信贷已经分配了用途，中国政府因战线过长，开支剧增，加上修建美国战略空军基地及支付在华美军开销等项致通货膨胀日益严重。认为

"非向美国续借美金十万万元，以补充法币一部分之准备"。"军事与民生方足资应付"，也才能"完成最后之胜利"。12 月 10 日、次年（1944）1 月，他一再电致罗斯福，以中国已经到了军事力量、经济力量的极限为词，吁求提供贷款 10 亿美元。不过，罗斯福先后以国会难以批准或以为尚无此必要而都未成为事实。

12 月 1 日，蒋介石函谢罗斯福：适时宣布借款对增加我国对侵略者的抗战力量，提高我军民自信心理，裨益实无限量；并盼早日召见宋子文，把此信贷落实。

次年 2 月 4 日，宋子文代表中国政府并中央银行、资源委员会，与美国华盛顿进出口银行签订成立第四次借款合同。规定借额 5000 万美元，用以购买美国农工产品；我国则以资源委员会在七年间每年定量运往美国的钨、锑、锡等矿品价约 7000 万美元充作担保，并分年偿付利息本金，因而又名之为金属借款。

五　《美国财政援助协定》和《中美抵抗侵略互助协定》

1941 年，是世界局势剧烈变动的一年。该年年底，如上已述，我国以日本挑起太平洋战争，对日、德、意三国宣战，由独立抵抗日本帝国主义的侵略进而为与同盟各国共同反对法西斯邪恶势力而联合作战。美国认定中国战场在战略意义上实为太平洋战区的西线。这场反法西斯世界大战在战略上做了先欧后亚的部署，认定极有赖于中国的抗战到底，使中国继续作战以资牵制。我国经积年苦战，国力疲惫不堪；为配合盟军所部署以求能利于整个战略的贯彻，我国政府向美国提出巨额借款要求。美国乃与我国先后签订《美国财政援助协定》和《中美抵抗侵略互助协定》两件。

（一）《美国财政援助协定》

1940 年年初，我国通货膨胀，物价飞涨，出现了国家经济趋向崩溃的征兆。中国战区既构成第二次世界大战中一个重要战场，

为谋恪守自己的职责，1942 年年初，我国政府向美国提出财政援
助要求。美国做出积极响应，但要求将贷款改为向中国军队直接
提供饷械，意图以此为杠杆，直接控制中国军队。中国政府任命
其时旅居在美的宋子文为外交部长，令他代表中国政府晋谒罗斯
福与作恳谈，绝对不能接受采取这样的有损主权尊严的借款方式，
必须无条件提供贷款。1 月 30 日，宋奉命遵行，获美方同意，放
弃原来提出的方案。2 月初，罗斯福向国会提出对华贷款 5 亿美元
案，经参众两院通过，由罗斯福签署即付诸实施。3 月，宋子文
代表中国政府与美国政府代表财政部长摩根韬在华盛顿签订《美
国财政援助协定》，又称《1942 年 5 亿美元信贷》。此项贷款期求
实现的目标是增强我国对共同敌人作战的力量。[①] 为此，约定此款
主要用于下列 7 项：（1）加强中国的货币金融银行和经济组织；
（2）资助一切必需品的生产、收购和支配；（3）遏抑物价上涨，
稳定经济关系并防止通货膨胀；（4）防止粮食及其他原料的囤积；
（5）改良交通及运输工具；（6）推行社会及经济措施以增进人民
福利；（7）供应美国《租借法案》以外的军事需要，并施行一切
应战的适当措施。[②]

（二）《中美抵抗侵略互助协定》

美国最初应英国的要求，基于自己的国力主动承诺：对反法
西斯战争与有同愿的国家及民族提供军援；为此，美国国会于
1941 年 3 月 11 日通过《租借法案》。此案还在国会辩论时（2
月），罗斯福特派他的行政助理居里来华考察我国财政、经济等需
要。3 月，我国政府鉴于这个法案既施行于欧洲，又要求适用于
东亚。罗斯福在一次演说中明确表示："中国通过蒋介石委员长要
求我们提供援助，美国已经答应，中国将获得我们的援助"；并由

---

① 《美国外交文件》（英文），1941 年，第 652 页。
② 财政整理会编：《财政部经管外债说明书》，参见财政科学研究所、中国第二历史档案馆编《民国历届政府整理外债资料汇编》第 2 卷，1990 年，第 556 页。

詹森通知我国。我国政府即派宋子文为全权代表，向美国提出申请租借物资计划。

1942 年 4 月 2 日，中美双方在华盛顿签订《战时中美租借协定》，或作《中美抵抗侵略互助协定》，并于同日生效。这个协定，以增强中美抵抗侵略互助力量为主旨，规定相互转移、供给防卫用品、防卫兵力及情报；美国政府将上述防卫用品等转移于中国政府；中国在接收后或应给付款项，经美国大总统要求，当采取办法付给款项；战争终了时，中国政府当以未曾毁坏、遗失消耗等的防卫用品归还美国①，等等。

次年 5 月，双方又换文规定中国对美国的援助办法两项：（1）直接供应材料或人工为在华美国武装部队即盟军及其派设机关之用；（2）为美国供给中国货币使美国武装部队及其派设机关在中国政府控制区域内得用以获取供应品及人工并支付其他用途。② 从此，我国为同盟作战所必需的军用品基本上得到保障。

第三节　英国两次信用借款和财政援助协定

抗日战争发生前，孔祥熙作为参加英王乔治六世加冕典礼的中国特使前往英国，兼负有向欧陆国家筹借巨款的使命。他在出访中经与英方洽谈初步商定：英国准备向中国提供贷款 1000 万—4000 万英镑，充作我国稳定币制等用，并可以尽先拨付 1000 万英

---

① 财政整理会编：《财政部经管外债说明书》，参见财政科学研究所、中国第二历史档案馆编《民国历届政府整理外债资料汇编》第 2 卷，1990 年，第 560—561 页。
② 财政整理会编：《财政部经管外债说明书》，参见财政科学研究所、中国第二历史档案馆编《民国历届政府整理外债资料汇编》第 2 卷，1990 年，第 558 页。

镑用作逐步赎回已发行的国内公债的基金。① 抗日战争一发生，我国在寻求友邦支援中对英国寄予厚望，并就借贷问题拟与之做进一步商谈。英国则变卦了，得到的回应是"暂从缓议"，而迄未再议。

英国首相张伯伦对纳粹德国有如其后任丘吉尔日后追记："执行着与法西斯势力保持友好关系"，把处处退缩，避免发生得罪他们的事情，当作最好的办法。② 对东亚的日本，这个政府也执行同样的政策，避免与日本对敌，以求维护其在远东、在中国的既得利益。为了大英帝国的利益，习性使然还时或做出一些有损中国抗击日本侵略的行动，时或又谋利用中国的抗战取作与日本讨价还价的一个筹码。外相艾登当"七七"事变后首次接见中国驻英大使郭泰祺时竟说：这次事变不是日本精心策划的一种侵略行动，为日本侵略者作义务辩护，进而劝告中国政府不要采取使局势可能进一步恶化的行动，妄图促使中国停止救亡的神圣战争。继而当中国平津失守、沪宁陷落，在军事压力十分沉重之际，英国宣布愿与中日两国政府保持良好关系，实则企图促使中国屈服于日本的暴力，中止抗击日本的战争。

英国的政策决定我国孙科受派往欧洲向英国政府试探取得贷款的可能性得到的只有空口的"同情"，"愿意给中国的必要支持"的表示，对中国军民"对日良好战役表示欣慰"，就是"没有取得任何实际结果"。③

我国持续争取着。1938 年 2 月 25 日，行政院院长孔祥熙电告郭泰祺：这时英国若能对我国提供贷款实是一种经济援助，"万不

① ［美］阿瑟·恩·杨格：《1927—1937 年中国财政经济情况》，陈泽宪、陈霞飞译，中国社会科学出版社 1981 年版，第 419—420 页。

② ［英］温斯顿·丘吉尔：《第二次世界大战回忆录》第 3 卷上，第 2 分册，吴万沈译，商务印书馆 1974 年版，第 216—218 页。

③ 孙科语：《苏联副外交人民委员与孙科会谈记录》，1938 年 5 月 19 日，苏联外交部编：《苏联对外政策文件》（俄文）第 21 卷。

能与商业借款同日而语"。又道：目前中国最需要财政援助以进行对日战争，要他向英国政府坦率表示："在这一重要时刻拒绝援助中国，不单要承担道义责任，且有可能对英国利益造成损害。"郭泰祺受命向英国政府洽商这个问题，得到的先是用正在研究财政援助办法相搪塞。不久，张伯伦在下院演说中声明："不能借款"给中国。①

英国对日步步退让、妥协，引起日本着着进逼、威胁。同年11月，日军一占领文莱，即警告英国如果给予中国军事援助将影响香港的安全。英国开始考虑对华援助问题。援助目的据新任外相哈利法克斯在一份有关备忘录里写着：为的是"能使中国对日战争处于胶着状态"，一直持续到英国能和美国一起有效地进行干涉之前。② 如何借款，则依循其前任艾登制定的方针，当同美国一致，走得一样远，既不跑到前头，也不落在后面。援助之见诸借款的是第一、第二两次信用借款的订立。

世界的、亚太地区的局势急剧地变化着。进入 1942 年，英国既已与中美等国同盟作战，以太平洋战区在军事方面自己力有不足须依仗美军；在维护其与中国相邻地区的势力地位上又迫切需要中国的支援③；为保护它在远东可能遭到日军侵犯的海外领地和把从危及它在远东地位的灾难中解救出来，英国对我国乃有《英国财政援助协定》的签订。

一 第一次、第二次信用借款

1938 年 11 月初，蒋介石于广州、武汉相继沦陷之际，在长沙

---

① 《1939 年 3 月 7 日宋子文致孔祥熙函件追述》，重庆市档案馆：《关于中英平准基金借款史料一组》，《档案史料与研究》1995 年第 4 期。

② ［英］温斯顿·丘吉尔：《第二次世界大战回忆录》第 4 卷上，第 1 分册，第 150 页。

③ ［英］伍特华等编：《英国外交政策文件》（英文）第 21 卷，1939 年，第 790—793 页。

与英国驻华大使卡尔晤谈中坦率询问，英国对中国的抗日战争是否愿意给予经济的或其他实际的援助？12月，英国政府认为，这是回应日本警告的机会，允许按《出口担保法案》规定由贸易部支配的1000万英镑中拨给中国300万英镑以资利用。它又唯恐惹怒日本，要求把此事做成一种商务行动，由贸易部办理。

早在抗日战争爆发时，我国即筹谋从西南地区南下或西南向，另辟一条出国境的国际通道；广州既陷落敌手，当即决策另辟滇缅公路作为联系域外的一条要道。交通部受命研究，考虑到该路部分区段在当时英属缅甸境内，一旦路成，进出缅境，事实上势必被控制在英国手里；为谋求能够取得英国的"善意合作"，决定向英国厂商订购车辆以求它能够乐于从事；同时还寄希望借此以显示中英双方密切合作所可能产生的其他如政治、道义等效应。英国也认定这是显示英国不会以日本威胁香港的安全而影响其作出独立的行动的机会。这样，郭泰祺向英国政府提出洽购滇缅公路车辆事，后者即著出口信用担保局局长函复，由该局向英方有关厂家担保，供应车辆，其总额以50万英镑为限。①

郭泰祺旋与桑内克乐夫厂洽谈购货合同，商定采购拖车400辆、三吨货车200辆，于1939年3月15日签订正式合同。此项原估价14.1万英镑，后以溢价2.6万英镑，加上利息作为18.8万英镑；规定从1939年6月份起分8期偿清；由中国政府运销农矿产品的价款，交中国银行在英办事处经理发行英镑库券用以清偿，因此又称之为"滇缅路购车库券"②，为英国接受我国要求，伸出援手的首着。

① 重庆市档案馆：《交通部向英国洽购滇缅公路车辆史料一组（1938—1939）》；《财政部、交通部致郭泰祺函》，1938年12月；《郭泰祺致外交部电》，1938年12月21日；《财政部授权郭泰祺在英发行国库券》，1939年3月1日；《档案史料与研究》1995年第3期。

② 财政整理会编：《财政部经管外债说明书》，参见财政科学研究所、中国第二历史档案馆编《民国历届政府整理外债资料汇编》第2卷，1990年，第537—538页。

英国利用中国的急需和地缘上所处的劣势，所索价格若与美国产品比较"超出甚巨"。交通部只得以办大事，不惜小费，稍自宽慰，吹嘘"其货之优点亦有远非他国出口所能及者"。英国车辆的质量倒是不差，从事后畅行于近千里的滇缅路上得到验证，但也未必尽优于产自他国的。

中国单取得相当于18.8万英镑的车辆远不敷用；接着，郭泰祺奉命再争取信贷，经近五个月的洽商才达成协议。国民政府指派郭泰祺、中国银行指派该行伦敦经理处经理李德橘两人为全权代表，于同年8月18日与英国贸易部代表郝特林签订《1939年五厘英金购料公债》合同一件，额定量为285.9万英镑。① 这一合同与上一合同并称为"英国第一次信用借款合同"。

1940年，宋子文作为蒋介石特使前往英国力争英国提供贷款2000万英镑，受命他可以同意该款可限于英镑区内使用。② 英国迟迟不肯同意；直到日本深陷中国战场不能自拔，判定早结成轴心的日本和德国都急于夺取和瓜分英帝国，而且发现德国正对日本施加更大压力，要求它进攻新加坡以打击英国，削弱英国在远东的地位，始对日本明确表明态度。丘吉尔首相于1941年3月4日正告日本驻英大使重光葵："日本不能期望我们以赞同的态度来看待它正在中国所进行的活动"，英国的"中立"也不可能是日、俄战争时偏袒日本的那种"中立"，并同意为我国政府购买材料、酬偿劳务和其他资助的需要，提供一笔信贷。1941年6月5日，双方订立第二次信用借款，即"1941年英镑区域500万英镑购料借款"。

此项信贷规定供中国充作：（1）在英国本部及英镑区域购买

---

① 财政整理会编：《财政部经管外债说明书》，参见财政科学研究所、中国第二历史档案馆编《民国历届政府整理外债资料汇编》第2卷，1990年，第539—540页。
② ［英］温斯顿·丘吉尔：《第二次世界大战回忆录》第6卷下，第4分册，第679页。

全部或部分英制机器材料以及与购料有关的劳务费用；（2）为中国国家所需并经双方随时同意的其他费用。为求到期本息的迅捷拨付，特设"中英信贷管理委员会"，并由它酌定中国该运销英国的农矿产品——猪鬃、茶叶、生丝、锑品及其他双方同意的产品的数量、日期，售给英政府所同意的厂商，收取英镑货价，存入伦敦密特蓝银行该委员会账户。若不敷偿付时，中国政府即以英镑现汇予以补足。[1]

二　《英国财政援助协定》

过后半年，即到 1941 年 12 月 8 日，中国既与美国、英国等十三国对日宣战，蒋介石收到英国外交大臣艾登来电，保证"当尽……所能，以相协助"。蒋介石召见卡尔，要求贷款一万万英镑，并说明现拟向英举借款项，非普通借款可比，不可能提供任何担保之条件。蒋介石在另致新任驻英大使顾维钧电时，除通报了上述情况并告以此着的政治意义："当此敌寇南进初次胜利之时，敌伪以亚洲为亚洲人的亚洲，竭力鼓吹，煽惑民心。"若"英美贷我十万万之大借款以接济中国"，足以显示"同盟作战同心"。[2]

顾维钧经与英方交涉，电复蒋介石：英国在观望，"候美先决定为参酌"。[3] 又经顾维钧几度协商，英国才应允以不超过 5000 万英镑为度，尽量以各种军火、军需用品供给中国。但提出条件，须以战后中国的关税收入为担保。换言之，中英两国虽已同盟作战，今昔情况已变，英国却本性难改，仍以大英帝国的傲态对待

---

① 财政整理会编：《财政部经管外债说明书》，参见财政科学研究所、中国第二历史档案馆编《民国历届政府整理外债资料汇编》第 2 卷，1990 年，第 540—542 页。

② 《顾维钧致蒋介石电》，1942 年 4 月 21 日，秦孝仪主编：《中华民国重要史料初编——对日抗战时期》第三编，《战时外交》第 2 册，第 262 页。

③ 财政整理会编：《财政部经管外债说明书》，参见财政科学研究所、中国第二历史档案馆编《民国历届政府整理外债资料汇编》第 2 卷，1990 年，第 543—544 页。

中国，企图借关税担保在战后继续控制中国财政。它的要求不能不遭到我国的反对，致多次磋商终无结果，继而，英国发觉日军正策划进攻缅甸，遂据其在必要时借重中国兵力维护它在缅印一带的地位、利益的原有打算，在协商中稍作让步，不再提借款条件，却要规定用途。中方坚决不同意英方规定用途，于1942年年初提出对策：借款用途只作泛举，（1）以3000万英镑充作发行法币的准备金以稳定币值，安定人心；（2）以1000万英镑充作发行国内公债的基金；（3）以1000万英镑收购物资以平抑物价。英方则以坚决要求控制贷款用途相要挟，我国再予拒绝，此项贷款再度中搁一边。

1943年夏，国民政府希望早日恢复搁置年余的贷款协商，就在指定用途上做了有所改动的折中方案，英国仍以强势姿态寸步不让。又经过近一年时间才最后定议，由驻英大使顾维钧和英国外交大臣艾登分别代表两国政府，于1944年5月2日在伦敦签订《英国财政援助协定》，又名《1944年5000万英镑信贷》。其用途规定由中国政府为抵抗日本侵略：（1）在英镑区内采购所产或制造的必需物料，以及为此所需的费用；（2）发行内国公债的担保，但备作第一次用的不得超过1000万英镑，而发行公债的办法和条件"须经双方政府同意"；（3）供作中国应英方要求开往印度、缅甸的军队发放饷给及在当地支出兑换当地货币卢比用；（4）经两国政府随时同意，因战事所需其他各项事务的用费。[1]

《英国财政援助协定》从签订直至第二次世界大战结束尚未动用分文。日本投降[2]，英方提出中止执行，我国给予同意，于1945年11月与之在印度换文，规定本信贷动用期限，截止于

① 财政整理会编：《财政部经管外债说明书》，参见财政科学研究所、中国第二历史档案馆编《民国历届政府整理外债资料汇编》第2卷，1990年，第543—544页。
② 财政整理会编：《财政部经管外债说明书》，参见财政科学研究所、中国第二历史档案馆编《民国历届政府整理外债资料汇编》第2卷，1990年，第543—544页。

1946 年 3 月 31 日，实际则到同年 3 月 4 日止。经结算，中国政府
先应英国要求为掩护其驻缅英军撤往印度，后在同盟作战统一部
署下中国派遣远征军入缅期间就地补给所费等动用数量为 803.6
万余英镑[1]，另提出 12 万英镑备用。这笔信贷的用途既如上述，
决定其最终归于不了自了。

第四节　法国两件路料借款及其中止执行

　　我国当抗战初期，向国际社会，包括法国力陈日本暴力侵犯
我国必致影响远东和平和国际安全，呼吁给予关注并予以制裁。
法国忌惮日本，不敢有所作为。8 月，我国为应抗战必需，决定
在西南地区另辟通道，以利于过境法属安南（今越南）运入军用
物资，驻法大使顾维钧先与法国交涉未得任何结果；时在巴黎的
孔祥熙向法国总理再提此事，法方托词牵涉中立问题，担心同意
会引起对日纠纷，以从长考虑相回绝。[2] 9 月，国际联盟召开第 18
次全体会议，我国出席代表顾维钧在大会发言中要求国际联盟紧
急处置远东严重局势，法国代表旁观左右，嗫不吱声。11 月，
《九国公约》签约国在布鲁塞尔会议期间，涉及运华军用物资过境
运输的议题，法国要求一旦法国对中国军火过境给予便利而遭到
攻击，美英应做出给予支持和帮助的保证。直到 1939 年，法国注
意到日本有进攻越南的征兆，才同意在这种行为首度表现时起，
承诺开放越南，准予中国军火通过，不加任何限制，视同法国货

---

　　① 财政整理会编：《财政部经管外债说明书》，参见财政科学研究所、中国第二历
史档案馆编《民国历届政府整理外债资料汇编》第 2 卷，1990 年，第 543—544 页。
　　② 参见刘大年、白介夫主编《中国复兴枢纽——抗日战争的八年》，北京出版社
1997 年版，第 136—137 页。

物但须由法军代运。关于贷款问题，同年，杨杰出访与法国洽商，提出专以中国输出原料为唯一担保品，由法国提供信用贷款订购军火，遭拒绝。[①] 另外，在同一时段内，法国财政资本组织为利所驱，把我国迫切需要从西南地区开辟经越南的新海上通道取作机会，继战前就对我国西南地区洽商提供路料借款未成后，同意另选线路续行磋商但提出苛刻条件。我国迫于形势，为免再拖延，一律让步，并明告法银团所以权宜同意，一切系于"精神合作"。[②] 湘桂线南镇段和叙昆铁路的如下借款两笔，才先后成立。

一　湘桂线南镇段借款

国民政府鉴于战前越南海防港设备完备，可泊万吨巨轮，是可利用作为一大出海口；抗战一起，迅即决定从广西南宁到镇南关（今睦南关）修建铁路以便南下出关与越南境内铁路相接，直达海防；北向则与在建的湘桂路衔接，构成战时一条交通大动脉。法国由巴黎荷兰银行等四家银行组成的银团在其政府支持下向交通部承揽提供料款；该部与之磋商，却要索多端。交通部以抗战第一忍痛迁就，以让予广西全省采矿权为条件，于 1938 年 4 月 22 日由财政、交通两部代表中国政府与之订立《湘桂铁路南镇段借款合同》。规定此项借款以法郎计，其中材料价款 1.5 亿法郎、工程费 3000 万法郎，共计 1.8 亿法郎（约合当时国币 1800 万元）；另 14.4 万英镑组成。次年 3 月，购置机车、车辆，增订附约加借 3000 万法郎。这些贷额年利率都是 7%，期限为 15 年，以路成后的营运盈余、广西省矿产品年国币 80 万元和南镇段产业及其所得利益，分别列作第一、第二、第三担保。

---

① 《杨杰致蒋介石电稿》，中国第二历史档案馆：《抗战初期杨杰等赴法寻求军援……来往文电选》；《民国档案》1999 年第 2 期。

② 姚崧龄：《张公权先生年谱初稿》，第 196 页。

二　叙昆铁路借款

法国战前曾与我国铁道部洽商提供修建叙昆铁路的材料贷款，未达成协议；战事一起，英商马斯曼洋行探悉我国有意修建滇缅间铁路，向交通部钻营，初步作成备忘录。法国大使那齐亚闻讯，深防或有损于法国自认为的在我国西南地区具有的特殊权益，起而干预。他催促其本国银团来华与我国交通部继续商订叙昆铁路借款。交通部在与之磋商中，它又苛提条件；时经两年，在我勉予同意以川、滇两省的铜、锡、钨、金、铅、煤或石油等采矿权，除已属私人所有外全部充作借款的抵押品为条件后，1939 年 12 月 21 日，也就是欧洲战事已经发生时，财政、交通两部代表中国政府才与这个法国银团代表在重庆签订《叙昆铁路合同》和《叙昆铁路矿业合作合同》；第二年 3 月 1 日，经中、法两国政府批准生效。铁路合同中规定，法国银团为采购建筑该路材料及设备提供贷款 4.8 亿法郎，年息 7%，中国政府发给期票在 15 年内偿讫，并以普通盐余等收入和该路产业收入作为担保。《叙昆铁矿业合作合同》规定，法方对该路沿线两侧各 50 公里的地带享有与中国共同探矿和经营的权益，等等。[①] 换言之，法国银团乘我处于危急以取得巨额权益才同意这笔贷款。《叙昆铁路合同》一签订，为测勘线路购买洋灰、炸药之类，提用过百余万法郎（折合国币约 20 万元）。但贷方法国银团旋即爽约，声称欧洲战事正紧，自需钢材难以提供。[②] 6 月，法国当局在纳粹德军入侵下投降，更说不上履行合同了。8 月 30 日，纳粹德国卵翼下的法国维希政权与日本签订《松冈·亨利协定》，不只是允许日军进驻越南，并将运至越南海

[①]　宓汝成编：《中华民国铁路史资料（1912—1949）》，社会科学文献出版社 2002 年版，第 815—819 页。

[②]　交通部财务司编：《交通部债务汇编》，参见财政整理会编《财政部经管外债说明书》，财政科学研究所、中国第二历史档案馆编《民国历届政府整理外债资料汇编》第 2 卷，1990 年，第 107—108 页。

防的我国所有铁路器材任由日军劫取。我国政府为此先宣布合同中止执行，继严正声明对所遭受的损失保留索偿权，曾提用的区区款项，予以勾销。

相应于抗日战争期间我国与友邦、盟国关系的变迁，与之结成的经济往来关系在前一阶段简单明确，是借贷关系；在后一阶段，就形成这些关系文件的名目，既有信贷、援助并称，也有援美国对盟国的"租借法案"而构成中美间的"抵抗侵略互助"的。所有这些，其实质，究竟是借贷、是援助，还是别的什么？在第二节、第三节里既把有关事项做了叙述，这里试作辨析以确定其性质。

（一）三项事例的辨析

有待辨析的事例有三：（1）1942年3月的《五亿美元借款协定》，又称《美国财政援助协定》；（2）1944年5月的《五千万英镑信贷协定》，又称《英国财政援助协定》；（3）1944年6月的《中美租借协定》，又称《中美抵抗侵略互助协定》。这些协定都付诸实施，所动用的金额及其支配状况已分别详述于前文。此3笔就其称谓又可分为两类：（1）和（2）同属信贷、援助兼称；（3）则是一新词"租借"。对前一类信贷、援助的成立旨在谋求美国与我国汇率的稳定，用以加强中美之间的财政合作，并促进中美利益和友好关系，定性虽套用"信贷"一词，可是作为信贷关系要素的利率、期限等都付之阙如；显然，这绝不可能是一种疏忽，推定为在签约时对其究竟定作信贷还是援助尚在琢磨，也许更属近真。虽然对这些要素或有动用完毕后利率之如何计算、加息如何偿付及其他各种条件，再作商议的规定；可是迄今未见史料曾经做过这样的商议。因此，这些信贷以"为稳定汇率与加强金融货币"，且大部都未动用过，指为基础，若定其性与其说是信贷，毋宁更应定义为盟友之间援助更符合实际，即从当初虽拟作为信贷，随着形势的演变相互间渐有谅解，终蜕化成为一种援助。（3）之援美国《租借法案》所形成的一笔，就该《租借法案》涉及的内容包括情报、人力、物力（主要是军火）等；并处处标明相互提供，虽然事实上是由美国提供得多，特别是在物力方面。对这些，《租借法案》规定，若利用了，如军火，就让其烟消云散；若须给付款项，则再据美国总统之要求来定夺；如果未曾毁坏、消耗，于战争结束后返还美国，却又都未见实施。因此，这种办法实为美国在第二次世界大战中以自己处在后方又具实力，自愿对这次大战做出的一种贡献，是之前未有的一种特有的战时军事经济关系，并以"租"与"借"两字构成一个新词以称谓这种战时军事经济关系。相对于所构成的"租"与"借"，虽有联系但实特具新义。因此，援美国《租借法案》而与我国所形成的关系的性质，非借贷，是援助，而且是相互援助的"互助"。

上记三项事例做了如此辨析，在本书中不再取作我国的对外借款处置。

（二）战时借款的清偿

友邦为济我之急、解我之困，出于善意，先后共提供贷款 11 笔：苏联 3 笔、美国 4 笔、英法两国各 2 笔。此中法国的 2 笔在法国于大战期间一度局势剧变，成立不久即被我国政府宣布中止执行，这里予以剔除。所余 9 笔借款的介质，是"货"而非金钱，并以"货"来清偿。易货构成其共同特点（英国为部分易货）。借贷双方所供之货泛称"工业制品"或"农矿产品"，其具体品名，苏联是枪、炮、坦克、战斗机等，纯属军火；美国则是电信器材、汽车、交通工具、汽油、柴油、燃料和医药用品以至军毯，等等；英国基本上就是像形成文书中所标明的那些。所有这些，虽货的具体品目在各友邦所提供的各不相同，但其为直接、间接增强我国的战斗力则相同。

友邦既以善意贷"货"给我以济急，我则报偿以彼所亟须之货。财政部以"货"——矿产或农产之不同，分别委托资源委员会和其部属贸易委员会（它又责成其下属复兴、富华两公司）负责办理收购、运输和交割。

　　连年输出货量究竟有多少？且单举矿品输往苏联的数量为例，略如表 14-2 所示。

表 14-2　　　　　　　运往苏联的矿品（1938—1949 年年初）　　　　　单位：吨

矿品	钨砂	纯锑	汞	锌	铋
数量	40726	12293	610	600	35

　　资料来源：吴兆洪：《我所知道的资源委员会》，参见全国政协文史资料研发委员会工商经济组编《回忆国民政府资源委员会》，中国文史出版社 1988 年版，第 920 页。

　　美、英两国的实际债量相加，相当于苏联的 2/3，则为偿债而输出的矿品量该追加相应的量。如此巨量矿品，加上巨量农产品，在交通设备不足、江海要口和铁路多所阻断境况下，我国有关机构尽力利用一切可以利用的运输工具，辅之以人力的背负、肩挑，迢迢数千里地跋涉于西北的大漠、西南的崇山峻岭来完成；终于换得了使所有借款都能按约定的还本付息日期如期偿清。分国别来说是：苏联 3 笔，第 1 笔借款提前还清，第 2 笔如期还清，第 3 笔截至 1949 年 4 月中国人民解放军准备渡江时矿品停止运输时止，据有关人士回忆，"偿还得已经差不多了"。[1] 在清偿过程中，苏联驻华大使潘友新屡函中国当局"极尽赞许"我国履行合同的信誉和效率。1949 年春，苏联使馆商务参赞临回国前，在上海设宴告别我方有关人员，再三表示感谢历年来的合作。[2] 美国借款的清偿基本上与对苏联的相似。对于结算方式，在清偿过程中经几度协商，本着互谅精神，做出一些变动。太平洋战争发生后，美国应我国要求一度同意"停止还债"，旋予恢复。4 笔借款中的首

　　① 吴兆洪：《我所知道的资源委员会》，参见全国政协文史资料研究委员会工商经济组编《回忆国民党政府资源委员会》，中国文史出版社 1988 年版，第 98 页。
　　② 吴兆洪：《我所知道的资源委员会》，参见全国政协文史资料研究委员会工商经济组编《回忆国民党政府资源委员会》，中国文史出版社 1988 年版，第 98 页。

笔——桐油借款提前两年还清，获美国舆论好评："这为世界战时国际债史上所罕见！"琼斯特电孔祥熙表示祝贺，特别对陈光甫及其同人表示钦佩。[①] 截至 1948 年，偿清了第三、第四两笔借款，第二笔借款略有一些尾欠款，旋归不了了之。英国部分借款，以其成债较晚迟，借期较长，截至 1948 年年底，对所有到期的本息皆陆续付讫。总的来说，我国政府在当年对战时外债的清偿，能以信义自重，按合同要求履行清偿义务，既赢得了好评，也维护了国家的尊严。

---

① 姚崧龄：《陈光甫的一生》，（台北）传记文学出版社 1984 年版，第 86—95 页。

第十五章　抗战胜利后复员岁月的债政和借款

　　1945 年 8 月，我国以全民之力打败了日本侵略者，当国执政者以复员需用浩繁，在所制定的经济政策基本方针方面，是与各友好国家实施经济合作、洽借外债，并准备为此创设条件，率先恢复偿付战时停付债项以树债信，作为要着。行政院长兼外交部长宋子文于同月率团前往苏联议订《中苏友好同盟条约》，顺便向苏联提出借款问题。苏联承诺支持，转又坦率相告：真正具有实力的是美国。宋子文旋离开苏联飞往美国、加拿大，转往欧洲，继续试探。他向美国当局提出为供战后经济建设借款 20 亿美元的方案（以其中 11 亿美元供工业建设，9 亿美元主要用于铁路等交通建设上，第一年先拨支 5.6 亿美元），获原则同意。美国进出口银行旋表示可以先从所存现金 8 亿美元项下动用 5.6 亿美元，余额 14.4 亿美元待经国会通过后再行贷给。宋子文再往加拿大，在与总理金氏会晤中后者表示，可以先行贷款 6000 万加元。之后，宋子文转往欧洲，获得英国政府的空口许诺：总有一天会像美、加两国那样地办理。到法国，法国当局表示了类似意向，自由法兰西武装力量领导人戴高乐坦率回应：看！我这个破烂摊子，实在没法。欧美友邦的现实状况决定我国战后借款，事实上达成的只有美、加两国。

第一节　借款的追求及其终结

我国打败了侵略者，并与盟国并肩作战，为维护国际正义和世界持久和平作出了自己可能做出的贡献，在国际社会中取得了理应取得的地位的同时，在自己国家的前途上仍存在两种命运：中国国民党依然要走它的老路；中国共产党则努力奋斗，开辟一条建设独立、统一、富强中国的新路。抗战一胜利，国民党顽固势力旋即发动内战；经过半年多时间而全面展开。国内形势的剧变，给予对外借款的影响，是加拿大按曾经约定的提供了一些而不再后续；美国则由提供"信贷"随着形势的演变而急剧向着"援助"转变。

一　加拿大借款

1946 年 1 月，我国驻加拿大大使刘师舜据头年宋子文与加总理金氏达成的协议，与加拿大政府商务、财政两部进一步商定我国所需购货价款由后者随时拨交以备支用。接着，我国驻美物资供应委员会主任委员王守竞前往加拿大，于 1946 年 2 月 7 日与加方订立《加拿大借款》一笔。这是中国政府在抗战胜利后举借的首笔外债，也是我国近代外债史上向加拿大借得空前绝后的一笔。[1]

本借款额定 6000 万加元，其中，2500 万加元供向加拿大购买大战时互助物资及其他工业设备，3500 万元购买中国政府所需的各种建设器材及支付劳务费用。另规定采购手续及期限从订约日起至 1947 年年底止，届时须办理完毕。旋鉴于加拿大的供应和太平洋运输情况，于 6 月双方签订修正合约，动用期限延长一年至 1948 年年底止。[2] 采购完毕后，双方结算历次拨款连同年息 3%，合成总数，再由中国政府以同额加币债票送交加拿大财政部作为清偿借款的凭证。此项债票分 30 年平均摊还，每年 6 月底和 12 月底各付息一次；1948 年年底起，每年还本一次，至 1977 年年底止偿清全部本息。另有一条规定：每隔半年中国政府须以纯金或外汇，至少照该半年内借款动用量的 20% 购买加币，以备支付采购或其他费用。截至 1947 年年底，实际动用加币 3264 万余元，应付利息 88.33 万余元，这笔息金即从借款内支付，把借款动用额作为 3352.34 万加元。[3]

二　美国借款及其旋以"援助"取代"贷款"的质变

第二次世界大战临结束时，国民政府曾向美国政府提出"续

① 本书以国债为对象。附记两笔由政府提供担保的民族资本企业的公司债如下：民族资本家卢作孚于 1944 年 10 月前往纽约参加国际通商会议时，与加拿大政府驻华盛顿商务代表皮尔士接触中曾谈及为民生公司贷款造船事并达成协议。他回国后将经过呈报国民政府；抗战胜利后，蒋介石指示从速为此项"准予担保"而由行政院秘书长蒋梦麟于 11 月 20 日以通知批复该公司："准予照办。"1946 年 10 月 3 日，该公司与加拿大帝国银行等三银行正式签订借款合约，达成 10 年期、年息 3%、贷款 1275 万加元一笔。另一民族资本巨子李烛尘为永利化学公司向美国进出口银行借款一笔，计 1600 万美元，由政府负担保之责但不得支配用途等项。
② 财政整理会编：《财政部经管外债说明书》，参见财政科学研究所、中国第二历史档案馆编《民国历届政府整理外债资料汇编》第 2 卷，1990 年，第 565—566 页。
③ 《1947 年 6 月份公债部分月报》，1947 年 7 月 1 日，参见财政整理会编《财政部经管外债说明书》，财政科学研究所、中国第二历史档案馆编《民国历届政府整理外债资料汇编》第 2 卷，1990 年，第 457 页。

借 5 亿美元"的要求；次年（1946 年）4 月，驻美大使魏道明电告外交部：美国政府根据马歇尔将军的"美国应以特定财政措施协助中国建设及发展"的建议，并经美国进出口银行决定，在 1947 年 6 月 30 日期限以前划出 5 亿美元供中国政府机关及私人企业购买原料、设备及劳务之用。又称：进出口银行对于此项借款提出的条件中尤以中国政府提出建设计划经其同意为前提。[①] 财政部奉行政院令："希速即拟具借款计划。"该部当即邀集水利委员会、农林部、资源委员会和交通部等部会共同讨论。各该部会旋即先后分别提出工程计划和预估经费，拢总一算需 14.5 亿美元，几乎达到 5 亿美元的 3 倍。财政部鉴于如此款量的建设计划，没法提出，提出了也难获同意。各部会之间于是又做了一番讨价还价的磋商，而终于制作出一个连自己也不敢相信是认真做成的计划。这笔借款终未成为事实。虽然如此，国民政府仍存幻想，并一厢情愿地称："据报载消息，美国原则上已同意。"云云。直到 1947 年还在计划积极交涉这 5 亿美元借款[②]以自欺欺人。

美国经济在第二次世界大战岁月中独获繁荣。战争结束，大量物资过剩亟须处理。为此，它愿以过剩物资作价，转作贷款；并应我国的要求，指定以美国华盛顿进出口银行作为承贷机关，我国则由驻美物资供应委员会主任委员王守竞于 1946 年 6—8 月间与该银行连续签订物资借款合约 4 起。[③] 这些合约有两项规定相同：（1）所提供的贷款绝对用于所规定的物资；（2）该银行应随时拨付我政府购料价款由中国政府发给期票作为凭据。达成的每件合约名目及其基本内容，略述如下：

---

　① 陶文钊：《美国对华政策辩论与 1948 年〈援华法〉》，《近代史研究》1988 年第 3 期。

　② 《财政部公债司……鉴呈》，1947 年 3 月，参见财政科学研究所、中国第二历史档案馆编《民国外债档案史料》第 2 卷，中国档案出版社 1991 年版，第 454 页。

　③ 财政整理会编：《财政部经管外债说明书》，参见财政科学研究所、中国第二历史档案馆编《民国历届政府整理外债资料汇编》第 2 卷，1990 年，第 567—571 页。

（1）铁道购料借款。1946 年 6 月 3 日签约（同年 8 月 26 日修正）；借款 1665 万美元，期限为 30 年，年息 3%，头五年只付利息，第六年（1951）起开始还本，至 1976 年偿清本利，供作在美国采购钢轨、枕木以及桥梁材料等用。

（2）购买发电机借款。7 月 16 日签订，贷款额 880 万美元，利率、借期与铁道购料借款相同，供在美购买发电机及其附件设备。

（3）购船借款。8 月 5 日签订，贷款额为 260 万美元，年息 3.5%，期限为 15 年，供购船只使用。

（4）采煤设备借款。8 月 26 日签订，贷款额 150 万美元，年利率 2%，期限为 20 年，供在美购运采煤所需的器材及设备用。

作为 4 笔借款的物资，运至我国的实际情况及其价款，即实际债量以及拨归哪些部门，大致情况如表 15-1 所示。

表 15-1　　　　　　美国购物借款实计量和物料类别及接收单位

（1946 年 6—8 月）　　　　　　　单位：万美元

借款名称	约定额	实借额	物料类别	接收单位
铁道购料借款	1665.0	1427.5	钢轨 9 万吨，道岔 1000 副及配件 625 吨，枕木 150 万根及桥梁 5 万吨	交通部
购买发电机借款	880.0	390.0	5 千瓦发电机连同配件 10 套	资源委员会
购船借款	260.0	254.1	4000 余吨旧船 10 艘	交通部
采煤设备借款	150.0	82.5	采煤补充材料 15 吨	资源委员会
总计	2955.0	2154.1	—	—

资料来源：据 1947 年 2 月 30 日中国物资供应委员会关于借款购料经过复财政部函，参见财政科学研究所、中国第二历史档案馆编《民国历届政府整理外债资料汇编》第 2 卷，1990 年，第 567—571 页。

1947 年，国民政府为购买轮船向美国航务局借款 1650 万美元。截至 1948 年年初，计接收自由轮 10 艘，N-3 轮 8 艘，实际动用额 694.6 万美元。① 这一笔与表 14-1 的实借额相加，共计 2848.7 万美元。

　　国民政府在美国"调处"国共军事冲突的掩护下继在东北、华北、华东、华中各地部署了进犯解放区的军队之后，于 1946 年 7 月发动全国规模的反革命内战。8 月 10 日，马歇尔与美国驻华大使司徒雷登发表联合声明，宣布"调处"失败，以便让蒋政权放手打内战。② 与此相关，美国支持蒋介石政权在财政经济方面出现由贷向"援"的质变，干脆"出钱出枪"以实施其既定的对华战略。③ 中国共产党明察形势，由中央委员会先于 1946 年 7 月发表宣言："在联合政府成立前美对华一切贷款，中国人民概不负责。" 1947 年 2 月 1 日，再次声明："对于 1946 年 1 月 10 日以后，由国民党政府单独成立的一切对外借款……本党在现在和将来均不承认，并决不担负任何义务。"④ 10 月 10 日，由中国人民解放军总部公布的《双十宣言》中，"否认内战期间蒋介石所借的一切外债"。所有这些，直接是对蒋介石政权、间接兼对贷方即美国提出警告，表明了严正立场，否定所有此类已成借款的有效性。

---

　　①　《财政部长在国民大会上的施政报告》，1948 年 4 月 13 日，财政科学研究所、中国第二历史档案馆编：《民国外债档案史料》第 2 卷，第 468 页。

　　②　《毛泽东选集》第 1 卷，人民出版社 1969 年版，第 1200—1201 页。

　　③　美蒋双方先于 1946 年 6 月 14 日订立《美国租借法案 3-C 接管合约》；同年 8 月 30 日，行政院长宋子文与美国政府代表、国外物资清理专员马凯签订《美国太平洋剩余物资购买合约》。财政部日后就此两"合约"涉及之物料，做了分类并确定其基本性质是：（1）战后租借物资，属援助；（2）善后救济物资，属救济；（3）战后借款物资，属借款，也就是上文已经提到的 5 笔借款；（4）剩余物资或作太平洋剩余物资，是对第二次世界大战期间经济钱货往来做番结算，此项就所移交的物资扣除当年美军作为盟军由我国提供劳务、物品、现金后从余数中商定由我国另拨相当于 5500 万美元（其中 3500 万美元交美国在华购买房地产之用，2000 万美元交美国在华教育基金用）暂作清理。这样，以上四类，除了（3）类是承认既成事实的借款，其余的统统不具有借贷关系的性质，而是无偿提供武器物资的"援助"。

　　④　中央档案馆编：《中共中央文件选集》第 16 册，中共中央党校出版社 1991 年版，第 402 页。

第二节　筹划恢复偿付战时停付债项及其结局

1946 年 4 月，财政部长俞飞鹏认为，"复员建设开始"，为有利于利用外资，该注意巩固债信，如何处理战前外债是当务之急。行政院批示："准予照办。"[①] 财政部付诸行动，一匡算，待处理的债量甚巨，实在不是当时国库财力所能负担；行政院获悉后，改定"从缓实施"。[②] 可是，上述信息一经传出，转即陷国民政府于极其被动地位。加上它在挑起内战后境遇每况愈下，在无从措手中，最后交由行政院新闻局发言人发表谈话方式，欲就此事草草予以了结。

财政部并向行政院提出处理战前外债方案，其大要是：（1）从恢复偿付 1939 年 1 月起暂行停付的关、盐两税作担保的 8 笔外债做起；（2）考虑到这 8 笔债项已经停付 8 年，累计数量甚巨，虽说当年与停付同时规定了由位于战区外的海关税入中按比例摊存于中央银行的款项以备清偿，而在战时所收关税原本很少，加上战时币值猛跌，历年摊存的账面上款量到此时已根本难以当用，建议援照第一次世界大战中我国在参战后缓付借款 8 年成案，将战时停付的外债一律延付 8 年，即从 1946 年 7 月 1 日起开始补付，顺序递移，在 8 年里分年偿清；并再退一步，先付利息，本金暂不涉及。行政院交财政、交通两部复议。经再三商讨，行政院明知目前国家财力如恢复偿付外债，实非易事，于是以"战后

---

① 《财政部……致行政院呈》，1946 年 4 月 20 日，财政科学研究所、中国第二历史档案馆编：《民国外债档案史料》第 2 卷，第 481—482 页。

② 《行政院密令财政部》，1946 年 12 月 24 日，财政科学研究所、中国第二历史档案馆编：《民国外债档案史料》第 2 卷，第 494 页。

诸盟国亦未见诸偿付"作为补充理由，于 12 月 24 日收回成命，改令"暂从缓议"；考虑到有关消息业经外传，责成财政部对清偿战时暂行停付的诸债事，采取发表谈话方式，做一解释，期能"解除"外人对于我国债信的疑虑。在此期间，与我国外债有关的国体和个人遂展开多种行动，亟谋索偿旧债。

例如，英国伦敦的"中国债券持有人公会"驻华代表、汇丰银行（上海）负责人盖士礼，于 1947 年 2 月中旬手持该公会主席俾斯保罗勋爵 1 月 15 日信件并附备忘录两份，面交财政部，内称："如今战事业经结束"，"中国政府应迅作计议，恢复偿付战前债务，以维护中国债信"，并要求"按原有合约，设立借款偿债委员会，以表示中国政府履行合约之诚意"。来件不顾中国政府在抗战期间从 1942 年 10 月 1 日实施公库法起，早把所有海关收入尽数归于国库，不得从中提付任何款项；而企图重温旧梦，要求原指定为担保的关、盐各税继续专案提存于原借约中规定的由债权方指定的"外籍银行"以示诚意，"而维债信"[①] 这里需加说明一点：原借约由债权方指定的外籍银行虽有多家，事实上则以英国汇丰银行为最主要的一家。来件中冠冕堂皇地泛称"外籍银行"，其真意在谋把由海关继续专案提存的款项，即使不是全部也是其绝大部分提存于汇丰银行以利其营运周转。另要求：如果专案提存之数不足，应出期票，准在任何税关充作"缴税之用"[②]，等等。

又如，法国巴黎的"法籍证券持有人全国联合会"于 1947 年年初，委托来华访问的法国经济代表团团长穆和将要求中国清偿法籍企业、公民债项的信件，面交中国财政部。相应于当年法国

---

① 《财政部 1947 年 2 月 18 日致行政院密呈稿（附盖士礼来件）》，参见财政科学研究所、中国第二历史档案馆编：《民国外债档案史料》第 2 卷，第 543—544 页。

② 《财政部 1947 年 2 月 18 日致行政院密呈稿（附盖士礼来件）》，参见财政科学研究所、中国第二历史档案馆编《民国外债档案史料》第 2 卷，第 543—544 页。

国势，与英国的类似组织语词略有所异地表示："法国人民购存中国债券虽不若英国之多，然为数亦甚可观。""中国政府或因情势需要，恢复清偿外债，本会当以充分谅解之精神，与财政部会商。"①

再如，以个人名义提出要求的。如英国公民希尔于 1948 年 4 月 9 日径函中国财政部，指责中国政府虽重申"尊重"清偿旧时债务的决心，做出于"时机成熟尽速恢复偿对本息"的诺言，可是，"时逾几个月"，它未采取任何步骤，引为不满。信里还指责中国政府对战时借款的到期本息未如期清偿，而对战前构成的旧债则不予均等考虑，实为处置不公，等等。②

对这些以及类似这些催索清偿旧债的行动，给予国民政府既定恢复偿付部分外债的部署以一定冲击，并深陷于被动。财政部一度设想试与之先行洽商，求能破除外人对我国债信的疑虑。行政院得此报告，于 1947 年 5 月 15 日再令财政部用发表谈话方式相对付，并提示内容：表示我国注意履行债务的诚意，一待国家财政金融形势稍趋稳定时，即与那些持券人组织洽商恢复偿付办法。财政部据此拟了"声明"的谈话稿，于 7 月 17 日报经行政院同意，8 月 5 日行政院改行指示财政部不必为此事特别发表一个声明。财政部转与行政院新闻局商妥，最后于 1947 年 8 月 13 日在该局记者招待会上作为一则新闻发布，称："溯忆战前数年，中国政府曾经解决前北京政府所遗旧欠悬案甚多……不幸此种艰苦之努力，尽为日敌所摧毁。此次世界反侵略大战，中国抗战最久，损失最重；现在战争虽已结束，然中国经济与财政复员工作，仅方开始；而战后建设，需款迫切，构成当前财政上之艰巨负担，

---

① 《法籍证券持有人全国联合会公函》，参见财政科学研究所、中国第二历史档案馆编《民国外债档案史料》第 2 卷，第 546 页。

② 《财政部公债司 1948 年 4 月 27 日呈文中录希尔来函》，参见财政科学研究所、中国第二历史档案馆编《民国外债档案史料》第 2 卷，第 557—558 页。

尤以外汇方面为然。另外，全国工商、交通各业以及税务行政，又需相当时日方可恢复正常。今日之中国正如战后其他多数国家仍须依赖国际之经济援助发展工商业，以培植偿债能力。虽如是，中国政府深具决心尽其最大努力以履行其偿债义务，并诚心愿望财政状况能尽速改进，以便战前各债得以早日恢复偿付。"①

国民政府在客观条件根本不具备的情况下，贸然提出恢复清偿战时停付的外债，终由新闻局发布一则新闻予以收场。可是，进入 1948 年后，当它已濒临土崩瓦解时，翁文灏还于就任行政院长所发表的"施政方针"里，梦呓般声称"政府应积极恢复债信"。② 赚得的回音是盖士礼于同年 4 月不以中国政府为对手，私度陈仓般函请中国总税务司李度早日设法恢复偿付以关税作担保的中国外债③；继则法国驻华使馆于 10 月送达法国有价证券持券人协会致财政部部长函，除埋怨中国政府保证偿付中日战争间停付本息的各项外债，而时过一年，未有动静，并"吁请"告知究竟准备怎么来恢复偿付，等等。④

整个形势的发展显示：行将终结的习称"中国近代"这一期间形成之成为问题的外债，不只是限于恢复偿付抗战期间暂停支付的债项，而是亟待从头越了。一当中华大地换了人间，中华各族人民经过充分协商，即规定了可据以遵循的总的处理原则，这则属于后话了。

---

① 《财政部拟声明文稿致行政院密呈》，1947 年 7 月 17 日，参见财政科学研究所、中国第二历史档案馆编《民国外债档案史料》第 2 卷，第 496—497 页。《8 月 13 日行政院新闻局发表的声明》，参见当时《中央日报》等诸大报。

② 《财政部公债司在该部国民月会上的报告》，1948 年 7 月 12 日，参见财政科学研究所、中国第二历史档案馆编《民国外债档案史料》第 2 卷，第 474 页。

③ 《总税务司关于盖士礼函……致关务署呈》，1948 年 4 月 5 日，参见财政科学研究所、中国第二历史档案馆编《民国外债档案史料》第 2 卷，第 549—553 页。

④ 《外交财政两部关于……偿付债款来往代电》，1948 年 10—11 月，参见财政科学研究所、中国第二历史档案馆编《民国外债档案史料》第 2 卷，第 561—562 页。

第十六章　外债的量化解析

在从 19 世纪 50 年代初起的近百年（1853—1948）间，我国历届政府举借了约 700 笔外债，款额近国币 26 亿元，又美元稍过 4 亿元。本章继前文叙述了各笔借款形成经过后，尝试把它看作一个整体，以长波的视角，各以若干统计，分成三组，作番量化解析。

第一节　借款的计量单位和总量

量化解析，首须解决的是借款的计量单位该以哪种货币为准，这个本该不成问题但竟成颇感难以处理的一个问题。历史事实是：在最初 40 年（1853—1894 年）间，计量单位概以我国广泛流通而非铸币的多种银两为准；往后 40 余年间（1895—1937 年），中外币兼用，并呈现渐被多种外币取代的趋势。在从抗日战争发生起延续到胜利后这十年里，本国货币在币值日跌、与外

币比价直泻而下中实在难以取作为准了。① 本书探索对象既然是
中国的对外借款，此事又直接、间接地广泛涉及国内政治、经济、
社会生活的多个方面，本该也理该以本国货币作为计量单位；可
是，面对如上事实，不得不勉作一番权宜，先将我国 1853—1948
年的对外借款经过，以 1937 年 7 月举国抗战之日为界，区分成前
后两大阶段，前段用银圆作计量单位，后段则以外币的美元为准。

　　一部债史为计量区分成两大阶段，而当年借款无论是以我国
货币还是以外国货币为准，都各有多种。如在清政府始借外债的
头 40 年里，以银两主要是库平、规元为准，还有以成色的差异
和主要流通地域的不同的各色银两，如"京平""济平""行
平"等；而后改以银圆以及 20 世纪 30 年代中期"废两改元"
后的法币为准。就外币说，情况类似，主要是英镑、马克、法郎
（又有比、法之分）、美元、日元以及里尔（意）、弗罗令
（荷）、港币、加（拿大）元等十余种，中外货币相加，近 30
种。作为计量单位如此庞杂，货币本身之值时有涨跌，相互间的
折合率更多变动。怎么折合归一？这里且取北洋政府财政部
《民国八年度债款岁入岁出预算专表说明书》和《财政整理会试
拟 1924 年度中央各省区国家岁入岁出预算表》等文书，以及财
政整理会 1924 年所规定的中外币折合率，并参考 1895—1936 年
中外汇率和银价变动指数②做些微调，且以规元银一两折合银圆

---

　　① 1938 年年中，财政当局为与敌、伪套汇作斗争，在外汇市场上对美元与国币的
比价实行管制，定为 1∶10；可是受形势所迫，过不久由 1∶20，而 40、80……而终乏
人问津。于是，财政金融当局在黑市牵引下，设想以"补助""奖励"措施以资补苴，
如对华侨汇至国内款项，除按官价折合，另外，按所定比价授以由 10%、20% 而
80%……直至 24 倍作为"体恤"；终在难以为继中停罢汇市。待到抗战胜利后的 1946 年
年初，财政部重行开放外汇市场，由中央银行挂牌与美元的汇率：一美元折合国币 2020
元；到 8 月，猛跌至 3350 元兑换 1 美元；旋复以无法收拾告终。参见财政部财政年鉴编
纂处编纂《财政年鉴》第三编、第十编，商务印书馆 1935 年版。
　　② 陈争平：《1895—1936 年中国国际收支研究》，中国社会科学出版社 1996 年版，
第 55 页。

1.4元，并以银圆为准。它与各种外币的换算，则列如下述：

1 英镑＝9.60 元	1 弗罗令＝0.80 元
1 法郎（法）＝0.35 元	1 美元＝1.80 元
1 法郎（比）＝0.30 元	1 加元＝1.70 元
1 马克＝0.47 元	1 日元＝0.90 元
1 卢布＝0.70 元	1 港币＝0.44 元

至于以本国非铸币的各色银两为准的，概以库平银为准。其他各色银两值与之相差无几的，如规元银、行化银等，即视与库平银等值；其与库平银有较大差距的，如长平银、济平银等，则按当年惯例折成库平银两再换算成 0.6 元、0.7 元不等。这里作为单位的"元"意指银圆。借款成立文书中若兼以中外货币为准的，则统按银圆计；虽以外币为准但附有折合或约合银圆若干的，则即以折合、约合数为准，不重新改折。

表 16—1　　　　汇率指数与银两和美元比价（1895—1936 年）

年份	指数 I	指数 II	年份	指数 I	指数 II	年份	指数 I	指数 II	年份	指数 I	指数 II
1895	105.3	0.663	1906	105.3	0.674	1917	135.5	0.840	1928	93.4	0.585
1896	106.6	0.682	1907	103.9	0.660	1918	165.8	0.984	1929	84.2	0.533
1897	94.7	0.608	1908	85.5	0.585	1919	182.9	1.121	1930	60.5	0.355
1898	92.1	0.591	1909	82.9	0.522	1920	163.2	1.019	1931	44.7	0.290
1899	96.1	0.605	1910	86.8	0.542	1921	100.0	0.631	1932	44.7	0.282
1900	98.7	0.621	1911	85.5	0.540	1922	109.2	0.679	1933	53.9	0.350
1901	94.7	0.597	1912	97.4	0.620	1923	105.3	0.652	1934	69.2	0.483
1902	82.9	0.528	1913	96.1	0.612	1924	106.6	0.671	1935	74.3	0.646
1903	84.2	0.542	1914	88.2	0.568	1925	110.5	0.694	1936	69.9	0.454
1904	86.8	0.578	1915	81.6	0.511	1926	100.0	0.624	—	—	—
1905	96.1	0.610	1916	103.4	0.672	1927	90.8	0.567	—	—	—

注："Ⅰ"指汇率指数；"Ⅱ"指银两与 1 美元的比价。以 1926 年为基期。

　　从 1937 年 7 月起的抗战非常时期和战后着手复员数年间的
法币币值一直处于"非常"状态，其与当年涉及的一些外币的
比价，更由持续下跌而急剧暴跌。鉴于当年借款虽以货币为准，
但事实上，绝大部分实非货币而是实物，货币只起着数量作用。
当年与我国有借贷关系的，先为诸友邦，后转成盟邦关系的苏
联、美国、英国和加拿大四国。原取作借款单位的，对苏联借
款系以美元为准；因而只有美元、英镑和加元三种。英国、美
国各国尽管处于战时，但以管理财政金融有方，仍能维护其币
值的相对稳定。国际金融市场上的汇率早在战前已呈现美元取
代英镑之势；这里顺此趋势，即以美元为准，并按 1 英镑折合
3 美元，一加元折合 0.7 美元相换算。美元与法币的比价，设
有必要，则取抗日战争爆发后次年我国财政金融当局规定的汇
价 1：10 来换算，并把此折数置于括弧中，只备参考。为求计
量有一个统一的单位，勉强就两大时段各择定一个，据以求得
的我国近代举借的外债总量，为银圆 259441 万元，又 41066
万美元，即简作银圆 26 亿元和美元稍稍超过 4 亿元（见表
16-2）。这些数字势难恰符实际，但求其能或可成为一个有所
依据的近似值。

表 16-2　　　　近百年对外借款概况（1853—1948 年）　　单位：万元

时间	数量（银圆）	数量（美元）
1853—1893 年	6454	—
1894—1911 年	104197 *	—
1912—1927 年	133700	—
1928—1937 年 6 月	15090	—
1937 年 7 月至 1941 年	—	33911
1942—1945 年	—	—
1946—1948 年	—	7155

续表

时间	数量（银圆）	数量（美元）
借款总量	259441	41066

注：＊这一时段有"庚子赔款"，计库平银 4.5 亿两，折合国币为 6.3 亿元；习或"债赔"兼称而包括在我国的对外债务中，这自然是一种处理方法，徐义生编前此书中即如此处理，个人也曾这么做过（参看汪敬虞主编《中国近代经济史（1895—1927）》，第 402—410 页）。这里，考虑到赔款与借款性质有别，本书既专以借款作为求索对象，虽把该案列为专章，但作为"附"，在此表中予以略去，未把此 6.3 亿元计入。其他表中有涉及"庚子赔款"，也如此处理，不再注明。

资料来源：参见有关各章注，本章其他各表同此，不一一注明。本表统计数字，就 1853—1927 年时段说，主要依据徐义生编《中国近代外债史统计资料（1853—1927）》，中华书局 1962 年版，但稍有改动。1928—1948 年数量，以有关各章所记各笔成债实数为准。

第二节　中国外债的基本情况

　　借方、贷方和借量，构成中国外债的基本情况。对此，设想以四张统计表的数字来表明。首先求出我国在近百年间对外借款的总量，以及在近百年间各个时段各所形成的债量。具体情况参见表 16-2。

　　19 世纪 50 年代初，东南各省地方当局为堵截、镇压太平天国等人民反清义军，向各地洋行借款济急；在向清政府奏报中饰词洋商"情殷报效"，后者许以"通权达变"行事；地方政权此后为应一时紧急需要，颇多仿行。中央政府旋谋收回借外债大权，终不可得，形成多半由中央举借、地方也借的局面。在民国前期北洋军阀掌权执政的岁月里，中央政府政争不息，地方大小军阀混战连年，地方政权和中央政府（包括中央政府的下级机关如部、局）竞相举借外债。这时，形成的对外借款大权的下移，与此前清政府最初不承担地方举借外债的责任有别，并在我国外债史上形成借款最为混乱的局面。国民政府成立，于1931年在厘定财政收支系统中明令各省不得举借外债；1936年改定为各省经中央政府核准始得举借外债①，并付诸行动。这样，截至1927年，我国对外借款既有中央借的，也有地方借的，对其时所形成的情况，略如表16-3所示。至于1928—1948年间形成的借款，全为中央政府或经中央政府核准的借款，未列入。

表16-3　　　　　　　中央和地方的借款概况（1853—1927年）　　　单位：万元、%

时间	合计		中央		地方	
	数量	比例	数量	比例	数量	比例
1853—1893年	6454	100	969	15	5485	85
1894—1911年	104197	100	93846	90	10351	10
1912—1927年	133700	100	120996	90.5	12704	9.5
合计	244351	100	215811	88.3	28540	11.7

说明：地方指各省、区政府；1912—1927年时段中，兼包括某些与中央政府（北洋政府）相抗衡的如护国军政府等政治实体。

中国对外借款从债权主体角度审视，有关各国在我国对外借款中数量及其所占比重，略如表16-4和表16-5所示。

表16-4　　　有关各国在我国对外借款中的贷款总量及其比重（1853—1948年）

单位：万元、%

时间	1853年至1937年6月		1937年7月至1948年	
	国币		美元	
总量和比重	259441	100.0	41066	100

———————————

①　财政部财政年鉴编纂处编纂：《财政年鉴》第三编，商务印书馆1935年版，第3—4页。

续表

时间	1853 年至 1937 年 6 月		1937 年 7 月至 1948 年	
	国币		美元	
其中：英国	68665	26.5	4593	11.2
德国	45578	17.6	—	—
俄国/苏联	17132	6.6	17318	42.2
法国	34972	13.4	—	—
美国	14939	5.7	14955	36.4
日本	59311	22.9	—	—
比利时	16598	6.4	—	—
加拿大	—	—	4200	10.2
其他	2247	0.9	—	—

注：德国的借款中含有少量奥地利厂家的部分。

　　表 16-4 表明，我国对外借款在前一阶段按银圆计，英国贷量最多，银圆近 6.9 亿元；其次是日本，银圆近 6 亿元。两者相加，几占借款总量的一半（49.4%）。在后一阶段用美元计的，苏联和美国贷款量约略相等，分别占总量的 42.2% 和 36.4%。英国、加拿大两国贷量相接近，在总量中各占 11.2% 和 10.2%。

　　有关各国在我国债史各个时段提供的贷量及其比重，略如表 16-5 所示。

表 16-5　　　　　各国在各个时段贷款量中的比重（1853—1948 年）　　单位：万元

时间	贷款量	英国	德国（奥地利）	俄国（苏联）	法国	美国	日本	比利时	其他
1853—1893 年	6454 (100)	5938 (92.0)	338 (5.2)	17 (0.3)	21 (0.3)	140 (2.2)	—	—	—
1894—1911 年	104197 (100)	42784 (41.2)	23754 (22.8)	7622 (7.4)	14064 (13.5)	3219 (3.0)	5749 (5.5)	6491 (6.2)	514 (0.6)
1912—1927 年	133700 (100)	19390 (14.5)	12467 (9.3)	9493 (7.1)	20694 (15.5)	6743 (5.0)	53557 (40.0)	10107 (7.5)	1249 (0.9)

续表

时间	贷款量	英国	德国（奥地利）	俄国（苏联）	法国	美国	日本	比利时	其他
1928 年至 1937 年 6 月	15090 (100)	553 (3.7)	9019 (59.7)	—	193 (1.3)	4837 (33.0)	5 (0.03)		484 (13.2)[1]
1937 年 7 月至 1945 年	31365* (100)	2434* (7.7)	—	17318* (55.2)	—	11613* (37.0)			
1946—1948 年	7411* (100)	—	—	—	—	5065* (68.3)	—	—	2347 (31.7)[2]

说明：俄国在 1917 年十月革命胜利后改国名，简作苏联。1912—1927 年时段的最后一笔形成于 1921 年，系由在华仍在活动的旧俄国华俄道胜银行提供的贷项。括号内数字为所占比重，因计算时四舍五入，因而百分比之和有时不等于 100%。下同。

注：[1] 表示捷克和荷兰；[2] 表示加拿大。加 * 者为美元。

表 16-5 表明，在第一时段（1853—1893 年），英国居首，几乎囊括了全部（占 92.0%）；位居其后的依次是德国、美国、法国、俄国，但加在一起不过 8%。在第二时段（1894—1911 年），英国仍居首位，德国紧随其上，而后是法国、俄国两国，值得注意的是，始终有日本的参与。在第一次世界大战后十余年里，相当于第三时段（1912—1927 年），日本跃居首位，占 40.0%的份额；次则是法国、英国等国。国民政府执政起的头十年的第四时段初期，德国经第一次世界大战时期一度退出而卷土重来，在借款总量中占近六成，美国居于次位，英国、法国等国的量都不多，在同一时段的抗战期间及其后续复员的数年里，就比重的大小来说，先是依次为苏联、美国、英国三国，差别不大；后为美国、加拿大两国，情况略同。所有各个时段这些比重的演变，从中略可感知这些国家国力和在华势力的相对消长以及与我国的关系等信息。

第三节　借款结构和用途分配

　　中国近百年巨额借贷资金的流向，就最后时段说，最为简单，先是有近 3.4 亿美元直接、间接地全部供作抗日战争用了；余额 7000 万美元则在胜利后为医治战争创伤，取作整修铁路线路、添置航运船只以及恢复工矿等经济设施。这些，着此一笔不再提及。

　　我国从始有对外借款到抗日战争前的用途分配，且归纳为四大类，即财政经费、军政需要、经济建设和零星杂沓用途且综合称为其他。这种归类只能是相对的，有些用途很难分清。如财政经费固然有部分充作经常行政费，但绝大部分耗之于政争；军需经费中固然有购买军需品的支出，也包括军阀混战的"善后"经费；而铁路、航运、工矿等统称为经济建设的经费，此中既有或多或少地被挪作他用，更有明明为"甲"而借却用"乙"的名目，如第三时段所借日债中有成串外债系在"乙"——以铁路的名目实则从接洽时起就决定用作"甲"——"政费"的。遇到此类情节，就挪用之数明确可计的，则从中划出，分别归入合乎实际的类别；至于虽然明知其有被挪用但难以究明的，则只能听之任之了。至于掩耳盗铃般名实不副地形成的债项，则按其实际用途划入该划入的类别。"其他"一类既包括用于偶发的赈灾、救济市面等用，尤以清偿积欠的息金等为最多。虽然为最后一项，但实是息金转成新债，严格地说，算不上是另一种用途。

　　借款划作如上四类用途，按各个时段和总的分配各有多少及其所占比重，略如表 16-6 所示。

表 16-6　　　　　外债结构——用途的分配（1853—1937 年）

单位：国币万元、%

时间	借款总量	财政经费	军事经费	经济建设	其他
1853—1893 年	6454 （100）	1010.5 （15.6）	4627.7 （71.7）	453.6 （7.1）	362.2 （5.6）
1894—1911 年	104197 （100）	51067.0 （49.0）	11560.0 （11.0）	41343.0 （39.7）	227.0 （0.2）
1912—1927 年	133700 （100）	69667.4 （52.1）	30420.3 （22.7）	30937.5 （23.2）	2674.8 （2.0）
1928 年至 1937 年 6 月	15090 （100）	4732.4 （31.5）	3600.0 （23.8）	6757.6 （44.7）	—
总计	259441 （100）	126477.3 （48.7）	50208.0 （19.4）	79491.7 （30.6）	3264.2 （1.3）

说明：括号内数字为所占比重。

　　表 16-6 中具列了为四大类借的外债总量近 26 亿元；此中"其他"类只占 1.3%，略去。其余三类中以充作财政经费的最多，几乎占总量的半数；另一半则是用于经济建设和军事经费，分别占 60% 强和 40% 弱。

　　这里，先简述各个时段外债的财政、军事两类用途的分配。第一时段相对地说在债量总数不多中充作军事经费的占 75% 的比重。此中花在镇压人民起义的约占 40%；用于防备、抵制外敌入侵等战争约占 50%；还有 10% 强则取作为增强海防外购船炮等费用。财政经费类半数供防堵黄河河工之需和购置有关器具，半数则耗在工矿、铁路、航运等外购机具、钢轨等用。第二时段借款总量剧增，超过前一时段的 16 倍。此中过半数充作财政经费，单因甲午战争惨败，为筹措对日赔款连借 3 笔外债，即超过国币 4 亿元。在此类中，独占 80% 的比重，再加上为补庚子赔款的"镑亏"，又被迫补差，立时借了国币近 1000 万元。充作军事经费的占同时段借款总量的 11.1%，主要消耗于甲午一战中。第三时段的借款结构与第二时段类似，充作财政经费的占同时段借款总量的一半。其与前一时段转手清偿战争赔款有别的是，多半消耗于内部的乱政上。如袁世凯要当皇帝，以铁路借款的名目耗作"大典筹备处"经费不少；曹锟要买个总统当当，为张罗"贿选"情况类似。另加上当年经常行政经费也需借用外债以资挹注，积少成多，构成巨数。军事经费的消耗之与第二时段不同的是，在当年掌权者对外"宣而不战"、对内"战而不宣"中，尽耗在国内成系列的连年混战中。第四时段即最后时段的头十年里，国民政府为补济财政收入的不足，在公债方面以发行国内公债为主，对外借款相对来说较少。进入 20 世纪 30 年代，针对日本亡我之心，为增强自卫能力，在国外购置军品及为军工生产购置生产工具，采取易货方式形成外债。

最后，专就经济建设类借款的用途分配，做一简单说明。

经济建设类内含铁路、航运、电信、工矿、企业等不下 10 个项目。此类借款出现较迟，直到 1886 年始有之。如 1886 年、1887 年两年轮船招商局先后向上海外籍洋行和汇丰银行的两次借款；1887 年、1888 年两年的津沽、津通铁路借款；1889 年又有鄂省织布局借款，等等。该类所涉及的有十来个产业，以铁路借款为最多。这里，把这一项目单作为"Ⅰ"；其余航运、织布局等多项综合作为"Ⅱ"。此两类借款总量，呈现 3∶1 之比（见表 16-7）。至于各个时段的配分，在第一时段，两类就绝对量说都不多；就相对量说，"Ⅰ"远逊于"Ⅱ"；进入第二时段，"Ⅰ"项猛增，且持续到第三时段；"Ⅱ"的部分，相对地萎缩。在第三、第四两段之际的 1928 年前后近十年间，借款一度出现间歇状。而后中外间签订了多个借款合同，旋以抗日战争发生，竟成借款的远未达到合同量的 1/4；就实际成债量说，仍然是"Ⅰ"较多，"Ⅱ"虽含航运、电信、工矿、企业多个项目，就借量说，仍赶不上投入于铁路的"Ⅰ"项。

表 16-7　　　经建类借款中铁路与航电等项目借款数量及其所占比重

（1887—1937 年）　　　单位：国币万元、%

时间	经建类总量	铁路项目	航运电讯等项目
1887—1893 年	454 （100）	169 （37.2）	285 （62.8）
1894—1911 年	41343 （100）	32131 （77.7）	9212 （22.3）
1912—1927 年	30938 （100）	23204 （75.0）	7734 （25.0）
1928 年至 1937 年 6 月	6758 （100）	3798 （56.2）	2960 （43.8）
总计	79493 （100）	59302 （74.6）	20191 （25.4）

说明：括号内数字为所占比重。

据表 16-7，单对铁路借款，作些说明。

清政府当 1889 年决定把建筑铁路作为国家自强要政，并不拒绝在不损害国家权益前提下举借外债，为我所用，这个时段借量较少。进入第二时段，我国屡遭失败，别具野心的国家认为，我国行将"瓦解"，企图以此为机会竞谋在华尽可能地扩张它的强权威势；并把掌握、控制我国铁路建设作为一种手段，进而通过铁路的运营在我国的某一地域竟成各自的势力范围，为瓜分我国开路。这些显然难以用简单的数字来反映，而且需另做补述。这里，只对铁路借款的贷方主体，按国籍分，在各个时段贷量中的比重及其在不同时段中的变动，制成表 16-8，借资汲取有用的信息。

表 16-8　　　各个时段铁路借款数量和各贷方主体国所占比重

（1887—1937 年）　　　单位：万元、%

时间	数量	英国	德国	比利时	法国	美国	俄国	日本	荷兰/捷克
1887—1893 年	169	100	—	—	—	—	—	—	—

时间	数量	英国	德国	比利时	法国	美国	俄国	日本	荷兰/捷克
1894—1911 年	32131	42.8	18.3	15.6	10.6	7.2	4.2	1.3	—
1912—1927 年	23204	10.2	3.1	42.8	3.4	8.8	0.2	29.0	2.5[1]
1928 年至 1937 年 6 月	3798	17.0	76.0	—	—	0.5	—	0.5	6.0[2]
1887 年至 1937 年 6 月	50302	38.0	18.1	16.5	7.2	5.2	2.2	10.6	2.2

注：[1] 表示荷兰；[2] 表示捷克。

第四节　国民政府整理债务确定的外债余欠额

　　我国最初向在华洋行借款或由统兵大臣自行议定，或由各省督抚代为妥商，奏报清政府特旨准行。[1] 其时借款的特点是期短、量少，开一借据作为凭证，借据中有的记明可持以抵付关税，或另给予可以抵交关税的关票，实质有似预征税项。英国汇丰银行于 1864 年在华设立起，渐由它以及在华其他外资银行为主提供借款，借额则急剧增加着；按单笔说，多的近百万元、数百万元，直向千万元逼近，与此有关，借期也展长了；一般以关税为担保。总的来说，这一时段的借款，年平均不过银 160 余万元；且担保确足，基本上随借随还；到同一时段末，除了尚未到期或有疑义待澄清的，无余欠。

　　清末最后十余年（1894—1911 年），即第二时段的外债债情，与前一时段的大不相同。列强运用外交、战争的软硬暴力，胁迫清政府接连举借外债，笔数增多，债量尤大，借期也骤形增长。如甲午战争结束，为支付对日本赔款，清政府连借外债 3 笔，总

---

　　① 《总署奏折》，光绪二十年十月十二日，王彦威辑：《清季外交史料》卷九九，第 19 页。

量超过银 4.3 亿两，几及战争当年财政支出的 4 倍。其中，1898
年 1 笔英德续借款借期长达 45 年。另外，同时段最后一年（1911
年）清政府与四国银团达成的湖广铁路借款借期 40 年。如此等
等，势所必然长留巨额"余欠"给后代。

北洋军阀执掌国政的十余年（1912—1927 年）构成我国近代
外债史的第三时段。这些年里，中央政府既政潮迭起，地方军阀
更混战连年，双方在支应浩繁中，在齐对民间厉行敲骨吸髓搜刮
的同时，向在华外籍金融机构举借外债，加上或向国外企业购置
军民用品，将价款转作借款，等等，使借项激增。所有借款在形
成当时，一般指定以某项充作担保；可是，此中有确实可靠的，
如关、盐两税；更多的却是取作担保之品从一开始即等于虚设。
还有在世事、形势的变迁中，作为担保物的起初尚属有效而终归
无着。如此这般，在我国债史上出现习称的"有担保"或"无担
保"的两类外债。就前一类说，又有"有确实担保"和"无确实
担保"的区别。这些，除了增加日后清理的麻烦，就同时段来说，
形成既有债项尚未到期的余欠和更多借款早已过期未经清偿的衍
欠，两者混合而一，遗留给后一时段的量便骤增着。

前人在 20 世纪 40 年代做中国外债统计分析中，有涉及清末
和北洋两代政府遗留的数额，据以改制成表 16-9。

表 16-9　　　清政府和北洋政府的外债遗留情况（20 世纪 40 年代）

单位：银万元

	发行额	偿还额	遗留额
清政府	—	—	62660
北洋政府	53366	40252	13114

资料来源：郑孝齐、朱嵩岳撰：《战时国债之统计分析》，参见财政科学研究所、中国第二历史
档案馆编《民国外债档案史料》第 2 卷，中国档案出版社 1991 年版，第 419—423 页。本表据该文
的表一、二、三、四改制。又参见财政部财政年鉴编纂处编纂《财政年鉴》下，第十一编，商务印
书馆 1935 年版，第 1382、1387 页。

　　国民政府执政初年，将对外债重点置在整理上。与此同时，主要为在国外购置铁路及电报、电话等器材，把价款转成系列零星债项，也有应赈灾需要或为贯彻实施国防经济建设，采取易货方式，形成一些借贷关系。所有这些，按笔数说，绝大部分鲜有不按期清讫的；剩下的三四笔，在转入抗战期间，既有以原贷方主体此时与我国处于敌对地位如日本、德国等国，按国际惯例予以勾销，也有在我国虽然宣布战时停付外债，事实上，仍有给予清偿的，如对美国的棉麦借款。这样，当年形成的一些新债基本上无余欠。

　　在同一时段的中、后期（1937年7月至1948年），我国为夺取抗日战争和第二次世界大战的胜利，先后与友邦形成多笔巨额借贷关系。这些借款不与一般借款同，别具特点，形成借款的文书上虽都以货币为计量单位，在借贷行为中则几乎全部属于工业制品和农矿产品的交换。贷方提供的是飞机、坦克、枪械、弹药、交通、通信器材以及医疗器械和药品，等等；只有极小部分旨在为平衡外汇供作基金备用才是现金。借方用以清偿的同样是实物，如桐油、猪鬃、羊毛和钨、锰、锑、铋等农矿品这些战略物资。货币数只是对来往多种货量的代称，此为其一。

　　其二，借取与清偿这两种行为与通常总是借先行，还而后跟进有别，而是两者几乎同时并进，只缘于如运输方面有快慢难易之分，清偿行动虽往往超前展开，却总略为滞后才能结清借贷双方如此这般有似投桃报李的交易；即使贷方按合同该提供的货量因故在后有所减削，借方则给予同情和理解；反之，当最后结算时，借方若还有一些尾欠，即使当时双方说定待后洽商解决，事实则多不了了之。抗战胜利后，我国着手复员时所借外债，仍袭用战时方式。借方作为清偿的货种基本上照旧，贷方提供的货种则改为恢复交通的器材、电信设施，等等，仍随借随还。待届同一时段末，这些债项也基本了结。

回溯国民政府成立不久，曾宣布继承前代积欠未偿的外债，继在整理旧债中立定原则：对那些不负责任的政府不以增进人民幸福乃为苟且其权位的借款不负偿还职责。又对那些有确实担保按期清偿的债项无须整理而照常清偿着；再对一些借贷双方都无争议的债项按原合同或据新达成的协议即按新约定还本付息。在此展开整理过程中，也出现一些或因债情不清，或比较双方所提账单既有为我所无，也有数量相差悬殊，等等，当时约定待到最后予以解决，而由于抗日战争的爆发终被宕在一边。

抗日战争发生次年（1938 年）年底，我国政府发表通告和声明：从 1939 年起，对所继承的国债暂予停付，当即取得友邦均共表同情"无异议"的回应。原承诺偿还的旧债经过此前近十年（1928—1938 年）的清偿，还剩下多少，限于资料不详。过后约半年，我国财政首脑在向政府最高当局密报财政实情中涉及负欠外债额，截至 1939 年 5 月底，为国币 6.93 亿元。[①] 这个数字，若与表 15-9 中所列清政府和北洋政府遗留额比较，少了 6000 余万元。估计两数之差或即差在相当于 1928—1938 年间历年清偿的数量。

另外，1943 年前后，国民政府财政部就战前、战时债务状况和对战时债务的处置与战后债务的整理等事屡有讨论，或作成"草案"。就对战前债务的处置和整理来说，它区分为"有确实担保"和"无确实担保"两类。政府中当年另一经管交通外债（包括铁路、航运、航空、电信诸借款）的交通部也做了类似工作。所谓"无确实担保"的债项大多数目零细，成债文书不齐备，或一直存在争议，等等。这里把它略了。就有确实担保的外债来说，

---

① 中国第二历史档案馆：《孔祥熙关于 1937 年、1939 年财政实况的密报》下，《民国档案史料》1993 年第 1 期。孔祥熙密报，原作"负欠新旧内外债数目中的外债为 72294.6 万元"，减去另处"新发行外债量为 2942.5 万元"，则"负欠"的"旧外债"量，该 69352.1 万元，简作 6.9 亿余元。

剔除此中注有"应消除"的敌债，把原以国币为准，尚存余欠，由财政部经管的总计为 3.86 亿元，交通部经管的总计为 3.77 亿元，共计 7.63 亿元。①

参考上引财政首脑"密报"的数字和抗战胜利前夕做成的"草案"中尚存余欠，这里把近百年累计对外债款的余欠额，且设定按国币计 6.9 亿—7.6 亿元。

① 财政整理会编：《财政部经理外债说明书》第 1 册，《战前外债》第 5 册，《无确实担保外债》第 6 册，附录《交通部经管外债》第五十至八十二章。参见财政科学研究所、中国第二历史档案馆编《民国历届政府整理外债资料汇编》第 2 卷，1990 年。

所引资料中原数据统按借款合同上取以为准的货币为准，列举着按英镑、美元、法郎等为准的数字。这里统按本章首所记中外币比价，折合成银圆的数额。

宓汝成先生生平与著作编年

1924 年

1 月 27 日生于浙江慈溪观海卫镇宓家埭。

1941 年

在浙江奉化溪口武岭学校（中学部）读书。后因日军侵略扩张，辗转内地求学，在金华战区学生班学习。

1944 年

投笔从戎，参加青年远征军，任炮兵上士。

1946 年

复员退伍，继续学业，考入北平私立燕京大学新闻系。同年冬，转学至国立北京大学政治系国际关系专业。

1950 年

考入北京大学研究生部经济学专业，专攻中国近代经济史。

1953 年

由教育部分配至中国科学院（1977 年 5 月起为中国社会科学

院）经济研究所工作。

1955 年

参与撰写的《中国近代经济史统计资料选辑》由科学出版社出版，负责其中的铁路部分。参与翻译的《苏联工业配置概论》由科学出版社出版。

1961 年

参与翻译的《南斯拉夫合作制度》由科学出版社出版。

1962 年

于《经济学动态》第 18 期发表论文《第二次世界大战后日本对中国社会经济史的研究》。

1963 年

专著《中国近代铁路史资料（1863—1911）》共三册，由中华书局出版。该书的外文资料皆亲自译为中文，奠定了近代中国铁路史研究的资料基础。

1977 年

专著《中国近代铁路史资料（1863—1911）》由中华书局再版。

1980 年

专著《帝国主义与中国铁路（1847—1949）》由上海人民出版社出版。该书深刻揭露了帝国主义侵略中国历史过程的客观规律以及对中国社会经济政治等方面广泛复杂的影响，是 1949 年以来中国近代经济史研究的宝贵成果。

1983 年

受外交部委托对旧中国的外债问题进行调研。

于《近代史研究》第 2 期发表论文《太平天国的财政收入及其得失》。

1984 年

任中国社会科学院经济研究所研究员、研究生院经济系教授。

于《近代史研究》第 5 期发表论文《建国以来中国近代经济史研究评述》。

1986 年

经国务院学位委员会通过，任博士生导师。当选为中国经济史学会首届常务理事兼副秘书长、中国近代经济史研究会首届常务理事兼秘书长。

于《中国社会经济史研究》第 4 期发表论文《十九世纪清政府的反革命战争对社会经济的破坏》。

1987 年

于中国社会科学院经济研究所退休，接受返聘，继续工作。

专著《帝国主义与中国铁路（1847—1949）》由日本早稻田大学社会科学研究所翻译成日文出版。

1989 年

专著《中国近代经济史研究综述》由天津教育出版社出版。参与撰写的《中国近代经济史（1840—1894）》由人民出版社出版。

1990 年

8 月，在比利时鲁汶参加由国际经济史学会召开的第十届国际经济史大会，提交会议论文《中国铁路的社会经济影响（1895—1937）》。

参与撰写的《中国近代经济史（1840—1894）》获孙冶方经济科学奖。

1991 年

为郝庆元著《周学熙传》（天津人民出版社 1991 年版）作序。

参与撰写的《中国近代经济史（1840—1894）》获吴玉章人文社会科学一等奖。

1992 年

于《抗日战争研究》第 1 期发表论文《日本侵占海南岛和海南岛人民的抗日斗争》。

于《中国经济史研究》第 2 期发表《短篇零笺怀严师》，深切悼念著名经济史学家严中平先生。

1993 年

主编的《清代全史》第八卷由辽宁人民出版社出版。

专著《帝国主义与中国铁路（1847—1949）》、调研报告《关于处理旧中国外债的建议》分别获中国社会科学院优秀成果奖。

1994 年

9 月，在意大利米兰参加由国际经济史学会召开的第十一届国际经济史大会，提交会议论文《1796—1978 年间中国经济制度的演变》。

于《中国经济史研究》第 1 期发表论文《中国近代铁路发展史上的民间创业活动》。

1996 年

于《中国经济史研究》第 1 期、第 4 期分别发表论文《中国产业近代化为什么徘徊不前——以中国铁路的建设和运营（1895—1927）为中心作一试探》和《国际银团和善后借款》。

1997 年

于《近代史研究》第 5 期发表论文《庚子赔款的债务化及其清偿、"退还"和总清算》。

于《近代中国》第 7 辑发表论文《辛亥鼎革之际中国外债透析》。

1998 年

于《中国经济史研究》第 2 期发表论文《抗战时期的中国外债》。

1999 年

于《近代史研究》第 6 期发表论文《庚款"退款"及其管理和利用》。

2000 年

参与撰写的《中国近代经济史（1895—1927）》由人民出版社出版，获国家社会科学基金优秀成果一等奖，孙冶方经济科学一等奖，吴玉章人文社会科学一等奖。

2002 年

专著《中华民国铁路史资料（1912—1949）》由社会科学文献出版社出版。

2008 年

《宓汝成集》由中国社会科学出版社出版，收录代表作论文15 篇。

2010 年

突罹脑溢血，距专著《中国外债史（1840—1949）》全部完成仅差了半月时间。

当选中国社会科学院荣誉学部委员。

2015 年

2 月 2 日在北京逝世，享年 91 岁。